职业教育

法律职业教育

精品系列教材

刑事诉讼综合模拟实训教程

张小海 赵红星 主编

夏晔 副主编

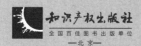

知识产权出版社

全国百佳图书出版单位

——北京——

图书在版编目（CIP）数据

刑事诉讼综合模拟实训教程/赵红星主编.—北京：知识产权出版社，2022.6
ISBN 978-7-5130-7997-6

Ⅰ.①刑…　Ⅱ.①赵…　Ⅲ.①刑事诉讼—中国—高等职业教育—教材　Ⅳ.①D925.2

中国版本图书馆CIP数据核字(2021)第266922号

责任编辑：赵　军　　　　　　　　责任校对：谷　洋
封面设计：纵横华文　　　　　　　责任印制：刘译文

刑事诉讼综合模拟实训教程
主　编　赵红星

出版发行：知识产权出版社有限责任公司	网　　址：http://www.ipph.cn
社　　址：北京市海淀区气象路50号院	邮　　编：100081
责编电话：010-82000860转8127	责编邮箱：zhaojun99668@126.com
发行电话：010-82000860转8101/8102	发行传真：010-82000893/82005070/82000270
印　　刷：天津嘉恒印务有限公司	经　　销：新华书店、各大网上书店及相关专业书店
开　　本：787mm×1092mm　1/16	印　　张：30.75
版　　次：2022年6月第1版	印　　次：2022年6月第1次印刷
字　　数：580千字	定　　价：88.00元

ISBN 978-7-5130-7997-6

法律职业教育精品系列教材
编　委　会

总　主　编

许传玺

编委会成员

前　言

　　为了培养法律专业学生的实践能力，各级从事政法教育的院校和各类从事政法教育的单位进行过积极的探索。西南政法大学的案例教学法、中国政法大学的"诊所式"教学都极具特色，常规的案例讨论和模拟法庭也为法学教育增添了生机。但是，公认的最佳实践教学方法还是首推业务实习。以往的实习都采取深入办案机关观摩和训练的方法。可是随着社会的进步和人们法律意识的增强，诉讼数量不断增加，司法人员公务日益繁忙，无暇顾及对实习学生的指导，致使实习活动难以达到预期的效果。而学生校内实训大多数学校采用的就是模拟开庭，没有形成自己的特色，也没有具有可操作性的实训教材。

　　为适应法律高职院校实践教学的需要，培养学生收集、判断、运用证据的能力、诉讼程序操作能力、法律文书制作能力以及适用实体法的能力，形成学生的法律职业技能和正确的法律思维模式，河北政法职业学院从 1998 年起组织科研教学人员与司法实践部门的专家进行实践教学法的研究。经过二十余年的教学实践，积累了一定的教学经验，并取得了较好的教学效果。在校内建立了教学实训基地，内设模拟公安局、模拟检察院、模拟法院、模拟律师事务所、法律援助中心，配备了与司法办案机关相同的办公设施，拍摄了一系列的教学参考片。与此同时，在校外公、检、法机关及相关律师事务所建立了自成体系的实践教学基地。将资深法官、检察官、律师聘请为外聘教授，请进学校与富有实践经验的教师一起指导学生在校内进行实训。通过指导学生模拟诉讼流程、制作案卷的方法全程模拟侦查、起诉、审判、辩护与代理等全部刑事诉讼业务，以刑事诉讼法为基础带动了刑法、证据法、法律文书制作、辩论技巧等一系列课程的学习。为了配合实践教学，我们先后编写了《刑事业务综合模拟实习实施方案》《刑事诉讼校内综合实习教程》。上述教学方式受到了教育部"人才教育水平评估"专家的认可。2015年以来，我们更是引进了杭州法源软件开发有限公司的法律实务综合模拟平台、法律诊所实训教学软件、法律文书实务软件等现代化教学资源，线上与线下模拟实训特色突出。

本书作为刑事诉讼原理与实务课程的配套教材，突出了以下四个特点：第一，适应法律高职教育的需要，操作性、实务性更加突出；第二，更加明确体现了程序法与实体法之间所具有的方法与内容的关系；第三，更便于实践操作；第四，与线上教学软件有机衔接。

根据教育部职成司、北京市教委、河北省教育厅关于"推动京津冀示范性职业院校与河北省职业院校结对子"工作有关要求，河北政法职业学院与北京政法职业学院进行资源共建，共同提升法律专业建设质量，推动专业内涵发展，两校共同开发法律类教材。作为"结对子项目"系列教材之一，本教材由河北政法职业学院和北京政法职业学院教师及司法实务部门的专家共同编写。

本教材在编写的过程中，得到了河北省人民检察院、河北世纪鸿业律师事务所、邢台市中级人民法院、衡水市中级人民法院、武邑县人民法院等单位的大力支持，河北政法职业学院和北京政法职业学院的教务处、科研处也给予了许多关心和帮助，在此一并表示感谢。

本教材由河北政法职业学院赵红星教授任主编，北京政法职业学院张小海、夏晔任副主编，河北省人民检察院刘锦辉检察官、河北世纪鸿业律师事务所李双盈律师提供了诉讼实务方面的材料，邢台市中级人民法院李虹法官、衡水市中级人民法院陈洪峰法官、武邑县人民法院岳建民法官在司法实务的内容方面提供了帮助。河北政法职业学院庞敏英、邵磊、张丽霞老师参与了教材的编写工作。

本教材由河北政法职业学院张运鸿、郝静老师参与审定。

由于我们的水平所限，不足之处在所难免，恳请法学界、教育界同仁多多指正，以便我们进一步改进，使实践教学方案逐渐趋向成熟和完善。

编　者

2021年3月

目　录

第三单元　刑事综合模拟实训操作

附　录

第一单元　实训概要

项目一　刑事诉讼综合模拟实训原理

任务一　了解实训目的

高等职业教育是培养生产、建设、管理与社会服务第一线高端技能型人才的一种教育类型。它要求学生在掌握必需、够用的基础知识的基础上，必须具备较强的技术应用能力、创新能力。刑事综合模拟实训是以刑法、刑事诉讼法、证据法等刑事业务课程的理论教学为基础，通过组织学生模拟刑事案件的办案过程，把学生推向司法实践第一线，使学生能够将对理论知识的抽象了解转化为感性认识，进而达到对刑事案件诉讼程序的熟练操作，在此基础上达到对理论知识的深刻理解，实现理论与实践的紧密结合。具体来说，刑事业务综合模拟实训的目的包括以下几个方面：

（一）初步掌握刑事诉讼程序的操作规程及与刑事业务相关课程的基本知识

学生通过亲自参与模拟刑事诉讼办案过程，可以熟悉并掌握刑事案件从立案、侦查、审查起诉、审判、执行等各个刑事诉讼阶段的程序，各种刑事强制措施的适用条件和期限规定，各种诉讼文书的制作及使用方法；具体感受和了解司法机关在刑事诉讼中的地位、职权和诉讼参与人在刑事诉讼中的权利与义务以及实施具体诉讼行为的要求和技巧。在实训操作过程中，学生不仅可以巩固并加深对刑法、刑事诉讼法、证据法等课程的学习成果，还可以补充司法文书、刑事侦查学、法医学、会计学等相关知识，通过模拟办案过程中知识的综合运用，使学生全面掌握与刑事业务相关的知识。

（二）培养学生收集、审查、判断、运用证据的能力以及适用刑法的能力

诉讼的过程就是一个运用证据再现案件事实，并运用实体法调整法律关系的过程。由于刑事诉讼的结果将涉及人的人身自由，甚至是生命，因此，办案主体对

刑事证据的认识、认定将直接关系到刑法的正确适用及刑事诉讼价值能否得以真正体现。通过让学生模拟刑事案件的办案过程，使他们能够初步掌握收集、审查、判断、运用证据的基本方法；学会根据不同案件准确确定证明对象，明确司法机关在刑事诉讼中各自的证明责任；能够根据刑法学的理论，运用刑事证据进行分析、判断并准确认定案情，进而正确选择适用刑法法条，并掌握量刑的原则、方法和情节。

（三）培养学生的法律职业技能

注重学生法律职业技能的培养和训练是法律专业职业教育的根本要求。为实现法律专业职业教育培养职业性、行业性人才的目标，各地法律类院校、专业开设了多种培养技能课程，采取了各种新型教学方法，如案例式教学法、诊所式教学法、模拟开庭等。刑事业务综合模拟实训是一种实际训练学生刑事诉讼业务职业技能的有效途径。通过实训，可以培养学生敏锐的思辨能力，良好的语言表达能力，有效地收集、处理信息的能力以及正确地分析和解决问题的能力，使学生树立创新精神和团结协作精神。

（四）培养学生建立正确的法律思维模式

法律专业搞职业教育的根本目的并非像有些人理解的那样是培养一批办案"机器"，而是要帮助学生建立起正确的法律思维模式。通过模拟实训过程中教师的指导，使学生能够切实体会"以事实为根据，以法律为准绳"这一刑事诉讼的核心原则；培养学生对法律的信仰，使学生善于从法律的角度洞察社会现象，用严密、准确的法律语言阐述法律要件，用严谨的逻辑思维分析、判断、推理案情，用科学的法律原理和准确的法律规定来解释法律现象、裁决法律纠纷。

（五）培养学生树立良好的职业道德意识

通过模拟实训，使学生全面了解公安人员、法官、检察官、律师等法律职业人员在刑事司法工作中应当遵守的行为规范，包括法治精神、人格情操等，以及司法工作者群体在职业过程中形成的职业意识、职业价值、职业文化等内容，树立正确的世界观、人生观、价值观、法律观、权力观，深刻认识程序公正的重要价值，加强法治意识、社会责任意识，培养良好的职业素养、职业道德修养、法治精神和人格情操。

任务二　明确实训要求

由于学生已习惯于以往老师满堂灌的教学方式，同时又缺乏社会阅历和司法实践经验。因此，为了达到预期的目的，要求学生必须遵循科学的规律和正确的方法，在实训过程中必须严格按照教材和教师的指导进行。具体要求如下：

1. 实训热身。为了能够使模拟实训活动顺利有效地进行，使学生达到熟悉司法实践、提高操作能力的目的，在实训正式开始之前，要在刑事诉讼原理讲授过程中进行同步实训热身活动。实训热身活动包括：根据本组实训案例内容回顾已学过的刑法知识；通过练习、讨论等方式巩固正在学习的刑事诉讼法和证据学知识；通过网络观看法院刑事案件庭审直播、相关电视教学片及聘请实际部门业务骨干到学校开展刑事诉讼实务专题讲座。

2. 实训纪律。刑事业务综合模拟实训是一种新形式的教学活动。其实质仍然是在"上课"，只有按时出勤才能保证正常的教学秩序。学生参加实训要遵守学校纪律和实训要求，按时到课，按时参加集体活动，不得迟到、早退或无故缺课。

3. 实训组长要认真填写实训日志。实训日志应如实记录扩充后的案情、程序设计、业务疑难问题、文书及证据的制作人、角色设置及担任人、每天实训内容及考勤等。

4. 实训操作要严格遵守诉讼程序，不能随意更改或增减诉讼程序，严格按照总实训安排进行，不能违反及延缓实训进度，影响其他同学实训。利用实训软件进行实训时，要严格执行软件设置的程序，不得随意删减，更不得随意应付。

5. 文书的制作要严格按照法定程序和格式要求进行，文书的签发要遵守法定期限要求，文书的填写应使用钢笔或签字笔，证据的制作应符合种类证据的形式要求。每一个阶段实训结束后要按时装卷、归档。利用软件实训时，要在确保文书质量的基础上，按时将文书下载打印、装订成卷。

任务三　明确实训组织

实训采取小组实训和个人实训相结合的方式。实训小组按每组15人左右分成若干实训组，每个实训组对一个案件的立案、侦查、起诉、审判及律师业务进行全程模拟操作。也就是说每个实训组所办理的各项不同诉讼业务处理的均是同一个案件。具体做法是：实训组接到实训案例后，由实训组长根据本组内学生的能力组织实训分工，按照实训的刑事诉讼阶段，使每一个组员逐步介入实训操作，即：在立案侦查阶段由负责这一阶段的同学进行；侦查终结移送审查起诉后，负责审查起诉的同学接收案件材料并进行审查及起诉，并出庭支持公诉；案件起诉后，负责审判的同学履行审判阶段的工作内容；辩护人、诉讼代理人按照法定程序介入诉讼并办理相关手续。审判结束后，分别按所负责的角色整理案卷。为了使每个学生能尽可能多地了解每个实训阶段的操作，可根据各个阶段实训工作的需要将实训组的学生分为实训操作组和理论指导、论证小组。实训操作组负责各实训阶段的证据材料、法律文书、法律手续的制作，理论小组负责各实训阶段的程序设计、证据论证、法律文书、法律手续的审查、把关，并向操作组提供相应的操作所需的法律依据。个人实训是学生个人按照实训软件提示的要求，完成实训阶段的各种文书制作，每个人完成一个案件的所有流程。在此基础上，再进行小组模拟开庭。

为实现理论与实践相结合的目的，提高模拟实训的效果，每个实训组都要分为"理论指导组"和"实训操作组"。理论指导组是实训的"智囊团"，它负责对所实训案例的程序知识、实体知识进行研究；搜集实训案例所需要的法律、法规、司法解释；设计证据体系及实训方案；审核实训操作组所制作的法律文书、证据，并在从程序到实体，从单个证据到综合证据进行审核的基础上，写出阶段论证报告。实训操作组负责案件的办理，包括：各种本组实训案例所需要的诉讼文书的制作；各种形式证据的制作以及各个诉讼程序的履行，并负责案件的移送和案卷的装订。办理完某一案件的某一诉讼业务后，两个组要交换工作，即原理论指导组成员从事实训操作，原实训操作组成员从事理论指导。

任务四　掌握实训考核与总结

实训考核要充分发挥教育主体的积极性，实行教师监督指导下的学生自我评定考核方式。小组成绩实行实训小组、学生考评员、指导老师相结合考评方式。

实训成绩包括小组成绩和个人成绩。小组成绩是个人成绩评定的基础，即个人成绩是在小组基础分的基础上通过上下浮动得出的。

　　小组基础分评定的依据是案卷制作质量、庭审效果、实训纪律、小组实训总结等。个人成绩评定的依据是实训日志、出勤情况、实训表现和实训总结。评定个人成绩时，各实训组组长应向指导教师提交实训日志、实训总结和案卷。由组长根据以上资料对该学生的实训纪律遵守情况、实训工作态度、所承担的具体工作、实训任务的完成情况及效果向指导教师汇报，并根据该小组的基础分打出小组成员个人成绩。指导教师查阅相关资料，对组长汇报的情况予以审核。

　　实训总结包括个人总结和实训组总结。实训组总结在个人总结的基础上形成。学生个人总结应围绕以下几个方面：第一，本人在实训过程中承担的工作和担任的角色，实训活动的完成情况和表现。第二，实训工作中的收获。如：加强了对哪些知识的理解和掌握，培养了哪些方面的能力（动手能力、理论联系实际的能力、分析解决问题的能力、社会交往能力、组织协调的能力等），在法律思维方面有何变化。第三，实训工作中的不足。如，欠缺哪些知识、缺乏什么样的能力、哪些工作没有完成的十分完美等。第四，今后学习和工作中应注意的问题和努力的方向。第五，对实训方案的评价和建议等。实训组总结应包括以下几项内容：第一，实训情况概要；第二，实训工作与分工，组织与管理情况；第三，实训计划的落实情况及诉讼活动的实施情况；第四，实训中收获与不足；第五，今后注意的问题及努力的方向；第六，对实训方案的评价和建议；第七，实训成员或实训组的表现情况等。

附：

实训小组基础成绩评定表

专业　　　级　　　班　　　组

评分项目	案卷制作	庭审效果	实训纪律	小组总结	指导老师自由裁量	总分
满分	40	30	10	10	10	100
得分						

学生个人实训成绩分项浮动评分表

专业　　　级　　　班　　　组　　　姓名　　　学号

基础分	浮动分	实训操作与庭审表现	实训纪律	实训日志	个人实训总结	实训组织	核定成绩

说明：

1.浮动分采用上下浮动或保留基础分的记分方式（＋、－、0）

2.上浮分数不能超过10分，下浮一般不得超过10分，但不参加实训活动或严重违反实训纪律的、出勤不出力的、不服从实训活动统一安排的下浮分不受10分限制，直至实训成绩以"0"分计。

项目二　实训案例

案例一

被告人刘某，农民。某日晚 8 时许，刘某帮村民盖完房回家时，见到妻子与同村一男村民在街上谈话，声音很小。刘某走近时，发现他们两人面色慌张，遂怀疑两人有不正当两性关系，回家后便与妻子发生争吵。争吵过程中，刘某摔坏一个茶杯，妻子就生气地说，你有本事把房子烧了算了，这日子不过了。刘某听后点燃了自家的房子。房子起火后，二人均未采取扑救措施，导致大火蔓延，引燃了邻居家放在院内的部分油漆等易燃物品，并发生爆炸，当场炸死、炸伤 4 人。

本案问题：刘某放火焚烧自家财物并导致爆炸、起火的行为如何定性？

案例二

被告人张某（女）与李某系夫妻。张某是县计生指导站医生，李某经常酗酒后毒打张某。一天晚上 10 点左右，李某酒后回家，即对张某实施殴打，把张某打得遍体是伤，跪地求饶。李某打累了，躺在床上呼呼大睡。张某见状，想教训一下李某，即用绳子捆住李某的双脚，用布条捆住李某的一只手，留一只手是为了方便李某喝水，李某身边确有一杯开水。为了不让李某起身，张某又用布条在李某的脖子上缠绕了几道，然后绑在床上。第二天早上 6 点，张某见李某仍在睡觉便上班去了。当天早上 8 点，张某回家看到李某已落地身亡。张某遂向公安机关投案自首。

本案问题：张某的行为构成故意杀人罪还是过失致人死亡罪？

案例三

被告人李某，某国有公司司机；被告人张某，某国有公司董事长。一天上午，李某开车送张某去机场乘飞机到美国开会。在一拐弯处，突然有人横穿马路。由于车速太快，李某虽紧急刹车，还是将行人赵某撞伤。李某和张某下车查看，李某欲将伤者送往医院，但张某怕耽误时间误了班机，于是对李某说："你先将我送到机场再说。"李某有些犹豫，张某说："快点，别误了班机，有麻烦我担着。"

二人遂开车离去。赵某由于抢救不及时，失血过多死亡。

本案问题： 两被告人的行为构成交通肇事罪还是（间接）故意杀人罪？

案例四

　　被告人牛某因赌博欠下债务，遂产生盗窃想法。一天上午，牛某到邻村踩点，发现马某家无人，院内有一头牛，就趁机潜入马某家准备将牛牵走。这时马某刚好干完农活回到家，看到牛某正牵着自家的牛往外走，顿时恼羞成怒，用手中的铁锨朝牛某头部打去。牛某躲闪后弃牛逃走，马某紧追不舍，并在村外追上牛某，用铁锨朝牛某头部、背部猛打。牛某跪地求饶，并表示愿意随马某到派出所接受处罚。但马某仍旧猛打牛某，嘴里还喊着：今天非打死你这个小偷不可。牛某掏出随身携带的刀子朝马某右胳膊猛刺一刀，然后逃掉。马某伤情经法医鉴定属重伤。

本案问题： 牛某的行为是构成盗窃罪还是转化为抢劫罪？是构成故意伤害罪还是属于正当防卫？

案例五

　　被告人马某，某县检察院干警。马某与张某（女）有不正当的两性关系。一天上午，张某向马某借枪用。马某问张某："借枪干什么？"张某说："想把自家的狗打死吃肉。"马某便把单位为其配备的五四手枪（枪内有六发子弹）借给了张某。当天晚上，张某将其丈夫骗到乡下并将其枪杀。

本案问题： 马某的行为构成玩忽职守罪还是非法出借枪支罪？

案例六

　　被告人张某与邻村农民马某、王某、赵某一起赌博。张某身上带的 5000 元不到半天就输光了，其中的 4000 余元输给了马某。张某感到是马某、王某、赵某三人合伙欺骗自己，产生了要回自己的钱走人的想法。张某向马某提出，你赢我 4000 多元，给我 3000 元就行。马某不答应。马某说着就把桌面上的钱收起来，准备往口袋里装。这时张某猛地从马某手里抢过钱就跑，马某、王某、赵某三人迅速追赶，但没有追上。马某被张某抢去人民币 3400 元。

本案问题： 张某的行为是否构成抢夺罪？

案例七

　　被告人程某，无业市民；被告人黄某，某厂工人。一天中午，程某在一公交车站扒窃李某一张面额为 5000 元的活期存折（户名为李某，无密码）。程某自己不敢去银行取款，就找到其爱人在银行工作的黄某。程某对黄某说："我捡到一张5000元的活期存折，你帮忙给取出来，我分给你一半钱。"黄某问："真是捡的吗？"程某说："你别问那么多了，问多了对你也没好处。"黄某没再多问，并于当天下午通过其爱人李某在银行取出5000元交给程某。程某当即给黄某2500元。

本案问题：黄某的行为是盗窃罪的共犯还是单独构成犯罪？或是不构成犯罪？

案例八

被告人许某、王某均为某棉花收购站职工。某年冬季的一天晚上，许某、王某同本站职工李某、张某酒后在值班室烤火。此时，许某看到储棉仓库门外放着一堆散棉花，说："谁要是把这一堆棉花点燃，那仓库里价值六百多万元的皮棉一定烧得很壮观。"王某说："有本事你就点一把嘛。"许某说："我点着了谁负责。"王某说："我负责，你敢点吗？量你也不敢！"许某随即拿着一根正在燃烧的木材向储棉仓库门口走去。王某见状慌忙改口说："谁点谁负责，我不管，我是说着玩的。"说完向站外走去。许某说："别装孬，你不负责不行！"说着引燃了仓库门口的棉堆，火势迅速蔓延。李某、张某见状急忙拨打119。虽然救火人员及时赶到，但还是造成了三十多万元的经济损失。

本案问题：王某的行为如何定性？

案例九

被告人杨某，某乡政府干部。隆冬时节，杨某与包片乡干部王某一起去某村检查工作，当晚杨某与王某在村支书黄某家喝酒，王某大醉。当晚11时，杨某与王某一起回乡政府，途中，王某几次摔倒爬不起来，都由杨某将其扶起。王某不但不领情，反而骂杨某多管闲事。杨某非常生气，不再管王某，独自一人回乡政府睡觉去了。第二天早上，有人发现王某被冻死在回乡政府的路上。

本案问题：杨某的行为是否构成犯罪？如果构成犯罪，是间接故意杀人罪，还是过失致人死亡罪？

案例十

被告人苏某，男，货车司机。一天上午，苏某驾驶一辆东风牌货车往一乡村窑厂送煤。苏某将车开到村庄找窑厂主李某，并把车停到李某房前的土路上。李某上车准备与苏某一起去窑厂，苏某在土路上倒车调方向时，将在车后玩耍的李某5岁的女儿当场碾压致死。

本案问题：苏某的行为构成交通肇事罪还是过失致人死亡罪？

案例十一

被告人米 A，男，某县人寿保险公司司机。米 A 为占有本公司的帕萨特轿车（米 A 为该车司机），偷偷配制了一套车钥匙交与自己的弟弟米 B 伺机作案。一天晚上，米 A 与公司经理李某酒后去一洗浴中心洗澡，米 A 故意将车停在一隐蔽处，然后打电话给米 B，让米 B 偷偷将车开走藏起来。米 A 与李某洗澡后出来，米 A 故作惊慌地找车，并向公安机关报了案。

本案问题：米 A 的行为构成职务侵占罪还是盗窃罪？

案例十二

被告人于某，男，某县自来水公司临时工。一天上午，于某去黄某（女）家收水费，于某正要敲门，看到房门虚掩，就推门进去，他看到桌子上放着 150 元钱后顿起歹意，拿起钱要装进自己的口袋。就在于某边往口袋里装钱边向外走时，外出买菜的黄某回到了家。黄某大喊："抓小偷！"这时，于某上前打了黄某一拳、踹了黄某一脚后逃离现场。案发后，于某被公安机关抓获归案。

本案问题：于某的行为是否构成犯罪？构成何罪？

案例十三

被告人朱某、黄某系某县农机公司聘用的保安人员。朱某、黄某与无业人员李某、孙某（另案处理）共谋后，趁朱某、黄某值夜班之机，共同盗窃农机公司仓库内的开封牌农用拖拉机两台，销售后得款 16500 元。其中朱某、黄某各分得赃款 5000 元。案发后，朱某、黄某被公安机关刑事拘留。

本案问题：朱某、黄某的行为构成盗窃罪还是职务侵占罪？

案例十四

被告人李某、米某、叶某均为某村农民。三人密谋去某棉花收购站偷窃皮棉。一天晚上 10 点，李某、米某、叶某三人拉着架子车来到该棉花收购站。李某手持匕首同米某去值班室观察动静，见值班人员张某在屋内睡觉，即用木棍顶住值班室的门，使值班人员出不来，又用匕首割断值班室的电话线，使值班人员不能报警。然后，三人到库房内去拉皮棉。在三人拉皮棉的过程中，张某被惊醒，但也出不了门，窗上又安有钢筋护栏，电话也打不通，只好眼巴巴地看着三人拉走十二件皮棉，价值 5000 余元。

本案问题：李某、米某、叶某的行为构成盗窃罪、抢夺罪还是抢劫罪？

案例十五

被告人石某，男，某县城个体工商户。一天，石某身背一旅行包（包内装有30000元现金）去邢江市进货。到了邢江市天色已晚，石某便想步行找一旅馆过夜，途中遇到执勤的便衣民警李某和王某。李某和王某见石某东张西望，形迹可疑，便上前拉着石某的旅行包要进行检查，石某不允许。双方在纠缠中，李某说："我们是公安局的，请接受检查。"石某仍拒绝检查。石某误认为是有人冒充警察进行抢劫，就用随身携带的水果刀朝李某、王某身上乱刺，致李某重伤，王某轻微伤。

本案问题：石某的行为构成故意伤害罪还是过失致人重伤罪？

实训案例适用说明：

1. 实训案例采用抽签确定的方法。

2. 在下步的案例扩充、证据制作、程序操作等方面，均不得抹杀"本案问题"所述实体争议点，而应有意识地扩大争议点或为争议点的存在保留一定的余地。如果实训班级所抽案例罪名、性质相同，在获得指导教师同意的情况下，可以重抽。鼓励学生采用实践中真实存在且有争议的案例作为实训案例，但必须隐去案例中的真实姓名、办案机关等可能对外发生纠纷的情节。

第二单元 案例扩充与证据制作

项目一　案例扩充

案例扩充是模拟实训活动的基础性工作，它的作用有两个：一是为实训活动提供较为详尽的假定案件事实；二是为证据制作提供必要的依据。

任务一　把握案例扩充的要求

一、突出要件事实

案例扩充要突出实体法所规定的犯罪构成综合要件事实（犯罪构成要件事实＋同类犯罪特征事实＋具体犯罪的必要条件事实＝犯罪构成综合要件事实）。其基本做法是：根据实训案例对照实体法的规定剖析实训案例构成何种犯罪，该犯罪构成的综合要件是什么，尔后将实训案例扩充为以犯罪构成"综合要件事实"为基本框架，以具体的"情节事实"为内容，对与该犯罪事实相关的犯罪行为人，犯罪时间、地点、手段、方法、工具、原因、动机、目的、对象、客体、后果等进行详尽的叙述。在叙述中要处理好"要件事实"与"情节事实"之间的辩证关系。要件事实是扩充后的案例事实必不可少的事实。情节事实可分三种情形进行处理：与要件事实重叠的详写，与定罪、定性、量刑轻重相关的详写，其余的可略写或不写。

二、预伏争议要点

案例扩充不宜将案例事实扩充为铁案事实，要适当留出争议空间，除不准做全案无罪的案例扩充外，可以在定性、适用罪名、量刑轻重、过错责任诸方面，有意识地预伏争议点。预伏争议点一般采用明示的、暗示的或预留争议设置空间的方法。

三、适应操作需求

案例扩充是模拟实训活动的基础，因此，案例扩充应从实训目的、实训要求、实训时间、实训条件、实训能力等方面考虑。

（1）最大限度地体现实体上的争议性，以期通过实训活动，不仅使学生熟悉、掌握程序上的操作活动，而且提高学生运用证据的能力和解决实体问题的能力。

（2）案例扩充要难易适中，过简达不到实训目的，过繁则超出学生的实训操作能力，且易造成在有限的实训时间内不能圆满完成实训任务。

（3）案例扩充既要考虑再现案例事实证据种类的多样性，也要考虑学生证据制作条件和制作能力。

任务二　了解案例扩充的步骤

案例扩充可分为以下四个步骤进行：

第一步：解析实训案例；

第二步：补充要件事实、相关情节事实和必要的诉讼事实；

第三步：确定案例中所涉人物的具体身份和相互关系，确定案例中的各种情节及相互关系。

第四步：拟定扩充后的案例事实。

【实训案例】犯罪嫌疑人赵某系某企业的承包厂长。2002年1月，赵某承包该厂后，为避免亏损、降低成本，与主管生产的副厂长李某商量盗用邻厂的电。自2002年2月至2003年5月共盗用邻厂的电1250万千瓦，赵某授意会计辛某按本厂实际耗电量计入成本，节余电费由赵某、李某、辛某三人私分。

对这一案例的扩充方法和扩充要点是：

（一）案例解析

首先确定行为人的行为是构成一罪（盗窃罪）还是两罪（盗窃罪与贪污罪或职务侵占罪），再根据犯罪构成综合要件和实训需求补充相关要件事实和情节事实。

（二）补充要件事实、情节事实和相关的诉讼事实

（1）案发事实。

（2）相关企业的名称、性质。

（3）行为人的基本情况、履历、职务、家庭成员、社会关系及相互关系事实。

（4）盗电的具体方法、手段等。

（5）盗电量及价值的计算方法。

（6）所盗电节约成本在财务上的处理和私分方式，各自分得多少。

（7）三行为人在行为实施过程中与责任相关的情节事实。

（8）案发后是否认罪的事实。

（三）拟定扩充后的假定案例事实

项目二　证据设计

任务一　了解证据设计的概念

证据设计，是应模拟实训需求而提出的一个新概念。它是指在模拟实训过程中，以证据基本理论为指导，以假定案件事实为基础，以实体法规定的犯罪构成要件为根据，运用自行策划、构思、制作的种类形态证据体系，再现案件事实所进行的实训活动。证据设计可作狭义和广义两种理解：狭义的证据设计，专指在实训活动中，为再现假定案件事实而制定的证据体系、证据形态及证据内容的方案。而广义的证据设计，除包括证据设计方案外，还包括形态证据的制作和论证。我们在实训中的证据设计，以广义的证据设计为宜。

证据设计虽然属于理性思维范畴，但这种设计必须遵循证据事实与案件事实之间客观、内在、必然联系的客观规律；虽然是在根据主观意念臆造、完善假想证据体系，并用假想证据体系证明、再现假想案件事实，但在"臆造"证据和"完善"证据体系时，必须遵循运用证据的规则；虽然根据证据设计要求所制作的种类形态证据是假想的纯意志的产物，但这种人为制造的种类形态证据从形式到内容，从收集程序到固定方式，都必须符合法定种类证据收集、固定、审查、判断、运用的形式要求；虽然实训完成的证据体系所证明的事实是一种假定事实，但这一证明过程是合乎证明规则的过程，是符合与假定法律事实相对应的实体法对种类法律事实的构成要件的证明规范要求的证明过程。一句话，模拟证明活动虽然是一种以假定事实为基础、以模拟操作为手段的活动，但活动中所制作的形态证据及由各种形态证据所构成的证据体系比真实案件中的形态证据及证据体系还要"逼真""完美""理想"，完全达到了仿真的程度。用模拟的方式制作出完全合乎证据规格的个案证据体系，从中真切体验理想化的、完全合乎证据规格要求的证据体系的形态标准，从而使实训者形成一种心理定式，使其将来在实际操作中，自觉地按证据规格规范自己收集、固定、审查、判断、运用证据的活动，保障办案质量，这才是模拟实训的真正目的。正因为如此，虽然我们进行的是不会对模拟当事人产生真实法律后果的"虚假""仿真"诉讼活动，但活动的方式、规则、程序及验证活动的合法性、科学性、规范性较真实的诉讼活动应当更严格、更规范、更科学、更细致、更具体。

任务二　明确证据设计模式

模拟实训中的证据设计首先应考虑证据设计的模式，正确的模式应以再现假定案件事实并达到理性证明要求为标准。为达到此目的，在研究证据设计模式时，首先应考虑犯罪构成一般要件和种类犯罪构成的必要条件、行为人实施犯罪行为的方式、假定犯罪事实中各种影响定罪量刑的情节和拟定证据形态等对证据设计模式的影响。

所谓刑事证据模式，亦称刑事证据规格模式，它是刑事案件的认识主体在刑事证据基本理论的指导下，在刑事立法的规范下，根据犯罪构成综合要件，依照一定的思维定式，对所证明问题的证据种类、数量和内容所做的列式。在模拟实训中，可依照不同情况，采用下列模式。

（一）综合要件式

综合要件式亦称要件式，其基本依据是《刑法》关于犯罪构成要件、类别犯罪的特征要件及种类犯罪构成的必要条件，该模式将要件、条件事实作为证明问题。也就是说，综合要件式是指从实体法对犯罪构成的诸要件出发，确定需要证明的问题及相应形态证据所做的列式。其列式为：

（1）证明刑事被告人（亦指犯罪嫌疑人，下同）自然情况的证据。主要有户籍，档案资料，有关机关、单位证明，言词证据等。

（2）证明刑事被告人有无前科、劣迹的证据。主要有判决书，处罚决定书，有关机关、组织的证明材料，言词证据等。

（3）证明刑事被告人案发后表现的证据。包括：是否投案自首的证据，是否积极弥补、减少犯罪损失的证据，是否有逃跑、作伪证、毁灭罪证、继续犯罪行为的证据。主要有书证、物证、言词证据等。

（4）确认犯罪行为人的证据。主要有指认、辨认笔录，犯罪嫌疑人、被告人供述，证人证言，被害人陈述，物证，勘验、检查笔录，鉴定意见，视听资料、电子数据等。

（5）证明犯罪行为的证据。包括：证明犯罪行为实施的时间、地点、对象、工具、手段、具体情节、结果等方面的证据。各种言词证据和各种实物证据均可作为此项证明的形态证据。其中，应注意实体法对"情节"的特别要求，如"情节恶劣""情节严重""严重危害""重大损失""情节一般""情节轻微""情节、后果特别严重"等，应有相应形态证据予以证明并达到证明要求。

（6）证明犯罪行为的目的、动机和原因的证据。其中，应特别注意实体法将"目的"作为犯罪构成必要条件的，应有充分、确实的证据证明。主要有书证、视听资料、电子数据、言词证据等。

（7）证明赃证物品的证据。主要有提取证明、评价证明、特别保管证明、销赃证明、移转证明、发还证明等书证和言词证据等。

（8）需要判处财产刑或者进行附带民事诉讼的，应有证明刑事被告人、附带民事被告人财产状况的证据。主要有书证、言词证据、现场勘验笔录、实物评价证明等。

（9）证明刑事被告人健康状况、精神状态的证据。主要有诊断证明、病历档案、司法鉴定等。

（10）其他需要证明事实的证据。包括诉讼事实、证据事实等，应有相应的形态证据予以证明。

（二）展开要素式

展开要素式亦称要素式，它是根据犯罪学从犯罪构成的诸要素出发，对需证明的问题及相应形态证据所做的列式。犯罪学的基本理论共识之一，构成犯罪的基本要素包括七个方面，俗称"七何要素"，即"何人""何时""何地""何原因、动机、目的""何手段、方法、工具""何对象、客体""何后果"。据此，需证明的问题和相应形态证据的基本列式如下。

1. 人

人，亦即犯罪行为人。对"人"的证明内容有自然情况，以往表现及犯罪中、犯罪后的表现情况，健康情况，特别是具体的人是不是特定的犯罪行为人。证明上述各证明内容的形态证据可参照要件式中的（1）、（2）、（3）、（4）列式。

2. 时间

（1）认定案件发生时间的证据。主要有言词证据，勘验、检查笔录，鉴定结论等。

（2）确认刑事被告人有作案时间的证据。主要有书证（如考勤登记、住宿登记、交通票证）、言词证据等。

（3）证明法律时间效力的证据。包括实体法的溯及力和追诉时效。此类证明只在发生争议或易于产生疑问时才作为证明问题，其证明方法主要是确认犯罪行为实施的时间并对照立法规定进行测算。

3. 地点

（1）认定案件发生在特定空间的证据。主要有勘验笔录、物证、书证、视听资料、言词证据等。

（2）确认刑事被告人在特定时间进入特定空间的证据。主要有勘验、检查笔录，物证及对物证的检验、鉴定，书证，视听资料，言词证据等。

（3）排除他人在特定时间进入特定空间的证据。主要有勘验、检查笔录，物证及对物证的检验、鉴定，书证，视听资料，言词证据等。

（4）证明法律对特定犯罪地点、地域效力的证据。此项证明的提起及证明方法与以上 2（3）相同。

4. 原因、动机、目的

（1）证明刑事被告人实施犯罪行为的原因，即推动其实施行为的内心起因的证据。包括导致其行为的客观原因证据、被害方有无过错及对案件的引发有无责任的证据、行为人出于卑劣原因而实施犯罪行为的证据，主要有言词证据、有关物证、书证、对犯罪所得财物的用项的证据等。

（2）证明刑事被告人实施犯罪行为所追求的目的的证据。如报复陷害、图财害命、为了达到某种政治目的等证据，主要有物证、书证、言词证据、视听资料、电子数据等。

5. 手段、方法、工具

证明刑事被告人具体实施犯罪行为的手段、方法、工具，也即证明其具体实施犯罪行为的过程、情节、手段的证据。主要内容包括：

（1）证明准备实施犯罪的证据。如策划、创造条件、准备工具等，主要有物证、勘验笔录、书证、言词证据、视听资料、电子数据等。

（2）证明开始实施犯罪的证据。主要有物证，书证，勘验、检查笔录，言词证据，视听资料，鉴定意见等。其中，对于"手段、方法、情节"等可能涉及罪与非罪、此罪与彼罪、重罪与轻罪的应予注意。

6. 对象、客体

犯罪所侵犯的对象与客体是相互联系但不属于同一范畴的两个概念。但鉴于客体总是以一定的具体对象为依托，只有查明其所侵犯的对象的具体客体，才有刑法上的意义，故而，通常将"对象"与"客体"列入同一证明范畴。主要内容包括：

（1）确认犯罪行为所侵犯的具体对象的证据，如具体的自然人、具体的财物、具体的单位等，其形态证据可以是各种类证据。

（2）确认犯罪行为所侵犯的是刑法保护的何种社会关系，如人的生命权、健康权、名誉权、民主权，还是财物的所有权、收益权、使用权、经管权等，其形态证据可以是各种类证据。

7. 后果

后果，亦即犯罪行为所造成的社会危害结果，既包括有形结果（人的伤害、死亡，财物的毁坏、丧失），也包括某些无形结果，如妨害了社会管理秩序，妨害了正常的生产、生活、教学秩序等。刑法不将后果作为犯罪构成必要条件的（如危害国家安全罪等），后果包含在行为之中，只要实施了行为，就认为具备了后果要素。证明后果的主要形态证据有物证，鉴定意见，勘验、检查笔录，视听资料及言词证据等。

任务三　把握证据方案设计实施

在刑事、民事、行政诉讼的模拟实训中，通常的做法是，先确定实训案例，尔后要求实训者设计模拟诉讼流程和模拟形态证据体系结构方案。故而，证据设计方案，亦即模拟形态证据体系结构方案。因此，所谓证据设计方案，是指为了运用模拟形态证据再现假定案件事实而精心设计的，由各种种类形态证据组成的，在证据内容上相互关联、相互印证的，形成一个完整证据体系的形态证据组合方案。

一、证据设计方案的基本要求

证据设计方案以运用假想形态证据的有机组合再现假定法律事实为目标，这一目标决定了在设计证据方案时，必须符合下列基本条件（可将这些基本条件称为基本要求）。

1. 规格性要求

证据设计方案以运用假想形态证据的有机组合再现假定法律事实为目标，那么，"再现"到什么程度就成为证据设计方案首先必须考虑的问题。在司法实践中，任何诉讼案件的证据体系都不可能达到完全再现客观案件事实一切细枝末节的程度。同样，在模拟实训中，不要求所设计的证据方案达到再现假定法律事实所有细枝末节的程度。掌握到什么程度，也就是掌握一个什么标准、什么规格的问题。从理论上讲，证据设计方案应达到相应种类法律事实所要求的证据规格。具体要求是：

（1）实体法对相应种类法律事实所规定的综合要件，必须有足够的证据予以证明。

（2）对定罪、案件性质、案件的处理有决定作用或重要影响的事实、情节必须有相应的证据证明。

（3）证据设计允许设置矛盾、疑问，而且这些矛盾、疑问对确认行为人、行为的性质以及对案件的处理要有意义。但是，应有一定量的证据显示排除矛盾和疑问的倾向性，以达到争议性和确定性并存的效果。

2. 多样性要求

为了使学生在模拟实训中掌握制作、审查判断各种法定证据的基本要领，学会收集、审查、判断、运用各种种类证据的基本要领，在设计证据方案时，应注意形态证据种类的多样性，能选多种形态证据时，绝不允许少选。应注意选用客观性较强的物的证据，尽量以间接证据为优先考虑的方向，不允许为图省事，将单一的直接证据作为再现假定法律事实的主干证据体系。

3. 充分性要求

在证据设计中，必须注意任何证据都不能单独证明法律事实的某一部分、某一情节、某一片断，要避免出现孤证，必须注意任何证据本身不能自证其真实性，必须有相应的证据予以印证；要懂得证据的充分性是指证据体系的完整性和证据体系在其价值上的绝对排他性的原理，并将其运用到证据设计中。因此，在证据设计中要达到充分性要求，必须做到以下几点：

（1）实体法犯罪构成要件的事实，是绝对必证事实，必须有足够的形态证据予以证明。

（2）犯罪构成要件之外的其他法律事实情节，除可以采用司法认知、推定等方式予以认定的外，可称之为相对应证事实，对相对应证事实一般也应有证据予以证明，在这些相对应证事实可能对案件的定性、处理产生影响时，必须有足够的证据予以证明。

（3）证明上述（1）（2）条所列事实之证据，不允许是孤证，而应是相互印证、构成证据锁链的系列证据。

（4）法律对证据的种类、证据的数量、出证主体有特别明确要求的，依照法律规定衡量其充分性要求；法律无明确要求的，依照证据法原理衡量其充分性要求。

二、证据设计的程式

为了保证证据设计方案的规格性、完整性、科学性、实用性，在拟定证据设计方案时，必须遵照一定的操作规程，选用恰当的模式，我们称之为程式。

假定法律事实俗称案例事实，它是证据设计的基础、出发点和归宿，只有对案例事实认真分解、剖析和合理扩充，才能为证据设计提供符合实体法犯罪构成要件要求的基础事实。

1. 对照

将案例事实与实体法相对照，选择与假定案例中所叙述的法律事实相近的一个或数个法律条文，并将实体法具体法条和相应实体法总则部分的相关法条予以综合，排列出一个或数个假定法律事实的综合构成要件。这些综合构成要件事实，就是证据设计方案中首先考虑的必证事实。当出现一个案例与实体法中数个法条相近的情形时，或是案例事实有意、无意没有明示与区分要件相关的假定事实、情节，或是故意模糊了与要件事实相关的事实或情节的情况时，处理方式有两种：一是扩充或明确相关事实或情节，使案例事实与实体法法条假定事实完全吻合，消除争议；二是保留原状，使模拟实训具有争议性。

2. 分解

将案例事实依照与实体法相同或相近的假定法律事实构成要件予以分解，分解后的案例事实是符合同类、同种犯罪构成各要件的综合性事实。分解后若发现案例事实未涉及综合构成要件中的一个或数个构成要件事实，则需要对案例事实进行扩充。

3. 扩充

对案例事实进行扩充的目的有两个：一是对法定要件事实进行补漏释疑性的扩充，这是为了完善假定案例事实，使之与法定假定法律事实构成要件相吻合，或者消除不必要的争议；二是增加某些情节、论断，使模拟实训更具技巧性、趣味性、争议性。应当明确，前者的消除争议和后者的制造争议都是必要的，其总体原则是，既不能使实训案例最终无法做出法律处理，也不能使实训中模拟诉讼各方均无异议或异议无据。

三、形态证据种类及各具体种类证据证明内容的设定

根据对假定法律事实剖析后所分解的绝对必证事实、相对应证事实、扩充的情节事实，以选定模式的规格要求，运用相应的具体种类形态证据和该证据所包含的内容编排、组合成以形态证据为表现形式的证据体系。在一个具体种类证据中，既可以证明数个要件、数个情节所拟定的假定事实内容，也可以证明一个要件、一个情节所拟定的假定事实内容，甚至可以仅证明一个要件、一个情节事实中的某一部分、某一片断；所显示的证明内容既可以是单独明示的，也可以是只有与其他种类形态证据相结合才能显现其证据价值的，甚至可以将其证据价值隐蔽在其外部形态之中。要适当设定一些相反的证据、无证据价值的证据，甚至违反证据规则的证据。

当预先拟定的假定法律事实的必证要件事实、相对应证事实、有关情节事实，均有足够证据予以证明时，即可视为设计方案基本完成。证据设计方案应根据模拟证据的制作、情节的扩充、矛盾的设置以及其他变化了的情况不断进行补充、完善。在确定种类证据形态时，要注意种类证据的多样性和与实训条件的适应性，既要从不同角度、不同方面选用多种类形态证据，又要避免超越实训条件、超越实际水平设置一些根本无法完成或即使经过努力也无法揭示其证据价值的形态证据。

项目三 模拟实训中的证据论证

模拟实训中的证据论证是检验实训质量、提高实训水平的重要环节。证据论证是以证据立法为依据，以证据基本理论为指导，对运用证据的操作规程是否适合和运用证据证明假定案件事实是否符合证明要求的论证性实训活动。通过阶段性证据论证，以明确证据设计、证据制作、组合和运用模拟证据认定案件事实、进行程序运作的基本思路和要求，做到随时补遗拾漏，提高实训质量。就实训而言，证据论证是评价实训成绩的重要方面，也是提高证据学理论水平和运用证据能力的重要方法。因此，模拟实训中的证据论证是必不可少的基本实训内容。

任务一 了解证据论证的基础工作

在实施证据论证前，应做好以下基础工作。

1. 熟悉相关证据立法和实体法

我国目前尚无专门的证据立法，证据立法分散在刑事诉讼立法之中，主要有关于证据和运用证据的原则、证据的收集程序和固定方法、各种诉讼程序提起和终结的事实条件及证据条件，亦即不同诉讼阶段、不同诉讼决定的证明范围及证明要求等。在证据论证前，必须对这些立法规定加以掌握和理解。

在实施证据论证前，应熟知实体法关于所涉假定犯罪事实的构成要件（包括一般犯罪构成要件、种类犯罪构成要件和具体罪种的必要条件）和与定罪、处罚相关情节的规定，并能结合实训需要分列成具体的要件、条件细目。

2. 熟悉假定犯罪事实

由于证据论证是对能否用模拟制作的形态证据证明具体实训案件事实的论证，因而应熟知实训中的假定犯罪事实的构成，并能够在合理扩充有关情节的基础上细化为具体的证明对象。

3. 熟悉证据设计方案和拟制的形态证据

除证据设计前的证据论证是为科学拟定证据设计方案提供理论和法律依据外，其他的证据论证实际上是对前段实训的检验和完善，要想论证前段证据的制作、组合是否符合要求，则必须从设计方案和已制作的具体形态证据入手。

任务二　理解证据论证的内容

1. 规范性论证

规范性论证主要是审查各个形态证据在形式上是否合乎法律规范要求，包括其外部形式是否规范，证据固定的形式是否符合法律要求，制式文书是否符合实训规格要求，能否正确反映证据的来源、证据的固定和制作方式，以及反映证据内容的文字、图表、有形物体等是否清晰明了等。

2. 合理性论证

合理性论证主要是审查各个形态证据的内容是否合乎情理，比如提供证言的人的言词与他的模拟身份、知识、经历、对案件事实感知的具体情况等是否相适应，有无违反常规、逻辑规则、一般定理、定律、规律的情形，其可信度如何等，要注意排除形态证据自身、形态证据相互之间及形态证据与假定案件事实之间的矛盾。

3. 证明性论证

证明性论证是证据论证的核心内容，它包括单个形态证据与假定案件事实之间是否存在关联性的论证，组合证据对相应证明事项的证明程度的论证，以及全案形态证据对假定案件事实的证明是否达到确实、充分、排除其他可能和结论唯一性的程度的论证三个方面的内容。证明性论证可从单个证据入手，立足证明同一事项的组合证据，最终归结于全案证据对假定案件事实的证明度是否达到了证明要求。

任务三　把握证据论证后的处理及要求

（1）对于不规范、不合情理的形态证据应当废除，重新制作，或者不装入正式的实训卷宗。

（2）对于证明性欠缺的证据应补充制作，补充制作证据可采用退回补充侦查、自行补充侦查、制作排除性调查笔录等方式。

（3）担负证据论证的理论指导小组对上一工序运用证据情况进行论证的，负责对上一工序实训成绩进行评定，并在书面论证报告中明示。

（4）书面论证报告应随案移送并作为下一工序对该工序实训成绩评定的依据之一。

项目四　种类形态证据的制作

制作种类形态证据阶段是全面实现证据设计方案的模拟操作阶段，也是模拟实训的基础工作阶段。它与办理真实案件相比，仅仅是把证据的收集与固定这一实践活动，改为根据实训需要，按照实训群体设定意向的模拟操作，亦即制作活动。因此，这种"制作"活动必须遵循证据的收集与固定的其他基本规则，具体要求如下。

一、必须按照种类形态证据的外部形式制作

各种法定种类证据，都有其特定的外部形式，有的种类证据还有相对固定的格式，如讯问、询问笔录，尸检报告，鉴定意见，勘验、检查笔录，搜查、扣押笔录等吧。对于这些种类证据，必须按其固定的格式进行制作。

二、必须按照收集、固定各种形态证据的法定程序制作

《中华人民共和国刑事诉讼法》（以下简称《刑事诉讼法》）对各种证据的收集有严格的程序规定，主要内容如下。

1. 言词证据收集程序

（1）讯问犯罪嫌疑人，必须由人民检察院或者公安机关的侦查人员负责进行，讯问的时候，侦查。侦查人员在讯问犯罪嫌疑人的时候，应当首先讯问犯罪嫌疑人是否有犯罪行为，让他陈述有罪的情节或者无罪的辩解，然后向他提出问题。讯问不通晓当地语言的外国人、聋、哑的犯罪嫌疑人，应当有通晓聋、哑手势的人参加，并且将这种情况记明笔录。讯问未成年犯罪嫌疑人、被告人时，应当通知其法定代理人到场，无法通知、法定代理人不能到场或者法定代理人是共犯的，也可以通知未成年犯罪嫌疑人、被告人的其他成年亲属，所在学校、单位、居住地基层组织或者未成年人保护组织的代表到场，并将有关情况记录在案。拘留、逮捕后的

讯问，必须在法定 24 小时内进行。讯问笔录应当交犯罪嫌疑人核对，对于没有阅读能力的，应向他宣读；如果记载有遗漏或者差错，犯罪嫌疑人可以提出补充或者改正。犯罪嫌疑人承认笔录没有错误后，应当签名或者盖章，侦查人员也应当在笔录上签名。对不需要逮捕、挽留的犯罪嫌疑人，可以传唤到犯罪嫌疑人所在市、县内的指定地点或者到他的住处进行讯问，但是应当出示人民检察院或者公安机关的证明文件。对在现场发现的犯罪嫌疑人，经出示工作证件，可以口头传唤，但应当在讯问笔录中注明。

（2）询问证人、被害人，除遵守讯问犯罪嫌疑人、被告人的有关程序规定外，还应告知他应当如实地提供证据、证言和有意作伪证或者隐匿罪证要负的法律责任。

2. 实物证据收集程序

（1）收集物证、书证、视听资料时，应以一定的方式反映该实物证据的来源，如制作扣押单、提取物证清单。在上述清单中，应写明物品的名称、数量、主要特征等，提取、扣押该实物的司法人员、物品保管人、见证人等应在该清单上签字或者盖章。该实物适宜随卷移转的，在将其放入物证袋或装订在卷宗内；不适宜随卷移转的，应将存放该物证的凭据、照片或其他文字资料附卷。

（2）勘验、检查笔录的制作。需要对有关现场、物品、尸体、人身进行勘验、检查时，应将勘验、检查的情况制作成文字笔录。笔录内容包括：时间、地点、客观环境及客观条件；勘验、检查的目的、对象；参加勘验、检查的司法人员、技术人员、见证人及其他在场人员；勘验、检查的方法、方式、步骤；勘验、检查所见等。进行制图，拍照，提取有关物品、痕迹，应在笔录中写明该制图、照片属笔录的组成部分。勘验、检查笔录由在场书记员制作，核对无误后由参与勘验、检查的司法人员、技术人员、见证人、在场的其他人签字或者盖章。

3. 鉴定意见制作程序

批准程序：由办案人员提出关于需要鉴定理由、目的的书面报告，报请主管负责人同意，并确定指定或聘请进行鉴定的机关、人员。送鉴程序：将请求鉴定的书面材料、送鉴物（必要时包括比对物）等一并送鉴定机关，必要时应将卷宗一并送鉴定机关。鉴定意见中应写明：请求鉴定机关，鉴定目的，送鉴定物品，鉴定过程及鉴定中所得各种数据、资料、分析意见、结论意见，并由鉴定机关加盖公章，鉴定人签字或者盖章；数个鉴定人意见不一时，应将不同的意见写入鉴定意见。

三、必须按照诉讼流程设计所要求的序列、程序、规范制作

在模拟实训中，模拟形态证据应按照模拟实训诉讼流程设计所规范的诉讼进程和程序法的规范要求制作，通常需要考虑以下问题：

（1）时间顺序。在实际模拟实训操作中，某一系列证据的制作往往在一两天内即可完成，制作的真实日期和诉讼流程日期不可能一致，这就要求模拟主体在制作某一形态证据时，不能以制作的真实时间作为制作日期，而应以流程设计的时间和充分考虑实际收集证据所需的时间间距排列制作日期。

（2）证据来源规则顺序。在制作形态证据时，应充分注意证据来源规则顺序，在实践中，如果某一证据系另一证据的来源，那么两者应以先后顺序制作，不应出现倒置。

（3）按照不同诉讼阶段、不同诉讼决定的证明任务制作证据。由于各个诉讼阶段、不同诉讼决定的法定证明要求不同，加之人们对案件事实认识的客观规律总有一个逐步完善、深入的过程，因此，在制作模拟证据时，应充分认识这一法律要求和客观规律，不要一步到位，而要逐步充分；不要全而又全，而要留有余地、缺口、疑点。

附：各种类形态证据制作样本

一、现场勘查笔录

现场勘查笔录（室内）

发现/报案时间：2013 年 6 月 3 日 2 时 10 分

现场保护人姓名、单位：张文、董秀，临江县千童管件厂职工

现场保护人到达时间：2013 年 6 月 3 日 2 时 15 分

勘查时间：2013 年 6 月 3 日 3 时 20 分至 2013 年 6 月 3 日 3 时 50 分

勘查地点：临江县千童管件厂办公楼二楼财务室

指挥人姓名、单位、职务：单清江，临江县公安局刑警大队 大队长

其他勘查人姓名、单位、职务：闫磊、姜峰，临江县公安局刑警大队民警；赵粟，临江县公安局痕迹技术员；粟振鹏，临江县公安局照相技术员

见证人姓名、住址、单位：董秀，住临江县凤凰小区 5 号楼 3 单元 302 室，临江县千童管件厂财务科科长

现场条件：气温 17~18℃，相对湿度 35% ~40%

勘查过程及结果：2013年6月3日凌晨2时许，临江县千童管件厂职工刘勇、邹富贵在本厂财务科抓获一盗窃分子，并扭送至我局刑警大队。

我局接警后，即由县局刑警大队大队长单清江带领刑警大队民警闫磊、姜峰，痕迹技术员赵粟、照相技术员粟振鹏于3时20分到达现场。到达现场时，现场已由千童管件厂职工张文、董秀保护起来。

据张文、董秀反映，他们在6月3日2时05分接到本厂职工刘勇电话，称单位财务室被盗，盗窃分子被抓获，并被扭送公安局。张文、董秀立即赶到现场并对现场予以保护。

现场勘查由县局刑警大队大队长单清江指挥，由民警闫磊制作现场勘查记录，姜峰制作现场勘查平面图，粟振鹏负责现场照相，并邀请千童管件厂财务科科长董秀作为现场勘查见证人。

现场位于千童管件厂大院西侧办公楼二楼。办公楼大门向南，上二楼有楼梯22级。二楼楼梯东南侧第一间为财务科，科室门向北。财务科东侧为副厂长室，西侧为小会议室。财务科门高190厘米、宽80厘米，有2层，外层为蓝色铁棱制虎牌防盗门，锁扣处被撬开，油漆剥落，门已经轻度变形；内层为木制门，锁扣处有撬痕，宽3厘米，系改锥类铁器所留。财务室为内外屋结构，地面系洋灰结构，外屋南侧、北侧各有一排沙发，共有两个茶几，屋东侧正中为里屋门，高190厘米、宽80厘米。里屋内靠南侧窗下有一张办公桌、一把办公椅，椅子在办公桌东面靠墙，办公桌中间抽屉被撬开，暗锁已变形，抽屉上沿有两条3厘米的撬痕，内有账目表21张凌乱地摊开，其他抽屉无损坏；屋西北角有60厘米×40厘米×40厘米的铁制奇人牌保险柜，未损坏。现场经认真搜索后未发现其他物证及痕迹。

现场勘查于6月3日3时50分结束，制作现场图一份，拍摄照片17张，制作现场笔录一份。

指挥人：单清江

勘查人：粟振鹏　赵　粟　姜　峰

见证人：董　秀

记录人：闫　磊

2013年6月3日

现场勘查笔录（室外）

发现／报案时间：2013年6月3日14时20分

现场保护人姓名、单位：林东、吴伟，临江县临江镇派出所民警

现场保护人到达时间：2013 年 6 月 3 日 15 时

勘查时间：2013 年 6 月 3 日 15 时 17 分至 2013 年 6 月 3 日 18 时 30 分

勘查地点：临江县临江镇西八里村东砖窑

指挥人姓名、单位、职务：单清江，临江县公安局刑警大队，大队长

其他勘查人姓名、单位、职务：周建忠、刘国权、闫磊，临江县公安局刑警大队民警；孟东方、刘欢峰，临江县公安局法医；赵粟，临江县公安局痕迹技术员；粟振鹏，临江县公安局照相技术员

见证人姓名、住址、单位：孙博，住临江县临江镇西八里村，系该村村主任

现场条件：晴天，气温 21~24℃，偏南风 1~2 级，相对湿度 21%~27%

勘查过程及结果：2013 年 6 月 3 日 14 时 20 分，临江县公安局刑警大队民警在审讯涉嫌盗窃的犯罪嫌疑人张军立时，张军立供述 2013 年 6 月 2 日晚其伙同王亮、刘洁绑架并杀害临江县天然不锈钢有限公司经理王超，并将尸体抛在临江县临江镇西八里村东砖窑内。

了解现场情况后，刑警大队长单清江先用电话通知临江镇派出所民警前往作案现场，然后带领刑警队民警周建忠、刘国权、闫磊，法医孟东方、刘欢峰，痕迹技术员赵粟，照相技术员粟振鹏，于 15 时 17 分到达现场。到达现场时，现场已由临江镇派出所民警林东、吴伟和临江镇西八里村村主任孙博保护起来。

据临江镇派出所民警林东、吴伟介绍，他们在接到刑警大队长电话后，于 15 时到达现场，发现在砖窑内东侧有一人仰面躺在地上，已死亡，颈部缠绕一根麻绳，面部有血迹，两只手分别放在身体两侧。

现场勘查由临江公安局刑警大队大队长常清江负责指挥，由民警闫磊制作现场勘查笔录，周建忠、刘国权制作现场平面图，照相技术员粟振鹏负责现场照相，赵粟、孟东方、刘欢峰进行现场勘查，并邀请临江镇西八里村村主任孙博作为现场勘查见证人。

砖窑位于西八里村村东空地上，四周 1.7 公里范围内无建筑物，均为农田。砖窑南侧有一个拱形门，高 1.5 米、宽 1 米左右，砖窑内高约 4.5 米，面积约为 9 平方米，软土地面。尸体位于砖窑内靠东侧，距窑门约 2.7 米，距东侧墙 0.7 米，尸体仰面躺在地上，头北脚南。尸体体形偏瘦，中长发，年龄为 40 多岁，面部双目睁开，鼻孔处有血迹，口微开，舌半露在唇处，嘴角处有血迹，颈部缠绕一麻绳，绳在颈部缠一圈；上身穿白色衬衣，下身穿蓝色西裤、黑色袜子、黑色皮鞋，身上无其他物品。

砖窑内地面上脚印凌乱无法提取，无其他物证。经对砖窑四周进行搜索，未发现其他物品。

现场勘查于 6 月 3 日 18 时 30 分结束，尸体交由法医带回县局法医室进行解剖检验。现场拍摄照片 25 张，绘制现场图两张，制作笔录一份。

指挥人：单清江

勘查人：周建忠　刘国权　刘欢峰　孟东方

技术员：赵　粟　粟振鹏

见证人：孙　博

记录人：闫　磊

2013 年 6 月 3 日

二、尸体检验报告

临江县公安局
尸体检验鉴定书

（2015）临公（刑物）鉴（化）字［30］号

2015 年 5 月 6 日 23 时，临江县公安局 110 指挥中心接报："2015 年 5 月 6 日 22 时许，临江县王庄乡上家庄村村民付雨朝（男，40 岁）被他人杀死，要求迅速派人勘验现场，检验尸体。"临江县公安局武警大队遂安排法医刘贵福、韩运奇前往现场，于 2015 年 5 月 7 日 10 时在付雨会房后对付雨朝的尸体进行了检验。

衣着：死者上着深红色衬衣，右前襟与后身的缝合处有 14.7 厘米 ×2 厘米的破口、15 厘米 ×8 厘米的三角破口、1.2 厘米 ×1.2 厘米的破口共三处，右衣襟从上数第 3、4、5 个纽扣缺失，第 4 个纽扣外侧 4 厘米处有 8.3 厘米 × 25. 厘米的破口；下着火灰色裤子、绿色秋裤、灰色裤衩；双脚穿黑色布鞋、米黄色袜子。死者衣服上均沾有血迹。

检验：死者身长 176 厘米，发长 6 厘米，皮肤颜色为土黄色，尸僵已出现在全身各关节。角膜透明，瞳孔直径均为 0.5 厘米，口腔内有血液、泥土，舌在齿列内，牙齿完整。左眉弓上有 3.5 厘米 ×0.5 厘米的皮下出血区，右眉弓上有 1.6 厘米 ×0.2 厘米的皮下出血区，左颞部有 4 厘米 × 4 厘米的肿胀区，左额顶部有 4.5 厘米 × 2 厘米已愈合的条状斑痕，左颈部有 4.2 厘米 × 0.6 厘米的皮下组织出血，左肩部有 2.6 厘米 ×1.6 厘米的皮损伤，左肩部有 3 厘米 × 0.5 厘米的皮下组织出血，右乳房内侧 4 厘米处有 5.5 厘米 × 2.1 厘米的刺创，深达胸腔，右乳房外侧有 4 厘米 × 0.2 厘米的皮下组织出血，右大腿中段前侧有 11 厘米 ×1.0 厘米的皮下组织出血，右膝部有 12 厘米 × 7 厘米范围的点状、片状不规则的皮损伤，右小腿中段背侧有 6 厘米 ×1.0 厘米的皮下组织出血，左内踝部有 2 厘米 ×1.3 厘米的皮下组织出血，左前臂内侧有 0.7 厘米 ×0.3 厘米、1.2 厘米 ×0.2 厘米的皮损伤，左手食指背侧有 0.3 厘米 × 0.3 厘米的皮损伤，右前臂有 1.5 厘米 × 3 厘米的皮损伤，右肘部有 4 厘米 ×8 厘米的皮损伤，左肘部有 12 厘米 × 0.8 厘米不规则的片状皮下组织出血。上肢指甲青紫色，下肢趾甲苍白色。

解剖可见：右侧 5、6 软肋被刺断，创口周围有 10 厘米 ×4 厘米的出血区，右侧胸腔内有大量凝血块，约有积血 1000 毫升。右肺中叶有 2.5 厘米 ×0.5 厘米的贯通伤。尸体其余部位未见明显异常。

结论：根据尸体解剖检验，死者付雨朝系被他人用锐器致肺脏破裂致创伤失血性休克死亡。

检验人：临江县公安局 刘贵福 韩运奇

2015 年 5 月 7 日

邢江市公安局
尸体检验报告书

（2015）邢公刑技法检字第 016 号

一、案情摘要

2015 年 8 月 5 日 17 时 18 分，邢江市公安局指挥中心刘宾接东营派出所副所长周林电话报案称：今天下午西营村杨祖等人发现西营村村南玉米地中有一具女尸。接报后，副局长张国忠、大队长刘强带领侦技人员迅速赶赴现场，于当日 18 时 30 分开始在现场对尸体进行检验，于 19 时 20 分检验结束。在检验过程中死者随身携带书包内有学生证，证实死者为：田雨，女，上庄乡南营村人。

二、尸体检验

死者田雨，女，24 岁，上庄乡南营村人。尸体上身着杏黄色方格半袖上衣，上衣被卷至胸部，内穿白色乳罩；下身着深蓝色长裤，被扒至裆部，内穿白色裤衩；足穿肉色丝袜。

尸体长 157 厘米，发育正常，营养良好，尸斑位于背、腰及大腿后侧未受压处，呈红褐色，尸僵已开始缓解。

头面部：发长 10 厘米，头皮无破损，颅骨未触及骨折；眼角膜微浑浊，瞳孔正大等圆 0.6 厘米，睑结膜有出血点；耳、鼻腔未检见异常；唇黏膜及齿龈紫绀，牙齿无松动脱落，右口角及右上唇部分缺如，创缘不整齐呈类锯齿状，创缘无出血反应；舌位于齿列内。

颈部：颈前喉结处可见 10 厘米 ×4 厘米范围内的皮下出血区，该区内靠右侧颈部可见一纵行月牙状 1.0 厘米的皮下出血区，颈前部可见形态不规则皮革样化的表皮剥脱伤。左胸锁关节处可见 2.0 厘米 ×0.5 厘米的皮下出血区。

胸部：未检见异常。

腹部：未检见异常。

背腰部：未检见异常。

四肢：右腋窝前缘有 3.5 厘米 ×2.0 厘米的皮下出血区；右食指末节指腹可见一横行 0.8 厘米长的小创口，深及皮下，创缘不整，有生活反应，右无名指末节指腹可见 0.2 厘米 ×0.2 厘米的表皮剥脱伤；左中指末指腹可见三个横行并排的长分别为 0.3 厘米、0.5 厘米、0.8 厘米的小创口，深及皮下，创缘不整，有生活反应，甲床根部可见一对应的 0.9 厘米表皮剥脱伤；右大腿近腹股沟内侧可见 12 厘米 ×10 厘米范围内散在分布的表皮剥脱伤，右膝上 11 厘米处可见 4.0 厘米 ×20 厘米的皮下出血区；左腿内侧可见 9.0 厘米 ×3.0 厘米范围内散在分布的表皮剥脱伤。

会阴部：会阴部有血迹，检验见处女膜 4、7 点新鲜破裂成撕裂状，且创缘达处女膜底部，创口出血较多。

三、解剖检验

自颌下至胸锁关节作一纵行切口，可见皮下及颈前深浅肌群有出血，右侧舌骨角处有骨折，检闭缝合皮肤。自剑突下至脐上作一纵行切口，打开胃，见胃内容物呈乳糜状且已基本排空。检闭缝合。

四、分析说明

1. 死者田雨右口角及右上唇缺如，创缘不整齐呈锯齿状，创缘无出血反应，符合被害人死后被动物（如田鼠）咬噬所形成改变；双侧手指小创口深及皮下，其中左中指末节指腹及指背有相对应创口，创缘有生活反应，符合人咬伤形态学改变。

2. 死者睑结膜有出血点，唇黏膜及齿龈紫绀，颈部有大面积皮下出血区，该出血区右侧有一纵行月牙状皮下出血，解剖可见皮下及肌层有出血，右侧舌骨角处有骨折，以上损伤符合扼颈形成损伤学改变。

3. 死者会阴部有血迹，处女膜 4、7 点新鲜破裂，双侧大腿内侧有大面积散在分布的表皮剥脱伤，说明死者生前被人施暴。

五、结论

死者田雨系被他人扼颈引起机械性窒息死亡。

检验人：张志新 温 宝

2015 年 8 月 5 日

三、讯问笔录

讯问笔录（第一次）

时间：2015 年 6 月 3 日 4 时 01 分至 2015 年 6 月 3 日 4 时 30 分

地点：临江县公安局刑警大队审讯室

侦查员：周建国、刘国利　　单位：临江县公安局刑警大队

记录员：王松　　　　　　　　单位：临江县公安局刑警大队

犯罪嫌疑人：张军立

问：我们是临江县公安局的民警，现在依法对你进行讯问。你叫什么名字？

答：我叫张军立。

问：还用过什么名字？

答：初中毕业前用过张小军这个名字。

问：还有别的名字或代名、别名、绰号吗？

答：没有了。

问：你的出生年月日？

答：1965 年 3 月 24 日。

问：你的身份证号码？

答：记不清。

问：籍贯？

答：临江县临江镇东街村。

问：你的户籍所在地？

答：临江县临江镇东街村 2 号，属临江镇派出所管辖。

问：你的现住址？

答：临江县临江镇东街村。

问：你的民族？

答：汉族。

问：你的工作单位和职业？

答：临江县化工厂工人。

问：你的文化程度？

答：高中。

问：把你的家庭情况讲一下。

答：妻子，刘小明，38 岁，临江县化工厂；工人儿子：张雷，12 岁，临江县

育红小学四（1）班学生。

问：讲一讲你的社会经历。

答：1973年至1988年在临江县上学，高中毕业后在家待业两年，1999年7月被临江化工厂聘用至今。

问：你以前是否受过刑事、行政等处罚？

答：没有。

问：这是《犯罪嫌疑人诉讼权利义务告知书》，请你阅读。你如果不识字，我们可以给你读。

答：我可以自己看（看《犯罪嫌疑人诉讼权利义务告知书》约6分钟）。

问：你看清楚了吗？

答：看清楚了。

问：我再强调一下，你应如实回答我们提出的问题，如实回答可以从宽处罚。对于与本案无关的问题，你可以拒绝回答。你有申请办案人员回避的权利。你听清楚了吗？

答：我听清楚了。

问：你是否有犯罪行为？

答：有。

问：你有什么犯罪行为？

答：盗窃。

问：你是在什么时间盗窃的？

答：2015年6月3日凌晨2时我在千童管件厂财务室盗窃时被抓获。

问：你盗窃的什么东西？

答：我在财务室的一个办公桌抽屉里偷了钱，还有一部手机。

问：你盗窃了多少钱？

答：具体多少钱我没数，我只看了看都是一百的，大概有几千吧。

问：手机是什么牌子的？几成新？

答：手机是华为牌的，因为当时着急，我也没有仔细看。

问：讲一下你盗窃的详细过程。

答：2015年6月3日凌晨1时左右，我骑着自行车来到临江千童管件厂附近。我看到厂子的大门关着，保卫室里也黑着灯，就把自行车放到厂子东院墙外，从车子上把我事先准备好的一个一米长的铁棍拿上，我看了看周围没有人，就爬院墙进了厂子。我看见厂子办公楼的大门没有锁，就直奔办公楼。我先在一楼看了看，没有发现财务室，就上了二楼。一上二楼就看见了财务室，我在二楼楼梯上等了一会儿，听了听没有什么动静，就来到财务室门前，用我带的铁棍撬财务室的保险门，撬了大约七八分钟，就把门撬开了，然后用铁棍把里面的木头门撬开。财务室里外两间，外间有沙发，没有办公桌，里间没有门。我来到里屋后，在靠墙的一张桌子前把抽屉撬开，拉开抽屉，用手电一照，里面放着一部华为手机和一沓一百元的钱，我也没有数，拿了这些钱放到我的上衣口袋里，又把那部华为手机放到裤子的口袋里。我又翻了翻抽屉，里面没有其他值钱的东西，我就想撬财务室的保险柜。这时我听见外面有动静，就赶紧钻到桌子底下。后来有两个人进了财务室，先是开了外屋的灯，后来他们在外屋没有找到我就又到了里屋。刚开灯，我一看跑也没处跑了，就从桌子底下出来，从裤兜里掏出事先准备好的水果刀。

问：你为什么准备水果刀？

答：我想了，这次盗窃要是被抓，我就自杀。

问：接着讲。

答：我刚想用水果刀割手腕，刚进屋的那两个人中的高个子用他手里的橡胶棍向我扔来，我一躲也没有割成手腕。这时他们两人就过来把我给摁到地上。

问：你的铁棍和手电从哪儿来的？

答：是我家的。

问：你这次准备水果刀到底做什么用？

答：我一旦被抓住，就自杀。

问：为什么要自杀？

答：（不语，略激动）。

问：还有要讲的吗？

答：没有了。

问：根据法律规定，你有权委托律师作为辩护人，你听清了吗？是否委托？

答：听清了。不委托。

问：你以上讲的是否属实？

答：属实。

问：这是对你的讯问笔录，你看一下是否和你说的相符。

答：以上材料我看过了，和我说的相符。

张军立（捺指印）

2015 年 6 月 3 日

办案民警分别签名：周建忠　刘国权

2015 年 6 月 3 日

讯问笔录（第二次）

时间：2015 年 6 月 3 日 9 时 50 分至 2015 年 6 月 3 日 11 时 20 分

地点：临江县看守所

侦查员：周天华 李 健 单位：临江县公安局刑警大队

记录员：周建忠 单位：临江县公安局刑警大队

犯罪嫌疑人：张军立

问：张军立，我们是临江县公安局的民警，现在依法对你进行讯问。你要如实回答我们的提问，对与本案无关的问题你有拒绝回答的权利。你听清了吗？

答：听清了。

问：你是何时、因何事被刑事拘留的？

答：2015 年 6 月 3 日因盗窃罪被临江县公安局拘留，现关押于临江县看守所。

问：你盗窃的财务室在几楼？

答：在 2 楼。

问：你把你盗窃的情况再详细讲述一下。

答：我在上次的叙述中全部讲清了。

问：你为什么要自杀？

答：（沉默 5 分钟）。

问：你是否还干过其他违法的事情？

答：我还绑架杀害过人。

问：什么时间？什么地点？绑架的谁？

答：2015 年 5 月 2 日，我和王亮、刘洁三人在临江县北环绑架了临江县不锈钢公司的王超。

问：王亮和刘洁是什么地方的人？多大年龄？

答：王亮是临江县盐庆镇杨庄子村人，30 多岁，个子不高，挺胖。刘洁是临江镇大李村人，30 多岁，身高 1 米 7 左右，挺壮的。

问：你把你们绑架的事详细讲述一下。

答：2015 年 4 月底的一天，我和刘洁、王亮三人在一起吃饭时商量从王超那弄点钱花，我们三人进行了分工，我负责跟踪，刘洁负责准备绳子，王亮负责准备车。通过几天的跟踪，我发现王超每天晚上 10 点多钟都从公司步行回临江县北环宾馆住。后来我听别人讲他最近和妻子闹离婚，不在家里住，每天都住宾馆。到了 5 月 2 日下午，我给刘洁、王亮打电话，让他们到我家来商量绑架王超的事。王亮开的是他自己的夏利车，刘洁也准备好了绳子。

问：王超的公司在哪里？

答：在临江县北环路 27 号。

问：接着讲。

答：大概 5 月 2 日晚上 8 点多钟，我们三人开车来到王超的公司对过的公路上等王超。10 点多钟时，王超从公司里出来步行往东走。我们三个人就开车过去把王超弄到车上，然后我们开车来到临江与盐庆交界的废窑里。我对王超讲我们手头没有钱花，让他给我们 30 万元钱。他说没有。后来刘洁打了他一个嘴巴子。我就跟王超说少给点吧。王超说给 10 万元钱。王超用他自己的手机给他公司的会计打了个电话，说他第二天出差给他准备 10 万元钱。第二天他又给他会计打电话，让他把钱打到我的龙卡上。

问：你的龙卡卡号是多少？

答：××××××××××

问：接着讲。

答：到 5 月 3 日上午，我和王亮去看卡上是否有钱，王亮开车到银行看了看卡上的确有 10 万元钱，就回来告诉我了。我就跟他们两个商量把王超弄死，不然他会报警。这样刘洁和王亮就用绳子把王超勒死了，然后我们把尸体扔到现场就开车走了。

问：你的存折现在放哪里了？

答：在我丈母娘家里。

问：你丈母娘叫什么名字？家庭住址和职业？

答：她叫白秀琴，62 岁，住临江县临江镇刘庄村，是临江二中的退休教师。

问：谁把存折放到你丈母娘家的？

答：我。

问：你怎么和你丈母娘讲的？

答：我说把存折放到她那里，每天我家又没有人，别让人给偷去。我是 5 月 5 日上午放她那里的，想过些日子再拿出来花。其他事她也没有问。

问：你妻子知道吗？

答：不知道，我没有告诉她。

问：王超那天穿什么衣服？

答：上身是白色衬衣，下身是蓝色裤子。

问：你是否还有过其他违法犯罪行为？

答：（沉默）。

问：你应当如实供述你的违法行为，听明白了吗？

答：明白。我在 5 月 31 日傍晚和孙庆在乐临公路上抢过一个女人的包，里面有 900 元钱。

问：你把当时的情况讲一遍。

答：5 月 31 日傍晚 6 点多钟，我和孙庆骑摩托车从化工厂下班回家。在乐临公路由西向东的公路上看见有一女人骑自行车，皮包就放在车前的小筐里。我就和孙庆说："过去把包抢过来。"孙庆说："不敢。"我就说："没事，戴着头盔呢，看不见，到时候分给你钱。"然后我让孙庆骑摩托车调头往回走了一段，再调头跟着那个女的。大概在离县城三四里的地方，我让孙庆骑车加速贴上那个女的，等靠近后，我从车上一伸手把那个皮包拽了过来，把那个女的给弄倒了。然后我说："快跑。"孙庆一加油就开车跑了。跑到县城北环路附近，我们把皮包打开，看见里面有 900 块钱，还有一些纸巾类的东西。我就给了孙庆 400 块钱，我留了 500元，然后把包扔到北环路边的一个公厕里了。然后孙庆把我送回家了。

问：孙庆多大年龄？家庭住址？

答：孙庆 17 岁，住县城东环青海小区，他和我都在化工厂打工。

问：被你们抢包的女的多大年龄？认识吗？

答：我不认识，大概 20 多岁。孙庆说他认识，是西城加油站的赵敏。

问：你抢的钱呢？

答：都花了。

问：孙庆是否还有其他违法行为？

答：我不知道。

问：你以上讲的都属实吗？

答：属实。

问：这是对你的讯问笔录，你看一下是否和你说的相符。

答：以上材料我看过，和我说的相符。

张军立（捺指印）

2015 年 6 月 3 日

侦查员分别签名：周天华　李　健

2015 年 6 月 3 日

四、询问笔录

询问笔录

时间：2015 年 6 月 3 日 3 时 10 分至 2015 年 6 月 3 日 4 时 0 分

地点：临江县公安局刑警大队

侦查员：崔　健、李　勇　　单位：临江县公安局刑警大队

记录员：李志　　　　　　　　单位：临江县公安局刑警大队

被询问人：刘勇，性别，男，年龄32岁　单位：临江县千童管件厂，住址临江县千童管件厂宿舍。

问：我们是临江县公安局刑警大队民警，你来公安局反映什么事？

答：今天晚上我和同事邹富贵在我单位财务室抓住一个偷东西的贼，送到公安局来了。

问：根据《中华人民共和国刑事诉讼法》有关规定，你应当如实提供证据。如果有意作伪证或者隐匿罪证是要负法律责任的，明白吗？

答：我听明白了。

问：你把当时的情况详细讲一遍。

答：今天晚上我和同事邹富贵在公司保卫科值班。到了凌晨2点多钟，我们两人从保卫科出来想到公司院子里转转，突然发现公司办公楼二楼财务室里有灯光。我开始以为看错了，就让邹富贵看看，邹富贵看了看后也说有灯光。我们就回到保卫科，每人拿了一根橡胶棍，然后悄悄上了办公楼二楼。刚一上二楼就看到财务室的保险门开着，屋里也没有开灯，我就意识到财务室可能被盗了。我和邹富贵先把财务室外屋灯打开，在外屋没有发现什么。我们就进了里屋，我刚把灯打开，就看见办公桌的抽屉是开着的，在办公桌底下钻出一个人来，手里拿着刀子，说不让我们过去，否则他就自杀，并且想用刀子割手腕。我一看他真想自杀，就赶紧把自己手里的橡胶棍扔过去。他一躲，我就和邹富贵上去把这个人按到地上，问他叫什么，哪里人。他不说，随后我和邹富贵就把他扭送到公安局来了。

问：你扭送的人当时手里拿的是什么刀子？

答：是一个水果刀，有20多厘米长。

问：财务室被盗了什么东西？

答：我们还没来得及看，就把他扭送来了。在现场我们发现了一根铁棍，还有一个改锥，一只手电，我们也给带到公安局来了。

问：你讲一下铁棍的规格，改锥的特征。

答：这根铁棍有一米长，直径有2厘米左右。改锥是扁嘴、红把，有20多厘米长。

问：这个人有什么体貌特征？

答：他30多岁，短平头，面貌没什么特征，穿的蓝衬衣、黑裤子。在他前胸刺着个"龙"形文身，是抓住他时看到的。

问：你还有要讲的吗？

答：没有。

问：以上说的是否属实？

答：属实。

问：这是对你的询问笔录，你看一下是否和你说的相符。

答：以上材料我看过，和我所说相符。

刘勇（捺指印）

侦查员分别签名：崔健　李勇

2015 年 6 月 3 日

五、搜查笔录

搜查笔录（对人）

2015 年 6 月 3 日 3 时 08 分至 2015 年 6 月 3 日 3 时 28 分，临江县公安局侦查人员周建忠、刘国权根据 2015 年 6 月 3 日临江县公安局签发的《临公（刑）搜字（2015）7 号》搜查证，在刘小明的见证下，对犯罪嫌疑人张军立进行人身搜查。

搜查的简要情况：犯罪嫌疑人张军立上身穿深蓝色长袖衬衣，下身穿黑色西裤。侦查员在张军立的衬衣口袋中发现人民币 2950 元，西裤右口袋内发现华为手机一部。西裤左口袋内发现建行龙卡一张，卡号为 ××××××××××。张军立身上无其他物品。在搜查过程中未对其人身进行任何伤害，张军立能够配合搜查工作。

扣押物品、文件详见《扣押物品、文件清单》。

搜查笔录的副本《扣押物品、文件清单》已交犯罪嫌疑人张军立收执。

侦查人员：周建忠　刘国权

被搜查人或其家属：张军立（捺指印）

见证人：刘小明

记录人：王猛

2015 年 6 月 3 日

搜查笔录（对场所）

时间：2014 年 6 月 12 日 9 时至 2014 年 6 月 12 日 11 时

地点：临江县小李村村东二排李小辉住房及院落

搜查人：刘明、陈亮、李军、王伟　记录人：胡军

被搜查人：李小辉，男，1959 年 10 月 20 日生，汉族，初中文化，住临江县小李村，系犯罪嫌疑人李军之父

见证人：李红冰，小李村党支部书记；李二军，小李村村委会治保主任

问：你叫什么名字？出生年月、文化程度、民族？与李亮是什么关系？

答：我叫李小辉，1959 年 10 月 20 日生，汉族，初中文化，是李亮的父亲。

问：我们是李亮盗窃杀人一案的侦查人员。我们公安局决定对你的住所进行搜查，依法请你村支部书记李红冰和治保主任李二军作为见证人。这是搜查证，请在搜查证上签字。

答：是。

开始进行搜查。搜查中发现院落东北角地面有挖埋痕迹，拍照后挖开虚土，见有一新挖填的长、宽均为 60 厘米的土坑，坑深 80 厘米，坑底有一个用塑料袋包裹的 50 厘米大小的不规则包裹。拍照后打开包裹，发现包内有沾有血样物质白色衬衣一件、沾有血样物质匕首一把，对上述物证均依法提取。另在东北墙角处，发现有三块砖松动。拍照后撬开砖，可见墙洞内有一塑料袋包裹的小包，拍照后打开包。见包内有金项链、金耳环、金戒指各一个，现金存单三张，均为工商银行存单，存单号码分别为××××××××××、××××××××××、××××××××××，票面金额分别为 60000 元、30000 元、50000 元，存款日期分别为 2002 年 7 月 12 日、2003 年 9 月 15 日、2004 年 5 月 12 日，拍照后均依法提取。

问：搜查行为到此结束，被搜查人、见证人阅看一下搜查笔录，如无异议请签字。

笔录看过，没有意见。李小辉

笔录记录内容真实。李二军

笔录真实，没意见。李红冰

2014 年 6 月 12 日

六、扣押物品、文件清单，提取笔录

临江县公安局扣押物品、文件清单

编号	名称	数量	特征	备注
1	铁棍	1 把	长 22 厘米，红木把，平头	
2	改锥	1 把	长 59.7 厘米，直径 1.5 厘米，平头	

续表

编号	名称	数量	特征	备注
3	手电筒	1个	银色，长19厘米，内有2节5号电池	
4	水果刀	1把	长27厘米，黑塑料把，刃长15厘米	
5	人民币	30张	新版壹百元面额29张，新版伍拾元面额1张，共计2950元	
6	手机	1部	华为Mate30	
7	建行龙卡	1张	卡号：×××××××××× 账户名：张军立	

物品、文件持有人　　　　见证人　　　　办案单位　临江县公安局刑警大队公章
　　张军立　　　　　　　刘小明　　　　办案人　周建忠　刘国权
2013年6月3日　　　　　2013年6月3日　　　　2013年6月3日

本单一式二份，一份附卷，一份交物品、文件持有人。

提取笔录

时间：2018年1月21日19时

地点：邢江市滨河小区1栋1单元102号韩涛家

提取人：邢江市公安局刑警队高峰、王志

提取物证：黑色棉皮夹克一件

提取过程：根据犯罪嫌疑人韩涛的交代，到其家中韩涛卧室提取物证皮夹克一件

物证特征：黑色羊皮、羽绒内衬，有毛领，左胸内兜处粘有一白色胶布，上写"王富生"

被提取人：张兰（韩涛之母）

现场见证人：滨河小区居民委员会治安员王英、刘立

侦查人员：高峰　王志

被提取人：张兰（捺指印）

见证人：王英　刘立

记录人：王猛

2018年1月21日

七、辨认笔录

辨认笔录（物）

时间：2013 年 6 月 3 日 14 时 00 分至 2013 年 6 月 3 日 14 时 20 分

地点：临江县公安局刑警大队办公室

侦查员姓名、单位：周建忠、王猛，临江县公安局刑警大队

辨认人姓名、住址、单位：董秀，住临江县凤凰小区 5-302 室，临江县千童管件厂职工

见证人姓名、住址、单位：魏宝，临江县东南角居委会主任

辨认对象：银色华为 mate30 手机 10 部

辨认目的：让辨认人辨认，确认 10 部手机中有无其被盗窃的手机

辨认过程及结果：辨认人董秀是 2013 年 6 月 3 日张军立涉嫌盗窃案的被害人之一。据董秀称其存放在单位的华为 Mate30 手机被盗，因为她的手机正面有划痕，能够认出哪部是她的手机。为此，侦查人员将事先准备好的华为 Mate30 手机 10 部（其中 3 号手机为从犯罪嫌疑人张军立身上搜到的）无规律地排在一张桌子上。对辨认人说明要求后，在临江县东南角居委会主任魏宝的见证下，将手机提供给董秀进行辨认。

董秀将全部手机仔细看了一遍，然后指出 3 号手机是她被盗的那部手机。

至此，辨认结束。

侦查员：周建忠　王猛

辨认人：董秀

见证人：魏宝

记录人：刘国权

2013 年 6 月 3 日

辨认笔录（人）

时间：2014 年 7 月 17 日 8 时至 2014 年 7 月 17 日 8 时 40 分

地点：临江县城关派出所

侦查员：任新发、李世方　　　记录：胡涛军

见证人：王刚、李毅，临江县东明小区保安

辨认人：胡秀敏，女，汉族，1980 年 7 月 10 日生，大学文化，住东明小区 10 栋楼 2 单元 402 室

问：我们是临江县公安局侦查员，负责办理你家被盗一案。今天请你来辨认

一下案发时从你家出来的那个男青年。我们请你小区保安王刚、李毅以见证人资格参加此次辨认活动，你有什么意见？

答：没有。

问：你再讲一下案发当时你见到的那个从你家出来的男青年的体貌特征。

答：那天我买菜回来走到三楼、四楼中间的楼梯处，见一个男青年从我屋内出来。我正想问他是谁，那男青年主动打招呼说："嫂子回来了。"我以为是我爱人带回来的朋友，我爱人朋友多，好多我不认识，就说："不再坐坐？"那人说："不了，嫂子，我走了。"我进屋后没见到我爱人，就觉得不对，一查看结婚时亲朋送的 5 万元礼金不见了，就下楼追那个人，没追上，就赶紧报案了。

问：那人长什么样？

答：身高 174 厘米左右，尖下巴，小眼睛，看上去可能有二十二三岁，上身穿蓝、黄横条 T 恤，下身穿蓝色裤子。我见了肯定能认出来。

问：从这个电视上可以看到旁边房间里的人。现在旁边房间里共有 8 个人，你看一下，有没有你那天看到的男青年。

答：行。

问：（打开监控电视）有那个人吗？

答：有，就是坐在长条木椅中间的那个人。

问：你认准了吗？

答：没错，就是他，我敢和他对质。

问：辨认到此结束。你看一下笔录，如无误，请签字。见证人也看一下笔录，如无误，能证明我们的辨认活动无提示、诱导行为，也请签字。

答：可以。

> 以上笔录我看过，记录真实无误。胡秀敏
> 2014 年 7 月 17 日 8 时 40 分
> 辨认笔录真实无误。李毅 2014 年 7 月 17 日
> 辨认行为客观真实。王刚 2014 年 7 月 17 日

人身检查笔录

时间：2018 年 9 月 9 日 10 时 40 分至 9 月 9 日 12 时 10 分

地点：临江县公安局接待室

对象：犯罪嫌疑人赵瑞，男，25 岁，临江县第四建筑公司工人

目的：确定犯罪嫌疑人赵瑞身上是否有枪击伤痕

检验过程及结果：

在本案侦查人员刘明、邢国志的主持下，聘请了法医尚友谅，在见证人由来头的见证下，对犯罪嫌疑人赵瑞进行人身检查。检查前，侦查人员刘明同赵瑞进行了谈话，询问其身上是否有伤，赵答有伤，是今年5月份在干活时从脚手架上掉下来时被钢筋戳伤了右腿。然后令其脱掉外衣、外裤，对其全身进行了仔细检查，发现其右腿膝关节下约4厘米处有一前后贯穿性伤痕，后侧伤痕呈突出状，前侧伤痕呈凹陷圆形状。此伤痕与被手枪子弹弹头击穿所形成的伤痕特征吻合，身体其他部位未见异常。

检查过程中拍摄照片3张。

主持人：侦查员刘明、邢国志

检查人：法医尚友谅

见证人：由来头

八、鉴定意见

邢江市公安局
物证鉴定书（血型）

（2015）邢公刑技物鉴字第 039 号

2015年8月5日，刑警技术中队温宝同志提取回有关同年8月4日田雨被杀死在西营村村南玉米地一案检材，要求进行检验。

一、检材情况

1.死者田雨的血一份，编为1号。

2.现场血迹一份，编为2号。

3.受害人田雨内裤一条，取其裆部，编为3号。

4.受害人田雨阴道擦拭物一份，编为4号。

二、检验情况

1.取2号检材少许，经联苯胺预实验，结果呈阳性反应。

2.取2号检材适量，经Hb试纸条测试，结果呈阳性反应。

3.取1、2号检材适量，经蛋清黏附热解离法检验ABO血型，结果1、2号检材A侧均出现了凝集反应，B侧均未出现凝集反应。

4.取3、4号检材少许，经复红美蓝染色镜观察，结果未检见精子。

5.取3、4号检材适量，经抗人精试纸条检测，结果呈阴性反应。

三、结论

1.死者田雨血型为A型。

2.现场血迹为A型人血。

3. 受害人田雨内裤及阴道擦拭物上未检见人精斑。

检验人：温宝

2015 年 8 月 8 日

邢江市公安局
物证鉴定书（血型）

（2015）邢公刑技物鉴字第 021 号

时间：2015 年 8 月 9 日 10 时 20 分至 10 时 40 分

地点：邢江市看守所

被检验人：犯罪嫌疑人李民（男，28 岁，邢江市西营村村民）。

检验目的：确定血型

简要案情：2015 年 8 月 4 日，田雨被杀死在西营村村南玉米地里

检验结果：犯罪嫌疑人李民血型为 B 型

检验人：温宝

2015 年 8 月 9 日

临江县公安局
物证鉴定书（血型）

（2015）临公刑技物鉴字第 053 号

2015 年 5 月 6 日，临江县王庄乡上家庄村村民付雨朝（男，40 岁）被人杀害。现场勘查中提取现场血迹两处、木柄刀一把。5 月 6 日晚，刑警大队王庄乡探组宋国峰送来耿连顺（男，45 岁，王庄乡上家庄村村民）带血的上衣、裤子各一件；5 月 8 日宋国峰送来铁锨、锤子各一把；5 月 8 日尸体检验中提取死者血样一份，要求检验：（1）现场血迹为何血型；（2）木柄刀、锤子、铁锨上有无血迹，为何血型；（3）耿连顺的上衣、裤子上的血为何血型；（4）死者付雨朝的血为何血型。

检验情况：

1. 经联苯胺试验，铁锨、木柄刀及耿连顺的上衣、裤子可疑部位均呈阳性反应。锤子上可疑部位为阴性反应。

2. 凝集法测得死者付雨朝的血型。

3. 热解离法试验测得现场两处血迹的血型，铁锨上血迹的血型及耿连顺的上衣领部、前襟和裤子上血迹的血型。

结论：

1. 付雨朝的血型为 O 型。

2. 现场两处血迹的血型均为 O 型。

3. 铁锹上有血的反应，血型为 O 型。

4. 锤子上未检出人血。

5. 木柄刀上有血的反应，因量少未测得血型。

6. 耿连顺的上衣领部、前襟和裤子上均未检出 O 型血液。

检验人：临江县公安局

马连良　李良雨

2015 年 5 月 10 日

临江县公安局
刑事科学技术鉴定书（笔迹）

（2012）临检技文字 75 号

送检时间：2012 年 9 月 14 日

委托单位：临江县公安局

送检材料：2012 年 2 月 14 日，署名"蔡京"的白条一张（使用红线双格纸书写，内容为"赵经理：你好！现有张华想去你公司保卫部门工作，请务必安排。"）

样本材料：蔡京的字迹材料。

鉴定要求：2012 年 2 月 14 日，署名"蔡京"的字条是否为蔡京所书写。

检验情况：2012 年 2 月 14 日，署名"蔡京"的字条字迹书写自然流畅，经与蔡京的字迹比较，其在起笔、运笔及笔画搭配特征上均相符。

鉴定结论：2012 年 2 月 14 日，署名"蔡京"的字条是蔡京所书写。

鉴定人：王小飞　李向阳

（鉴定技术专用章）

2012 年 9 月 14 日

邢江市公安局
物证鉴定书（鞋印）

（2012）邢公物证痕字第 28 号

一、案情摘要

2015 年 8 月 5 日，邢江市临江县上庄乡南营村田雨（女，1978 年 11 月 27 日生）被人杀死在上庄乡西营村村南玉米地里。

二、物证材料

检材：现场提取石膏鞋印 14 枚，其中右脚 4 枚、左脚 8 枚、左右脚重叠鞋印 2 枚。

样本：2015 年 9 月 15 日，李民（男，1974 年 12 月 8 日生，邢江市临江县下庄村人）左右脚穿鞋行走样本各 2 枚、右脚赤脚行走样本 1 枚。

三、鉴定要求

现场提取的石膏鞋印是否为李民所留。

四、检验情况

经检验，现场提取的 14 枚石膏鞋印为同一个人所留，其中右脚鞋印反映的脚型特征基本清晰。将现场右脚鞋印与李民右脚穿鞋及赤脚行走样本比对检验，发现有以下特征相同：

1. 两者反映出拇趾压前缘至后跟后缘中点的距离相同，约 25 厘米。

2. 两者反映出脚趾前缘的形状、大小相同，呈"§"形。

3. 两者反映出拇趾形状相同，呈蛇头形。

4. 两者反映出拇趾节宽度相同，拇趾突点至前掌内侧突点的距离为 4 厘米。

5. 两者反映出前掌空心区形状相同，呈"∫"形。

6. 两者反映出前掌内侧突点至后跟后缘中点的距离相同，约 20 厘米。

7. 两者反映出前掌外侧突点至后跟后缘中点的距离相同，约 17 厘米。

8. 两者反映出前掌重压面的形状、位置相同，呈圆形，居中。

9. 两者反映出前掌后缘的形状相同，呈"⌣"形。

10. 两者反映出脚弓的形状、宽度相同，呈"⌒"形，宽约 3 厘米。

11. 两者反映出后跟重压面的形状、位置相同，为长圆形、居中。

12. 两者反映出落脚部位相同，为偏处落脚。

五、论证

综合上述特征的位置、形状、相互搭配关系，已构成同一认定的依据。

六、鉴定结论

2015 年 8 月 5 日，邢江市临江县上庄乡西营村田雨被杀现场提取的石膏鞋印为李民所留。

鉴定人：痕检技术员 陈永利

曹 志 杨明

2012 年 5 月 16 日

手印鉴定书

临公痕检字（2018）15 号

送检单位：临江县公安局刑警队

送检人：黄剑锋

送检时间：2018 年 4 月 10 日

简要案情：2018 年 4 月 8 日晚 12 时许，临江县热电厂财会室被盗，犯罪嫌疑人打死值班人员两人，盗走现金 3 万余元。经现场勘查，在保险柜的抽屉上提取到指纹一枚，在财务室门把手上提取到掌纹一份。侦查中发现范会乔（男，22 岁，电厂工人）有重大嫌疑，并捺其十指指纹及掌印一同送检。

送检材料：

1. 现场保险柜上的指纹一枚，门把手上的掌纹一份。

2. 犯罪嫌疑人范会乔十指指纹、掌纹各一份。

鉴定要求：现场保险柜上的指纹、门把手上的掌纹是否为范会乔所留。

该项鉴定由临江县公安局刑事技术鉴定员朱希、陈思伟承担。

于 2018 年 4 月 10 日上午开始检验，现场提取的指纹，类型为双箕斗，指纹不完整，只有部分中心花纹出现，纹线较清晰，有鉴定价值。经细致寻找，发现稳定的细节特征有 7 个，将现场指纹与范会乔食指指纹逐一比对检验，发现范会乔的左手食指指纹所出现的 7 个细节特征与现场指纹的 7 个细节特征相吻合，因而构成了同一认定的依据。

现场门把手上提取的掌纹一份，纹线清晰，有鉴定价值。根据部位判断为右手所留。经细致观察在掌纹中发现一组屈肌褶纹呈"人丫"形，在屈肌褶纹附近找到稳定的细节特征 10 个。将现场掌纹与范会乔的左右掌进行比对检验，发现范会乔右手掌内外侧也出现一组"人丫"形的屈肌褶纹，在屈肌褶纹周围也找出和现场掌纹完全吻合的细节特征 10 个，因而构成了同一认定的依据。

经过比对检验现场提取的指纹与范会乔的左手食指指纹、现场提取的掌纹与范会乔的右手掌掌纹，它们的花纹类型、纹线流向及几个细节特征的大小、长短、距离、位置均一致，可以作为同一认定的依据。

结论：现场保险柜上提取的一枚指纹是范会乔左手食指所遗留，门把手上提取的一份掌纹是范会乔右手掌所遗留。

检验鉴定于 4 月 10 日中午 12 时结束。

鉴定人：朱　希、陈思伟

（公章）

2018 年 4 月 10 日

临江县涉案物品价格鉴证中心
价格鉴证意见书

临价鉴字〔2018〕第 082 号

委托单位　临江县公安局
项目名称　赃物价格鉴证
鉴证目的　定罪量刑
基准日期　2018 年 6 月 3 日
鉴证人员　邢增峰 耿静
结论时间　2018 年 6 月 10 日

关于张军立盗窃案中所涉及物品的
价格鉴证意见书

临江县公安局：

根据你局的委托，遵循独立、客观、公正的原则，按照规定的标准、程序和方法，依法对本案中所涉及物品进行了价格鉴证，现将鉴证情况综述如下：

一、价格鉴证标的
详见《物品价格鉴定明细表》。
二、价格鉴证目的
为临江县公安局办理案件提供价格依据。
三、价格鉴证基准日
2018 年 6 月 3 日。
四、价格定义
价格鉴证结论所指价格是：鉴证标的在鉴证基准日，采用公开市场价值标准确定的价格。
五、价格鉴证依据
（一）法律法规
1.《中华人民共和国价格法》
2. 国家计划委员会、最高人民法院、最高人民检察院、公安部印发的《扣押、追缴、没收物品估价管理办法》
3.《涉案物品价格鉴证管理办法》
4.《涉案财产价格鉴定操作规程》
（二）委托方提供有关材料
1. 价格鉴证委托书
2. 相关当事人询问笔录
（三）鉴证方收集的有关材料
六、价格鉴证方法

市场法、成本法。

七、价格鉴证过程

我鉴证中心接受委托后，成立了价格鉴证小组，制定了价格鉴证作业方案。根据委托机关对标的物的情况认定及相关当事人的询问笔录，价格鉴证人员通过对相关市场及专业人员的调查，确定了该案中涉及物品的价格。

八、价格鉴证结论

该案中涉及物品的价值为人民币贰仟贰佰柒拾元整（￥2270元）。

九、价格鉴证限定条件

1. 委托方提供的资料客观真实。

2. 结论价格仅限于鉴证基准日临江县的市场价格。

十、声明

1. 委托方提供资料的真实性由委托方负责。

2. 价格鉴证结论仅对本次委托有效，不做他用。未经我鉴证中心许可，不得向委托方和有关当事人之外的任何单位和个人提供结论的全部或部分内容，不得发表于任何公开媒体上。

3. 鉴证结论仅为本鉴证目的服务，如鉴证目的发生变化，鉴证结论需要重新调整；如基准日发生变化，鉴证结论很可能发生变化。

4. 鉴证机构和鉴证人员与价格鉴证标的物没有利害关系，也与有关当事人没有利害关系。

5. 如对结论有异议，可于结论书送达之日起十五日内，向鉴证机构提出重新鉴证、补充鉴证，或向省级以上（含省级）政府价格主管部门设立的价格鉴证机构申请复核裁定。

十一、价格鉴证作业日期

2018年6月8—10日。

十二、价格鉴证机构

机构名称：临江县涉案物品价格鉴证中心

机构资质证书证号：冀130925

负责人签章：李炳文

十三、价格鉴证人员

姓名	资格证号	签章
邢增峰	★字第131438号	邢增峰
耿静	中国注册价格鉴证师	耿静

十四、附件

1. 物品价格鉴定明细表

2. 价格鉴证机构资质证书复印件

3. 价格鉴证人员资格证书复印件

临江县涉案物品价格鉴证中心（印章）

2018年6月10日

物品价格鉴定明细表

2018 年 6 月 10 日

序号	标的	规格型号	单位	数量	鉴定金额（元）		备注
					单价	金额	
1	手机	华为Mate30	部	1	2270	2270	8 成新
2							
合计	人民币贰仟贰佰柒拾元整（￥2270 元）						

鉴定人：邢增峰　　耿静

本单一式二份，一份附卷，一份交物品、文件持有人。

注：价格鉴证机构资质证书复印件、价格鉴证人员资格证书复印件从略。

对李四死亡原因法医学鉴定书

（2012）临公刑鉴字第 46 号

李四，男，现年 65 岁，系临江县西山乡大刘村人。2012 年 12 月 21 日晚，在本村刘三胖的加油站被杀。接报后，22 日对尸体进行了检验，检验时检察院工作人员及死者家属在场。

一、一般检验

1.衣着：死者上穿黑色褂子一件，内套棕色棉袄一件，棉袄内套白色衬衣一件；下穿黑色裤子一条，内套军棉裤一条，内套蓝色白花裤衩一条；腰系黑布腰带一条；脚穿黑色条绒棉鞋一双，穿灰色尼龙袜一双。

2.死者身长 168 厘米，发育正常，营养中等，皮肤黄白色；尸僵全身，尸斑位于右侧，呈淡红色，指压不褪色；发长 1.2 厘米，白色；球睑结膜轻度充血，瞳孔 0.5 厘米。

二、损伤检验

后枕部有 2 处砍创，砍创长分别为 6.5 厘米、5.5 厘米，创深达骨质上创颅骨外板被偏切；左顶部，耳尖向上 2 厘米处有 2 处楔形砍创，砍创长分别为 6.5 厘米、2.8 厘米，创深入脑实质 5 厘米，脑组织外溢；左颈部，耳垂向下 1 厘米处，有 7 厘米的菱形砍创，创深达颈椎，左下颌骨部分被砍断；右枕部、耳垂向后 1 厘米处，有 11 厘米长的砍切创，创最深处达骨质，浅处达皮下。

三、分析说明

1.根据死者头颈部楔形及菱形砍创，分析系比较锋利、不少于 6.5 厘米宽的斧头所形成。

2.李四脑组织损伤外溢，造成严重颅脑损伤死亡。

四、结论

李四生前系被他人用斧头砍伤头颈部，造成严重颅脑损伤死亡。

鉴定人：主鉴法医师（签字盖章）

（临江县刑事技术鉴定专用章）

2012 年 12 月 24 日

法医学临床检验鉴定书（伤害情况）

（2012）临公第 151 号

2012 年 10 月 28 日，临江县公安局法医刘明、王军对张三的伤情进行鉴定。张三，男，25 岁，临江县大河乡小口村人，系临江一中教师。

1.简要案情

自述：在 2012 年 10 月 27 日，被他人在汽车上用手铐铐住双手，然后拳打脚踢头部、双肩及臀部、阴部。自觉：头疼头晕，右耳听不见声音，耳鸣，伤处疼。在临江县人民医院住院治疗，现在仍感觉头晕。

2.病情摘要

2012 年 10 月 27 日，临江县人民医院诊断证明书记载：张三，男 25 岁，诊断：（1）头部、面部外伤；（2）四肢软组织挫伤；（3）会阴部软组织挫伤；（4）臀部软组织挫伤。

3.检查情况

（1）在额部有 5 厘米×5 厘米表皮剥脱；（2）右颧部有 5 厘米×5 厘米表皮剥脱；（3）右耳后有 7 厘米×1 厘米表皮剥脱；（4）右下颌有 4 厘米×1 厘米表皮剥脱；（5）双手腕部有宽 1 厘米的环形表皮剥脱；（6）右手背有 6 厘米×6 厘米表皮剥脱；（7）左额顶部有 10 厘米×10 厘米青紫肿胀，占体表总面积的 0.5%；（8）左上臂前侧青紫肿胀，占体表总面积的 1.5%；（9）双肩部各有 15 厘米×15 厘米青紫肿胀，占体表总面积 2.5%；（10）双臀部各有 20 厘米×15 厘米的青紫肿胀，占体表总面积的 3%；（11）会阴部阴囊下后侧有 2 厘米×6 厘米皮肤青紫肿胀。

4.分析说明

（1）张三头面部、肩部、肢体、臀部及会阴部损伤为钝器造成上述软组织损伤，其中软组织挫伤面积占体表总面积的 7.5%，会阴部软组织挫伤面积为 12 平方厘米；（2）头外伤后综合征；（3）根据《人体轻伤鉴定标准》，此损伤与第二十条、第三十七条之规定相符，构成轻伤。

5. 结论

张三的损伤构成轻伤。

鉴定人：刘明 王军（签字盖章）

（临江县公安局刑事技术鉴定专用章）

2012 年 10 月 28 日

最高人民法院　最高人民检察院
公安部　国家安全部　司法部
关于发布《人体损伤程度鉴定标准》的公告

为进一步加强人身损伤程度鉴定标准化、规范化工作，现将《人体损伤程度鉴定标准》发布，自 2014 年 1 月 1 日起施行。《人体重伤鉴定标准》（司发〔1990〕070 号）、《人体轻伤鉴定标准（试行）》（法（司）发〔1990〕6 号）和《人体轻微伤的鉴定》（GA/T 146—1996）同时废止。

最高人民法院 最高人民检察院 公安部

国家安全部 司法部

2013 年 8 月 30 日

人体损伤程度鉴定标准

1 范围

本标准规定了人体损伤程度鉴定的原则、方法、内容和等级划分。本标准适用于《中华人民共和国刑法》及其他法律、法规所涉及的人体损伤程度鉴定。

2 规范性引用文件

下列文件对于本文件的应用是必不可少的。本标准引用文件的最新版本适用于本标准。

GB 18667 道路交通事故受伤人员伤残评定 ❶

GB/T 16180 劳动能力鉴定职工工伤与职业病致残等级

GB/T 26341-2010 残疾人残疾分类和分级

3 术语和定义

3.1 重伤使人肢体残废、毁人容貌、丧失听觉、丧失视觉、丧失其他器官功能或者其他对于人身健康有重大伤害的损伤，包括重伤一级和重伤二级。

3.2 轻伤使人肢体或者容貌损害，听觉、视觉或者其他器官功能部分障碍或者其他对于人身健康有中度伤害的损伤，包括轻伤一级和轻伤二级。

3.3 轻微伤各种致伤因素所致的原发性损伤，造成组织器官结构轻微损害或者

---

❶ GB 18667 现已废止。

轻微功能障碍。

4 总则

4.1 鉴定原则

4.1.1 遵循实事求是的原则，坚持以致伤因素对人体直接造成的原发性损伤及由损伤引起的并发症或者后遗症为依据，全面分析，综合鉴定。

4.1.2 对于以原发性损伤及其并发症作为鉴定依据的，鉴定时应以损伤当时伤情为主，损伤的后果为辅，综合鉴定。

4.1.3 对于以容貌损害或者组织器官功能障碍作为鉴定依据的，鉴定时应以损伤的后果为主，损伤当时伤情为辅，综合鉴定。

4.2 鉴定时机

4.2.1 以原发性损伤为主要鉴定依据的，伤后即可进行鉴定；以损伤所致的并发症为主要鉴定依据的，在伤情稳定后进行鉴定。

4.2.2 以容貌损害或者组织器官功能障碍为主要鉴定依据的，在损伤 90 日后进行鉴定；在特殊情况下可以根据原发性损伤及其并发症出具鉴定意见，但须对有可能出现的后遗症加以说明，必要时应进行复检并予以补充鉴定。

4.2.3 疑难、复杂的损伤，在临床治疗终结或者伤情稳定后进行鉴定。

4.3 伤病关系处理原则

4.3.1 损伤为主要作用的，既往伤／病为次要或者轻微作用的，应依据本标准相应条款进行鉴定。

4.3.2 损伤与既往伤／病共同作用的，即二者作用相当的，应依据本标准相应条款适度降低损伤程度等级，即等级为重伤一级和重伤二级的，可视具体情况鉴定为轻伤一级或者轻伤二级，等级为轻伤一级和轻伤二级的，均鉴定为轻微伤。

4.3.3 既往伤／病为主要作用的，即损伤为次要或者轻微作用的，不宜进行损伤程度鉴定，只说明因果关系。

5 损伤程度分级

5.1 颅脑、脊髓损伤

5.1.1 重伤一级

a）植物生存状态。

b）四肢瘫（三肢以上肌力 3 级以下）。

c）偏瘫、截瘫（肌力 2 级以下），伴大便、小便失禁。

d）非肢体瘫的运动障碍（重度）。

e）重度智能减退或者器质性精神障碍，生活完全不能自理。

5.1.2 重伤二级

a）头皮缺损面积累计 75.0cm^2 以上。

b）开放性颅骨骨折伴硬脑膜破裂。

c）颅骨凹陷性或者粉碎性骨折，出现脑受压症状和体征，须手术治疗。

d）颅底骨折，伴脑脊液漏持续 4 周以上。

e）颅底骨折，伴面神经或者听神经损伤引起相应神经功能障碍。

f）外伤性蛛网膜下腔出血，伴神经系统症状和体征。

g）脑挫（裂）伤，伴神经系统症状和体征。

h）颅内出血，伴脑受压症状和体征。

i）外伤性脑梗死，伴神经系统症状和体征。

j）外伤性脑脓肿。

k）外伤性脑动脉瘤，须手术治疗。

l）外伤性迟发性癫痫。

m）外伤性脑积水，须手术治疗。

n）外伤性颈动脉海绵窦瘘。

o）外伤性下丘脑综合征。

p）外伤性尿崩症。

q）单肢瘫（肌力 3 级以下）。

r）脊髓损伤致重度肛门失禁或者重度排尿障碍。

5.1.3 轻伤一级

a）头皮创口或者瘢痕长度累计 20.0cm 以上。

b）头皮撕脱伤面积累计 50.0cm^2 以上；头皮缺损面积累计 24.0 cm^2 以上。

c）颅骨凹陷性或者粉碎性骨折。

d）颅底骨折伴脑脊液漏。

e）脑挫（裂）伤；颅内出血；慢性颅内血肿；外伤性硬脑膜下积液。

f）外伤性脑积水；外伤性颅内动脉瘤；外伤性脑梗死；外伤性颅内低压综合征。

g）脊髓损伤致排便或者排尿功能障碍（轻度）。

h）脊髓挫裂伤。

5.1.4 轻伤二级

a）头皮创口或者瘢痕长度累计 8.0cm 以上。

b）头皮撕脱伤面积累计 20.0 cm^2 以上；头皮缺损面积累计 10.0 cm^2 以上。

c）帽状腱膜下血肿范围 50.0 cm^2 以上。

d）颅骨骨折。

e）外伤性蛛网膜下腔出血。

f）脑神经损伤引起相应神经功能障碍。

5.1.5 轻微伤

a）头部外伤后伴有神经症状。

b）头皮擦伤面积 5.0 cm^2 以上；头皮挫伤；头皮下血肿。

c）头皮创口或者瘢痕。

5.2 面部、耳廓损伤

5.2.1 重伤一级

a）容貌毁损（重度）。

5.2.2 重伤二级

a）面部条状瘢痕（50% 以上位于中心区），单条长度 10.0cm 以上，或者两条以上长度累计 15.0cm 以上。

b）面部块状瘢痕（50% 以上位于中心区），单块面积 6.0 cm^2 以上，或者两块以上面积累计 10.0 cm^2 以上。

c）面部片状细小瘢痕或者显著色素异常，面积累计达面部 30%。

d）一侧眼球萎缩或者缺失。

e）眼睑缺失相当于一侧上眼睑 1/2 以上。

f）一侧眼睑重度外翻或者双侧眼睑中度外翻。

g）一侧上睑下垂完全覆盖瞳孔。

h）一侧眼眶骨折致眼球内陷 0.5cm 以上。

i）一侧鼻泪管和内眦韧带断裂。

j）鼻部离断或者缺损 30% 以上。

k）耳廓离断、缺损或者挛缩畸形累计相当于一侧耳廓面积 50% 以上。

l）口唇离断或者缺损致牙齿外露 3 枚以上。

m）舌体离断或者缺损达舌系带。

n）牙齿脱落或者牙折共 7 枚以上。

o）损伤致张口困难Ⅲ度。

p）面神经损伤致一侧面肌大部分瘫痪，遗留眼睑闭合不全和口角歪斜。

q）容貌毁损（轻度）。

5.2.3 轻伤一级

a）面部单个创口或者瘢痕长度 6.0cm 以上；多个创口或者瘢痕长度累计 10.0cm 以上。

b）面部块状瘢痕，单块面积 4.0 cm² 以上；多块面积累计 7.0 cm² 以上。

c）面部片状细小瘢痕或者明显色素异常，面积累计 30.0 cm² 以上。

d）眼睑缺失相当于一侧上眼睑 1/4 以上。

e）一侧眼睑中度外翻；双侧眼睑轻度外翻。

f）一侧上眼睑下垂覆盖瞳孔超过 1/2。

g）两处以上不同眶壁骨折；一侧眶壁骨折致眼球内陷 0.2cm 以上。

h）双侧泪器损伤伴溢泪。

i）一侧鼻泪管断裂；一侧内眦韧带断裂。

j）耳廓离断、缺损或者挛缩畸形累计相当于一侧耳廓面积 30% 以上。

k）鼻部离断或者缺损 15% 以上。

l）口唇离断或者缺损致牙齿外露 1 枚以上。

m）牙齿脱落或者牙折共 4 枚以上。

n）损伤致张口困难Ⅱ度。

o）腮腺总导管完全断裂。

p）面神经损伤致一侧面肌部分瘫痪，遗留眼睑闭合不全或者口角歪斜。

5.2.4　轻伤二级

a）面部单个创口或者瘢痕长度 4.5cm 以上；多个创口或者瘢痕长度累计 6.0cm 以上。

b）面颊穿透创，皮肤创口或者瘢痕长度 1.0cm 以上。

c）口唇全层裂创，皮肤创口或者瘢痕长度 1.0cm 以上。

d）面部块状瘢痕，单块面积 3.0 cm² 以上或多块面积累计 5.0 cm² 以上。

e）面部片状细小瘢痕或者色素异常，面积累计 8.0 cm² 以上。

f）眶壁骨折（单纯眶内壁骨折除外）。

g）眼睑缺损。

h）一侧眼睑轻度外翻。

i）一侧上眼睑下垂覆盖瞳孔。

j）一侧眼睑闭合不全。

k）一侧泪器损伤伴溢泪。

l）耳廓创口或者瘢痕长度累计 6.0cm 以上。

m）耳廓离断、缺损或者挛缩畸形累计相当于一侧耳廓面积 15% 以上。

n）鼻尖或者一侧鼻翼缺损。

o）鼻骨粉碎性骨折；双侧鼻骨骨折；鼻骨骨折合并上颌骨额突骨折；鼻骨骨折合并鼻中隔骨折；双侧上颌骨额突骨折。

p）舌缺损。

q）牙齿脱落或者牙折2枚以上。

r）腮腺、颌下腺或者舌下腺实质性损伤。

s）损伤致张口困难Ⅰ度。

t）颌骨骨折（牙槽突骨折及一侧上颌骨额突骨折除外）。

u）颧骨骨折。

5.2.5 轻微伤

a）面部软组织创。

b）面部损伤留有瘢痕或者色素改变。

c）面部皮肤擦伤，面积2.0 cm^{2}以上；面部软组织挫伤；面部划伤4.0cm以上。

d）眶内壁骨折。

e）眼部挫伤；眼部外伤后影响外观。

f）耳廓创。

g）鼻骨骨折；鼻出血。

h）上颌骨额突骨折。

i）口腔粘膜破损；舌损伤。

j）牙齿脱落或者缺损；牙槽突骨折；牙齿松动2枚以上或者Ⅲ度松动1枚以上。

5.3 听器听力损伤

5.3.1 重伤一级

a）双耳听力障碍（≥91dB HL）。

5.3.2 重伤二级

a）一耳听力障碍（≥91dB HL）。

b）一耳听力障碍（≥81dB HL），另一耳听力障碍（≥41dB HL）。

c）一耳听力障碍（≥81dB HL），伴同侧前庭平衡功能障碍。

d）双耳听力障碍（≥61dB HL）。

e）双侧前庭平衡功能丧失，睁眼行走困难，不能并足站立。

5.3.3 轻伤一级

a）双耳听力障碍（≥41dB HL）。

b）双耳外耳道闭锁。

5.3.4 轻伤二级

a）外伤性鼓膜穿孔6周不能自行愈合。

b）听骨骨折或者脱位；听骨链固定。

c）一耳听力障碍（≥41dB HL）。

d）一侧前庭平衡功能障碍，伴同侧听力减退。

e）一耳外耳道横截面 1/2 以上狭窄。

5.3.5 轻微伤

a）外伤性鼓膜穿孔。

b）鼓室积血。

c）外伤后听力减退。

5.4 视器视力损伤

5.4.1 重伤一级

a）一眼眼球萎缩或者缺失，另一眼盲目 3 级。

b）一眼视野完全缺损，另一眼视野半径 20° 以下（视野有效值 32% 以下）。

c）双眼盲目 4 级。

5.4.2 重伤二级

a）一眼盲目 3 级。

b）一眼重度视力损害，另一眼中度视力损害。

c）一眼视野半径 10° 以下（视野有效值 16% 以下）。

d）双眼偏盲；双眼残留视野半径 30° 以下（视野有效值 48% 以下）。

5.4.3 轻伤一级

a）外伤性青光眼，经治疗难以控制眼压。

b）一眼虹膜完全缺损。

c）一眼重度视力损害；双眼中度视力损害。

d）一眼视野半径 30° 以下（视野有效值 48% 以下）；双眼视野半径 50° 以下（视野有效值 80% 以下）。

5.4.4 轻伤二级

a）眼球穿通伤或者眼球破裂伤；前房出血须手术治疗；房角后退；虹膜根部离断或者虹膜缺损超过 1 个象限；睫状体脱离；晶状体脱位；玻璃体积血；外伤性视网膜脱离；外伤性视网膜出血；外伤性黄斑裂孔；外伤性脉络膜脱离。

b）角膜斑翳或者血管翳；外伤性白内障；外伤性低眼压；外伤性青光眼。

c）瞳孔括约肌损伤致瞳孔显著变形或者瞳孔散大（直径 0.6cm 以上）。

d）斜视；复视。

e）睑球粘连。

f）一眼矫正视力减退至 0.5 以下（或者较伤前视力下降 0.3 以上）；双眼矫正视力减退至 0.7 以下（或者较伤前视力下降 0.2 以上）；原单眼中度以上视力损害者，伤后视力降低一个级别。

g）一眼视野半径 50° 以下（视野有效值 80% 以下）。

5.4.5 轻微伤

a）眼球损伤影响视力。

5.5 颈部损伤

5.5.1 重伤一级

a）颈部大血管破裂。

b）咽喉部广泛毁损，呼吸完全依赖气管套管或者造口。

c）咽或者食管广泛毁损，进食完全依赖胃管或者造口。

5.5.2 重伤二级

a）甲状旁腺功能低下（重度）。

b）甲状腺功能低下，药物依赖。

c）咽部、咽后区、喉或者气管穿孔。

d）咽喉或者颈部气管损伤，遗留呼吸困难（3 级）。

e）咽或者食管损伤，遗留吞咽功能障碍（只能进流食）。

f）喉损伤遗留发声障碍（重度）。

g）颈内动脉血栓形成，血管腔狭窄（50% 以上）。

h）颈总动脉血栓形成，血管腔狭窄（25% 以上）。

i）颈前三角区增生瘢痕，面积累计 30.0 cm^2 以上。

5.5.3 轻伤一级

a）颈前部单个创口或者瘢痕长度 10.0cm 以上；多个创口或者瘢痕长度累计 16.0cm 以上。

b）颈前三角区瘢痕，单块面积 10.0 cm^2 以上；多块面积累计 12.0 cm^2 以上。

c）咽喉部损伤遗留发声或者构音障碍。

d）咽或者食管损伤，遗留吞咽功能障碍（只能进半流食）。

e）颈总动脉血栓形成；颈内动脉血栓形成；颈外动脉血栓形成；椎动脉血栓形成。

5.5.4 轻伤二级

a）颈前部单个创口或者瘢痕长度 5.0cm 以上；多个创口或者瘢痕长度累计 8.0cm 以上。

b）颈前部瘢痕，单块面积 4.0 cm^2 以上，或者两块以上面积累计 6.0 cm^2 以上。

c）甲状腺挫裂伤。

d）咽喉软骨骨折。

e）喉或者气管损伤。

f）舌骨骨折。

g）膈神经损伤。

h）颈部损伤出现窒息征象。

5.5.5 轻微伤

a）颈部创口或者瘢痕长度 1.0cm 以上。

b）颈部擦伤面积 4.0 cm^2 以上。

c）颈部挫伤面积 2.0 cm^2 以上。

d）颈部划伤长度 5.0cm 以上。

5.6　胸部损伤

5.6.1 重伤一级

a）心脏损伤，遗留心功能不全（心功能 IV 级）。

b）肺损伤致一侧全肺切除或者双肺三肺叶切除。

5.6.2 重伤二级

a）心脏损伤，遗留心功能不全（心功能 III 级）。

b）心脏破裂；心包破裂。

c）女性双侧乳房损伤，完全丧失哺乳功能；女性一侧乳房大部分缺失。

d）纵隔血肿或者气肿，须手术治疗。

e）气管或者支气管破裂，须手术治疗。

f）肺破裂，须手术治疗。

g）血胸、气胸或者血气胸，伴一侧肺萎陷 70% 以上，或者双侧肺萎陷均在 50% 以上。

h）食管穿孔或者全层破裂，须手术治疗。

i）脓胸或者肺脓肿；乳糜胸；支气管胸膜瘘；食管胸膜瘘；食管支气管瘘。

j）胸腔大血管破裂。

k）膈肌破裂。

5.6.3 轻伤一级

a）心脏挫伤致心包积血。

b）女性一侧乳房损伤，丧失哺乳功能。

c）肋骨骨折 6 处以上。

d）纵隔血肿；纵隔气肿。

e）血胸、气胸或者血气胸，伴一侧肺萎陷 30% 以上，或者双侧肺萎陷均在 20% 以上。

f）食管挫裂伤。

5.6.4 轻伤二级

a）女性一侧乳房部分缺失或者乳腺导管损伤。

b）肋骨骨折 2 处以上。

c）胸骨骨折；锁骨骨折；肩胛骨骨折。

d）胸锁关节脱位；肩锁关节脱位。

e）胸部损伤，致皮下气肿 1 周不能自行吸收。

f）胸腔积血；胸腔积气。

g）胸壁穿透创。

h）胸部挤压出现窒息征象。

5.6.5 轻微伤

a）肋骨骨折；肋软骨骨折。

b）女性乳房擦挫伤。

5.7 腹部损伤

5.7.1 重伤一级

a）肝功能损害（重度）。

b）胃肠道损伤致消化吸收功能严重障碍，依赖肠外营养。

c）肾功能不全（尿毒症期）。

5.7.2 重伤二级

a）腹腔大血管破裂。

b）胃、肠、胆囊或者胆道全层破裂，须手术治疗。

c）肝、脾、胰或者肾破裂，须手术治疗。

d）输尿管损伤致尿外渗，须手术治疗。

e）腹部损伤致肠瘘或者尿瘘。

f）腹部损伤引起弥漫性腹膜炎或者感染性休克。

g）肾周血肿或者肾包膜下血肿，须手术治疗。

h）肾功能不全（失代偿期）。

i）肾损伤致肾性高血压。

j）外伤性肾积水；外伤性肾动脉瘤；外伤性肾动静脉瘘。

k）腹腔积血或者腹膜后血肿，须手术治疗。

5.7.3 轻伤一级

a）胃、肠、胆囊或者胆道非全层破裂。

b）肝包膜破裂；肝脏实质内血肿直径 2.0cm 以上。

c）脾包膜破裂；脾实质内血肿直径 2.0cm 以上。

d）胰腺包膜破裂。

e）肾功能不全（代偿期）。

5.7.4 轻伤二级

a）胃、肠、胆囊或者胆道挫伤。

b）肝包膜下或者实质内出血。

c）脾包膜下或者实质内出血。

d）胰腺挫伤。

e）肾包膜下或者实质内出血。

f）肝功能损害（轻度）。

g）急性肾功能障碍（可恢复）。

h）腹腔积血或者腹膜后血肿。

i）腹壁穿透创。

5.7.5 轻微伤

a）外伤性血尿。

5.8 盆部及会阴损伤

5.8.1 重伤一级

a）阴茎及睾丸全部缺失。

b）子宫及卵巢全部缺失。

5.8.2 重伤二级

a）骨盆骨折畸形愈合，致双下肢相对长度相差 5.0cm 以上。

b）骨盆不稳定性骨折，须手术治疗。

c）直肠破裂，须手术治疗。

d）肛管损伤致大便失禁或者肛管重度狭窄，须手术治疗。

e）膀胱破裂，须手术治疗。

f）后尿道破裂，须手术治疗。

g）尿道损伤致重度狭窄。

h）损伤致早产或者死胎；损伤致胎盘早期剥离或者流产，合并轻度休克。

i）子宫破裂，须手术治疗。

j）卵巢或者输卵管破裂，须手术治疗。

k）阴道重度狭窄。

l）幼女阴道Ⅱ度撕裂伤。

m）女性会阴或者阴道Ⅲ度撕裂伤。

n）龟头缺失达冠状沟。

o）阴囊皮肤撕脱伤面积占阴囊皮肤面积 50% 以上。

p）双侧睾丸损伤，丧失生育能力。

q）双侧附睾或者输精管损伤，丧失生育能力。

r）直肠阴道瘘；膀胱阴道瘘；直肠膀胱瘘。

s）重度排尿障碍。

5.8.3 轻伤一级

a）骨盆 2 处以上骨折；骨盆骨折畸形愈合；髋臼骨折。

b）前尿道破裂，须手术治疗。

c）输尿管狭窄。

d）一侧卵巢缺失或者萎缩。

e）阴道轻度狭窄。

f）龟头缺失 1/2 以上。

g）阴囊皮肤撕脱伤面积占阴囊皮肤面积 30% 以上。

h）一侧睾丸或者附睾缺失；一侧睾丸或者附睾萎缩。

5.8.4 轻伤二级

a）骨盆骨折。

b）直肠或者肛管挫裂伤。

c）一侧输尿管挫裂伤；膀胱挫裂伤；尿道挫裂伤。

d）子宫挫裂伤；一侧卵巢或者输卵管挫裂伤。

e）阴道撕裂伤。

f）女性外阴皮肤创口或者瘢痕长度累计 4.0cm 以上。

g）龟头部分缺损。

h）阴茎撕脱伤；阴茎皮肤创口或者瘢痕长度 2.0cm 以上；阴茎海绵体出血并形成硬结。

i）阴囊壁贯通创；阴囊皮肤创口或者瘢痕长度累计 4.0cm 以上；阴囊内积血，2 周内未完全吸收。

j）一侧睾丸破裂、血肿、脱位或者扭转。

k）一侧输精管破裂。

l）轻度肛门失禁或者轻度肛门狭窄。

m）轻度排尿障碍。

n）外伤性难免流产；外伤性胎盘早剥。

5.8.5 轻微伤

a）会阴部软组织挫伤。

b）会阴创；阴囊创；阴茎创。

c）阴囊皮肤挫伤。

d）睾丸或者阴茎挫伤。

e）外伤性先兆流产。

5.9 脊柱四肢损伤

5.9.1 重伤一级

a）二肢以上离断或者缺失（上肢腕关节以上、下肢踝关节以上）。

b）二肢六大关节功能完全丧失。

5.9.2 重伤二级

a）四肢任一大关节强直畸形或者功能丧失 50% 以上。

b）臂丛神经干性或者束性损伤，遗留肌瘫（肌力 3 级以下）。

c）正中神经肘部以上损伤，遗留肌瘫（肌力 3 级以下）。

d）桡神经肘部以上损伤，遗留肌瘫（肌力 3 级以下）。

e）尺神经肘部以上损伤，遗留肌瘫（肌力 3 级以下）。

f）骶丛神经或者坐骨神经损伤，遗留肌瘫（肌力 3 级以下）。

g）股骨干骨折缩短 5.0cm 以上、成角畸形 30° 以上或者严重旋转畸形。

h）胫腓骨骨折缩短 5.0cm 以上、成角畸形 30° 以上或者严重旋转畸形。

i）膝关节挛缩畸形屈曲 30° 以上。

j）一侧膝关节交叉韧带完全断裂遗留旋转不稳。

k）股骨颈骨折或者髋关节脱位，致股骨头坏死。

l）四肢长骨骨折不愈合或者假关节形成；四肢长骨骨折并发慢性骨髓炎。

m）一足离断或者缺失 50% 以上；足跟离断或者缺失 50% 以上。

n）一足的第一趾和其余任何二趾离断或者缺失；一足除第一趾外，离断或者缺失 4 趾。

o）两足 5 个以上足趾离断或者缺失。

p）一足第一趾及其相连的跖骨离断或者缺失。

q）一足除第一趾外，任何三趾及其相连的跖骨离断或者缺失。

5.9.3 轻伤一级

a）四肢任一大关节功能丧失 25% 以上。

b）一节椎体压缩骨折超过 1/3 以上；二节以上椎体骨折；三处以上横突、棘突或者椎弓骨折。

c）膝关节韧带断裂伴半月板破裂。

d）四肢长骨骨折畸形愈合。

e）四肢长骨粉碎性骨折或者两处以上骨折。

f）四肢长骨骨折累及关节面。

g）股骨颈骨折未见股骨头坏死，已行假体置换。

h）髌板断裂。

i）一足离断或者缺失 10% 以上；足跟离断或者缺失 20% 以上。

j）一足的第一趾离断或者缺失；一足除第一趾外的任何二趾离断或者缺失。

k）三个以上足趾离断或者缺失。

l）除第一趾外任何一趾及其相连的跖骨离断或者缺失。

m）肢体皮肤创口或者瘢痕长度累计 45.0cm 以上。

5.9.4 轻伤二级

a）四肢任一大关节功能丧失 10% 以上。

b）四肢重要神经损伤。

c）四肢重要血管破裂。

d）椎骨骨折或者脊椎脱位（尾椎脱位不影响功能的除外）；外伤性椎间盘突出。

e）肢体大关节韧带断裂；半月板破裂。

f）四肢长骨骨折；髌骨骨折。

g）骨骺分离。

h）损伤致肢体大关节脱位。

i）第一趾缺失超过趾间关节；除第一趾外，任何二趾缺失超过趾间关节；一趾缺失。

j）两节趾骨骨折；一节趾骨骨折合并一跖骨骨折。

k）两跖骨骨折或者一跖骨完全骨折；距骨、跟骨、骰骨、楔骨或者足舟骨骨折；跖跗关节脱位。

l）肢体皮肤一处创口或者瘢痕长度 10.0cm 以上；两处以上创口或者瘢痕长度累计 15.0cm 以上。

5.9.5 轻微伤

a）肢体一处创口或者瘢痕长度 1.0cm 以上；两处以上创口或者瘢痕长度累计 1.5cm 以上；刺创深达肌层。

b）肢体关节、肌腱或者韧带损伤。

c）骨挫伤。

d）足骨骨折。

e）外伤致趾甲脱落，甲床暴露；甲床出血。

f）尾椎脱位。

5.10 手损伤

5.10.1 重伤一级

a）双手离断、缺失或者功能完全丧失。

5.10.2 重伤二级

a）手功能丧失累计达一手功能 36%。

b）一手拇指挛缩畸形不能对指和握物。

c）一手除拇指外，其余任何三指挛缩畸形，不能对指和握物。

d）一手拇指离断或者缺失超过指间关节。

e）一手食指和中指全部离断或者缺失。

f）一手除拇指外的任何三指离断或者缺失均超过近侧指间关节。

5.10.3 轻伤一级

a）手功能丧失累计达一手功能 16%。

b）一手拇指离断或者缺失未超过指间关节。

c）一手除拇指外的食指和中指离断或者缺失均超过远侧指间关节。

d）一手除拇指外的环指和小指离断或者缺失均超过近侧指间关节。

5.10.4 轻伤二级

a）手功能丧失累计达一手功能 4%。

b）除拇指外的一个指节离断或者缺失。

c）两节指骨线性骨折或者一节指骨粉碎性骨折（不含第 2 至 5 指末节）。

d）舟骨骨折、月骨脱位或者掌骨完全性骨折。

5.10.5 轻微伤

a）手擦伤面积 10.0cm^2 以上或者挫伤面积 6.0cm^2 以上。

b）手一处创口或者瘢痕长度 1.0cm 以上；两处以上创口或者瘢痕长度累计 1.5cm 以上；刺伤深达肌层。

c）手关节或者肌腱损伤。

d）腕骨、掌骨或者指骨骨折。

e）外伤致指甲脱落，甲床暴露；甲床出血。

5.11 体表损伤

5.11.1 重伤二级

a）挫伤面积累计达体表面积 30%。

b）创口或者瘢痕长度累计 200.0cm 以上。

5.11.2 轻伤一级

a）挫伤面积累计达体表面积 10%。

b）创口或者瘢痕长度累计 40.0cm 以上。

c）撕脱伤面积 100.0 cm^2 以上。

d）皮肤缺损 30.0 cm^2 以上。

5.11.3 轻伤二级

a）挫伤面积达体表面积 6%。

b）单个创口或者瘢痕长度 10.0cm 以上；多个创口或者瘢痕长度累计 15.0cm 以上。

c）撕脱伤面积 50.0 cm^2 以上。

d）皮肤缺损 6.0 cm^2 以上。

5.11.4 轻微伤

a）擦伤面积 20.0 cm^2 以上或者挫伤面积 15.0 cm^2 以上。

b）一处创口或者瘢痕长度 1.0cm 以上；两处以上创口或者瘢痕长度累计 1.5cm 以上；刺创深达肌层。

c）咬伤致皮肤破损。

5.12 其他损伤

5.12.1 重伤一级

a）深Ⅱ° 以上烧烫伤面积达体表面积 70% 或者Ⅲ° 面积达 30%。

5.12.2 重伤二级

a）Ⅱ° 以上烧烫伤面积达体表面积 30% 或者Ⅲ° 面积达 10%；面积低于上述程度但合并吸入有毒气体中毒或者严重呼吸道烧烫伤。

b）枪弹创，创道长度累计 180.0cm。

c）各种损伤引起脑水肿（脑肿胀），脑疝形成。

d）各种损伤引起休克（中度）。

e）挤压综合征（Ⅱ级）。

f）损伤引起脂肪栓塞综合征（完全型）。

g）各种损伤致急性呼吸窘迫综合征（重度）。

h）电击伤（Ⅱ° ）。

i）溺水（中度）。

j）脑内异物存留；心脏异物存留。

k）器质性阴茎勃起障碍（重度）。

5.12.3 轻伤一级

a）Ⅱ° 以上烧烫伤面积达体表面积 20% 或者Ⅲ° 面积达 5%。

b）损伤引起脂肪栓塞综合征（不完全型）。

c）器质性阴茎勃起障碍（中度）。

5.12.4 轻伤二级

a）Ⅱ° 以上烧烫伤面积达体表面积 5% 或者Ⅲ° 面积达 0.5%。

b）呼吸道烧伤。

c）挤压综合征（Ⅰ级）。

d）电击伤（Ⅰ°）。

e）溺水（轻度）。

f）各种损伤引起休克（轻度）。

g）呼吸功能障碍，出现窒息征象。

h）面部异物存留；眶内异物存留；鼻窦异物存留。

i）胸腔内异物存留；腹腔内异物存留；盆腔内异物存留。

j）深部组织内异物存留。

k）骨折内固定物损坏需要手术更换或者修复。

l）各种置入式假体装置损坏需要手术更换或者修复。

m）器质性阴茎勃起障碍（轻度）。

5.12.5 轻微伤

a）身体各部位骨皮质的砍（刺）痕；轻微撕脱性骨折，无功能障碍。

b）面部Ⅰ° 烧烫伤面积 $10.0cm^2$ 以上；浅Ⅱ° 烧烫伤。

c）颈部Ⅰ° 烧烫伤面积 $15.0\ cm^2$ 以上；浅Ⅱ° 烧烫伤面积 $2.0\ cm^2$ 以上。

d）体表Ⅰ° 烧烫伤面积 $20.0\ cm^2$ 以上；浅Ⅱ° 烧烫伤面积 $4.0\ cm^2$ 以上；深Ⅱ° 烧烫伤。

6 附则

6.1 伤后因其他原因死亡的个体，其生前损伤比照本标准相关条款综合鉴定。

6.2 未列入本标准中的物理性、化学性和生物性等致伤因素造成的人体损伤，比照本标准中的相应条款综合鉴定。

6.3 本标准所称的损伤是指各种致伤因素所引起的人体组织器官结构破坏或者功能障碍。反应性精神病、癔症等，均为内源性疾病，不宜鉴定损伤程度。

6.4 本标准未作具体规定的损伤，可以遵循损伤程度等级划分原则，比照本标准相近条款进行损伤程度鉴定。

6.5 盲管创、贯通创，其创道长度可视为皮肤创口长度，并参照皮肤创口长度相应条款鉴定损伤程度。

6.6 牙折包括冠折、根折和根冠折，冠折须暴露髓腔。

6.7 骨皮质的砍（刺）痕或者轻微撕脱性骨折（无功能障碍）的，不构成本标准所指的轻伤。

6.8 本标准所称大血管是指胸主动脉、主动脉弓分支、肺动脉、肺静脉、上腔静脉和下腔静脉，腹主动脉、髂总动脉、髂外动脉、髂外静脉。

6.9 本标准四肢大关节是指肩、肘、腕、髋、膝、踝等六大关节。

6.10 本标准四肢重要神经是指臂丛及其分支神经（包括正中神经、尺神经、桡神经和肌皮神经等）和腰骶丛及其分支神经（包括坐骨神经、腓总神经、腓浅神经和胫神经等）。

6.11 本标准四肢重要血管是指与四肢重要神经伴行的同名动、静脉。

6.12 本标准幼女或者儿童是指年龄不满 14 周岁的个体。

6.13 本标准所称的假体是指植入体内替代组织器官功能的装置，如：颅骨修补材料、人工晶体、义眼座、固定义齿（种植牙）、阴茎假体、人工关节、起搏器、支架等，但可摘式义眼、义齿等除外。

6.14 移植器官损伤参照相应条款综合鉴定。

6.15 本标准所称组织器官包括再植或者再造成活的。

6.16 组织器官缺失是指损伤当时完全离体或者仅有少量皮肤和皮下组织相连，或者因损伤经手术切除的。器官离断（包括牙齿脱落），经再植、再造手术成功的，按损伤当时情形鉴定损伤程度。

6.17 对于两个部位以上同类损伤可以累加，比照相关部位数值规定高的条款进行评定。

6.18 本标准所涉及的体表损伤数值，0～6 岁按 50% 计算，7～10 岁按 60% 计算，11～14 岁按 80% 计算。

6.19 本标准中出现的数字均含本数。

附录 A（规范性附录）
损伤程度等级划分原则

A.1 重伤一级

各种致伤因素所致的原发性损伤或者由原发性损伤引起的并发症，严重危及生命；遗留肢体严重残废或者重度容貌毁损；严重丧失听觉、视觉或者其他重要器官功能。

A.2 重伤二级

各种致伤因素所致的原发性损伤或者由原发性损伤引起的并发症，危及生命；遗留肢体残废或者轻度容貌毁损；丧失听觉、视觉或者其他重要器官功能。

A.3 轻伤一级

各种致伤因素所致的原发性损伤或者由原发性损伤引起的并发症，未危及生命；遗留组织器官结构、功能中度损害或者明显影响容貌。

A.4 轻伤二级

各种致伤因素所致的原发性损伤或者由原发性损伤引起的并发症，未危及生命；遗留组织器官结构、功能轻度损害或者影响容貌。

A.5 轻微伤

各种致伤因素所致的原发性损伤，造成组织器官结构轻微损害或者轻微功能障碍。

A.6 等级限度

重伤二级是重伤的下限，与重伤一级相衔接，重伤一级的上限是致人死亡；轻伤二级是轻伤的下限，与轻伤一级相衔接，轻伤一级的上限与重伤二级相衔接；轻微伤的上限与轻伤二级相衔接，未达轻微伤标准的，不鉴定为轻微伤。

附录 B（规范性附录）
功能损害判定基准和使用说明

B.1 颅脑损伤

B.1.1 智能（IQ）减退

极重度智能减退：IQ 低于 25；语言功能丧失；生活完全不能自理。

重度智能减退：IQ25～39 之间；语言功能严重受损，不能进行有效的语言交流；生活大部分不能自理。

中度智能减退：IQ40～54 之间；能掌握日常生活用语，但词汇贫乏，对周围环境辨别能力差，只能以简单的方式与人交往；生活部分不能自理，能做简单劳动。

轻度智能减退：IQ55～69 之间；无明显语言障碍，对周围环境有较好的辨别能力，能比较恰当的与人交往；生活能自理，能做一般非技术性工作。

边缘智能状态：IQ70～84 之间；抽象思维能力或者思维广度、深度机敏性显示不良；不能完成高级复杂的脑力劳动。

B.1.2 器质性精神障碍

有明确的颅脑损伤伴不同程度的意识障碍病史，并且精神障碍发生和病程与颅脑损伤相关。症状表现为：意识障碍；遗忘综合征；痴呆；器质性人格改变；精神病性症状；神经症样症状；现实检验能力或者社会功能减退。

B.1.3 生活自理能力

生活自理能力主要包括以下五项：

（1）进食。

（2）翻身。

（3）大、小便。

（4）穿衣、洗漱。

（5）自主行动。

生活完全不能自理：是指上述五项均需依赖护理者。

生活大部分不能自理：是指上述五项中三项以上需依赖护理者。

生活部分不能自理：是指上述五项中一项以上需依赖护理者。

B.1.4 肌瘫（肌力）

0级：肌肉完全瘫痪，毫无收缩。

1级：可看到或者触及肌肉轻微收缩，但不能产生动作。

2级：肌肉在不受重力影响下，可进行运动，即肢体能在床面上移动，但不能抬高。

3级：在和地心引力相反的方向中尚能完成其动作，但不能对抗外加的阻力。

4级：能对抗一定的阻力，但较正常人为低。

5级：正常肌力。

B.1.5 非肢体瘫的运动障碍

非肢体瘫的运动障碍包括肌张力增高，共济失调，不自主运动或者震颤等。根据其对生活自理影响的程度划分为轻、中、重三度。

重度：不能自行进食，大小便，洗漱，翻身和穿衣，需要他人护理。

中度：上述动作困难，但在他人帮助下可以完成。

轻度：完成上述动作虽有一些困难，但基本可以自理。

B.1.6 外伤性迟发性癫痫应具备的条件

（1）确证的头部外伤史。

（2）头部外伤90日后仍被证实有癫痫的临床表现。

（3）脑电图检查（包括常规清醒脑电图检查、睡眠脑电图检查或者较长时间连续同步录像脑电图检查等）显示异常脑电图。

（4）影像学检查确证颅脑器质性损伤。

B.1.7 肛门失禁

重度：大便不能控制；肛门括约肌收缩力很弱或者丧失；肛门括约肌收缩反射很弱或者消失；直肠内压测定，肛门注水法＜20cmH$_2$O。

轻度：稀便不能控制；肛门括约肌收缩力较弱；肛门括约肌收缩反射较弱；直肠内压测定，肛门注水法 $20\sim30\text{cmH}_2\text{O}$。

B.1.8　排尿障碍

重度：出现真性重度尿失禁或者尿潴留残余尿 $\geq 50\text{mL}$。

轻度：出现真性轻度尿失禁或者尿潴留残余尿 $< 50\text{mL}$。

B.2　头面部损伤

B.2.1　眼睑外翻

重度外翻：睑结膜严重外翻，穹隆部消失。

中度外翻：睑结膜和睑板结膜外翻。

轻度外翻：睑结膜与眼球分离，泪点脱离泪阜。

B.2.2　容貌毁损

重度：面部瘢痕畸形，并有以下六项中四项者。（1）眉毛缺失；（2）双睑外翻或者缺失；（3）外耳缺失；（4）鼻缺失；（5）上、下唇外翻或者小口畸形；（6）颈额粘连。

中度：具有以下六项中三项者。（1）眉毛部分缺失；（2）眼睑外翻或者部分缺失；（3）耳廓部分缺失；（4）鼻翼部分缺失；（5）唇外翻或者小口畸形；（6）颈部瘢痕畸形。

轻度：含中度畸形六项中二项者。

B.2.3　面部及中心区

面部的范围是指前额发际下，两耳屏前与下颌下缘之间的区域，包括额部、眶部、鼻部、口唇部、颏部、颧部、颊部、腮腺咬肌部。

面部中心区：以眉弓水平线为上横线，以下唇唇红缘中点处作水平线为下横线，以双侧外眦处作两条垂直线，上述四条线围绕的中央部分为中心区。

B.2.4　面瘫（面神经麻痹）

本标准涉及的面瘫主要是指外周性（核下性）面神经损伤所致。

完全性面瘫：是指面神经5个分支（颞支、颧支、颊支、下颌缘支和颈支）支配的全部颜面肌肉瘫痪，表现为：额纹消失，不能皱眉；眼睑不能充分闭合，鼻唇沟变浅；口角下垂，不能示齿，鼓腮，吹口哨，饮食时汤水流逸。

不完全性面瘫：是指面神经颧支、下颌支或者颞支和颊支损伤出现部分上述症状和体征。

B.2.5　张口困难分级

张口困难Ⅰ度：大张口时，只能垂直置入食指和中指。

张口困难Ⅱ度：大张口时，只能垂直置入示指。

张口困难Ⅲ度：大张口时，上、下切牙间距小于示指之横径。

B.3 听器听力损伤

听力损失计算应按照世界卫生组织推荐的听力减退分级的频率范围，取 0.5、1、2、4kHz 四个频率气导听阈级的平均值。如所得均值不是整数，则小数点后之尾数采用 4 舍 5 入法进为整数。

纯音听阈级测试时，如某一频率纯音气导最大声输出仍无反应时，以最大声输出值作为该频率听阈级。

听觉诱发电位测试时，若最大输出声强仍引不出反应波形的，以最大输出声强为反应阈值。在听阈评估时，听力学单位一律使用听力级（dB HL）。一般情况下，受试者听觉诱发电位反应阈要比其行为听阈高 10～20 dB（该差值又称"校正值"），即受试者的行为听阈等于其听觉诱发电位反应阈减去"校正值"。听觉诱发电位检测实验室应建立自己的"校正值"，如果没有自己的"校正值"，则取平均值（15 dB）作为"较正值"。

纯音气导听阈级应考虑年龄因素，按照《纯音气导阈的年龄修正值》（GB/T 7582—2004）听阈级偏差的中值（50%）进行修正，其中 4000Hz 的修正值参考 2000Hz 的数值。

表 B.1　纯音气导阈值的年龄修正值（GB 7582—87）

年龄	男			女		
	500Hz	1000Hz	2000Hz	500Hz	1000Hz	2000Hz
30	1	1	1	1	1	1
40	2	2	3	2	2	3
50	4	4	7	4	4	6
60	6	7	12	6	7	11
70	10	11	19	10	11	16

B.4 视觉器官损伤

B.4.1 盲及视力损害分级

表 B.2　盲及视力损害分级标准（2003 年，WHO）

分类	远视力低于	远视力等于或优于
轻度或无视力损害		0.3
中度视力损害（视力损害 1 级）	0.3	0.1
重度视力损害（视力损害 2 级）	0.1	0.05
盲（盲目 3 级）	0.05	0.02

分类	远视力低于	远视力等于或优于
盲（盲目 4 级）	0.02	光感
盲（盲目 5 级）	无光感	

B.4.2 视野缺损

视野有效值计算公式：

$$实测视野有效值（\%）= 8 条子午线实测视野值 /500$$

表 B.3 视野有效值与视野半径的换算

视野有效值（%）	视野度数（半径）
8	5°
16	10°
24	15°
32	20°
40	25°
48	30°
56	35°
64	40°
72	45°
80	50°
88	55°
96	60°

B.5 颈部损伤

B.5.1 甲状腺功能低下

重度：临床症状严重；T3、T4 或者 FT3、FT4 低于正常值，TSH > 50μU/L。

中度：临床症状较重；T3、T4 或者 FT3、FT4 正常，TSH > 50μU/L。

轻度：临床症状较轻；T3、T3 或者 FT3、FT4 正常，TSH 轻度增高但 < 50μU/L。

B.5.2 甲状旁腺功能低下（以下分级需结合临床症状分析）

重度：空腹血钙 < 6mg/dL。

中度：空腹血钙 6~7mg/dL。

轻度：空腹血钙 7.1~8mg/dL。

B.5.3 发声功能障碍

重度：声哑、不能出声。

轻度：发音过弱、声嘶、低调、粗糙、带鼻音。

B.5.4 构音障碍

严重构音障碍：表现为发音不分明，语不成句，难以听懂，甚至完全不能说话。

轻度构音障碍：表现为发音不准，吐字不清，语调速度、节律等异常，鼻音过重。

B.6 胸部损伤

B.6.1 心功能分级

Ⅰ级：体力活动不受限，日常活动不引起过度的乏力、呼吸困难或者心悸。即心功能代偿期。

Ⅱ级：体力活动轻度受限，休息时无症状，日常活动即可引起乏力、心悸、呼吸困难或者心绞痛。亦称Ⅰ度或者轻度心衰。

Ⅲ级：体力活动明显受限，休息时无症状，轻于日常的活动即可引起上述症状。亦称Ⅱ度或者中度心衰。

Ⅳ级：不能从事任何体力活动，休息时亦有充血性心衰或心绞痛症状，任何体力活动后加重。亦称Ⅲ度或者重度心衰。

B.6.2 呼吸困难

1级：与同年龄健康者在平地一同步行无气短，但登山或者上楼时呈气短。

2级：平路步行1000m无气短，但不能与同龄健康者保持同样速度，平路快步行走呈现气短，登山或者上楼时气短明显。

3级：平路步行100m即有气短。

4级：稍活动（如穿衣、谈话）即气短。

B.6.3 窒息征象

临床表现为面、颈、上胸部皮肤出现针尖大小的出血点，以面部与眼眶部为明显；球睑结膜下出现出血斑点。

B.7 腹部损伤

B.7.1 肝功能损害

表 B.4　肝功能损害分度

程度	血清清蛋白	血清总胆红素	腹水	脑症	凝血酶原时间
重度	＜ 2.5g/dL	＞ 3.0mg/dL	顽固性	明显	明显延长（校对照组＞ 9 秒）
中度	2.5 ~ 3.0g/dL	2.0 ~ 3.0mg/dL	无或者少量，治疗后消失	无或者轻度	延长（校对照组＞ 6 秒）
轻度	3.1 ~ 3.5g/dL	1.5 ~ 2.0mg/dL	无	无	稍延长（校对照组＞ 3 秒）

B.7.2 肾功能不全

表 B.5 肾功能不全分期

分期	内生肌酐清除率	血尿素氮浓度	血肌酐浓度	临床症状
代偿期	降至正常的50% 50~70mL/min	正常	正常	通常无明显临床症状
失代偿期	25~49mL/min		＞177μmol/L（2mg/dL）但＜450μmol/（5mg/dL）	无明显临床症状，可有轻度贫血；夜尿、多尿
尿毒症期	＜25mL/min	＞21.4mmol/L（60mg/dL）	450~707μmol/（5~8mg/dL）	常伴有酸中毒和严重尿毒症临床症状

B.7.3 会阴及阴道撕裂

Ⅰ度：会阴部粘膜、阴唇系带、前庭粘膜、阴道粘膜等处有撕裂，但未累及肌层及筋膜。

Ⅱ度：撕裂伤累及盆底肌肉筋膜，但未累及肛门括约肌。

Ⅲ度：肛门括约肌全部或者部分撕裂，甚至直肠前壁亦被撕裂。

B.8 其他损伤

B.8.1 烧烫伤分度

表 B.6 烧伤深度分度

程度		损伤组织	烧伤部位特点	愈后情况
Ⅰ度		表皮	皮肤红肿，有热、痛感，无水疱，干燥，局部温度稍有增高	不留瘢痕
Ⅱ度	浅Ⅱ度	真皮浅层	剧痛，表皮有大而薄的水疱，疱底有组织充血和明显水肿；组织坏死仅限于皮肤的真皮层，局部温度明显增高	不留瘢痕
	深Ⅱ度	真皮深层痛	损伤已达真皮深层，水疱较小，表皮和真皮层大部分凝固和坏死。将已分离的表皮揭去，可见基底微湿，色泽苍白上有红出血点，局部温度较低	可留下瘢痕
Ⅲ度		全层皮肤或者皮下组织、肌肉、骨骼	不痛，皮肤全层坏死，干燥如皮革样，不起水疱，蜡白或者焦黄，炭化，知觉丧失，脂肪层的大静脉全部坏死，局部温度低，发凉	需自体皮肤移植，有瘢痕或者畸形

B.8.2 电击伤

Ⅰ度：全身症状轻微，只有轻度心悸。触电肢体麻木，全身无力，如极短时间内脱离电源，稍休息可恢复正常。

Ⅱ度：触电肢体麻木，面色苍白，心跳、呼吸增快，甚至昏厥、意识丧失，但瞳孔不散大。对光反射存在。

Ⅲ度：呼吸浅而弱、不规则，甚至呼吸骤停。心律不齐，有室颤或者心搏骤停。

B.8.3 溺水

重度：落水后 3~4 分钟，神志昏迷，呼吸不规则，上腹部膨胀，心音减弱或者心跳、呼吸停止。淹溺到死亡的时间一般为 5~6 分钟。

中度：落水后 1~2 分钟，神志模糊，呼吸不规则或者表浅，血压下降，心跳减慢，反射减弱。

轻度：刚落水片刻，神志清，血压升高，心率、呼吸增快。

B.8.4 挤压综合征

系人体肌肉丰富的四肢与躯干部位因长时间受压（例如暴力挤压）或者其他原因造成局部循环障碍，结果引起肌肉缺血性坏死，出现肢体明显肿胀、肌红蛋白尿及高血钾等为特征的急性肾功能衰竭。

Ⅰ级：肌红蛋白尿试验阳性，肌酸磷酸激酶（CPK）增高，而无肾衰等周身反应者。

Ⅱ级：肌红蛋白尿试验阳性，肌酸磷酸激酶（CPK）明显升高，血肌酐和尿素氮增高，少尿，有明显血浆渗入组织间隙，致有效血容量丢失，出现低血压者。

Ⅲ级：肌红蛋白尿试验阳性，肌酸磷酸激酶（CPK）显著升高，少尿或者尿闭，休克，代谢性酸中毒以及高血钾者。

B.8.5 急性呼吸窘迫综合征

急性呼吸窘迫综合征（ARDS）须具备以下条件：

（1）有发病的高危因素。

（2）急性起病，呼吸频率数和／或呼吸窘迫。

（3）低氧血症，$PaO_2/FiO_2 \leq 200mmHg$。

（4）胸部 X 线检查两肺浸润影。

（5）肺毛细血管楔压（PCWP）$\leq 18mmHg$，或者临床上除外心源性肺水肿。

凡符合以上 5 项可诊断为 ARDS。

表 B.7　急性呼吸窘迫综合征分度

程度	临床分级			血气分析分级	
	呼吸频率	临床表现	X 线示	吸空气	吸纯氧 15 分钟后
轻度	＞ 35 次 / 分	无发绀	无异常或者纹理增多，边缘模糊	氧分压＜ 8.0kPa 二氧化碳分压＜ 4.7kPa	氧分压＜ 46.7kPa Qs/Qt ＞ 10%
中度	＞ 40 次 / 分	发绀，肺部有异常体征	斑片状阴影或者呈磨玻璃样改变，可见支气管气相	氧分压＜ 6.7kPa 二氧化碳分压＜ 5.3kPa	氧分压＜ 20.0kPa Qs/Qt ＞ 20%
重度	呼吸极度窘迫	发绀进行性加重，肺广泛湿罗音或者实变	双肺大部分密度普遍增高，支气管气相明显	氧分压＜ 5.3kPa（40mmHg）二氧化碳分压＞ 6.0kPa	氧分压＜ 13.3kPa Qs/Qt ＞ 30%

B.8.6 脂肪栓塞综合征

不完全型（或者称部分症候群型）：伤者骨折后出现胸部疼痛，咳呛震痛，胸闷气急，痰中带血，神疲身软，面色无华，皮肤出现瘀血点，上肢无力伸举，脉多细涩。实验室检查有明显低氧血症，预后一般良好。

完全型（或者称典型症候群型）：伤者创伤骨折后出现神志恍惚，严重呼吸困难，口唇紫绀，胸闷欲绝，脉细涩。本型初起表现为呼吸和心动过速、高热等非特异症状。此后出现呼吸窘迫、神志不清以至昏迷等神经系统症状，在眼结膜及肩、胸皮下可见散在瘀血点，实验室检查可见血色素降低，血小板减少，血沉增快以及出现低氧血症。肺部 X 线检查可见多变的进行性的肺部斑片状阴影改变和右心扩大。

B.8.7 休克分度

表 B.8　休克分度

程度	血压（收缩压）kPa	脉搏（次 / 分）	全身状况
轻度	12 ~ 13.3（90 ~ 100mmHg）	90 ~ 100	尚好
中度	10 ~ 12（75 ~ 90mmHg）	110 ~ 130	抑制、苍白、皮肤冷
重度	＜ 10（＜ 75mmHg）	120 ~ 160	明显抑制
垂危	0		呼吸障碍、意识模糊

B.8.8 器质性阴茎勃起障碍

重度：阴茎无勃起反应，阴茎硬度及周径均无改变。

中度：阴茎勃起时最大硬度＞ 0，＜ 40%，每次勃起持续时间＜ 10 分钟。

轻度：阴茎勃起时最大硬度≥40%，＜60%，每次勃起持续时间＜10分钟。

附录C（资料性附录）
人体损伤程度鉴定常用技术

C.1 视力障碍检查

视力记录可采用小数记录或者5分记录两种方式。视力（指远距视力）经用镜片（包括接触镜，针孔镜等），纠正达到正常视力范围（0.8以上）或者接近正常视力范围（0.4-0.8）的都不属视力障碍范围。

中心视力好而视野缩小，以注视点为中心，视野半径小于10度而大于5度者为盲目3级，如半径小于5度者为盲目4级。

周边视野检查：视野缩小系指因损伤致眼球注视前方而不转动所能看到的空间范围缩窄，以致难以从事正常工作、学习或者其他活动。对视野检查要求，视标颜色：白色，视标大小：5mm，检查距离330mm，视野背景亮度：31.5asb。周边视野缩小，鉴定以实测得八条子午线视野值的总和计算平均值，即有效视野值。视力障碍检查具体方法参考《视觉功能障碍法医鉴定指南》（SF/Z JD0103004）。

C.2 听力障碍检查

听力障碍检查应符合《听力障碍的法医学评定》（GA/T 914）。

C.3 前庭平衡功能检查

本标准所指的前庭平衡功能丧失及前庭平衡功能减退，是指外力作用颅脑或者耳部，造成前庭系统的损伤。伤后出现前庭平衡功能障碍的临床表现，自发性前庭体征检查法和诱发性前庭功能检查法等有阳性发现（如眼震电图／眼震视图，静、动态平衡仪，前庭诱发电位等检查），结合听力检查和神经系统检查，以及影像学检查综合判定，确定前庭平衡功能是丧失，或者减退。

C.4 阴茎勃起功能检测

阴茎勃起功能检测应满足阴茎勃起障碍法医学鉴定的基本要求，具体方法参考《男子性功能障碍法医学鉴定规范》（SF/Z JD0103002）。

C.5 体表面积计算

九分估算法：成人体表面积视为100%，将总体表面积划分为11个9%等面积区域，即头（面）颈部占一个9%，双上肢占两个9%，躯干前后及会阴部占三个9%，臀部及双下肢占五个9%＋1%。

表 C.1　体表面积的九分估算法

部位	面积 %	按九分法面积 %
头 颈	6 3	（1×9）=9
前躯 后躯 会阴	13 13 1	（3×9）=27
双上臂 双前臂 双手	7 6 5	（2×9）=18
臀 双大腿 双小腿 双足	5 21 13 7	（5×9+1）=46
全身合计	100	（11×9+1）=100

手掌法：受检者五指并拢，一掌面相当其自身体表面积的 1%。

注：12 岁以下儿童体表面积：头颈部 =9+（12− 年龄），双下肢 =46−（12− 年龄）

公式计算法：S（平方米）=0.0061× 身长（cm）+0.0128× 体重（kg）−0.1529

C.6 肢体关节功能丧失程度评价

肢体关节功能评价使用说明（适用于四肢大关节功能评定）：

1. 各关节功能丧失程度等于相应关节所有轴位（如腕关节有两个轴位）和所有方位（如腕关节有四个方位）功能丧失值之和再除以相应关节活动的方位数之和。例如：腕关节掌屈 40 度，背屈 30 度，桡屈 15 度，尺屈 20 度。查表得相应功能丧失值分别为 30%、40%、60% 和 60%，求得腕关节功能丧失程度为 47.5%。如果掌屈伴肌力下降（肌力 3 级），查表得相应功能丧失值分别为 65%、40%、60% 和 60%，求得腕关节功能丧失程度为 56.25%。

2. 当关节活动受限于某一方位时，其同一轴位的另一方位功能丧失值以 100% 计。如腕关节掌屈和背屈轴位上的活动限制在掌屈 10 度与 40 度之间，则背屈功能丧失值以 100% 计，而掌屈以 40 度计，查表得功能丧失值为 30%，背屈功能以 100% 计，则腕关节功能丧失程度为 65%。

3. 对疑有关节病变（如退行性变）并影响关节功能时，伤侧关节功能丧失值应与对侧进行比较，即同时用查表法分别求出伤侧和对侧关节功能丧失值，并用伤侧关节功能丧失值减去对侧关节功能丧失值即为伤侧关节功能实际丧失值。

4.由于本标准对于关节功能的评定已经考虑到肌力减退对于关节功能的影响，故在测量关节运动活动度时，应以关节被动活动度为准。

C.6.1 肩关节功能丧失程度评定

表 C.2　肩关节功能丧失程度（%）

	关节运动活动度	肌力				
		≤ M1	M2	M3	M4	M5
前 屈	≥ 171	100	75	50	25	0
	151 ~ 170	100	77	55	32	10
	131 ~ 150	100	80	60	40	20
	111 ~ 130	100	82	65	47	30
	91 ~ 110	100	85	70	55	40
	71 ~ 90	100	87	75	62	50
	51 ~ 70	100	90	80	70	60
	31 ~ 50	100	92	85	77	70
	≤ 30	100	95	90	85	80
后 伸	≥ 41	100	75	50	25	0
	31 ~ 40	100	80	60	40	20
	21 ~ 30	100	85	70	55	40
	11 ~ 20	100	90	80	70	60
	≤ 10	100	95	90	85	80
外 展	≥ 171	100	75	50	25	0
	151 ~ 170	100	77	55	32	10
	131 ~ 150	100	80	60	40	20
	111 ~ 130	100	82	65	47	30
	91 ~ 110	100	85	70	55	40
	71 ~ 90	100	87	75	62	50
	51 ~ 70	100	90	80	70	60
	31 ~ 50	100	92	85	77	70
	≤ 30	100	95	90	85	80
内 收	≥ 41	100	75	50	25	0
	31 ~ 40	100	80	60	40	20
	21 ~ 30	100	85	70	55	40
	11 ~ 20	100	90	80	70	60
	≤ 10	100	95	90	85	80

续表

	关节运动活动度	肌力				
		≤M1	M2	M3	M4	M5
内旋	≥81	100	75	50	25	0
	71~80	100	77	55	32	10
	61~70	100	80	60	40	20
	51~60	100	82	65	47	30
	41~50	100	85	70	55	40
	31~40	100	87	75	62	50
	21~30	100	90	80	70	60
	11~20	100	92	85	77	70
	≤10	100	95	90	85	80
外旋	≥81	100	75	50	25	0
	71~80	100	77	55	32	10
	61~70	100	80	60	40	20
	51~60	100	82	65	47	30
	41~50	100	85	70	55	40
	31~40	100	87	75	62	50
	21~30	100	90	80	70	60
	11~20	100	92	85	77	70
	≤10	100	95	90	85	80

C.6.2 肘关节功能丧失程度评定

表C.3　肘关节功能丧失程度（%）

	关节运动活动度	肌力				
		≤M1	M2	M3	M4	M5
屈曲	≥41	100	75	50	25	0
	36~40	100	77	55	32	10
	31~35	100	80	60	40	20
	26~30	100	82	65	47	30
	21~25	100	85	70	55	40
	16~20	100	87	75	62	50
	11~15	100	90	80	70	60
	6~10	100	92	85	77	70
	≤5	100	95	90	85	80
伸展	81~90	100	75	50	25	0
	71~80	100	77	55	32	10
	61~70	100	80	60	40	20
	51~60	100	82	65	47	30
	41~50	100	85	70	55	40
	31~40	100	87	75	62	50
	21~30	100	90	80	70	60
	11~20	100	92	85	77	70
	≤10	100	95	90	85	80

注：为方便肘关节功能计算，此处规定肘关节以屈曲90度为中立位0度。

C.6.3 腕关节功能丧失程度评定

表 C.4 腕关节功能丧失程度（%）

关节运动活动度		肌力				
		≤ M1	M2	M3	M4	M5
掌 屈	≥ 61	100	75	50	25	0
	51 ~ 60	100	77	55	32	10
	41 ~ 50	100	80	60	40	20
	31 ~ 40	100	82	65	47	30
	26 ~ 30	100	85	70	55	40
	21 ~ 25	100	87	75	62	50
	16 ~ 20	100	90	80	70	60
	11 ~ 15	100	92	85	77	70
	≤ 10	100	95	90	85	80
背 屈	≥ 61	100	75	50	25	0
	51 ~ 60	100	77	55	32	10
	41 ~ 50	100	80	60	40	20
	31 ~ 40	100	82	65	47	30
	26 ~ 30	100	85	70	55	40
	21 ~ 25	100	87	75	62	50
	16 ~ 20	100	90	80	70	60
	11 ~ 15	100	92	85	77	70
	≤ 10	100	95	90	85	80
桡 屈	≥ 21	100	75	50	25	0
	16 ~ 20	100	80	60	40	20
	11 ~ 15	100	85	70	55	40
	6 ~ 10	100	90	80	70	60
	≤ 5	100	95	90	85	80
尺 屈	≥ 41	100	75	50	25	0
	31 ~ 40	100	80	60	40	20
	21 ~ 30	100	85	70	55	40
	11 ~ 20	100	90	80	70	60
	≤ 10	100	95	90	85	80

C.6.4 髋关节功能丧失程度评定

表 C.5 髋关节功能丧失程度（%）

关节运动活动度	肌力				
	≤ M1	M2	M3	M4	M5
前屈 ≥ 121	100	75	50	25	0
106 ~ 120	100	77	55	32	10
91 ~ 105	100	80	60	40	20
76 ~ 90	100	82	65	47	30
61 ~ 75	100	85	70	55	40
46 ~ 60	100	87	75	62	50
31 ~ 45	100	90	80	70	60
16 ~ 30	100	92	85	77	70
≤ 15	100	95	90	85	80
后伸 ≥ 11	100	75	50	25	0
6 ~ 10	100	85	70	55	20
1 ~ 5	100	90	80	70	50
0	100	95	90	85	80
外展 ≥ 41	100	75	50	25	0
31 ~ 40	100	80	60	40	20
21 ~ 30	100	85	70	55	40
11 ~ 20	100	90	80	70	60
≤ 10	100	95	90	85	80
内收 ≥ 16	100	75	50	25	0
11 ~ 15	100	80	60	40	20
6 ~ 10	100	85	70	55	40
1 ~ 5	100	90	80	70	60
0	100	95	90	85	80
外旋 ≥ 41	100	75	50	25	0
31 ~ 40	100	80	60	40	20
21 ~ 30	100	85	70	55	40
11 ~ 20	100	90	80	70	60
≤ 10	100	95	90	85	80
内旋 ≥ 41	100	75	50	25	0
31 ~ 40	100	80	60	40	20
21 ~ 30	100	85	70	55	40
11 ~ 20	100	90	80	70	60
≤ 10	100	95	90	85	80

注：表中前屈指屈膝位前屈。

C.6.5 膝关节功能丧失程度评定

表 C.6　膝关节功能丧失程度（%）

	关节运动活动度	肌力				
		≤ M1	M2	M3	M4	M5
屈曲	≥ 130	100	75	50	25	0
	116 ~ 129	100	77	55	32	10
	101 ~ 115	100	80	60	40	20
	86 ~ 100	100	82	65	47	30
	71 ~ 85	100	85	70	55	40
	61 ~ 70	100	87	75	62	50
	46 ~ 60	100	90	80	70	60
	31 ~ 45	100	92	85	77	70
	≤ 30	100	95	90	85	80
伸展	≤ −5	100	75	50	25	0
	−6 ~ −10	100	77	55	32	10
	−11 ~ −20	100	80	60	40	20
	−21 ~ −25	100	82	65	47	30
	−26 ~ −30	100	85	70	55	40
	−31 ~ −35	100	87	75	62	50
	−36 ~ −40	100	90	80	70	60
	−41 ~ −45	100	92	85	77	70
	≥ −46	100	95	90	85	80

注：表中负值表示膝关节伸展时到达功能位（直立位）所差的度数。

使用说明：考虑到膝关节同一轴位屈伸活动相互重叠，膝关节功能丧失程度的计算方法与其他关节略有不同，即根据关节屈曲与伸展运动活动度查表得出相应功能丧失程度，再求和即为膝关节功能丧失程度。当二者之和大于100%时，以100%计算。

C.6.6 踝关节功能丧失程度评定

表 C.7　踝关节功能丧失程度（%）

	关节运动活动度	肌力				
		≤ M1	M2	M3	M4	M5
背屈	≥ 16	100	75	50	25	0
	11 ~ 15	100	80	60	40	20
	6 ~ 10	100	85	70	55	40
	1 ~ 5	100	90	80	70	60
	0	100	95	90	85	80

	关节运动活动度	肌力				
		≤ M1	M2	M3	M4	M5
跖 屈	≥ 41	100	75	50	25	0
	31 ~ 40	100	80	60	40	20
	21 ~ 30	100	85	70	55	40
	11 ~ 20	100	90	80	70	60
	≤ 10	100	95	90	85	80

7 手功能计算

C.7.1 手缺失和丧失功能的计算

一手拇指占一手功能的 36%，其中末节和近节指节各占 18%；食指、中指各占一手功能的 18%，其中末节指节占 8%，中节指节占 7%，近节指节占 3%；无名指和小指各占一手功能的 9%，其中末节指节占 4%，中节指节占 3%，近节指节占 2%。一手掌占一手功能的 10%，其中第一掌骨占 4%，第二、第三掌骨各占 2%，第四、第五掌骨各占 1%。本标准中，双手缺失或丧失功能的程度是按前面方法累加计算的结果。

C.7.2 手感觉丧失功能的计算

手感觉丧失功能是指因事故损伤所致手的掌侧感觉功能的丧失。手感觉丧失功能的计算按相应手功能丧失程度的 50% 计算。

第三单元　刑事综合模拟实训操作

项目一 模拟一般公诉案件诉讼程序

任务一 模拟立案程序

一、模拟公安机关立案程序

（一）公安机关立案流程图

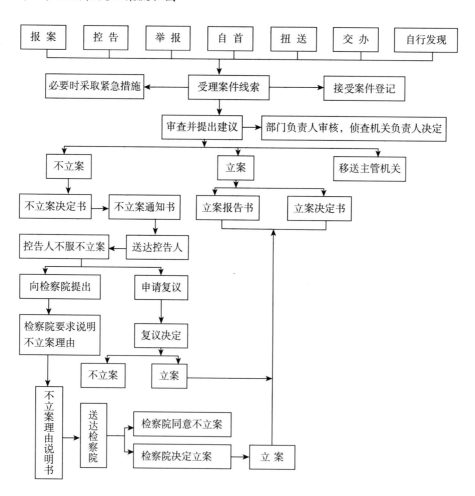

（二）公安机关立案程序

立案程序是刑事诉讼活动的首要程序和必经程序。刑事案件只有经过公安机关的立案环节，才能进行相应的刑事诉讼活动。公安机关的立案程序主要包括以下环节。

1. 对立案材料的接受

（1）公安机关对于公民扭送、报案、控告、举报或者犯罪嫌疑人自动投案的，都应当立即接受，问明情况，并制作笔录，经核对无误后，由扭送人、报案人、控告人、举报人、投案人签名、捺指印。必要时，应当对接受过程录音录像。

（2）公安机关对扭送人、报案人、控告人、举报人、投案人提供的有关证据材料等应当登记，制作接受证据材料清单，由扭送人、报案人、控告人、举报人、投案人签名，并妥善保管。必要时，应当拍照或者录音录像。

（3）公安机关接受案件时，应当制作受案登记表和受案回执，并将受案回执交扭送人、报案人、控告人、举报人。扭送人、报案人、控告人、举报人无法取得联系或者拒绝接受回执的，应当在回执中注明。

（4）公安机关接受控告、举报的工作人员，应当向控告人、举报人说明诬告应负的法律责任。但是，只要不是捏造事实、伪造证据，即使控告、举报的事实有出入，甚至是错告的，也要和诬告严格加以区别。

（5）公安机关应当保障扭送人、报案人、控告人、举报人及其近亲属的安全。

扭送人、报案人、控告人、举报人如果不愿意公开自己的身份，应当为其保守秘密，并在材料中注明。

（6）对接受的案件，或者发现的犯罪线索，公安机关应当迅速进行审查。发现案件事实或者线索不明的，必要时，经办案部门负责人批准，可以进行调查核实。

调查核实过程中，公安机关可以依照有关法律和规定采取询问、查询、勘验、鉴定和调取证据材料等不限制被调查对象人身、财产权利的措施。但是，不得对被调查对象采取强制措施，不得查封、扣押、冻结被调查对象的财产，不得采取技术侦查措施。

（7）经过审查，认为有犯罪事实，但不属于自己管辖的案件，应当立即报经县级以上公安机关负责人批准，制作移送案件通知书在二十四小时以内移送有管辖权的机关处理，并告知扭送人、报案人、控告人、举报人。对于不属于自己管辖而又必须采取紧急措施的，应当先采取紧急措施，然后办理手续，移送主管机关。

对不属于公安机关职责范围的事项，在接报案时能够当场判断的，应当立即口头告知扭送人、报案人、控告人、举报人向其他主管机关报案。

对于重复报案、案件正在办理或者已经办结的，应当向扭送人、报案人、控告人、举报人作出解释，不再登记，但有新的事实或者证据的除外。

（8）经过审查，对告诉才处理的案件，公安机关应当告知当事人向人民法院起诉。

对被害人有证据证明的轻微刑事案件，公安机关应当告知被害人可以向人民法院起诉；被害人要求公安机关处理的，公安机关应当依法受理。

人民法院审理自诉案件，依法调取公安机关已经收集的案件材料和有关证据的，公安机关应当及时移交。

（9）经过审查，对于不够刑事处罚需要给予行政处理的，依法予以处理或者移送有关部门。

2. 对立案材料的审查

对立案材料的审查是指公安机关对已经收集的报案控告、举报、自首等材料进行核对和调查的活动。

（1）事实审查。首先要审查有无事件发生，是否属于犯罪案件，是否需要追究行为人的刑事责任。立案阶段的事实审查重点在于是否有犯罪发生，而不要求查清全部犯罪事实，也不要求查明具体的犯罪嫌疑人。

（2）证据或证据线索审查。在审查中，可以向控告人、举报人、报案人或自首人进行询问，也可以派人到控告人、举报人或者报案人的单位、住所或案发地去了解情况。在立案阶段所进行的调查，其目的在于了解与犯罪有关的事实情况，应当限定在查明是否有犯罪事实的发生和应否追究刑事责任的范围内进行，不能扩大范围。在对线索进行初查时，公安机关只能使用询问、勘验、鉴定等一般调查方法，不能使用强制性措施。

3. 对立案材料的处理

公安机关在对案件材料进行审查后，要做出是否立案的决定并办理相应的手续。

（1）决定立案并办理相应的法律手续

公安机关接受案件后，经审查，认为有犯罪事实需要追究刑事责任，且属于自己管辖的，经县级以上公安机关负责人批准，予以立案。对行政执法机关移送的案件，公安机关应当自接受案件之日起三日以内进行审查。认为有犯罪事实，需要追究刑事责任，依法决定立案的，应当书面通知移送案件的行政执法机关。

公安机关立案的，先由承办人员填写刑事案件立案报告书；经县级以上公安机关负责人审批后，制作立案决定书；最后，由负责审批人签名或盖章，交由侦查部门侦查。

（2）决定不立案并办理相应的法律手续

公安机关接受案件后，经审查，认为没有犯罪事实，或者犯罪事实显著轻微不需要追究刑事责任，或者具有其他依法不追究刑事责任情形的，经县级以上公安机关负责人批准，不予立案。对于决定不立案的，承办人员应当制作呈请不予立案报告书，经县级以上公安机关负责人审批后，制作不予立案通知书，将不立案的原因通知控告人，并告知控告人如果不服可以申请复议。公安机关处理的案件，应报请上一级公安机关审核并作出答复。

对有控告人的案件，决定不予立案的，公安机关应当制作不予立案通知书，并在三日以内送达控告人。

控告人对不予立案决定不服的，可以在收到不予立案通知书后七日以内向作出决定的公安机关申请复议；公安机关应当在收到复议申请后三十日以内作出决定，并将决定书送达控告人。

控告人对不予立案的复议决定不服的，可以在收到复议决定书后七日以内向上一级公安机关申请复核；上一级公安机关应当在收到复核申请后三十日以内作出决定。对上级公安机关撤销不予立案决定的，下级公安机关应当执行。

案情重大、复杂的，公安机关可以延长复议、复核时限，但是延长时限不得超过三十日，并应书面告知申请人。

决定不予立案后又发现新的事实或者证据，或者发现原认定事实错误，需要追究刑事责任的，应当及时立案处理。

对于那些虽然不具备立案条件，但需要其他部门给予一定处分的，应当将报案、控告或举报材料移送主管部门处理，并通知控告人。

对行政执法机关移送的案件，认为没有犯罪事实，或者犯罪事实显著轻微，不需要追究刑事责任，依法不予立案的，应当说明理由，并将不予立案通知书送达移送案件的行政执法机关，相应退回案件材料。

公安机关认为行政执法机关移送的案件材料不全的，应当在接受案件后二十四小时以内通知移送案件的行政执法机关在三日以内补正，但不得以材料不全为由不接受移送案件。

公安机关认为行政执法机关移送的案件不属于公安机关职责范围的，应当书面通知移送案件的行政执法机关向其他主管机关移送案件，并说明理由。

移送案件的行政执法机关对不予立案决定不服的，可以在收到不予立案通知书后三日以内向作出决定的公安机关申请复议；公安机关应当在收到行政执法机关的复议申请后三日以内作出决定，并书面通知移送案件的行政执法机关。

（3）移送有管辖权的机关

公安机关经立案侦查，认为有犯罪事实需要追究刑事责任，但不属于自己管辖或者需要由其他公安机关并案侦查的案件，经县级以上公安机关负责人批准，制作移送案件通知书，移送有管辖权的机关或者并案侦查的公安机关，并在移送案件后三日以内书面通知扭送人、报案人、控告人、举报人或者移送案件的行政执法机关；犯罪嫌疑人已经到案的，应当依照本规定的有关规定通知其家属。

案件变更管辖或者移送其他公安机关并案侦查时，与案件有关的法律文书、证据、财物及其孳息等应当随案移交。

移交时，由接收人、移交人当面查点清楚，并在交接单据上共同签名。

（三）公安机关立案阶段法律文书

受案登记表

（受案单位名称和印章）　　　　　　　×公（　　　）受案字〔　　　〕　　　号

案件来源		□110指令□工作中发现□报案□投案□移送□扭送□其他				
报案人	姓名		性别		出生日期	
	身份证件种类		证件号码			
	工作单位		联系方式			
	现住址					
移送单位			移送人		联系方式	
接报民警			接报时间	年 月 日 时 分	接报地点	
简要案情或者报案记录（发案时间、地点、简要过程、涉案人基本情况、受害情况等）以及是否接受证据：						
受案意见	□属本单位管辖的行政案件，建议及时调查处理 □属本单位管辖的刑事案件，建议及时立案侦查 □不属于本单位管辖，建议移送_____处理 □不属于公安机关职责范围，不予调查处理并当场书面告知当事人 □其他_____ 受案民警：　　　　　　　　　　　　　　年 月 日					
受案审批	受案部门负责人：　　　　　　　　　　　　年 月 日					

一式两份，一份留存，一份附卷。

接受证据清单

编号	名称	数量	特征	备注

提交人　　　　　　　年 月 日	保管人　　　　　　　年 月 日	受案民警 受案单位（印） 年 月 日

一式三份，一份交提交人，一份交保管人，一份附卷。

领导批示	
审核意见	
办案单位意见	

呈请立案报告书

第一部分：犯罪嫌疑人的基本情况 [姓名、性别、出生日期、出生地、身份证件号码、民族、文化程度、职业或工作单位及职务、政治面貌（如是人大代表、政协委员，一并写明具体级、届代表、委员）、采取强制措施情况、简历等]。尚未确定犯罪嫌疑人的，写明案件基本情况。如果涉及其他人员，则应写明该人基本情况。

第二部分：呈请事项（立案）。

第三部分：事实依据（详细叙述有关案件事实，并对有关证据进行分析）。

第四部分：法律依据（写明依据的具体法律规定）。

第五部分：结语和落款。

×××公安局
立 案 决 定 书

×公（　　）立字〔　　〕　号

　　根据《中华人民共和国刑事诉讼法》第一百零九条、第一百一十二条之规定，决定对＿＿＿＿＿＿＿＿＿＿＿案立案侦查。

×××公安局（印）

年　　月　　日

×××公安局
不予立案通知书

×公（　　）立字〔　　〕　号

_____:

你（单位）于_____年____月____日提出控告/移送_____，我局经审查认为_____，_____，根据《中华人民共和国刑事诉讼法》第一百一十二条之规定，决定不予立案。

如不服本决定，可以在收到本通知书之日起三日/七日内向_____申请复议。

×××公安局（印）
年　　月　　日

本通知书已收到。

签收人：

年　　月　　日

此联附卷

二、模拟检察院立案程序

（一）检察院自侦案件立案流程图

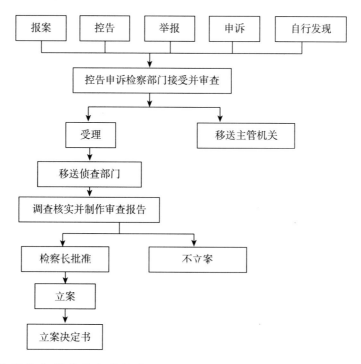

（二）检察院自侦案件立案程序

1. 人民检察院立案材料的来源

人民检察院立案的材料来源主要包括报案、控告、举报、申诉、犯罪嫌疑人投案自首、检察院自行发现，党政机关、信访部门、上级机关及人大交办的案件，以及新闻部门披露的与犯罪有关的线索。

2. 人民检察院审查受理

（1）人民检察院负责控告申诉检察的部门统一接受报案、控告、举报、申诉和犯罪嫌疑人投案自首，并依法审查，在七日以内作出以下处理：

①属于本院管辖且符合受理条件的，应当予以受理。

②不属于本院管辖的报案、控告、举报、自首，应当移送主管机关处理。必须采取紧急措施的，应当先采取紧急措施，然后移送主管机关。不属于本院管辖的申诉，应当告知其向有管辖权的机关提出。

③案件情况不明的，应当进行必要的调查核实，查明情况后依法作出处理。

负责控告申诉检察的部门可以向下级人民检察院交办控告、申诉、举报案件，并依照有关规定进行督办。

（2）控告、申诉符合下列条件的，人民检察院应当受理：

①属于人民检察院受理案件范围。

②本院具有管辖权。

③申诉人是原案的当事人或者其法定代理人、近亲属。

④控告、申诉材料符合受理要求。

控告人、申诉人委托律师代理控告、申诉，符合上述条件的，应当受理。

控告、申诉材料不齐备的，应当告知控告人、申诉人补齐。受理时间从控告人、申诉人补齐相关材料之日起计算。

（3）对于收到的群众来信，负责控告申诉检察的部门应当在七日以内进行程序性答复，办案部门应当在三个月以内将办理进展或者办理结果答复来信人。

（4）负责控告申诉检察的部门对受理的刑事申诉案件应当根据事实、法律进行审查，必要时可以进行调查核实。认为原案处理可能错误的，应当移送相关办案部门办理；认为原案处理没有错误的，应当书面答复申诉人。

（5）办案部门应当在规定期限内办结控告、申诉案件，制作相关法律文书，送达报案人、控告人、申诉人、举报人、自首人，并做好释法说理工作。

3. 立案审查

（1）人民检察院直接受理侦查案件的线索，由负责侦查的部门统一受理、登记和管理。负责控告申诉检察的部门接受的控告、举报，或者本院其他办案部门发现的案件线索，属于人民检察院直接受理侦查案件线索的，应当在七日以内移送负责侦查的部门。

负责侦查的部门对案件线索进行审查后，认为属于本院管辖，需要进一步调查核实的，应当报检察长决定。

（2）对于人民检察院直接受理侦查案件的线索，上级人民检察院在必要时，可以直接调查核实或者组织、指挥、参与下级人民检察院的调查核实，可以将下级人民检察院管辖的案件线索指定辖区内其他人民检察院调查核实，也可以将本院管辖的案件线索交由下级人民检察院调查核实；下级人民检察院认为案件线索重大、复杂，需要由上级人民检察院调查核实的，可以提请移送上级人民检察院调查核实。

（3）调查核实一般不得接触被调查对象。必须接触被调查对象的，应当经检察长批准。

（4）进行调查核实，可以采取询问、查询、勘验、检查、鉴定、调取证据材料等不限制被调查对象人身、财产权利的措施。不得对被调查对象采取强制措施，不得查封、扣押、冻结被调查对象的财产，不得采取技术侦查措施。

（5）负责侦查的部门调查核实后，应当制作审查报告。

调查核实终结后，相关材料应当立卷归档。立案进入侦查程序的，对于作为诉讼证据以外的其他材料应当归入侦查内卷。

4. 立案决定

（1）人民检察院对于直接受理的案件，经审查认为有犯罪事实需要追究刑事责任的，应当制作立案报告书，经检察长批准后予以立案。

符合立案条件，但犯罪嫌疑人尚未确定的，可以依据已查明的犯罪事实作出立案决定。

对具有下列情形之一的，报请检察长决定不予立案：具有《刑事诉讼法》第十六条规定情形之一的；认为没有犯罪事实的；事实或者证据尚不符合立案条件的。

（2）对于其他机关或者本院其他办案部门移送的案件线索，决定不予立案的，负责侦查的部门应当制作不予立案通知书，写明案由和案件来源、决定不立案的原因和法律依据，自作出不立案决定之日起十日以内送达移送案件线索的机关或者部门。

（3）对于控告和实名举报，决定不予立案的，应当制作不予立案通知书，写明案由和案件来源、决定不立案的原因和法律依据，由负责侦查的部门在十五日以内送达控告人、举报人，同时告知本院负责控告申诉检察的部门。

控告人如果不服，可以在收到不予立案通知书后十日以内向上一级人民检察院申请复议。不立案的复议，由上一级人民检察院负责侦查的部门审查办理。

人民检察院认为被控告人、被举报人的行为未构成犯罪，决定不予立案，但需要追究其党纪、政纪、违法责任的，应当移送有管辖权的主管机关处理。

（4）错告对被控告人、被举报人造成不良影响的，人民检察院应当自作出不立案决定之日起一个月以内向其所在单位或者有关部门通报调查核实的结论，澄清事实。

属于诬告陷害的，应当移送有关机关处理。

（5）人民检察院决定对人民代表大会代表立案，应当向该代表所属的人民代表大会主席团或者常务委员会进行通报。

（三）检察院自侦案件立案阶段法律文书

×××× 人民检察院
立案决定书

×× 检 ×× 立〔20××〕× 号

_____：

根据《中华人民共和国刑事诉讼法》第____条的规定，本院决定对_____

_____

_____涉嫌_____一案立案侦查。

检察长（印）

20×× 年 × 月 × 日

（院印）

第二联附卷

三、模拟检察院对公安机关立案监督

（一）检察院对公安机关立案监督流程图

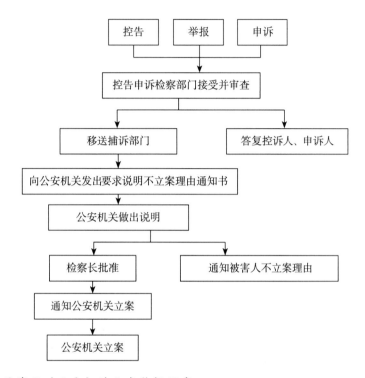

（二）检察院对公安机关立案监督程序

被害人及其法定代理人、近亲属或者行政执法机关，认为公安机关对其控告或者移送的案件应当立案侦查而不立案侦查，或者当事人认为公安机关不应当立案而立案，向人民检察院提出的，人民检察院应当受理并进行审查。

人民检察院发现公安机关可能存在应当立案侦查而不立案侦查情形的，应当依法进行审查。

人民检察院接到控告、举报或者发现行政执法机关不移送涉嫌犯罪案件的，经检察长批准，应当向行政执法机关提出检察意见，要求其按照管辖规定向公安机关移送涉嫌犯罪案件。

人民检察院负责控告申诉检察的部门受理对公安机关应当立案而不立案或者不应当立案而立案的控告、申诉，应当根据事实、法律进行审查。认为需要公安机关说明不立案或者立案理由的，应当及时将案件移送负责捕诉的部门办理；认为公安机关立案或者不立案决定正确的，应当制作相关法律文书，答复控告人、申诉人。

人民检察院经审查，认为需要公安机关说明不立案理由的，应当要求公安机关书面说明不立案的理由。

对于有证据证明公安机关可能存在违法动用刑事手段插手民事、经济纠纷，或者利用立案实施报复陷害、敲诈勒索以及谋取其他非法利益等违法立案情形，尚未提请批准逮捕或者移送起诉的，人民检察院应当要求公安机关书面说明立案理由。

人民检察院要求公安机关说明不立案或者立案理由，应当书面通知公安机关，并且告知公安机关在收到通知后七日以内，书面说明不立案或者立案的情况、依据和理由，连同有关证据材料回复人民检察院。

对人民检察院要求说明不立案理由的案件，公安机关应当在收到通知书后七日以内，对不立案的情况、依据和理由作出书面说明，回复人民检察院。公安机关作出立案决定的，应当将立案决定书复印件送达人民检察院。

公安机关说明不立案或者立案的理由后，人民检察院应当进行审查。认为公安机关不立案或者立案理由不能成立的，经检察长决定，应当通知公安机关立案或者撤销案件。

人民检察院通知公安机关立案的，公安机关应当在收到通知书后十五日以内立案，并将立案决定书复印件送达人民检察院。

人民检察院认为公安机关不立案或者立案理由成立的，应当在十日以内将不立案或者立案的依据和理由告知被害人及其法定代理人、近亲属或者行政执法机关。

人民检察院认为公安机关不应当立案而立案，提出纠正意见的，公安机关应当进行调查核实，并将有关情况回复人民检察院。

公安机关对当事人的报案、控告、举报或者行政执法机关移送的涉嫌犯罪案件受理后未在规定期限内作出是否立案决定，当事人或者行政执法机关向人民检察院提出的，人民检察院应当受理并进行审查。经审查，认为尚未超过规定期限的，应当移送公安机关处理，并答复报案人、控告人、举报人或者行政执法机关；认为超过规定期限的，应当要求公安机关在七日以内书面说明逾期不作出是否立案决定的理由，连同有关证据材料回复人民检察院。公安机关在七日以内不说明理由也不作出立案或者不立案决定的，人民检察院应当提出纠正意见。人民检察院经审查有关证据材料认为符合立案条件的，应当通知公安机关立案。

人民检察院通知公安机关立案或者撤销案件，应当制作通知立案书或者通知撤销案件书，说明依据和理由，连同证据材料送达公安机关。并且告知公安机关应当在收到通知立案书后十五日以内立案，对通知撤销案件书没有异议的，应当立即撤销案件，并将立案决定书或者撤销案件决定书及时送达人民检察院。

人民检察院通知公安机关立案或者撤销案件的，应当依法对执行情况进行监督。

公安机关在收到通知立案书或者通知撤销案件书后超过十五日不予立案或者未要求复议、提请复核也不撤销案件的，人民检察院应当发出纠正违法通知书。公安机关仍不纠正的，报上一级人民检察院协商同级公安机关处理。

公安机关立案后三个月以内未侦查终结的，人民检察院可以向公安机关发出立案监督案件催办函，要求公安机关及时向人民检察院反馈侦查工作进展情况。

公安机关认为人民检察院撤销案件通知有错误，要求同级人民检察院复议的，人民检察院应当重新审查，在收到要求复议意见书和案卷材料后七日以内作出是否变更的决定，并通知公安机关。

公安机关不接受人民检察院复议决定，提请上一级人民检察院复核的，上一级人民检察院应当在收到提请复核意见书和案卷材料后十五日以内作出是否变更的决定，并通知下级人民检察院和公安机关执行。

上级人民检察院复核认为撤销案件通知有错误的，下级人民检察院应当立即纠正；上级人民检察院复核认为撤销案件通知正确的，应当作出复核决定并送达下级公安机关。

（三）检察院对公安机关立案监督法律文书

×××× 人民检察院
要求说明立案理由通知书
（副本）

×× 检 ×× 立通〔20××〕× 号

＿＿＿＿＿＿：

　　根据《人民检察院刑事诉讼规则》第五百五十九条、第五百六十条和《最高人民检察院、公安部关于刑事立案监督有关问题的规定（试行）》第六条的规定，请在收到本通知书以后七日以内向本院书面说明＿＿＿＿＿＿＿＿＿案的立案理由。

20×× 年 × 月 × 日
（院印）

第二联附卷

××××人民检察院
要求说明不立案理由通知书
（副本）

××检××不立通〔20××〕×号

_____：

　　根据《中华人民共和国刑事诉讼法》第一百一十三条的规定，请在收到本通知书以后七日以内向本院书面说明_____一案不立案的理由。

20××年×月×日

（院印）

第二联附卷

××××人民检察院
不立案理由说明书
（副本）

×公（　）不立说字〔20××〕×号

_____人民检察院：

你院___年___月___日以____字〔____〕____号文要求我局对_____案说明不立案的理由，我局经审查认为_____，决定不立案。根据《中华人民共和国刑事诉讼法》第一百一十三条之规定，特此说明。

20××年×月×日

公安局（印）

本说明书已收到。

检察院收件人：

年　　月　　日

×××人民检察院

通知撤销案件书

×× 检 ×× 通撤〔20××〕× 号

_____（侦查机关名称）：

本院于_____年____月____日收到你局回复的_____案的《立案理由说明书》，经审查认为：

（写明侦查机关立案理由不能成立的原因和应当撤销案件的事实、法律依据）

根据《人民检察院刑事诉讼规则》第五百六十一条、第五百六十三条、第五百六十四条和《最高人民检察院、公安部关于刑事立案监督有关问题的规定（试行）》第八条、第九条的规定，现通知你局撤销_____案并将撤销案件决定书复印件及时送达本院。

20×× 年 × 月 × 日

（院印）

×××人民检察院

通知立案书

×× 检 ×× 通立〔20××〕× 号

_____（侦查机关名称）：

本院于_____年____月____日收到你局回复的（姓名）_____涉嫌（罪名）_____的《不立案理由说明书》，本院审查认为：

（写明侦查机关关于不立案理由不能成立的原因和应当立案的事实根据和法律依据）

根据《中华人民共和国刑事诉讼法》第一百一十三条的规定，现通知你局在收到本通知立案书后十五日以内对涉嫌（罪名）的（姓名）进行立案，并将立案决定书副本送达本院。

20×× 年 × 月 × 日

（院印）

任务二　模拟侦查程序

一、模拟公安机关侦查程序

（一）公安机关侦查程序流程图

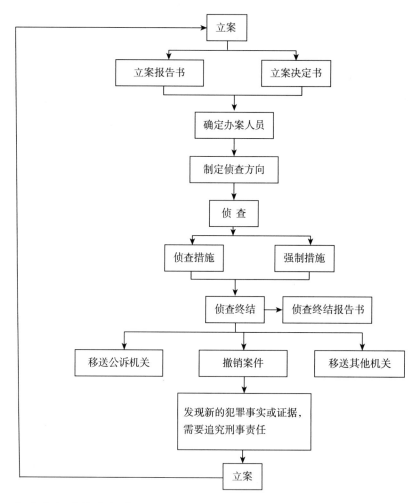

（二）公安机关侦查程序

A. 侦查行为

1. 讯问犯罪嫌疑人

讯问犯罪嫌疑人是指侦查人员依照法定程序以言词方式对犯罪嫌疑人进行追查讯问的侦查活动。讯问犯罪嫌疑人是刑事案件侦查中的必经程序，极有可能侵犯犯罪嫌疑人的合法权益，因此，在讯问时应遵循以下程序和要求：

（1）讯问的主体

讯问犯罪嫌疑人必须由侦查人员负责进行。讯问时，侦查人员不得少于2人。

（2）讯问的时间和地点

对被羁押的犯罪嫌疑人，应在拘留或逮捕后的24小时内进行讯问。

讯问犯罪嫌疑人，除下列情形以外，应当在公安机关执法办案场所的讯问室进行：①紧急情况下在现场进行讯问的；②对有严重伤病或者残疾、行动不便的，以及正在怀孕的犯罪嫌疑人，在其住处或者就诊的医疗机构进行讯问的。

对于已送交看守所羁押的犯罪嫌疑人，应当在看守所讯问室进行讯问。

对于正在被执行行政拘留、强制隔离戒毒的人员以及正在监狱服刑的罪犯，可以在其执行场所进行讯问。

对于不需要拘留、逮捕的犯罪嫌疑人，经办案部门负责人批准，可以传唤到犯罪嫌疑人所在市、县公安机关执法办案场所或者到他的住处进行讯问。

（3）讯问的步骤、方法

①告知犯罪嫌疑人对侦查人员有回避申请权。

②告知犯罪嫌疑人对侦查人员的提问，应当如实回答，但是对与本案无关的问题，如与案件无关的个人隐私、家庭生活等方面的问题，有拒绝回答的权利。是否与本案无关，应以是否对查明本案的全部事实情节，如时间、地点、方法、手段、动机、目的、作案人等情况有实际意义为准。

③告知犯罪嫌疑人享有的诉讼权利，如实供述自己罪行可以从宽处理以及认罪认罚的法律规定。

④侦查人员讯问犯罪嫌疑人时，应当首先讯问犯罪嫌疑人是否有犯罪行为，让他陈述有罪的情节或者无罪的辩解，然后向他提出问题。提出问题主要是针对供述或辩解不清楚、不充足、有意隐瞒或者矛盾的地方。

第一次讯问，应当问明犯罪嫌疑人的姓名、别名、曾用名、出生年月日、户籍所在地、现住地、籍贯、出生地、民族、职业、文化程度、政治面貌、工作单位、家庭情况、社会经历，是否属于人大代表、政协委员，是否受过刑事处罚或者行政处理等情况。

（4）对特殊犯罪嫌疑人讯问的特殊要求

①讯问聋、哑的犯罪嫌疑人，应当有通晓聋、哑手语的人参加，并在讯问笔录上注明犯罪嫌疑人的聋、哑情况，以及翻译人员的姓名、工作单位和职业。

②讯问不满18岁的未成年犯罪嫌疑人时，应当通知其法定代理人到场。无法通知、法定代理人不能到场或者法定代理人是共犯的，也可以通知未成年犯罪嫌疑人的其他成年亲属，所在学校、单位、居住地基层组织或者未成年人保护组织的代

表到场，并将有关情况记录在案。到场的法定代理人可以代为行使未成年犯罪嫌疑人的诉讼权利。

③讯问不通晓当地语言文字的犯罪嫌疑人，应当配备翻译人员。

（5）讯问共同犯罪案件的犯罪嫌疑人时，应当分别进行。

（6）讯问犯罪嫌疑人严禁刑讯逼供或以威胁、引诱、欺骗以及其他非法方法进行。

（7）讯问犯罪嫌疑人时必须制作笔录。侦查人员应当将问话和犯罪嫌疑人的供述或者辩解如实地记录清楚。制作讯问笔录应当使用能够长期保持字迹的材料。讯问笔录应当交犯罪嫌疑人核对；对于没有阅读能力的，应当向他宣读。如果记录有遗漏或者差错，应当允许犯罪嫌疑人补充或者更正，并捺指印。笔录经犯罪嫌疑人核对无误后，应当由其在笔录上逐页签名、捺指印，并在末页写明"以上笔录我看过（或向我宣读过），和我说的相符"。拒绝签名、捺指印的，侦查人员应当在笔录上注明。

讯问笔录上所列项目，应当按照规定填写齐全。侦查人员、翻译人员应当在讯问笔录上签名。

（8）讯问犯罪嫌疑人，在文字记录的同时，可以对讯问过程进行录音录像。对于可能判处无期徒刑、死刑的案件或者其他重大犯罪案件，应当对讯问过程进行录音录像。

可能判处无期徒刑、死刑的案件，是指应当适用的法定刑或者量刑档次包含无期徒刑、死刑的案件。其他重大犯罪案件，是指致人重伤、死亡的严重危害公共安全犯罪、严重侵犯公民人身权利犯罪，以及黑社会性质组织犯罪、严重毒品犯罪等重大故意犯罪案件。

对讯问过程录音录像的，应当对每一次讯问全程不间断进行，保持完整性。不得选择性地录制，不得剪接、删改。

（9）犯罪嫌疑人请求自行书写供述的，应当准许；必要时，侦查人员也可以要求犯罪嫌疑人亲笔书写供词。犯罪嫌疑人应当在亲笔供词上逐页签名、捺指印。侦查人员收到后，应当在首页右上方写明"于某年某月某日收到"，并签名。

（10）对犯罪嫌疑人供述的犯罪事实、无罪或者罪轻的事实、申辩和反证，以及犯罪嫌疑人提供的证明自己无罪、罪轻的证据，公安机关应当认真核查；对有关证据，无论是否采信，都应当如实记录、妥善保管，并连同核查情况附卷。

（11）第一次讯问犯罪嫌疑人或对其采取强制措施后，在讯问结束时，侦查人员应告知其可以聘请律师辩护人。

2. 询问证人、被害人

询问证人、被害人，是指侦查人员以言词方式向刑事案件中的证人、被害人调查了解案情，以获取证人证言和被害人陈述的活动。

询问证人、被害人应当遵循以下程序和要求：

（1）询问的主体

询问证人、被害人只能由侦查人员进行。询问时，侦查人员不得少于2人。

（2）询问的地点

询问证人、被害人，可以在现场进行，也可以到证人、被害人所在单位、住处或者证人、被害人提出的地点进行。在必要的时候，可以书面、电话或者当场通知证人、被害人到公安机关提供证言。

在现场询问证人、被害人，侦查人员应当出示人民警察证。到证人、被害人所在单位、住处或者证人、被害人提出的地点询问证人、被害人，应当经办案部门负责人批准，制作询问通知书。询问前，侦查人员应当出示询问通知书和人民警察证。

（3）询问证人、被害人应当个别进行

（4）询问证人、被害人的步骤、方法

①询问前，应当了解证人、被害人的身份，证人、被害人、犯罪嫌疑人之间的关系。

②为了保证证人、被害人如实提供证据，询问时，应当告知证人、被害人必须如实地提供证据、证言和有意作伪证或者隐匿罪证应负的法律责任。

③侦查人员询问证人、被害人，应当首先让他们把知道的案件情况连续地陈述出来，然后根据其叙述结合案件中应当判明的事实和有关情节，向证人、被害人提出问题，让其回答。对证人、被害人的陈述，应当问明来源和根据，并注意查明他们得知案件情况时的主观和客观情况。

④侦查人员不得向证人、被害人泄露案情或者表示对案件的看法，严禁采用暴力、威胁等非法方式询问证人、被害人。

（5）对特殊证人、被害人的询问

询问不满18岁的未成年证人，应当通知其法定代理人到场。询问聋、哑证人，应当有通晓聋、哑手势的人参加，并在询问笔录上注明聋、哑证人的聋、哑情况，以及翻译人员的姓名、工作单位和职业。

（6）询问证人、被害人应当如实制作笔录。笔录制作要求按照讯问犯罪嫌疑人的笔录制作要求。

（7）询问被害人时，对由于犯罪嫌疑人的行为而遭受损害的，还应当告知其有权提起附带民事诉讼。

3. 勘验、检查

侦查人员对于与犯罪有关的场所、物品、人身、尸体应当进行勘验或者检查，及时提取、采集与案件有关的痕迹、物证、生物样本等。在必要的时候，可以指派或者聘请具有专门知识的人，在侦查人员的主持下进行勘验、检查。

（1）勘验

勘验是指侦查人员在有关技术人员、见证人的参加下，对与案件有关的场所、物品、尸体等进行勘查、检验所进行的侦查活动。

1）勘验的主体：

①侦查人员。侦查人员是勘验的主持者、指挥者。

②有关的技术人员。如法医专家、痕迹专家，也可能是侦查机关内部人员。

③现场保护人员。包括现场目击证人、公安人员等。主要是提供现场当时的情况，以及与案件有关的线索。

④见证人。勘验时，应当邀请两名与案件无关的见证人在场。主要是见证勘验的合法性、公正性。

2）勘验的目的：查明案情，收集证据。

3）勘验的对象：与案件有关的场所、物品、尸体。

（2）检查

检查是指侦查人员在其他人员的配合下，对犯罪嫌疑人、被告人、被害人的人身进行检查、检验所进行的侦查活动。

1）检查的主体：侦查人员、医师、见证人。

2）检查的目的：确定犯罪嫌疑人、被害人的某些特征、伤害情况和生理状态。

3）检查的对象：犯罪嫌疑人、被告人、被害人的人身。

（3）勘验、检查的具体要求

司法实践中，勘验、检查共有六种，即现场勘验、物证检验、尸体检验、人身检查和侦查实验、复验复查。

1）现场勘验。

现场勘验，是指侦查人员对与刑事案件有关的犯罪场所进行勘查和检验的一种侦查活动。犯罪现场是指发生犯罪的地点和留有犯罪痕迹和物证的场所。

现场勘验时除对现场客体进行技术勘验、制作现场笔录、拍摄现场照片、绘制现场图外，还应当围绕现场及时进行调查访问。现场勘验时应当注意：

①对发现人的要求。一是保护现场；二是及时报告。发案地派出所、巡警等

部门应当妥善保护犯罪现场和证据，控制犯罪嫌疑人，并立即报告公安机关主管部门。

②对侦查人员的要求。一是执行勘查的侦查人员接到通知后，应当立即赶赴现场；二是侦查人员勘验现场，应当持有刑事犯罪现场勘查证；三是公安机关对案件现场进行勘查，侦查人员不得少于二人，必要时可以指派或聘请具有专门知识的人在侦查人员的主持下进行勘验，为了保证勘验的客观性，应当邀请 2 名与案件无关的见证人在场；四是在进行现场勘验时，应当及时向现场周围的群众、被害人、目击证人、报案人进行调查访问，以便了解发案前和发案当时的状况，发现和提取与案件有关的各种情况，并及时收集证据；五是勘查现场，应当拍摄现场照片、绘制现场图、制作笔录，由参加勘查的人和见证人签名，对重大案件的现场勘查，应当录音录像。

2）尸体检验。

尸体检验，是指由侦查人员指派法医或聘请医师对非正常死亡的尸体进行全面检验解剖的一种侦查行为。尸体检验的目的在于确定死亡原因、致死手段、死亡时间等情况，为查明案情和犯罪嫌疑人提供根据，为侦查提供证据线索。

为了确定死因，经县级以上公安机关负责人批准，可以解剖尸体，并且通知死者家属到场，让其在解剖尸体通知书上签名。

死者家属无正当理由拒不到场或者拒绝签名的，侦查人员应当在解剖尸体通知书上注明。对身份不明的尸体，无法通知死者家属的，应当在笔录中注明。

对已查明死因，没有继续保存必要的尸体，应当通知家属领回处理，对于无法通知或者通知后家属拒绝领回的，经县级以上公安机关负责人批准，可以及时处理。

公安机关进行勘验、检查后，人民检察院要求复验、复查的，公安机关应当进行复验、复查，并可以通知人民检察院派员参加。

3）侦查实验。

侦查实验，是指侦查人员为了确定与案件有关的某些事实或者现象在某种情况下能否发生以及是怎样发生的，在设定的同样环境条件下，将该事实或现象加以模拟演习的一种侦查行为。

进行侦查实验有严格的条件限制，只适用于在使用其他手段确实无法查明案情的情况，必须经县级以上公安机关负责人批准，并禁止一切足以造成危险、侮辱人格或者有伤风化的行为。进行侦查实验，应当全程录音录像，并制作侦查实验笔录，由参加实验的人签名。

4）人身检查。

人身检查，是指为了确定被害人、犯罪嫌疑人的某些特征、伤害情况或生理状态，依法对其人身进行检验、查看的侦查行为。根据《刑事诉讼法》第一百三十二条的规定，为了确定被害人、犯罪嫌疑人的某些特征、伤害情况或者生理状态，可以对人身进行检查，可以提取指纹信息，采集血液、尿液等生物样本。被害人死亡的，应当通过被害人近亲属辨认、提取生物样本鉴定等方式确定被害人身份。

进行人身检查时要注意以下问题：

①进行人身检查，必须由侦查人员进行，必要时邀请法医或医师参加。

②检查时必须遵守有关法律，不得侮辱被检查人的人格。

③对犯罪嫌疑人可以强制检查，对被害人不能强制检查。犯罪嫌疑人拒绝检查、提取、采集的，侦查人员认为必要的时候，经办案部门负责人批准，可以强制检查、提取、采集。

④检查妇女的身体，应由女工作人员或医师进行。

⑤检查的情况应当制作笔录，由参加检查的侦查人员、检查人员、被检查人员和见证人签名。被检查人员拒绝签名的，侦查人员应当在笔录中注明。

4. 搜查

（1）搜查的概念

搜查是指侦查人员为了收集犯罪证据、查获犯罪人，对犯罪嫌疑人以及可能隐藏罪犯或犯罪证据的人的身体、物品、住处或其他有关的地方进行搜索检查的侦查活动。

①搜查的主体：侦查人员。

②搜查的范围：一切可能隐藏罪犯或犯罪证据的地方。

③搜查的目的：一是为发现并收集与案件有关的各种证据，二是为查获犯罪人。

（2）搜查的程序和要求

①搜查应经县级以上公安机关负责人批准，并开具搜查证。

②进行搜查时，必须向被搜查人出示搜查证，否则，被搜查人有权拒绝搜查。在执行拘留、逮捕的时候，遇有紧急情形，不用搜查证也可以进行搜查。紧急情况主要是指：可能随身携带凶器的；可能隐藏爆炸、剧毒等危险物品的；可能隐匿、毁弃、转移犯罪证据的；可能隐匿其他犯罪嫌疑人的；其他突然发生的紧急情况。

③搜查时，只能由侦查人员进行，且搜查人员不得少于两人。搜查应有被搜

查人本人或他的成年家属以及邻居或其他见证人在场，以证明搜查的合法性。

④搜查妇女的身体，应当由女工作人员进行。

⑤应当制作搜查笔录。搜查的情况应当制作笔录，由搜查人员和被搜查人或他的成年家属、邻居或其他见证人签名或盖章。如果被搜查人拒绝签名，或者被搜查人在逃，他的家属拒绝签名或者不在场，侦查人员应当在笔录中注明。

⑥侦查机关到本辖区以外执行搜查任务，办案人员应当携带搜查证、工作证以及写有主要案情、搜查目的、要求等内容的公函，与当地侦查机关联系。当地侦查机关应当配合、协助执行搜查。

（3）搜查障碍的排除

公安机关可以要求有关单位和个人交出可以证明犯罪嫌疑人有罪或者无罪的物证、书证、视听资料等证据。遇到阻碍搜查的，侦查人员可以强制搜查。

对以暴力、威胁方法阻碍搜查的，应当予以制止，或者由警察将其带离现场；对于构成犯罪的，应当依法追究刑事责任。

5. 查封、扣押物证、书证

查封、扣押物证、书证是指侦查机关对在侦查活动中发现的可用以证明犯罪嫌疑人有罪或者无罪的各种财物、文件，依法采取强制扣留的一项侦查措施。

（1）查封、扣押的主体

查封、扣押物证、书证的权利只能由县级以上侦查机关依法行使。

（2）查封、扣押的目的

查封、扣押的目的是提取和保全证据，以准确认定案情。

（3）查封、扣押的范围

查封、扣押只限于在侦查活动中发现的可用于证明犯罪嫌疑人有罪或无罪的各种物品和文件，与案件无关的物品和文件不得查封、扣押。

（4）查封、扣押的要求

①在侦查过程中需要扣押财物、文件的，应当经办案部门负责人批准，制作扣押决定书；在现场勘查或者搜查中需要扣押财物、文件的，由现场指挥人员决定；但扣押财物、文件价值较高或者可能严重影响正常生产经营的，应当经县级以上公安机关负责人批准，并制作扣押决定书。

在侦查过程中需要查封土地、房屋等不动产，或者船舶、航空器以及其他不宜移动的大型机器、设备等特定动产的，应当经县级以上公安机关负责人批准并制作查封决定书。

②执行查封、扣押的侦查人员不得少于二人，并出示有关法律文书。

③查封、扣押的情况应当制作笔录，由侦查人员、持有人和见证人签名。对

于无法确定持有人或者持有人拒绝签名的，侦查人员应当在笔录中注明。

④对查封、扣押的财物和文件，应当会同在场见证人和被查封、扣押财物、文件的持有人查点清楚，当场开列查封、扣押清单一式三份，写明财物或者文件的名称、编号、数量、特征及其来源等，由侦查人员、持有人和见证人签名，一份交给持有人，一份交给公安机关保管人员，一份附卷备查。

对于财物、文件的持有人无法确定，以及持有人不在现场或者拒绝签名的，侦查人员应当在清单中注明。

依法扣押文物、贵金属、珠宝、字画等贵重财物的，应当拍照或者录音录像，并及时鉴定、估价。

执行查封、扣押时，应当为犯罪嫌疑人及其所扶养的亲属保留必需的生活费用和物品。能够保证侦查活动正常进行的，可以允许有关当事人继续合理使用有关涉案财物，但应当采取必要的保值、保管措施。

⑤对作为犯罪证据但不便提取或者没有必要提取的财物、文件，经登记、拍照或者录音录像、估价后，可以交财物、文件持有人保管或者封存，并且开具登记保存清单一式两份，由侦查人员、持有人和见证人签名，一份交给财物、文件持有人，另一份连同照片或者录音录像资料附卷备查。财物、文件持有人应当妥善保管，不得转移、变卖、毁损。

⑥扣押犯罪嫌疑人的邮件、电子邮件、电报，应当经县级以上公安机关负责人批准，制作扣押邮件、电报通知书，通知邮电部门或者网络服务单位检交扣押。

不需要继续扣押的时候，应当经县级以上公安机关负责人批准，制作解除扣押邮件、电报通知书，并立即通知邮电部门或者网络服务单位。

⑦对查封、扣押的财物、文件、邮件、电子邮件、电报，经查明确实与案件无关的，应当在三日以内解除查封、扣押，退还原主或者原邮电部门、网络服务单位；原主不明确的，应当采取公告方式告知原主认领。在通知原主或者发布公告后六个月以内无人认领的，按照无主财物处理，登记后上缴国库。

⑧有关犯罪事实查证属实后，对于有证据证明权属明确且无争议的被害人合法财产及其孳息，且返还不损害其他被害人或者利害关系人的利益，不影响案件正常办理的，应当在登记、拍照或者录音录像和估价后，报经县级以上公安机关负责人批准，开具发还清单返还，并在案卷材料中注明返还的理由，将原物照片、发还清单和被害人的领取手续存卷备查。

领取人应当是涉案财物的合法权利人或者其委托的人；委托他人领取的，应当出具委托书。侦查人员或者公安机关其他工作人员不得代为领取。

查找不到被害人，或者通知被害人后无人领取的，应当将有关财产及其孳息随案移送。

⑨对查封、扣押的财物及其孳息、文件，公安机关应当妥善保管，以供核查。任何单位和个人不得违规使用、调换、损毁或者自行处理。

县级以上公安机关应当指定一个内设部门作为涉案财物管理部门，负责对涉案财物实行统一管理，并设立或者指定专门保管场所，对涉案财物进行集中保管。

对价值较低、易于保管，或者需要作为证据继续使用，以及需要先行返还被害人的涉案财物，可以由办案部门设置专门的场所进行保管。办案部门应当指定不承担办案工作的民警负责本部门涉案财物的接收、保管、移交等管理工作；严禁由侦查人员自行保管涉案财物。

⑩在侦查期间，对于易损毁、灭失、腐烂、变质而不宜长期保存，或者难以保管的物品，经县级以上公安机关主要负责人批准，可以在拍照或者录音录像后委托有关部门变卖、拍卖，变卖、拍卖的价款暂予保存，待诉讼终结后一并处理。

对于违禁品，应当依照国家有关规定处理；需要作为证据使用的，应当在诉讼终结后处理。

6. 鉴定

鉴定是指侦查机关指派或聘请具有专门知识的人，对案件中的某些专门性的问题进行分析鉴别、科学判断的一项侦查行为。

（1）鉴定的目的

刑事诉讼中的鉴定是为了查明案情、解决案件中的某些专门性的问题。

（2）鉴定的范围

根据《中华人民共和国公安部刑事技术鉴定规则》的规定，侦查程序中的鉴定仅限于与犯罪有关的物品、文件、痕迹、人身和尸体。

（3）鉴定的程序和要求

1）鉴定的提起。

①侦查程序中的鉴定只能由侦查机关提起，当事人无权启动鉴定程序。

②公安机关指派或聘请鉴定人进行鉴定时，首先经过县级以上侦查机关负责人审批，然后由送检人填写委托鉴定登记表。聘请外单位的人进行鉴定的，由县级以上侦查机关发给鉴定聘请书。

③送检时，公安机关必须为鉴定人进行鉴定提供必要的条件，及时向鉴定人送交有关检材和对比样本等原始材料，介绍与鉴定有关的情况，并且明确提出要求鉴定解决的问题。禁止暗示或者强迫鉴定人作出某种鉴定意见。

④鉴定只解决案件中的专门问题，不解决法律问题。侦查人员对鉴定结论有疑问时，可以提出问题，请鉴定人解释，或者要求其补充鉴定，或另外聘请他人重

新鉴定。

2）鉴定人的确定。

司法鉴定机构接受委托后，由司法鉴定机构指定的司法鉴定人，或者由委托人申请并经司法鉴定机构同意的司法鉴定人完成委托事项。

3）司法鉴定的步骤、方法和要求。

鉴定工作一般应按下列步骤进行：

①审查鉴定委托书。

②查验送检材料、客体，审查相关技术资料。

③根据技术规范制定鉴定方案。

④对鉴定活动进行详细记录。

⑤出具鉴定文书。

对存在损耗检材的鉴定，应当向委托人说明。必要时，应由委托人出具检材处理授权书。检验取样和鉴定取样时，应当通知委托人、当事人或者代理人到场。司法鉴定过程中应当妥善保管送检材料，并依鉴定程序逐项建立档案。鉴定时需要耗尽检材或者损坏原物的，应当商请委托人同意。

4）鉴定的组织与监督。

进行身体检查时，受检人、鉴定人互为异性的，应当增派一名女性工作人员在场。

5）鉴定过程与结果的记录。

鉴定人应当按照鉴定规则，运用科学方法独立进行鉴定。鉴定后，应当出具鉴定意见，由两名以上具有鉴定资格的鉴定人在鉴定意见书上签名，同时附上鉴定机构和鉴定人的资质证明或者其他证明文件。多人参加鉴定，鉴定人有不同意见的，应当注明。司法鉴定意见书应当加盖司法鉴定机构的司法鉴定专用章。

司法鉴定过程及其意见都应有相应的记录，记录资料应全部装入鉴定档案保存，以备查用。司法鉴定文书是鉴定过程和鉴定意见的书面表达形式（包括文字、数据、图表和照片等）。

司法鉴定文书分为司法鉴定书、司法鉴定检验报告书、司法鉴定文证审查意见书、司法鉴定咨询意见书等。

6）司法鉴定时限。

司法鉴定机构应当自司法鉴定委托书生效之日起三十个工作日内完成鉴定。鉴定事项涉及复杂、疑难、特殊技术问题或者鉴定过程需要较长时间的，经本机构负责人批准，完成鉴定的时限可以延长，延长时限一般不得超过三十个工作日。鉴定时限延长的，应当及时告知委托人。司法鉴定机构与委托人对鉴定时限另有约定的，从其约定。

在鉴定过程中补充或者重新提取鉴定材料所需的时间，不计入鉴定时限。

7）鉴定意见的送达。

对经审查作为证据使用的鉴定意见，公安机关应当及时告知犯罪嫌疑人、被害人或者其法定代理人。犯罪嫌疑人、被害人对鉴定意见有异议提出申请，以及办案部门或者侦查人员对鉴定意见有疑义的，可以将鉴定意见送交其他有专门知识的人员提出意见。必要时，询问鉴定人并制作笔录附卷。

8）对鉴定意见异议的处理。

对人身伤害的医学鉴定有异议需要重新鉴定，或者对精神病的鉴定，由省级人民政府指定的医院进行。

法院审理期间，公诉人、当事人或者辩护人、诉讼代理人对鉴定意见有异议，经人民法院依法通知的，公安机关鉴定人应当出庭作证。鉴定人故意作虚假鉴定的，应当依法追究其法律责任。

9）对鉴定意见的补充鉴定和重新鉴定。

经审查，发现有下列情形之一的，经县级以上公安机关负责人批准，应当补充鉴定：①鉴定内容有明显遗漏的；②发现新的有鉴定意义的证物的；③对鉴定证物有新的鉴定要求的；④鉴定意见不完整，委托事项无法确定的；⑤其他需要补充鉴定的情形。经审查，不符合上述情形的，经县级以上公安机关负责人批准，作出不准予补充鉴定的决定，并在作出决定后三日以内书面通知申请人。

经审查，发现有下列情形之一的，经县级以上公安机关负责人批准，应当重新鉴定：①鉴定程序违法或者违反相关专业技术要求的；②鉴定机构、鉴定人不具备鉴定资质和条件的；③鉴定人故意作虚假鉴定或者违反回避规定的；④鉴定意见依据明显不足的；⑤检材虚假或者被损坏的；⑥其他应当重新鉴定的情形。经审查，不符合上述情形的，经县级以上公安机关负责人批准，作出不准予重新鉴定的决定，并在作出决定后三日以内书面通知申请人。

重新鉴定，应当另行指派或者聘请鉴定人。

10）鉴定费用的承担。

鉴定费用原则上由公安机关承担，犯罪嫌疑人的辩护人或者近亲属以犯罪嫌疑人有患精神病可能而申请对犯罪嫌疑人进行鉴定的，鉴定费用由请求方承担。

7. 技术侦查措施

技术侦查措施，是指公安机关根据侦查犯罪的需要，在经过严格的批准手续后，运用技术设备收集证据或查获犯罪嫌疑人的一种特殊侦查措施，如公安机关负责技术侦查的部门实施的记录监控、行踪监控、通信监控、场所监控等措施。

技术侦查措施的适用对象是犯罪嫌疑人以及与犯罪活动直接关联的人员。

（1）可以适用技术侦查措施的案件

根据《刑事诉讼法》第一百五十条的规定，公安机关技术侦查措施适用以下案件：

①公安机关在立案后，对于危害国家安全犯罪、恐怖活动犯罪、黑社会性质的组织犯罪、重大毒品犯罪或者其他严重危害社会的犯罪案件，根据侦查犯罪的需要，经过严格的批准手续，可以采取技术侦查措施。

②追捕被通缉或者批准、决定逮捕的在逃的犯罪嫌疑人、被告人，经过批准，可以采取追捕所必需的技术侦查措施。

根据公安部《公安机关办理刑事案件程序规定》第二百六十三条的规定，技术侦查措施适用以下案件：

①危害国家安全犯罪、恐怖活动犯罪、黑社会性质的组织犯罪、重大毒品犯罪案件。

②故意杀人、故意伤害致人重伤或者死亡、强奸、抢劫、绑架、放火、爆炸、投放危险物质等严重暴力犯罪案件。

③集团性、系列性、跨区域性重大犯罪案件。

④利用电信、计算机网络、寄递渠道等实施的重大犯罪案件，以及针对计算机网络实施的重大犯罪案件。

⑤其他严重危害社会的犯罪案件，依法可能判处七年以上有期徒刑的。

公安机关追捕被通缉或者批准、决定逮捕的在逃的犯罪嫌疑人、被告人，可以采取追捕所必需的技术侦查措施。

（2）技术侦查的机关

①决定技术侦查的机关：公安机关、国家安全机关。

②实施技术侦查的机关：公安机关、国家安全机关。

（3）技术侦查的批准决定

《刑事诉讼法》规定，批准决定应当根据侦查犯罪的需要，确定采取技术侦查措施的种类和适用对象。批准决定自签发之日起三个月以内有效。在有效期内，对于不需要继续采取技术侦查措施的，办案部门应当立即书面通知负责技术侦查的部门解除技术侦查措施；负责技术侦查的部门认为需要解除技术侦查措施的，报批准机关负责人批准，制作解除技术侦查措施决定书，并及时通知办案部门；对复杂、疑难案件，采取技术侦查措施的有效期限届满期仍需要继续采取技术侦查措施的，经负责技术侦查的部门审核后，报批准机关负责人批准，制作延长技术侦查措施期限决定书。批准延长期限，每次不得超过三个月。有效期限届满，负责技术侦查的部门应当立即解除技术侦查措施。

由此可见，技术侦查措施需要经过严格的批准程序。根据公安部《公安机关办理刑事案件程序规定》第二百六十五条，需要采取技术侦查措施的，应当制作呈请采取技术侦查措施报告书，报设区的市一级以上公安机关负责人批准，制作采取技术侦查措施决定书。

人民检察院等部门决定采取技术侦查措施，交公安机关执行的，由设区的市一级以上公安机关按照规定办理相关手续后，交负责技术侦查的部门执行，并将执行情况通知人民检察院等部门。

（4）隐匿身份侦查

根据公安部《公安机关办理刑事案件程序规定》第二百七十一条规定，为了查明案情，在必要的时候，经县级以上公安机关负责人决定，可以由侦查人员或者公安机关指定的其他人员隐匿身份实施侦查。

隐匿身份实施侦查时，不得使用促使他人产生犯罪意图的方法诱使他人犯罪，不得采用可能危害公共安全或者发生重大人身危险的方法。

（5）控制下交付

根据公安部《公安机关办理刑事案件程序规定》第二百七十二条规定，对涉及给付毒品等违禁品或者财物的犯罪活动，为查明参与该项犯罪的人员和犯罪事实，根据侦查需要，经县级以上公安机关负责人决定，可以实施控制下交付。

（6）技术侦查证据的调查与适用

依照规定采取侦查措施收集的材料在刑事诉讼中可以作为证据使用。如果使用该证据可能危及有关人员的人身安全，或者可能产生其他严重后果的，应当采取不暴露有关人员身份和使用的技术设备、侦查方法等保护措施。必要的时候，可以由审判人员在庭外对证据进行核实。

根据公安部《公安机关办理刑事案件程序规定》第二百六十九条规定，采取技术侦查措施收集的材料，应当严格依照有关规定存放，只能用于对犯罪的侦查、起诉和审判，不得用于其他用途。

采取技术侦查措施收集的与案件无关的材料，必须及时销毁，并制作销毁记录。

根据公安部《公安机关办理刑事案件程序规定》第二百七十条规定，侦查人员对采取技术侦查措施过程中知悉的国家秘密、商业秘密和个人隐私，应当保密。

公安机关依法采取技术侦查措施，有关单位和个人应当配合，并对有关情况予以保密。

8. 辨认

辨认，是指侦查机关为了查明案情，让被害人、犯罪嫌疑人或者证人对与犯罪有关的物品、文件、尸体、场所或者犯罪嫌疑人进行辨别、指认。

（1）辨认的程序

①辨认应当在侦查人员的主持下进行。主持辨认的侦查人员不得少于2人。

②在辨认前，侦查人员应当向辨认人详细询问被辨认人或者被辨认物的具体特征，禁止辨认人见到被辨认人或者被辨认物，并应当告知辨认人有意作假辨认应负的法律责任。

③辨认前，应当将辨认对象混杂在特征相类似的其他对象中，不得在辨认前向辨认人展示辨认对象及其影像资料，不得给辨认人任何暗示。

④辨认犯罪嫌疑人时，被辨认的人数不得少于7人；对犯罪嫌疑人照片进行辨认的，不得少于10人的照片。辨认物品时，混杂的同类物品不得少于5件；对物品的照片进行辨认的，不得少于10个物品的照片。

对场所、尸体等特定辨认对象进行辨认，或者辨认人能够准确描述物品独有特征的，陪衬物不受数量的限制。

⑤对辨认经过和结果，应当制作辨认笔录，由侦查人员、辨认人、见证人签名。必要时，应当对辨认过程进行录音录像。

（2）辨认注意事项

①几名辨认人对同一辨认对象进行辨认时，应当个别进行。

②对犯罪嫌疑人的辨认，辨认人不愿意公开进行时，可以在不暴露辨认人的情况下进行，侦查人员应当为其保守秘密。

9. 通缉

通缉，是指公安机关通报一定地区的机关和公民协同缉捕在逃的犯罪嫌疑人的一项侦查措施。

（1）通缉的对象

公安机关通缉的对象是依法应当逮捕但下落不明的犯罪嫌疑人。

（2）通缉的形式

公安机关通缉犯罪嫌疑人应当发布通缉令。

（3）通缉令的发布机关

只有县级以上公安机关有权发布通缉令。

（4）通缉令的发布范围

各级公安机关在自己管辖的地区以内，可以直接发布通缉令；超出自己管辖的地区，应当报请有权决定的上级公安机关发布。

（5）通缉令的撤销

被通缉的犯罪嫌疑人一经捕获，捕获的机关应迅速通知发布通缉令的机关，原发布通缉令的机关应在原发布范围内撤销通缉令。

B. 采取强制措施

根据《刑事诉讼法》的规定，侦查阶段的强制措施包括拘传、取保候审、监视居住、拘留、逮捕五种。

1. 拘传

拘传，是指在刑事诉讼中，公安机关对于未被羁押的犯罪嫌疑人，依法强制其在指定时间到指定场所接受讯问的一种强制措施。

拘传实质上是强制犯罪嫌疑人到案接受审讯，只适用于未被羁押的犯罪嫌疑人。

被拘传者不得抗拒，若被拘传者抗拒拘传，拒不到案接受审讯，则可采取适当的强制手段强制其到案。

拘传应当由案件的经办人提出申请，填写《呈请拘传报告书》，经本部门负责人审核后，由公安局长批准，签发《拘传证》。

拘传应当在被拘传人所在的市、县内进行。公安机关在本辖区以外拘传犯罪嫌疑人的，应当通知当地的公安机关，当地公安机关应当予以协助。

执行拘传时，应当向被拘传人出示《拘传证》，并责令其在《拘传证》上签字捺手印。执行拘传的侦查人员不得少于 2 人。对于抗拒拘传的，可以使用诸如警棍、警绳、手铐等戒具，强制其到案。

被拘传的人到案后，应当责令其在《拘传证》上填写到案时间。然后应当立即进行讯问，讯问结束后，应当由其在《拘传证》上填写讯问结束时间。犯罪嫌疑人拒绝填写的，讯问人员应当在《拘传证》上注明。讯问结束后，如果被拘传人符合其他强制措施如拘留、逮捕条件的，应当依法采取其他强制措施。如果不需要采取其他强制措施，应当将其放回，恢复其人身自由。

一次拘传持续的时间不得超过十二小时；案情特别重大、复杂，需要采取拘留、逮捕措施的，拘传持续的时间不得超过二十四小时。不得以连续拘传的形式变相拘禁犯罪嫌疑人。

拘传犯罪嫌疑人，应当保证犯罪嫌疑人的饮食和必要的休息时间（两次拘传间隔的时间一般不得少于二十四小时）。

拘传可以多次适用。即在同一个案件里对同一个犯罪嫌疑人、被告人可以两次以上使用拘传的方法强制其到案。一次拘传审讯完毕即视为拘传强制措施的结束，每两次拘传之间必须要有时间的间隔。不得以连续拘传的方式变相超时限拘禁、羁押被拘传的人。

2. 取保候审

取保候审，是指在刑事诉讼中，公安机关责令未被逮捕的犯罪嫌疑人，提供保证人或者交纳保证金，并出具保证书，保证随传随到的一种强制措施。

（1）取保候审的适用对象

公安机关对有下列情形之一的犯罪嫌疑人可以取保候审：可能判处管制、拘役或者独立适用附加刑的；可能判处有期徒刑以上刑罚，采取取保候审不致发生社会危险性的；患有严重疾病、生活不能自理，怀孕或者正在哺乳自己婴儿的妇女，采取取保候审不致发生社会危险性的；羁押期限届满，案件尚未办结，需要采取取保候审的。对拘留的犯罪嫌疑人，证据不符合逮捕条件，以及提请逮捕后，人民检察院不批准逮捕，需要继续侦查，并且符合取保候审条件的，可以依法取保候审。

对以下犯罪嫌疑人不得取保候审：累犯；犯罪集团的主犯；以自伤、自残办法逃避侦查的犯罪嫌疑人；严重暴力犯罪以及其他严重犯罪的犯罪嫌疑人。但犯罪嫌疑人具有以下情形的除外：①患有严重疾病、生活不能自理，怀孕或者正在哺乳自己婴儿的妇女，采取取保候审不致发生社会危险性的；②羁押期限届满，案件尚未办结，需要继续侦查的。

（2）取保候审的种类

根据《刑事诉讼法》的规定，取保候审有"人保"和"财保"两种。

人保，即由保证人保证。是指公安机关责令犯罪嫌疑人提供具备法定条件的保证人，由保证人以个人的身份向公安机关出具保证书，保证犯罪嫌疑人不逃避侦查，随传随到。

保证人应同时具备以下条件：①与本案无牵连；②有能力履行保证义务；③享有政治权利，人身自由未受限制；④有固定的住处和收入。

财保，即采取交纳保证金保证。是指公安机关责令犯罪嫌疑人交纳一定数量的保证金，并签订保证书，保证不离开所居住的市、县，不妨碍侦查，随传随到。

公安机关应当综合考虑保证诉讼活动正常进行的需要，被取保候审人的社会危险性，案件的性质、情节，可能判处刑罚的轻重，被取保候审人的经济状况等情况，确定保证金的数额。

根据《刑事诉讼法》第六十八条的规定，公安机关适用取保候审只能在"人保"和"财保"两种方式中选择一种适用，而不能同时适用。在司法实践中，对于未成年人和无力交纳保证金的犯罪嫌疑人，一般应当采取"人保"的方式。

（3）取保候审的期限

公安机关对犯罪嫌疑人取保候审最长不得超过十二个月。在取保候审期间，不得中断对案件的侦查。

（4）取保候审的程序

取保候审提起的方式有两种。一是申请。被羁押的犯罪嫌疑人及其法定代理人、近亲属、律师辩护人，均有权提出取保候审的申请。申请取保候审应当采用书面形式。二是决定。公安机关根据案件具体情况，可以直接主动地采用取保候审。

公安机关应当在收到取保候审书面申请后的三日之内作出是否同意的答复。对符合取保候审法定条件，提出了保证人或者能够交纳保证金的，应当同意对犯罪嫌疑人取保候审；并应当报县级以上公安机关负责人批准，在作出决定时，应当明确是采取哪一种取保候审；同时，签发取保候审决定书和取保候审执行通知书，依法办理取保候审的相关手续。

取保候审统一由公安机关执行。公安机关在执行时，应当向犯罪嫌疑人宣读取保候审决定书；责令其提供一至二名符合法定条件的保证人或者交纳指定数额的保证金；并签名或盖章。公安机关应当及时通知被取保候审人居住地的派出所执行。

3. 监视居住

监视居住，是指公安机关对未被逮捕的犯罪嫌疑人，责令其未经批准不得离开指定的区域，并对其行动进行监视的一种强制措施。

（1）监视居住的适用对象

监视居住的适用对象有两种：第一，对符合逮捕条件，有下列情形之一的犯罪嫌疑人，可以监视居住：①患有严重疾病、生活不能自理的；②怀孕或者正在哺乳自己婴儿的妇女；③系生活不能自理的人的唯一扶养人；④因为案件的特殊情况或者办理案件的需要，采取监视居住措施更为适宜的；⑤羁押期限届满，案件尚未办结，需要采取监视居住措施的。第二，对符合取保候审条件，但犯罪嫌疑人不能提出保证人，也不交纳保证金的，可以监视居住。

（2）监视居住的地点

监视居住应当在犯罪嫌疑人、被告人的住处执行；无固定住处的，可以在指定的居所执行。对于涉嫌危害国家安全犯罪、恐怖活动犯罪，在住处执行可能有碍侦查的，经上一级公安机关批准，也可以在指定的居所执行。但是，不得在羁押场所、专门的办案场所执行。

（3）监视居住的期限

公安机关对犯罪嫌疑人监视居住最长不得超过六个月。

（4）监视居住的程序

公安机关对于正在办理案件的犯罪嫌疑人，有权决定是否采取监视居住措施。具体程序为：由案件的经办人员提出对案件的犯罪嫌疑人采取监视居住措施的意见，报本部门负责人审核，经本机关领导批准后，制作监视居住决定书。监视居住决定书应写明犯罪嫌疑人的姓名、住址等身份状况，被监视居住人应遵守的事项和违反规定的法律后果，执行机关的名称等内容。

公安机关在执行时，应当向犯罪嫌疑人宣读监视居住决定书，并由犯罪嫌疑人签名、捺指印。

指定居所监视居住的，除无法通知的以外，应当在执行监视居住后二十四小时以内，通知被监视居住人的家属。确实无法通知的，应当记录在案。

执行机关对被监视居住的犯罪嫌疑人、被告人，可以采取电子监控、不定期检查等监视方法对其遵守监视居住规定的情况进行监督；在侦查期间，可以对被监视居住的犯罪嫌疑人的通信进行监控。

4. 拘留

拘留，是指在刑事诉讼的侦查过程中，公安机关对现行犯或重大嫌疑分子，在遇到法定的紧急情况时，所采取的临时剥夺其人身自由的一种强制措施。

（1）拘留的条件

①拘留的适用对象，必须是现行犯或者重大嫌疑分子。根据《刑事诉讼法》第八十二条规定，可以先行拘留的有七种情形：第一，正在预备犯罪、实行犯罪或者在犯罪后即时被发觉的；第二，被害人或者在场亲眼看见的人指认他犯罪的；第三，在身边或者住处发现有犯罪证据的；第四，犯罪后企图自杀、逃跑或者在逃的；第五，有毁灭、伪造证据或者串供可能的；第六，不讲真实姓名、住址，身份不明的；第七，有流窜作案、多次作案、结伙作案重大嫌疑的。

②拘留的适用时限，必须是情况紧急，来不及办理逮捕手续。所谓情况紧急，就是要具备法定的以上七种紧急情形之一，如果此时不先行采取拘留，暂时剥夺其人身自由，就会给刑事诉讼造成困难。如果没有法定情形出现，就不应当先行拘留。

公安机关适用拘留的这两个条件，是统一不可分割的，必须同时具备。

（2）拘留的期限

根据《刑事诉讼法》第九十一条规定，公安机关对被拘留的人，认为需要逮捕的，应当在拘留后的三日以内，提请人民检察院审查批准。在特殊情况下，提请审查批准的时间可以延长一日至四日；对于流窜作案、多次作案、结伙作案的重大嫌疑分子，提请审查批准的时间可以延长至三十日。

人民检察院应当自接到公安机关提请批准逮捕书后的七日以内，作出批准逮捕或者不批准逮捕的决定。人民检察院不批准逮捕的，公安机关应当在接到通知后立即释放，并且将执行情况及时通知人民检察院。对于需要继续侦查，并且符合取保候审、监视居住条件的，依法取保候审或者监视居住。

根据上述法律规定，公安机关决定刑事拘留的期限，对于一般案件而言，最长期限不得超过十日（即提请审查批准的最长时间三日＋作出批准逮捕或者不批准逮捕决定的最长时间七日）；特殊情况下，拘留的最长期限不得超过十四日（即三日＋四日＋七日）；对于流窜作案、多次作案、结伙作案的重大嫌疑分子，拘留的最长期限不得超过三十七日（即三十日＋七日）。

（3）拘留的程序

公安机关对于依法需要拘留的现行犯或者重大嫌疑分子，应首先审查被拘留的对象是否符合法定的拘留条件，是否可以适用其他强制措施来防止社会危险性的发生。认为符合拘留条件的，由承办人员填写呈请拘留报告书，经本部门负责人审核，报县（区）以上的公安机关负责人批准，签发拘留证。

执行拘留时，执行拘留的人员不得少于二人。执行拘留时，应当先向被拘留人出示拘留证并宣读，责令被拘留人在拘留证上签名或捺指印。执行拘留时，如遇有被拘留人员抗拒执行的，执行人员可以对其使用械具，有必要时可以使用武器，但只是以使其就缚为限度。

公安机关对于被拘留的人，应当在二十四小时以内进行讯问。发现不应当拘留的，应当经县级以上公安机关负责人批准，制作释放通知书，看守所凭释放通知书发给被拘留人释放证明书，将其立即释放。对需要逮捕而证据还不充足的，可以依法取保候审或者监视居住，并按照规定办理取保候审或者监视居住手续。需要逮捕的，依法办理逮捕手续。

拘留后，应当立即将被拘留人送看守所羁押，至迟不得超过二十四小时。除无法通知或者涉嫌危害国家安全犯罪、恐怖活动犯罪通知可能有碍侦查的情形以外，应当在拘留后二十四小时以内，通知被拘留人的家属。有碍侦查的情形消失以后，应当立即通知被拘留人的家属。

5. 逮捕

逮捕，是刑事诉讼强制措施中最严厉的一种强制措施。被逮捕的人，人身自由被依法予以剥夺且羁押期限较长。为保证公安机关正确适用逮捕这种强制措施，法律要求必须由两个以上公安司法机关联合才能实施，逮捕的决定权和执行权是分离的。

（1）逮捕的条件

《刑事诉讼法》第八十一条规定，对有证据证明有犯罪事实，可能判处徒刑以上刑罚的犯罪嫌疑人、被告人，采取取保候审尚不足以防止发生下列社会危险性的，应当予以逮捕：第一，可能实施新的犯罪的；第二，有危害国家安全、公共安全或者社会秩序的现实危险的；第三，可能毁灭、伪造证据，干扰证人作证或者串供的；第四，可能对被害人、举报人、控告人实施打击报复的；第五，企图自杀或逃跑的。对有证据证明有犯罪事实，可能判处十年有期徒刑以上刑罚的，或者有证据证明有犯罪事实，可能判处徒刑以上刑罚，曾经故意犯罪或者身份不明的，应当予以逮捕。

被取保候审、监视居住的犯罪嫌疑人、被告人违反取保候审、监视居住规定，情节严重，可以予以逮捕。

需要注意的是，上述五种逮捕情形，前四种是应当逮捕，第五种是可以逮捕。

（2）逮捕的程序

公安机关需要逮捕犯罪嫌疑人时，应当向同级人民检察院报批逮捕，并移送提请批准逮捕书和案卷材料、证据。

对公安机关提请批准逮捕的犯罪嫌疑人，人民检察院经审查认为符合逮捕条件，应当作出批准逮捕的决定，连同案卷材料送达公安机关执行，并可以制作继续侦查提纲，送交公安机关。人民检察院应当将批准逮捕的决定交公安机关立即执行，并要求公安机关将执行回执及时送达作出批准决定的人民检察院。如果未能执行，也应当要求其将回执及时送达人民检察院，并写明未能执行的原因。

对公安机关提请批准逮捕的犯罪嫌疑人，人民检察院经审查认为不符合逮捕条件，应当作出不批准逮捕决定，说明理由，连同案卷材料送达公安机关执行。需要补充侦查的，应当制作补充侦查提纲，送交公安机关。

公安机关接到人民检察院批准逮捕的通知后，应当由县（区）以上的公安机关负责人批准，签发逮捕证，并立即执行。执行逮捕的人员不得少于二人。执行逮捕时，必须向被逮捕人出示逮捕证，宣布逮捕，并责令其在逮捕证上签字或捺指印，并注明时间。被逮捕人拒绝在逮捕证上签字或捺指印的，应在逮捕证上注明。被逮捕人如果拒捕，必要时执行人员可以依法使用制服性警械或者武器。

犯罪嫌疑人被逮捕后，提起批准逮捕的公安机关应当在二十四小时之内进行讯问，对于发现不应当逮捕的，立即释放，并发给释放证明。除无法通知的情形外，应将逮捕的原因和羁押的处所，在二十四小时之内通知被逮捕人的家属。不便通知的，应将不通知的原因在案卷中注明。

C. 侦查终结

侦查终结，是指公安机关对自己立案侦查的案件，经过一系列的侦查活动，根据已查明的案件事实和证据，依照法律规定，足以对案件作出起诉或者撤销案件的结论时而终结侦查的侦查行为。

（1）侦查终结的条件

侦查终结的案件，应当同时符合以下条件：

①案件事实清楚。

②证据确实、充分。

③犯罪性质和罪名认定正确（通常要把握三点：罪与非罪、此罪与彼罪、具体罪名）。

④法律手续完备。

⑤依法应当追究刑事责任。

（2）侦查终结的程序

案件经过侦查，认为符合侦查终结的条件时，应由承办人员制作侦查终结报告，移交主管领导审批。重大案件经由公安机关领导集体讨论决定或提交检察委员会讨论决定。

（3）侦查终结后对案件的处理

公安机关对侦查终结的案件，有移送同级人民检察院审查起诉、撤销案件两种决定。

（4）侦查羁押期限

侦查羁押期限，是指从侦查机关对犯罪嫌疑人采取逮捕强制措施之日起到侦查终结移送审查起诉之日的期限。首次羁押期限为二个月；案情复杂、重大，二个月期限届满不能终结的案件，可以经上一级人民检察院批准延长一个月。下列案件在《刑事诉讼法》第一百五十六条规定的期限届满不能侦查终结的，经省、自治区、直辖市人民检察院批准或者决定，可以延长二个月：①交通十分不便的边远地区的重大复杂案件；②重大的犯罪集团案件；③流窜作案的重大复杂案件；④犯罪涉及面广，取证困难的重大复杂案件。

对犯罪嫌疑人可能判处十年有期徒刑以上刑罚，五个月内仍不能侦查终结的，经省、自治区、直辖市人民检察院批准或者决定，可以再延长二个月。

（三）公安机关侦查工作文书

1. 强制措施文书

（1）公安机关强制措施文书

×××公安局

拘 传 证

×公（　　）拘传字〔　　〕　　号

_____：

　　根据《中华人民共和国刑事诉讼法》第六十六条之规定，兹决定对犯罪嫌疑人_____（性别_____，出生日期_____，住址_____）执行拘传。

公安局（印）

年　　月　　日

本证已于_____年_____月_____日_____时向我宣布。

被拘传人：　　（捺指印）

拘传到案时间_____年_____月_____日_____时。

被拘传人：　　（捺指印）

拘传结束时间_____年_____月_____日_____时。

被拘传人：　　（捺指印）

此联附卷

×××公安局
传 讯 通 知 书
（副本）

×公（　）传讯字〔　　〕　号

_____：

根据《中华人民共和国刑事诉讼法》第七十一条 / 第七十七条第一款第三项之规定，现通知你于_____年___月___日___时到_____接受讯问。

公安局（印）

年　　月　　日

本传讯通知书已于_____年____月___日_____时收到。

被传讯人或其家属：　　（捺指印）

被传讯人到达时间_____年____月_____日____时。

被传讯人：　　（捺指印）

文书无法送达被传讯人，或被传讯人未按规定接受传讯的，注明具体情况：_____。

办案人：

年　　月　　日

此联附卷

××× 公安局
取 保 候 审 决 定 书
（副本）

×公（　）取保字〔　　〕　　号

犯罪嫌疑人_____性别_____，出生日期_____，住址_____，单位及职业_____，联系方式_____。

我局正在侦查_____案，因犯罪嫌疑人_____，根据《中华人民共和国刑事诉讼法》第_____条之规定，决定对其取保候审，期限从_____年_____月_____日起算。犯罪嫌疑人应当接受保证人_____的监督／交纳保证金（大写）_____元。

公安局（印）

年　　月　　日

本决定书已收到。

被取保候审人：　　　　　　　　（捺指印）

年　　月　　日

×××公安局
取保候审执行通知书
（副本）

×公（　　）取保字〔　　〕　号

_____:

因_____，我局正在侦查_____案决定对犯罪嫌疑人_____（性别_____，出生日期_____，住址_____，单位及职业_____，联系方式_____）取保候审，交由你单位执行，取保候审期限从_____年_____月_____日起算。

被取保候审人接受保证人_____的监督/交纳保证金（大写）_____元。

公安局（印）

年　　月　　日

此联交执行单位

被取保候审人义务告知书

根据《中华人民共和国刑事诉讼法》第七十一条第一款的规定，被取保候审人在取保候审期间应当遵守以下规定：

（一）未经执行机关批准不得离开所居住的市、县；

（二）住址、工作单位和联系方式发生变动的，在二十四小时以内向执行机关报告；

（三）在传讯的时候及时到案；

（四）不得以任何形式干扰证人作证；

（五）不得毁灭、伪造证据或者串供。

根据《中华人民共和国刑事诉讼法》第七十一条第二款的规定，被取保候审人还应遵守以下规定：

（一）不得进入＿＿＿＿＿＿＿＿＿＿＿＿＿＿＿＿＿＿＿＿＿等场所；

（二）不得与＿＿＿＿＿＿＿＿＿＿＿＿＿＿＿＿＿＿＿＿＿会见或者通信；

（三）不得从事＿＿＿＿＿＿＿＿＿＿＿＿＿＿＿＿＿＿等活动；

（四）将＿＿＿＿＿＿＿＿证件交执行机关保存。

被取保候审人在取保候审期间违反上述规定，已交纳保证金的，由公安机关没收部分或者全部保证金，并且区别情形，责令被取保候审人具结悔过，重新交纳保证金、提出保证人，或者监视居住、予以逮捕。

本告知书已收到。

被取保候审人：

年　　月　　日

一式四份，一份附卷，一份交被取保候审人，一份交执行机关，一份交保证人（犯罪嫌疑人提出保证人予以取保候审时适用）。

取 保 候 审 保 证 书

我叫_____，性别_____，出生日期_____，现住_____，身份证件名称_____，号码_____，单位及职业_____，联系方式_____，与犯罪嫌疑人_____是_____关系。

我自愿作如下保证：

监督犯罪嫌疑人在取保候审期间遵守下列规定：

（一）未经执行机关批准不得离开所居住的市、县；

（二）住址、工作单位和联系方式发生变动的，在二十四小时以内向执行机关报告；

（三）在传讯的时候及时到案；

（四）不得以任何形式干扰证人作证；

（五）不得毁灭、伪造证据或者串供。

监督犯罪嫌疑人遵守以下规定：

（一）不得进入_____等场所；

（二）不得与_____会见或者通信；

（三）不得从事_____等活动；

（四）将_____证件交执行机关保存。

本人未履行保证义务的，愿承担法律责任。

此致

_____公安局

保证人：

年　　月　　日

一式两份，一份附卷，一份交保证人。

×××公安局
监视居住决定书
（副本）

×公（ ）监居字〔 〕 号

犯罪嫌疑人_____，性别____，出生日期_____，住址_____。

我局正在侦查_____案，因_____，根据《中华人民共和国刑事诉讼法》第_____条之规定，决定在_____对犯罪嫌疑人监视居住/指定居所监视居住，由_____负责执行，监视居住期限从_____年____月____日起算。

在监视居住期间，被监视居住人应当遵守下列规定：

一、未经执行机关批准不得离开执行监视居住的处所；

二、未经执行机关批准不得会见他人或者通信；

三、在传讯的时候及时到案；

四、不得以任何形式干扰证人作证；

五、不得毁灭、伪造证据或者串供；

六、将护照等出入境证件、身份证件、驾驶证件交执行机关保存。

如果被监视居住人违反以上规定，情节严重的，可以予以逮捕；需要予以逮捕的，可以先行拘留。

公安局（印）

年 月 日

本决定书已收到。

被监视居住人： （捺指印）

年 月 日

×××公安局
监视居住执行通知书
（副本）

×公（　　）监居字〔　　〕　号

_____：

　　因_____，我局决定在_____对涉嫌_____罪的犯罪嫌疑人_____（性别____，出生日期_____，住址_____）监视居住／指定居所监视居住，交由你单位执行，监视居住期限从_____年_____月_____日起算。

　　在监视居住期间，执行机关监督被监视居住人遵守下列规定：

　　一、未经执行机关批准不得离开执行监视居住的处所；

　　二、未经执行机关批准不得会见他人或者通信；

　　三、在传讯的时候及时到案；

　　四、不得以任何形式干扰证人作证；

　　五、不得毁灭、伪造证据或者串供；

　　六、将护照等出入境证件、身份证件、驾驶证件交执行机关保存。

　　如果被监视居住人违反以上规定，情节严重的，可以予以逮捕；需要予以逮捕的，可以先行拘留。

　　属于律师会见需经许可的案件：是／否

公安局（印）

年　　月　　日

×××公安局
指定居所监视居住通知书
（副本）

×公（　　）监通字〔　　〕　　号

_____：

　　根据《中华人民共和国刑事诉讼法》第七十五条之规定，我局已于_____年_____月_____日_____时对涉嫌_____罪的_____（性别_____，出生日期_____，住址_____）执行指定居所监视居住。

公安局（印）
年　　月　　日

本通知书已收到。

　　被监视居住人家属：　　　　　年　　月　　日　　时
　　如在监视居住后 24 小时内无法通知的，注明原因：_____
_____。

　　办案人：
　　　　年　　月　　日

此联附卷

×××公安局
拘　留　证

×公（　　）拘字〔　　〕　　号

　　根据《中华人民共和国刑事诉讼法》第_____条之规定，兹决定对犯罪嫌疑人_____（性别_____，出生日期_____，住址_____）执行拘留，送_____看守所羁押。

公安局（印）

年　　月　　日

　　本证已于_____年____月____日____时向我宣布。

　　被拘留人：　　　　　　　　（捺指印）

　　本证副本已收到，被拘留人_____于____年____月____日_____时送至我所。

接收民警：　　　　　看守所（印）

此联附卷

×××公安局
拘 留 通 知 书
（副本）

×公（　　）拘通字〔　　　〕　　号

_____:

　　根据《中华人民共和国刑事诉讼法》第_____条之规定，我局已于_____年_____月_____日_____时将涉嫌_____罪的_____刑事拘留，现羁押在_____看守所。

公安局（印）

年　　月　　日

本通知书已收到。

　　被拘留人家属：　　　　　　　年　月　日　时

　　如未在拘留后24小时内通知被拘留人家属，注明原因：_
_____。

　　办案人：

年　　月　　日　　时

此联附卷

×××公安局

提请批准逮捕书

×公（　）提捕字〔　　〕　　号

犯罪嫌疑人……[犯罪嫌疑人姓名（别名、曾用名、绰号等），性别，出生日期，出生地，身份证件种类及号码，民族，文化程度，职业或工作单位及职务，居住地（包括户籍所在地、经常居住地、暂住地），政治面貌（如是人大代表、政协委员，一并写明具体级、届代表、委员），违法犯罪经历以及因本案被采取强制措施的情况（时间、种类及执行场所）。案件有多名犯罪嫌疑人的，应逐一写明]

辩护律师……（如有辩护律师，写明其姓名，所在律师事务所或者法律援助机构名称，律师执业证编号）

犯罪嫌疑人涉嫌……（罪名）一案，由×××举报（控告、移送）至我局（写明案由和案件来源，具体为单位或者公民举报、控告、上级交办、有关部门移送、本局其他部门移交以及工作中发现等）。简要写明案件侦查过程中的各个法律程序开始的时间，如接受案件、立案的时间。具体写明犯罪嫌疑人归案情况。

经依法侦查查明：……（应当根据具体案件情况，详细叙述经侦查认定的犯罪事实，并说明应当逮捕的理由）

（对于只有一个犯罪嫌疑人的案件，犯罪嫌疑人实施多次犯罪的犯罪事实应逐一列举；同时触犯数个罪名的犯罪嫌疑人的犯罪事实应该按照主次顺序分别列举；对于共同犯罪的案件，写明犯罪嫌疑人的共同犯罪事实及各自在共同犯罪中的地位和作用后，按照犯罪嫌疑人的主次顺序，分别叙述各个犯罪嫌疑人的单独犯罪事实）

认定上述事实的证据如下：

……（分列相关证据，并说明证据与犯罪事实的关系）

综上所述，犯罪嫌疑人……（根据犯罪构成简要说明罪状），其行为已触犯《中华人民共和国刑法》第×××条之规定，涉嫌×××罪，符合逮捕条件。依照《中华人民共和国刑事诉讼法》第八十一条、第八十七条之规定，特提请批准逮捕。

此致

×××人民检察院

公安局（印）

年　　月　　日

附：本案卷宗　　卷　　页

×××公安局
逮 捕 证

×公（ ）捕字〔 〕 号

根据《中华人民共和国刑事诉讼法》第八十条之规定，经_____批准／决定，兹由我局对涉嫌_____罪的_____（性别_____，出生日期_____，住址_____）执行逮捕，送_____看守所羁押。

公安局（印）

年 月 日

本证已于_____年_____月_____日_____时向我宣布。

被逮捕人： （捺指印）

本证副本已收到，被逮捕人_____已于_____年_____月_____日送至我所（如先行拘留的，填写拘留后羁押时间）。

接收民警： 看守所（印）

年 月 日

此联附卷

×××公安局
逮 捕 通 知 书
（副本）

×公（　）捕通字〔　　〕　号

_____:

　　经_____批准，我局于____年____月____日____时对涉嫌_____罪的_____执行逮捕，现羁押在_____看守所。

公安局（印）
年　　月　　日

本通知书已收到。

　　被逮捕人家属：　　　　　年　　月　　日　　时

　　如在逮捕后 24 小时内无法通知的，注明原因：_____
_____。

　　办案人：
　　　　年　　月　　日　　时

此联附卷

（2）检察院审查批捕文书

××××人民检察院

犯罪嫌疑人诉讼权利义务告知书

（审查逮捕阶段）

犯罪嫌疑人权利：

根据《中华人民共和国刑事诉讼法》《人民检察院刑事诉讼规则》等有关规定，在检察机关审查逮捕期间，犯罪嫌疑人有以下诉讼权利：

1.认罪认罚获得从宽处理的权利。在接受讯问时，自愿如实供述自己的罪行，承认指控的犯罪事实，愿意接受处罚的，可以依法从宽处理。

2.约见值班律师的权利。犯罪嫌疑人有权约见值班律师，值班律师为犯罪嫌疑人提供法律咨询、程序选择建议、申请变更强制措施等法律帮助。

3.获得律师辩护的权利。犯罪嫌疑人在被侦查机关第一次讯问或者被采取强制措施之日起，可以聘请律师为辩护人，为犯罪嫌疑人代理申诉、控告；申请变更强制措施；了解犯罪嫌疑人涉嫌的罪名和案件有关情况，同在押的犯罪嫌疑人会见和通信。但危害国家安全犯罪、恐怖活动犯罪案件的犯罪嫌疑人会见应当经侦查机关许可。

4.辩护权利。犯罪嫌疑人在接受侦查机关讯问时有权为自己辩护。

5.申请回避的权利。检察人员有下列情形之一的，犯罪嫌疑人有权要求他们回避：（1）是本案的当事人或者是当事人的近亲属的；（2）本人或者他的近亲属和本案有利害关系的；（3）担任过本案的证人、鉴定人、辩护人、诉讼代理人的；（4）与本案当事人有其他关系，可能影响公正处理案件的；（5）接受当事人及其委托的人的请客送礼或者违反规定会见当事人及其委托的人。

6.使用本民族语言文字进行诉讼的权利。

7.对与本案无关问题的讯问，有拒绝回答的权利。

8.认为采取的强制措施不当或者不适宜继续羁押的，有申请变更强制措施和羁押必要性审查的权利。

9.对超过法定期限的强制措施有要求解除的权利。

10.鉴定意见知悉权和申请补充或者重新鉴定的权利。

11.核对讯问笔录、对记载有遗漏或者差错提出补充或改正的权利，也可以自行书写供述。

12.对办案人员侵犯其诉讼权利和人身侮辱的行为提出控告的权利。

13.对错误逮捕获得刑事赔偿的权利。

犯罪嫌疑人义务：

1. 对办案人员的提问应当如实回答的义务。

2. 接受人民检察院依法采取的人身检查、搜查，扣押物证、书证，冻结存款、汇款等措施的义务。

××××人民检察院

被害人诉讼权利义务告知书

（审查逮捕阶段）

根据《中华人民共和国刑事诉讼法》的规定，你作为本案的被害人，在审查逮捕阶段依法享有的诉讼权利和承担的诉讼义务如下：

一、诉讼权利

1. 要求提供作证条件和保密的权利

检察机关应当保证你有客观充分地提供证据的条件，并为你保守秘密。如果你的作证内容涉及国家秘密、商业秘密、个人隐私，你有权要求保密。

2. 委托诉讼代理人和发表诉讼意见的权利

你及你的法定代理人或者近亲属有权委托一至二名律师、人民团体或你所在单位推荐的人作为诉讼代理人，你的监护人、亲友也可以作为你的诉讼代理人。

检察机关审查案件可以听取你及你的诉讼代理人的意见。你及你的诉讼代理人有权向检察机关就犯罪嫌疑人认罪认罚等问题提出书面意见。

3. 使用本民族语言文字进行诉讼及获得翻译的权利

你有权使用本民族语言文字进行诉讼。

如果你是聋、哑人或者不通晓当地通用语言文字，检察机关应当为你聘请通晓聋、哑手势或者当地通用语言文字且与本案无利害关系的人员为你提供翻译。

4. 申请回避的权利

你及你的法定代理人或者诉讼代理人认为检察人员具有法定回避事由的，有权要求他们回避。

你及你的法定代理人或者诉讼代理人对检察机关驳回申请回避的决定，有权申请复议一次。

5. 知悉用作证据的鉴定意见及申请补充鉴定或者重新鉴定的权利

检察机关应当向你或者你的法定代理人、近亲属或诉讼代理人告知用作证据的鉴定意见。

对于用作证据的鉴定意见，你或者你的法定代理人、近亲属、诉讼代理人有权申请补充鉴定或者重新鉴定，但除原鉴定违反法定程序外，你应当承担补充鉴定或者重新鉴定的费用。

6. 控告权

如果办案人员有侵犯你诉讼权利和人身侮辱的行为，或者采用羁押、暴力、威胁、引诱、欺骗等非法方法收集证据的行为，你有权提出控告。

7. 获得保护的权利

如果你因在诉讼中作证，你或者近亲属的人身安全面临危险，你有权请求检察机关予以保护。

如果你因在危害国家安全犯罪、恐怖活动犯罪、黑社会性质组织犯罪、毒品犯罪等案件中作证，你或者近亲属的人身安全面临危险，检察机关应当依法为你采取保护措施。

8. 知悉证明文件、核对笔录和亲笔书写陈述的权利

你有权要求对你进行询问的检察人员向你出示证明文件。

询问笔录应当交你核对。如果你没有阅读能力，检察人员应当向你宣读。如果记载有遗漏或者差错，你有权要求补充或改正。

你有权请求自行书写陈述，检察人员应当准许。

9. 请求赔偿的权利

如果由于犯罪嫌疑人的犯罪行为而遭受物质损失，符合法定条件的，有权请求赔偿。

10. 未成年被害人的特殊权利

你若未满十八周岁，询问时将通知你的法定代理人到场，法定代理人可以代为行使你的诉讼权利。无法通知，法定代理人不能到场或是共犯的，可以要求通知你的其他成年亲属，所在学校、单位或者居住地的村民委员会、居民委员会、未成年人保护组织的代表到场。

你若是未满十八周岁的女性，询问时应当有女工作人员在场。

二、诉讼义务

1. 作证的义务

凡是知道案件情况的人，都有作证的义务。

2. 如实提供证据、陈述的义务

你应当如实地提供证据、陈述，诬告陷害、有意作虚假陈述或者隐匿罪证，将承担相应的法律责任。

3. 在询问笔录上签字和按要求书写陈述的义务

经核对无误后，你应当在询问笔录上逐页签名、盖章或者捺指印。必要的时候，经检察人员要求，你应当亲笔书写陈述。

4.接受检查的义务

你应当接受为确定你的某些特征或者生理状态而进行的人身检查、提取指纹信息，采集血迹、尿液等生物样本。

如果你是女性，检查你的身体应当由女工作人员或者医师进行。

×××× 人民检察院
批准逮捕决定书
（副本）

×× 检 ×× 批捕〔20××〕× 号

_____:

  你_____于_____年_____月_____日以_____号提请批准逮捕书提请批准逮捕犯罪嫌疑人_____，经本院审查认为，该犯罪嫌疑人涉嫌_____犯罪，符合《中华人民共和国刑事诉讼法》第八十一条规定的逮捕条件，决定批准逮捕犯罪嫌疑人_____。请依法立即执行，并将执行情况在三日以内通知本院。

20×× 年 × 月 × 日

（院印）

××××人民检察院

应当逮捕犯罪嫌疑人建议书

××检××应捕建〔20××〕×号

_____：（侦查机关/部门名称）

你_____（简称）_____号_____书移送的犯罪嫌疑人涉嫌_____一案，本院经审查认为：

你_____书未列明的犯罪嫌疑人_____（写明需要追捕的人的姓名、性别及出生日期）涉嫌下列犯罪事实：_____（围绕犯罪构成及情节写明需要追捕的人实施的犯罪事实及主要证据，并说明其社会危险性）。上述犯罪嫌疑人的行为已触犯《中华人民共和国刑法》第_____条的规定，涉嫌_____犯罪。（根据案件情况，选择填写"可能判处徒刑以上刑罚，采取取保候审尚不足以防止发生社会危险性""可能判处十年有期徒刑以上刑罚"或者"可能判处徒刑以上刑罚，曾经故意犯罪或者身份不明"），根据《中华人民共和国刑事诉讼法》第八十一条的规定，应当依法逮捕。根据《人民检察院刑事诉讼规则》第_____条的规定，请你_____依法提请/移送逮捕，并连同案卷材料、证据等一并移送本院审查。

20××年×月×日

（院印）

×××× 人民检察院

不批准逮捕决定书

（副本）

×× 检 ×× 不捕〔20××〕× 号

_____ :

你_____ 于_____ 年_____ 月_____ 日以_____ 号提请批准逮捕书提请批准逮捕犯罪嫌疑人_____，经本院审查认为，_____，根据《中华人民共和国刑事诉讼法》第九十条的规定，决定不批准逮捕犯罪嫌疑人_____。请依法立即执行，并在三日以内将执行情况通知本院。

20×× 年 × 月 × 日

（院印）

第二联 附卷

不捕案件补充侦查提纲

（适用因证据不足不批准／不予逮捕的案件）

_____（侦查机关／部门名称）：

你_____（侦查机关／部门简称）以_____号逮捕意见书提请／移送审查批准逮捕的犯罪嫌疑人_____涉嫌_____一案，经审查，决定不批准／不予逮捕。为有效地指控犯罪，请你_____（侦查机关／部门简称）按照以下内容补充侦查。

一、补充侦查的方向

本院审查认为……

二、补充侦查的主要事项和工作

根据上述情况，请你_____（侦查机关／部门简称）查明以下事项并重点做好相关工作：

1. 为查明……，调取（核查、询问、讯问、梳理）……

2. 为查明……，调取（核查、询问、讯问、梳理）……

3. 为核实……，调取（核查、询问、讯问、梳理）……

4. 为核实……，调取（核查、询问、讯问、梳理）……

三、相关工作要求

补充侦查过程中，注意以下问题：

1.……

2.……

联系人：

联系电话：

备注：本提纲供开展补充侦查工作参考，不得装入侦查案卷。

20××年×月×日

（院印）

2. 侦查行为文书

第＿＿＿次

询问／讯问笔录

时间＿＿＿年＿＿月＿＿日＿＿时＿＿分至＿＿＿年＿＿月＿＿日＿＿时＿＿分

地点＿＿＿＿＿＿＿＿＿＿＿＿＿＿＿＿＿＿＿

询问／讯问人（签名）＿＿＿＿＿、＿＿＿＿＿＿工作单位＿＿＿＿＿＿＿＿＿＿＿＿＿

记录人（签名）＿＿＿＿＿＿＿工作单位＿＿＿＿＿＿＿＿＿＿＿＿＿＿＿＿＿

被询问／讯问人＿＿＿＿＿＿＿＿性别＿＿＿年龄＿＿＿出生日期＿＿＿＿＿＿＿＿＿

身份证件种类及号码＿＿＿＿＿＿＿＿＿＿＿＿＿＿＿＿＿＿＿＿＿

现住址＿＿＿＿＿＿＿＿＿＿＿＿＿＿＿＿＿＿＿＿＿＿＿＿＿＿联系方式＿＿＿＿＿＿＿＿＿＿

户籍所在地＿＿＿＿＿＿＿＿＿＿＿＿＿＿＿＿＿＿＿＿＿＿＿＿＿＿＿＿＿

（口头传唤／被扭送／自动投案的被询问／讯问人于＿＿月＿＿日＿＿时＿＿分到达，＿＿月＿＿日＿＿时＿＿分离开，本人签名：＿＿＿＿＿＿＿＿＿＿＿＿）

问：＿＿
＿＿
＿＿

答：＿＿＿＿＿＿＿＿＿＿＿＿＿＿＿＿＿＿＿＿＿＿＿＿＿＿＿＿＿＿＿＿＿＿＿＿＿＿＿
＿＿
＿＿
＿＿
＿＿
＿＿
＿＿
＿＿

第＿＿页 共＿＿页

犯罪嫌疑人诉讼权利义务告知书

根据《中华人民共和国刑事诉讼法》的规定，在公安机关对案件进行侦查期间，犯罪嫌疑人有如下诉讼权利和义务：

1. 不通晓当地通用的语言文字时有权要求配备翻译人员，有权用本民族语言文字进行诉讼。

2. 对于公安机关及其侦查人员侵犯其诉讼权利和人身侮辱的行为，有权提出申诉或者控告。

3. 对于侦查人员、鉴定人、记录人、翻译人员有下列情形之一的，有权申请他们回避：（一）是本案的当事人或者是当事人的近亲属的；（二）本人或者他的近亲属和本案有利害关系的；（三）担任过本案的证人、鉴定人、辩护人、诉讼代理人的；（四）与本案当事人有其他关系，可能影响公正处理案件的。对于驳回申请回避的决定，可以申请复议一次。

4. 自接受第一次讯问或者被采取强制措施之日起，有权委托律师作为辩护人。经济困难或者有其他原因没有委托辩护人的，可以向法律援助机构提出申请。

5. 在接受传唤、拘传、讯问时，有权要求饮食和必要的休息时间。

6. 对于采取强制措施超过法定期限的，有权要求解除强制措施。

7. 对于侦查人员的提问，应当如实回答。但是对与本案无关的问题，有拒绝回答的权利。在接受讯问时有权为自己辩解。如实供述自己罪行的，可以从轻处罚；因如实供述自己罪行，避免特别严重后果发生的，可以减轻处罚。

8. 核对讯问笔录的权利，笔录记载有遗漏或者差错，可以提出补充或者改正。

9. 未满 18 周岁的犯罪嫌疑人在接受讯问时有要求通知其法定代理人到场的权利。

10. 聋、哑的犯罪嫌疑人在讯问时有要求通晓聋、哑手势的人参加的权利。

11. 依法接受拘传、取保候审、监视居住、拘留、逮捕等强制措施和人身检查、搜查、扣押、鉴定等侦查措施。

12. 公安机关送达的各种法律文书经确认无误后，应当签名、捺指印。

13. 有权知道用作证据的鉴定意见的内容，可以申请补充鉴定或重新鉴定。

此告知书在第一次讯问犯罪嫌疑人或对其采取强制措施之日交犯罪嫌疑人，并在第一次讯问笔录中记明或责令犯罪嫌疑人在强制措施文书附卷联中签注。

被害人诉讼权利义务告知书

据《中华人民共和国刑事诉讼法》的规定，在公安机关对案件进行侦查期间，被害人有如下权利和义务：

1. 不通晓当地通用的语言文字时有权要求配备翻译人员，有权用本民族语言文字进行诉讼。

2. 对于公安机关及其侦查人员侵犯其诉讼权利或者进行人身侮辱的行为，有权提出申诉或者控告。

3. 因在诉讼中作证，人身安全面临危险的，可以向公安机关请求对本人或其近亲属予以保护。

4. 对于侦查人员、鉴定人、记录人、翻译人员有下列情形之一的，被害人及其法定代理人有权申请回避：（一）是本案的当事人或者是当事人的近亲属的；（二）本人或者他的近亲属和本案有利害关系的；（三）担任过本案的证人、鉴定人、辩护人、诉讼代理人的；（四）与本案当事人有其他关系，可能影响公正处理案件的。对驳回申请回避的决定，可以申请复议一次。

5. 有权核对询问笔录。如果记载有遗漏或者差错，有权提出补充或者改正，经核对无误后，应当在询问笔录上逐页签名、捺指印。有权自行书写亲笔证词。

6. 未满 18 周岁的被害人在接受询问时有权要求通知其法定代理人到场。

7. 由于被告人的犯罪行为而遭受物质损失的，有权提起附带民事诉讼。

8. 公安机关对被害人的报案作出不予立案决定的，被害人如果不服，可以申请复议。被害人认为公安机关对应当立案侦查的案件而不立案侦查的，有权向人民检察院提出。

9. 有权知道用作证据的鉴定意见的内容，可以申请补充鉴定或重新鉴定。

10. 知道案件情况的有作证的义务。

11. 应当如实地提供证据、证言，有意作伪证或者隐匿罪证应负相应的法律责任。

本告知书在第一次询问时交被害人，并在第一次询问笔录中记明情况。

证人诉讼权利义务告知书

根据《中华人民共和国刑事诉讼法》的规定，在公安机关对案件进行侦查期间，证人有如下权利和义务：

1. 不通晓当地通用的语言文字时有权要求配备翻译人员，有权用本民族语言文字进行诉讼。

2. 对于公安机关及其侦查人员侵犯其诉讼权利或者进行人身侮辱的行为，有权提出申诉或者控告。

3. 因在诉讼中作证，人身安全面临危险的，可以向公安机关请求对本人或其近亲属予以保护。

4. 有权核对询问笔录。如果记载有遗漏或者差错，有权提出补充或者改正，经核对无误后，应当在询问笔录上逐页签名、捺指印。有权自行书写亲笔证词。

5. 未满18周岁的证人在接受询问时有权要求通知其法定代理人到场。

6. 知道案件情况的有作证的义务。

7. 应当如实地提供证据、证言，有意作伪证或者隐匿罪证应负相应的法律责任。

本告知书在第一次询问时交证人，并在第一次询问笔录中记明情况。

现场勘验笔录

现场勘验单位：_____

指派／报告单位：_____时间：___年___月___日___时___分

勘验事由：_____

现场勘验开始时间_____年____月____日____时_____分

现场勘验结束时间_____年____月____日____时_____分

现场地点：_____

现场保护情况：（空白处记载保护人、保护措施、是原始现场还是变动现场等情况）

_____

天气：阴□／晴□／雨□／雪□／雾□，温度：_____湿度：_____风向：___

勘验前现场的条件：变动现场□／原始现场□

现场勘验利用的光线：自然光□／灯光□

现场勘验指挥人：_____单位_____职务_____

现场勘验情况：（空白处记载现场勘验详细情况，包括现场方位和现场概貌、中心现场位置，现场是否有变动，变动的原因，勘验过程，提取痕迹物证情况，现场周边搜索情况、现场访问情况以及其他需要说明的情况）

_____

_____

现场勘验制图____张；照相_____张；录像_____分钟；录音____分钟

现场勘验记录人员：

笔录人：_____

制图人：_____

照相人：_____

录像人：_____

录音人：_____

现场勘验人员：

本人签名：_____单位_____职务_____

本人签名：_____单位_____职务_____

现场勘验见证人：_____

本人签名_____性别____出生日期_____，住址_____

本人签名_____性别____出生日期_____，住址_____

年　月　日

附件1

提取痕迹、物证登记表

序号	名称	基本特征	数量	提取部位	提取方法	提取人	备注

见 证 人：　　　　　　　　　　　　　　　　办案单位（盖章）

　　　　　　　　　　　　　　　　　　　　　　提取人：

　　年　月　日　　　　　　　　　　　　　　　　年　月　日

附件 2

现场勘验平面示意图

制图人：＿＿＿＿＿＿＿＿＿＿

制图时间：＿＿＿＿＿＿＿＿＿

附件 3

现场照片

照相人：＿＿＿＿＿＿＿＿＿＿

照相时间：＿＿＿＿＿＿＿＿

附件 4

现场勘验情况分析报告

案件编号：　　　　　　　　　勘查号：

现场分析 依据的资料	（包括实地勘验、调查访问和检验鉴定等资料）		
侵害目标及损失			
作案地点			
作案时段		作案进出口	
作案手段		侵入方式	
作案工具	（包括用于破坏、威胁、行凶、交通、照明的工具及其数量和特征等）		
作案动机目的			
案件性质			
作案人数			
作案过程			
作案人特点			
串并意见与根据			
工作建议	（包括侦查方向与范围、痕迹物证应用与保管、侦查破案途径与措施、技术防范对策等）		
现场分析人			

年　　　月　　　日

×××公安局
解剖尸体通知书
（副本）

×公（　　）剖通字〔　　〕　号

_____：

　　为确定死者_____的死亡原因，我局决定于_____年_____月_____日_____时在_____对其尸体进行解剖检验。根据《中华人民共和国刑事诉讼法》第一百三十一条之规定，请你届时到场。无正当理由拒不到场的，不影响解剖检验。

公安局（印）

年　月　日

　　本通知书已收到。

　　死者家属：

年　月　日

死者家属拒绝签收或拒不到场的，注明情况：_____

_____。

　　办案人：

年　月　日

此联附卷

_____笔录

时间：_____年_____月_____日_____时_____分

至_____年_____月_____日_____时_____分

侦查人员姓名、单位：_____

记录人姓名、单位：_____

当事人：_____

对象：_____

见证人：_____

其他在场人员：_____

事由和目的：_____

_____

地点：_____

过程和结果：_____

_____

侦查人员：_____

记录人：_____

当事人：_____

见证人：_____

其他在场人员：_____

第　　页　共　　页

注明：该笔录适用于检查、复验复查、侦查实验、搜查、查封、扣押、辨认、提取。

×××公安局
调 取 证 据 通 知 书
（副本）

×公（ ）调证字〔 〕 号

_____：

　　根据《中华人民共和国刑事诉讼法》第五十四条之规定，我局侦办的_____案需调取你处下列有关证据：_____。

　　伪造证据、隐匿证据或者毁灭证据的，将受法律追究。

公安局（印）

年 月 日

本通知书已收到。

　　证据持有人：

年 月 日

此联附卷

×××公安局
搜　查　证

×公（　　）搜查字〔　　〕　号

　　因侦查犯罪需要，根据《中华人民共和国刑事诉讼法》第一百三十六条之规定，我局依法对＿＿＿＿＿＿＿＿＿＿＿＿＿＿＿＿＿＿＿＿＿＿＿＿＿＿＿进行搜查。

公安局（印）
年　月　日

　　本证已于＿＿＿＿年＿＿＿＿月＿＿＿＿日＿＿＿＿时向我宣布。

　　被搜查人或其家属或其他见证人：

此联附卷

×××公安局
查封决定书
（副本）

×公（　）封字〔　〕　号

　　姓名_____，性别_____，出生日期_____，身份证件种类及号码_____住址_____。

　　单位名称_____，法定代表人_____，单位地址及联系方式_____。

　　我局在侦查_____案件中发现你（单位）持有的下列财物、文件可用以证明犯罪嫌疑人有罪或者无罪，根据《中华人民共和国刑事诉讼法》第一百四十一条之规定，现决定查封：

编号	名称	地址	特征

持有人：　　　　　见证人：　　　　　公安局（印）
　年　月　日　　　　年　月　日　　　年　月　日

此联附卷

×××公安局
扣 押 决 定 书
（副本）

×公（　　）扣字〔　　　〕　　号

　　姓名_____，性别_____，出生日期_____，身份证件种类及号码_____住址_____。

　　单位名称_____，法定代表人_____，单位地址及联系方式_____。

　　我局在侦查_____案件中发现你（单位）持有的下列财物、文件可用以证明犯罪嫌疑人有罪或者无罪，根据《中华人民共和国刑事诉讼法》第一百四十一条之规定，现决定扣押：

编号	名称	数量	特征

持有人：　　　　　　见证人：　　　　　公安局（印）
　年　月　日　　　　　年　月　日　　　年　月　日

此联附卷

扣 押 清 单

编号	名　称	数量	特　征	备注

持有人：　　　见证人：　　　保管人：　　　办案单位（盖章）

办案人：

年　月　日　　　年　月　日　　　年　月　日　　　年　月　日

本清单一式二份，一份附卷，一份交持有人。

×××公安局

鉴 定 聘 请 书

（副本）

×公（　　）鉴聘字〔　　〕　号

_____：

　　为了查明_____案，根据《中华人民共和国刑事诉讼法》第一百四十六条之规定，特聘请你对_____进行鉴定。请于_____年_____月_____日前将鉴定情况和意见书面送交我局。

公安局（印）

年　月　日

本聘请书已收到。

被聘请人：

年　月　日

此联附卷

×××公安局

鉴定意见通知书

（副本）

×公（　　）鉴通字〔　　〕　号

_____：

　　我局指派/聘请有关人员，对_____

_____进行了_____鉴定。鉴定意见是_____

_____。根据《中华人民共和国刑事诉

讼法》第一百四十八条之规定，如果你对该鉴定意见有异

议，可以提出补充鉴定或者重新鉴定的申请。

公安局（印）

年　月　日

本通知书已收到。　　　　　本通知书已收到。

被害人或其家属：　　　　　犯罪嫌疑人：　　（捺指印）

年　月　日　　　　　　　年　月　日

此联附卷

通 缉 令

×公（　　　）缉字〔　　　〕　　号

犯罪嫌疑人的基本情况、在逃人员网上编号、身份证号码、体貌特征、行为特征、口音、携带物品、特长：＿＿＿＿＿＿＿＿＿＿＿＿＿＿＿＿＿＿＿

＿＿＿＿＿＿＿＿＿＿＿＿＿＿＿＿＿＿＿＿＿＿＿＿＿＿＿＿＿＿＿＿＿＿＿

＿＿＿＿＿＿＿＿＿＿＿＿＿＿＿＿＿＿＿＿＿＿＿＿＿＿＿＿＿＿＿＿＿＿＿

＿＿＿＿＿＿＿＿＿＿＿＿＿＿＿＿＿＿＿＿＿＿＿＿＿＿＿＿＿＿＿＿＿＿＿

＿＿＿＿＿＿＿＿＿＿＿＿＿＿＿＿＿＿＿＿＿＿＿＿＿＿＿＿＿＿＿＿＿＿＿

发布范围：＿＿＿＿＿＿＿＿＿＿＿＿＿＿＿＿＿＿＿＿＿＿＿＿＿＿＿＿＿＿

简要案情：＿＿＿＿＿＿＿＿＿＿＿＿＿＿＿＿＿＿＿＿＿＿＿＿＿＿＿＿＿＿

＿＿＿＿＿＿＿＿＿＿＿＿＿＿＿＿＿＿＿＿＿＿＿＿＿＿＿＿＿＿＿＿＿＿＿

＿＿＿＿＿＿＿＿＿＿＿＿＿＿＿＿＿＿＿＿＿＿＿＿＿＿＿＿＿＿＿＿＿＿＿

＿＿＿＿＿＿＿＿＿＿＿＿＿＿＿＿＿＿＿＿＿＿＿＿＿＿＿＿＿＿＿＿＿＿＿

工作要求和注意事项：＿＿＿＿＿＿＿＿＿＿＿＿＿＿＿＿＿＿＿＿＿＿＿＿

＿＿＿＿＿＿＿＿＿＿＿＿＿＿＿＿＿＿＿＿＿＿＿＿＿＿＿＿＿＿＿＿＿＿＿

＿＿＿＿＿＿＿＿＿＿＿＿＿＿＿＿＿＿＿＿＿＿＿＿＿＿＿＿＿＿＿＿＿＿＿

联系人、联系电话：＿＿＿＿＿＿＿＿＿＿＿＿＿＿＿＿＿＿＿＿＿＿＿＿＿＿

附：1.犯罪嫌疑人照片、指纹。

2.犯罪嫌疑人社会关系。

3.DNA 编号。

公安局（印）

年　月　日

抄送部门：＿＿＿＿＿＿＿＿＿＿＿＿＿＿＿＿＿＿＿＿＿＿＿＿＿＿＿

（注：此联用于对内发布）

通 缉 令

×公（　　）缉字〔　　　〕　　号

犯罪嫌疑人的基本情况、身份证号码、体貌特征、行为特征、口音、携带物品、特长：_____

_____

_____

_____

_____

发布范围：_____

简要案情：_____

_____

_____

_____

_____

注意事项：_____

_____

联系人、联系方式：_____

附：犯罪嫌疑人照片。

公安局（印）

年　月　日

（注：此联用于对外发布）

×××公安局
撤销案件决定书
（副本）

×公（　　）撤案字〔　　〕　号

我局办理的＿＿＿＿＿＿＿＿＿＿＿＿＿＿＿＿＿＿＿＿案，因＿＿＿＿＿＿＿＿＿＿＿＿＿＿＿＿＿＿，根据《中华人民共和国刑事诉讼法》第＿＿＿＿＿＿条之规定，决定撤销此案。

公安局（印）

年　月　日

本决定书已收到。　　本决定书已收到。　　本决定书已收到。
原案件犯罪嫌疑人：　　原案件被害人：　　移送机关：
　　年月日　　　　　年月日　　　年月日

此联附卷

3. 侦查终结文书

×××公安局
终止侦查决定书
（副本）

×公（　　）终侦字〔　　〕　　号

姓名＿＿＿＿＿，性别＿＿＿＿＿，出生日期＿＿＿＿＿＿＿＿，住址＿＿＿＿＿＿＿＿＿＿＿，单位及职业＿＿＿＿＿＿＿＿。

我局办理的＿＿＿＿＿＿＿＿＿＿＿＿＿＿＿＿＿＿＿＿＿案，经查明＿＿＿＿＿＿＿＿＿＿＿＿＿＿＿＿＿＿＿＿＿＿＿，根据《公安机关办理刑事案件程序规定》第一百八十六条第二款之规定，现决定终止对＿＿＿＿＿＿＿的侦查。

公安局（印）

年　月　日

本决定书已收到。

原犯罪嫌疑人或其家属：

年　月　日

此联附卷

×××公安局

起诉意见书

×公（　）诉字〔　〕号

犯罪嫌疑人×××……〔犯罪嫌疑人姓名（别名、曾用名、绰号等），性别，出生日期，出生地，身份证件种类及号码，民族，文化程度，职业或工作单位及职务，居住地（包括户籍所在地、经常居住地、暂住地），政治面貌，违法犯罪经历以及因本案被采取强制措施的情况（时间、种类及执行场所）。案件有多名犯罪嫌疑人的，应逐一写明〕

辩护律师×××……〔如有辩护律师，写明其姓名，所在律师事务所或者法律援助机构名称，律师执业证编号〕

犯罪嫌疑人涉嫌×××（罪名）一案，由×××举报（控告、移送）至我局（写明案由和案件来源，具体为单位或者公民举报、控告、上级交办、有关部门移送或工作中发现等）。简要写明案件侦查过程中的各个法律程序开始的时间，如接受案件、立案的时间。具体写明犯罪嫌疑人归案情况。最后写明犯罪嫌疑人×××涉嫌×××案，现已侦查终结。

经依法侦查查明：……（详细叙述经侦查认定的犯罪事实，包括犯罪时间、地点、经过、手段、目的、动机、危害后果等与定罪有关的事实要素。应当根据具体案件情况，围绕刑法规定的该罪构成要件，进行叙述）

（对于只有一个犯罪嫌疑人的案件，犯罪嫌疑人实施多次犯罪的犯罪事实应逐一列举；同时触犯数个罪名的犯罪嫌疑人的犯罪事实应该按照主次顺序分别列举；对于共同犯罪的案件，写明犯罪嫌疑人的共同犯罪事实及各自在共同犯罪中的地位和作用后，按照犯罪嫌疑人的主次顺序，分别叙述各个犯罪嫌疑人的单独犯罪事实）

认定上述事实的证据如下：

……（分列相关证据，并说明证据与案件事实的关系）

上述犯罪事实清楚，证据确实、充分，足以认定。

犯罪嫌疑人×××……（具体写明是否有累犯、立功、自首、和解等影响量刑的从重、从轻、减轻等犯罪情节）

综上所述，犯罪嫌疑人×××……（根据犯罪构成简要说明罪状），其行为已触犯《中华人民共和国刑法》第××条之规定，涉嫌×××罪。依照《中华人民共和国刑事诉讼法》第一百六十二条之规定，现将此案移送审查起诉（当事人和解的公诉案件，应当写明双方当事人已自愿达成和解协议以及履行情况，同时可以提出从宽处理的建议）。

　　此致
×××人民检察院

公安局（印）

年　月　日

　　附：1.本案卷宗　　卷　　页。

　　　　2.随案移交物品　　件。

××× 公 安 局

补 充 侦 查 报 告 书

×公（　）补侦字〔　　　〕　　号

_____人民检察院：

　　你院于_____年____月___日以_____〔　　　〕_____号补充侦查决定书退回的_____案，已经补充侦查完毕。结果如下：_____

_____

_____

_____

_____

_____

　　现将该案卷宗____卷____页及补充查证材料____卷____页附后，请审查。

公安局（印）

年　月　日

　　本报告书一式两份，一份附卷，一份交检察院。

二、模拟检察院侦查程序

（一）检察院侦查程序流程图

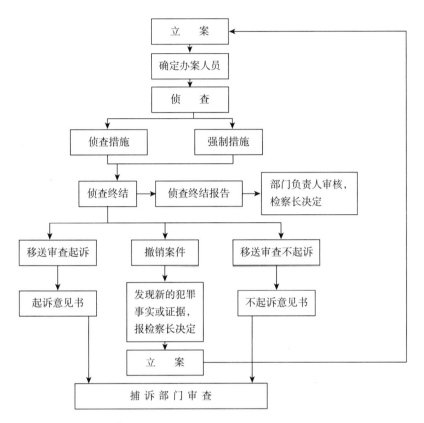

（二）检察院侦查程序

1. 原则规定

人民检察院对直接受理的案件的侦查，除法律明确规定的以外，适用《刑事诉讼法》有关公安机关侦查的规定。

2. 特殊规定

（1）根据《最高人民检察院关于在检察工作中防止和纠正超期羁押的若干规定》，检察机关直接受理的案件中，侦查人员在讯问中应履行告知义务，讯问时即应当把逮捕的原因、决定机关、羁押起止日期、羁押处所以及在羁押期间的权利、义务用犯罪嫌疑人能听（看）懂的语言和文书告知犯罪嫌疑人；侦查人员在发现不应当拘留、逮捕的时候，必须立即释放犯罪嫌疑人，并发给释放证明。

（2）人民检察院办理直接受理侦查的案件，应当在每次讯问犯罪嫌疑人时，对讯问过程实行全程录音、录像，并在讯问笔录中注明。讯问犯罪嫌疑人时，应当告知犯罪嫌疑人将对讯问进行全程同步录音、录像。告知情况应当在录音、录像中予以反映，并记明笔录。

（3）询问重大或者有社会影响的案件的重要证人，应当对询问过程实行全程录音、录像，并在询问笔录中注明。

（4）人民检察院自侦案件中，对于被扣押、冻结的债券、股票、基金份额等财产，在扣押、冻结期间权利人申请出售，经审查认为不损害国家利益、被害人利益，不影响诉讼正常进行的，以及扣押、冻结的汇票、本票、支票的有效期即将届满的，经检察长批准，可以在案件办结前依法出售或者变现，所得价款由人民检察院指定的银行账户保管，并及时告知当事人或者其近亲属。

（5）人民检察院为了查明案情，解决案件中某些专门性的问题，可以进行鉴定。鉴定由人民检察院有鉴定资格的人员进行。必要时，也可以聘请其他有鉴定资格的人员进行，但是应当征得鉴定人所在单位同意。

犯罪嫌疑人、被害人或被害人的法定代理人、近亲属、诉讼代理人提出申请，可以补充鉴定或者重新鉴定，鉴定费用由请求方承担。但原鉴定违反法定程序的，由人民检察院承担。

（6）人民检察院技术侦查措施的适用

①适用范围。根据《刑事诉讼法》第一百五十条的规定，人民检察院在立案后，对于利用职权实施的严重侵犯公民人身权利的重大犯罪案件，根据侦查犯罪的需要，经过严格的批准手续，可以采取技术侦查措施，按照规定交有关机关执行。

追捕被通缉或者决定逮捕的在逃的犯罪嫌疑人、被告人，经过批准，可以采取追捕所必需的技术侦查措施，不受案件范围的限制。

②人民检察院决定采取技术侦查措施的，交由公安机关执行。

（7）人民检察院决定采取通缉措施的，发布通缉令和执行通缉由公安机关完成。

（8）为防止犯罪嫌疑人等涉案人员逃往境外，需要在边防口岸采取边控措施的，人民检察院应当按照有关规定制作边控对象通知书，商请公安机关办理边控手续。

（9）人民检察院直接受理的案件中符合刑事诉讼法规定情形，需要逮捕、拘留犯罪嫌疑人的，由人民检察院作出决定，由公安机关执行。对被拘留的人，人民检察院认为需要逮捕的，应当在十四日以内作出决定。在特殊情况下，决定逮捕的时间可以延长一日至三日。

3. 人民检察院对侦查终结案件的处理及程序

根据《刑事诉讼法》第一百六十九条的规定，人民检察院对侦查终结的案件，应当作出提起公诉、不起诉或者撤销案件的决定。具体而言：

（1）提起公诉。经过侦查，认为犯罪事实清楚，证据确实、充分，足以认定犯罪嫌疑人构成犯罪，依法应当追究刑事责任的，侦查人员应当写出侦查终结报告，并且制作起诉意见书，由侦查部门负责人审核，检察长批准后，移送本院负责捕诉的部门审查。

（2）不起诉。经过侦查，认为犯罪嫌疑人的行为构成犯罪，但犯罪情节轻微，依照刑法规定不需要判处刑罚或者应当免除刑罚的，侦查人员应当写出侦查终结报告，并且制作不起诉意见书，由侦查部门负责人审核，检察长批准后，移送本院负责捕诉的部门审查。

（3）撤销案件。经过侦查，发现具有下列情形之一的，负责侦查的部门应当制作拟撤销案件意见书，报请检察长决定：①具有《刑事诉讼法》第十六条规定情形之一的；②没有犯罪事实的，或者依照刑法规定不负刑事责任或者不是犯罪的；③虽有犯罪事实，但不是犯罪嫌疑人所为的。

对于共同犯罪的案件，如有符合本条规定情形的犯罪嫌疑人，应当撤销对该犯罪嫌疑人的立案。

地方各级人民检察院决定撤销案件的，负责侦查的部门应当将撤销案件意见书连同本案全部案卷材料，在法定期限届满七日前报上一级人民检察院审查；重大、复杂案件在法定期限届满十日前报上一级人民检察院审查。

对于共同犯罪案件，应当将处理同案犯罪嫌疑人的有关法律文书以及案件事实、证据材料复印件等，一并报送上一级人民检察院。

上一级人民检察院负责侦查的部门应当对案件事实、证据和适用法律进行全面审查。必要时，可以讯问犯罪嫌疑人。

上一级人民检察院负责侦查的部门审查后，应当提出是否同意撤销案件的意见，报请检察长决定。

人民检察院决定撤销案件的，应当告知控告人、举报人，听取其意见并记明笔录。

上一级人民检察院审查下级人民检察院报送的拟撤销案件，应当在收到案件后七日以内批复；重大、复杂案件，应当在收到案件后十日以内批复。情况紧急或者因其他特殊原因不能按时送达的，可以先行通知下级人民检察院执行。

上一级人民检察院同意撤销案件的，下级人民检察院应当作出撤销案件决定，并制作撤销案件决定书。上一级人民检察院不同意撤销案件的，下级人民检察院应当执行上一级人民检察院的决定。

报请上一级人民检察院审查期间，犯罪嫌疑人羁押期限届满的，应当依法释放犯罪嫌疑人或者变更强制措施。

撤销案件的决定，应当分别送达犯罪嫌疑人所在单位和犯罪嫌疑人。犯罪嫌疑人死亡的，应当送达犯罪嫌疑人原所在单位。如果犯罪嫌疑人在押，应当制作决定释放通知书，通知公安机关依法释放。

人民检察院作出撤销案件决定的，应当在三十日以内报经检察长批准，对犯罪嫌疑人的违法所得作出处理。情况特殊的，可以延长三十日。

人民检察院撤销案件时，对犯罪嫌疑人的违法所得及其他涉案财产应当区分不同情形，作出相应处理：①因犯罪嫌疑人死亡而撤销案件，依照刑法规定应当追缴其违法所得及其他涉案财产的，按照《人民检察院刑事诉讼规则》第十二章第四节的规定办理。②因其他原因撤销案件，对于查封、扣押、冻结的犯罪嫌疑人违法所得及其他涉案财产需要没收的，应当提出检察意见，移送有关主管机关处理。③对于冻结的犯罪嫌疑人存款、汇款、债券、股票、基金份额等财产需要返还被害人的，可以通知金融机构、邮政部门返还被害人；对于查封、扣押的犯罪嫌疑人的违法所得及其他涉案财产需要返还被害人的，直接决定返还被害人。

4. 其他特殊规定

人民检察院侦查终结的案件，需要在异地起诉、审判的，应当在移送起诉前与人民法院协商指定管辖的相关事宜。

上级人民检察院侦查终结的案件，依照刑事诉讼法的规定应当由下级人民检察院提起公诉或者不起诉的，应当将有关决定、侦查终结报告连同案卷材料交由下级人民检察院审查。下级人民检察院认为上级人民检察院的决定有错误的，可以向上级人民检察院报告。上级人民检察院维持原决定的，下级人民检察院应当执行。

人民检察院直接受理侦查的案件，对犯罪嫌疑人没有采取取保候审、监视居住、拘留或者逮捕措施的，负责侦查的部门应当在立案后二年以内提出移送起诉、移送不起诉或者撤销案件的意见；对犯罪嫌疑人采取取保候审、监视居住、拘留或者逮捕措施的，负责侦查的部门应当在解除或者撤销强制措施后一年以内提出移送起诉、移送不起诉或者撤销案件的意见。

（三）检察院侦查程序文书

1. 强制措施文书

××××人民检察院
拘传证

××检××拘传〔20××〕×号

根据《中华人民共和国刑事诉讼法》第六十六条的规定，兹派本院工作人员_____对犯罪嫌疑人_____予以拘传。

检察长（印）

20××年×月×日

（院印）

到案时间：_____年_____月_____日_____时_____分

讯问结束时间：_____年_____月_____日_____时_____分

被拘传人：_____

宣告人：_____

第二联在拘传讯问后附卷

×××× 人民检察院

取保候审决定书

（副本）

×× 检 ×× 保〔20××〕× 号

犯罪嫌疑人_____因涉嫌_____，根据《中华人民共和国刑事诉讼法》第六十七条的规定，本院决定对其取保候审，由保证人_____/由犯罪嫌疑人交纳保证金（大写）_____元担保，期限从_____年_____月_____日起算，并由_____执行。犯罪嫌疑人在取保候审期间应当遵守《中华人民共和国刑事诉讼法》第七十一条的规定。

20×× 年 × 月 × 日

（院印）

此决定已于_____年_____月_____日向我宣布。

犯罪嫌疑人：_____

宣告人：_____

第二联向犯罪嫌疑人宣告后附卷

××××人民检察院

取保候审执行通知书

××检××保〔20××〕×号

犯罪嫌疑人_____因涉嫌_____，根据《中华人民共和国刑事诉讼法》第六十七条的规定，本院决定对其取保候审，保证人_____已向本院出具保证书／犯罪嫌疑人已交纳保证金（大写）_____元，期限从_____年_____月_____日起算。

此致

_____

20××年×月×日

（院印）

注：犯罪嫌疑人_____性别_____出生日期_____
公民身份证号码_____工作单位_____
住址_____联系方式_____

第三联送达执行机关

××××人民检察院

被取保候审人义务告知书

根据《中华人民共和国刑事诉讼法》第七十一条第一款的规定，被取保候审人在取保候审期间应当遵守以下规定：

（一）未经执行机关批准不得离开所居住的市、县；

（二）住址、工作单位和联系方式发生变动的，在二十四小时以内向执行机关报告；

（三）在传讯的时候及时到案；

（四）不得以任何形式干扰证人作证：

（五）不得毁灭、伪造证据或者串供。

根据《中华人民共和国刑事诉讼法》第七十一条第二款的规定，被取保候审人还应遵守以下规定：

（一）不得进入_____等场所；

（二）不得与_____会见或者通信；

（三）不得从事_____等活动。

被取保候审人在取保候审期间违反上述规定，已交纳保证金的，由公安机关没收部分或者全部保证金，并且区别情形，责令被取保候审人具结悔过，重新交纳保证金、提出保证人，或者监视居住、予以逮捕。

本告知书已收到。

被取保候审人：

年　月　日

一式四份，一份附卷，一份交被取保候审人，一份交执行机关，一份交保证人（犯罪嫌疑人提出保证人予以取保使审时适用）。

保证书

（副本）

××检××保书〔20××〕×号

　　我住在＿＿＿＿＿＿＿＿＿＿＿＿＿＿＿居民身份证号码＿＿＿＿＿＿＿，在＿＿＿＿＿＿＿＿＿＿＿工作，与被保证人＿＿＿＿是＿＿＿＿关系。我于＿＿＿年＿＿＿月＿＿＿日向＿＿＿＿＿＿人民检察院自愿做如下保证：

　　严格履行《中华人民共和国刑事诉讼法》第七十条规定的义务，监督被保证人遵守《中华人民共和国刑事诉讼法》第七十一条的规定。

　　本人未履行保证义务的，愿承担法律责任。

　　此致

　　＿＿＿＿＿＿人民检察院

保证人：＿＿＿＿＿＿
年　月　日

保证人联系方式＿＿＿＿＿＿＿

第二联附卷

×××× 人民检察院

监视居住决定书

（副本）

×× 检 ×× 监〔20××〕× 号

犯罪嫌疑人＿＿＿＿因涉嫌＿＿＿＿＿＿＿＿＿＿＿，根据《中华人民共和国刑事诉讼法》第七十四条的规定，本院决定对其监视居住，期限从＿＿＿＿年＿＿＿＿月＿＿＿＿日起算，并由＿＿＿＿＿＿＿＿执行。犯罪嫌疑人在监视居住期间应当遵守《中华人民共和国刑事诉讼法》第七十七条的规定。

20×× 年 × 月 × 日

（院印）

此决定已于＿＿＿＿年＿＿＿＿月＿＿＿＿日向我宣布。

犯罪嫌疑人：＿＿＿＿＿＿＿

宣告人：＿＿＿＿＿＿＿

第二联附卷

××××人民检察院
监视居住执行通知书

××检××监〔20××〕×号

犯罪嫌疑人_____因涉嫌_____，根据《中华人民共和国刑事诉讼法》第七十四条的规定，本院决定对其监视居住，期限从_____年_____月_____日起算。特通知你单位执行。

此致

_____

20××年×月×日
（院印）

注：犯罪嫌疑人_____性别_____出生日期_____

公民身份证号码_____工作单位_____

住址_____联系方式_____

×××× 人民检察院

指定居所监视居住决定书

（副本）

×× 检 ×× 指监〔20××〕× 号

　　根据《中华人民共和国刑事诉讼法》第七十四条、第七十五条的规定，本院决定对涉嫌_____的犯罪嫌疑人_____指定居所监视居住，期限从_____年_____月_____日起算，并由_____执行。犯罪嫌疑人在监视居住期间应当遵守《中华人民共和国刑事诉讼法》第七十七条的规定。

20×× 年 × 月 × 日

（院印）

此决定已于_____年_____月_____日向我宣布。

犯罪嫌疑人：_____

宣告人：_____

第二联　向犯罪嫌疑人宣告后附卷

××××人民检察院

指定居所监视居住执行通知书

××检××指监〔20××〕×号

犯罪嫌疑人_____因涉嫌_____，根据《中华人民共和国刑事诉讼法》第七十四条、第七十五条的规定，本院决定对其指定居所监视居住，期限从_____年_____月_____日起算。特通知你单位执行。

此致

_____

20××年×月×日

（院印）

注：犯罪嫌疑人_____性别____出生日期_____
公民身份证号码_____工作单位_____
住址_____联系方式_____

第三联 送达执行机关

××××人民检察院

指定居所监视居住通知书

（副本）

××检××指监通〔20××〕×号

_____：

根据《中华人民共和国刑事诉讼法》第七十五条的规定，犯罪嫌疑人_____因涉嫌_____，由本院以_____号指定居所监视居住决定书决定对其自_____年_____月_____日_____时起执行指定居所监视居住。

特此通知

被监视居住人家属_____

地址_____

20××年×月×日

（院印）

本通知书已收到。

被监视居住人家属：_____

年 月 日 时

如在指定居所监视居住后24小时内无法通知，请注明原因_____

办案人：

年 月 日 时

××××人民检察院

被监视居住人义务告知书

根据《中华人民共和国刑事诉讼法》第七十七条的规定，被监视居住人在监视居住期间应当遵守以下规定：

（一）未经执行机关批准不得离开执行监视居住的处所；

（二）未经执行机关批准不得会见他人或者通信；

（三）在传讯的时候及时到案；

（四）不得以任何形式干扰证人作证；

（五）不得毁灭、伪造证据或者串供；

（六）将_____证件交执行机关保存。

被监视居住人在监视居住期间违反上述规定，情节严重的，可以予以逮捕；需要予以逮捕的，可以先行拘留。

本告知书已收到。

被监视居住人：

年　月　日

一式三份，一份附卷，一份交被监视居住人，一份交执行机关。

××××人民检察院
拘留决定书
（副本）

××检××拘〔20××〕×号

犯罪嫌疑人_____性别_____，生于_____年_____月_____日，居住在_____，因涉嫌_____，根据《中华人民共和国刑事诉讼法》第一百六十五条的规定，本院决定对其刑事拘留，请即执行。

此致

_____

20××年×月×日

（院印）

第二联附卷

××××人民检察院
拘留通知书
（副本）

××检××拘通〔20××〕×号

_____：

犯罪嫌疑人_____因涉嫌_____，经本院决定，于_____年_____月_____日_____时被刑事拘留，现羁押于_____看守所。

根据《中华人民共和国刑事诉讼法》第八十五条的规定，特此通知。

家属姓名_____

地址_____

20××年×月×日

（院印）

本通知书已收到。

家属签名：_____

年　月　日　时

如在拘留后24小时内无法通知，请注明原因_____

_____

办案人：

年　月　日　时

第二联附卷

××××人民检察院

逮捕意见书

××检××捕意〔20××〕×号

_____：（××××人民检察院负责捕诉的部门名称）

本院立案侦查的犯罪嫌疑人×××涉嫌×××一案，根据《刑事诉讼法》及其他有关规定，现移送你部门审查决定逮捕。

犯罪嫌疑人×××（写明姓名，性别，出生年月日，公民身份号码，民族，政治面貌，籍贯，文化程度，单位，职务，住址，是否受过行政、刑事处罚，是否患有影响羁押的疾病，因本案被采取强制措施的情况及羁押场所，是否人大代表、政协委员，并写明是否已按照规定报请许可逮捕或者报告情况）。

犯罪嫌疑人×××涉嫌×××一案，……（具体写明发案、立案、破案过程，犯罪嫌疑人归案情况）

经依法侦查查明：

……（概括叙述经侦查认定的犯罪事实。应围绕刑事诉讼法规定的逮捕条件，简明扼要叙述。对于只有一名犯罪嫌疑人的案件，犯罪嫌疑人实施多次犯罪的事实应逐一列举，同时触犯数个罪名的犯罪事实应按主次顺序分别列举；对于共同犯罪案件，按犯罪嫌疑人的主从顺序，写明犯罪嫌疑人的共同犯罪事实以及各自的地位和作用）

认定上述事实及有社会危险性的证据如下：

……（分列证据，说明社会危险性）

我们认为，犯罪嫌疑人×××（简单说明罪状），其行为已触犯《中华人民共和国刑法》第×××条的规定，涉嫌×××犯罪，符合逮捕条件，根据《中华人民共和国刑事诉讼法》第八十一条、第一百六十五条、第一百六十七条的规定，特移送你部门审查决定逮捕。

20××年×月×日

（负责侦查的部门印）

附：1.本案卷宗　卷　页。

2.讯问犯罪嫌疑人录音录像资料　份。

××××人民检察院

逮捕通知书

（副本）

××检××逮通〔20××〕×号

犯罪嫌疑人_____因涉嫌_____犯罪，

经_____院决定，于_____年_____月_____日

被依法逮捕，现羁押于_____看守所。

根据《中华人民共和国刑事诉讼法》第九十三条的规

定，特此通知。

家属姓名_____

地址_____

20××年×月×日

（院印）

本通知书已收到。

家属签名：_____

年　月　日　时

如在执行逮捕后24小时内无法通知，请注明原因_____

_____

办案人：

年　月　日　时

第二联附卷

××××人民检察院
逮捕决定书

（副本）

×× 检 ×× 捕〔20××〕× 号

对_____年_____月_____日_____号逮捕意见书移送审查逮捕的犯罪嫌疑人_____，经审查认为该犯罪嫌疑人涉嫌_____罪，根据《中华人民共和国刑事诉讼法》第八十一条和第一百六十五条的规定，决定予以逮捕。请依法立即通知公安机关执行，并将执行情况在三日以内通知本院。

此致

_____（负责侦查的部门）

20×× 年 × 月 × 日

（院印）

第二联负责捕诉的部门附卷

××××人民检察院

应当逮捕犯罪嫌疑人建议书

××检××应捕建〔20××〕×号

_____:（侦查机关/部门名称）

　　你_____（简称）_____　号_____书移送的犯罪嫌疑

人_____涉嫌_____一案，本院经审查认为：

　　你_____书未列明的犯罪嫌疑人_____（写明需要追捕的人的

姓名、性别及出生日期）涉嫌下列犯罪事实：_____（围绕犯罪构成及情节写明需

要追捕的人实施的犯罪事实及主要证据，并说明其社会危险性）。上述犯罪嫌疑人

的行为已触犯《中华人民共和国刑法》第_____条的规定，涉嫌_____犯罪。

（根据案件情况，选择填写"可能判处徒刑以上刑罚，采取取保候审尚不足以防

止发生社会危险性""可能判处十年有期徒刑以上刑罚"或者"可能判处徒刑以

上刑罚，曾经故意犯罪或者身份不明"），根据《中华人民共和国刑事诉讼法》第

八十一条的规定，应当依法逮捕。根据《人民检察院刑事诉讼规则》第_____条的

规定，请你___依法提请/移送逮捕，并连同案卷材料、证据等一并移送本院审查。

20××年×月×日

（院印）

××××人民检察院

不予逮捕决定书

（副本）

×× 检 ×× 不捕〔20××〕× 号

_____：（侦查部门名称）

对_____年_____月_____日_____号逮捕意见书移送审查逮捕的犯罪嫌疑人_____涉嫌_____一案，经审查认为_____

_____，根据《中华人民共和国刑事诉讼法》第八十一条和第一百六十七条的规定，决定不予逮捕犯罪嫌疑人_____，犯罪嫌疑人已被拘留的，予以释放。请依法通知公安机关立即执行，并在公安机关执行三日以内将执行情况通知本部门。

20××年×月×日

（院印）

2. 侦查文书

××××人民检察院
传唤证
（副本）

××检××传〔20××〕×号

＿＿＿＿＿＿＿＿＿：

　　根据《中华人民共和国刑事诉讼法》第一百一十九条的规定，现通知居住在＿＿＿＿＿＿＿＿＿＿＿＿＿＿＿的犯罪嫌疑人＿＿＿＿于＿＿＿＿年＿＿＿＿月＿＿＿＿日＿＿＿＿时到达＿＿＿＿＿＿接受讯问。被传唤人必须持此件报到，无故不到，得以拘传。

20××年×月×日
（院印）

讯问开始时间：＿＿＿＿年＿＿＿＿月＿＿＿＿日＿＿＿＿时＿＿＿＿分
讯问结束时间：＿＿＿＿年＿＿＿＿月＿＿＿＿日＿＿＿＿时＿＿＿＿分
　　被讯问人：

第二联附卷

×××× 人民检察院

提讯提解证

看守所提讯专用章　　　　　　　　　办案机关印

发证日期：　　年　月　日

犯罪嫌疑人、被告人姓名		性别		出生日期	年　月　日		
法定羁押起止时间	自　　　年　　月　　日至　　　　年　　月　　日						
羁押期限变更情况	变更原因						
	新的起止时间	自　　　年　　月　　日至　　　　年　　月　　日 填写人：					
	变更原因						
	新的起止时间	自　　　年　　月　　日至　　　　年　　月　　日 填写人：					
	变更原因						
	新的起止时间	自　　　年　　月　　日至　　　　年　　月　　日 填写人：					
	变更原因						
	新的起止时间	自　　　年　　月　　日至　　　　年　　月　　日 填写人：					
	变更原因						
	新的起止时间	自　　　年　　月　　日至　　　　年　　月　　日 填写人：					
	变更原因						
	新的起止时间	自　　　年　　月　　日至　　　　年　　月　　日 填写人：					

注：1. 办案机关办理送押或换押手续时，将此证交由看守所填写并加盖提讯专用章；2. 对超过《提讯提押证》上注明的法定羁押起止时间提讯、提押的，看守所应当拒绝；3. 属于提解出所情形的，需在"备注"中注明；4. 办案机关未改变的，提讯、提押栏目可复印使用。

犯罪嫌疑人诉讼权利义务告知书

（侦查阶段）

根据《中华人民共和国刑事诉讼法》和《人民检察院刑事诉讼规则》的有关规定，人民检察院直接受理侦查的案件，拘留犯罪嫌疑人的羁押期限为十四日，特殊情况下可以延长一日至三日。犯罪嫌疑人在人民检察院对案件进行侦查期间，有如下诉讼权利和义务：

1.认罪认罚获得从宽处理的权利。

在接受讯问时，犯罪嫌疑人自愿如实供述自己的罪行，承认指控的犯罪事实，愿意接受处罚的，可以依法从宽处理。

2.不通晓当地通用的语言文字的犯罪嫌疑人在讯问时有要求配备翻译人员的权利。有权用本民族语言文字进行诉讼。

3.聋、哑的犯罪嫌疑人在讯问时有要求通晓聋、哑手势的人参加的权利。

4.对于侦查人员、鉴定人、记录人、翻译人员有下列情形之一的，有权申请他们回避：（一）是本案的当事人或者是当事人的近亲属的；（二）本人或者他的近亲属和本案有利害关系的；（三）担任过本案的证人、鉴定人、辩护人、诉讼代理人的；（四）与本案当事人有其他关系，可能影响公正处理案件的。对于驳回申请回避的决定，可以申请复议一次。

5.有权辩护。犯罪嫌疑人在接受讯问时有权为自己辩解。

6.有权委托辩护人。犯罪嫌疑人自被侦查机关第一次讯问或者被采取强制措施之日起，有权委托辩护人，但在侦查期间只能委托律师作为辩护人。因经济困难等原因没有委托辩护人的，本人及其近亲属可以向法律援助机构提出申请。

7.有权约见值班律师。犯罪嫌疑人有权约见值班律师，值班律师为犯罪嫌疑人提供法律咨询、程序选择建议、申请变更强制措施等法律帮助。

8.未满18周岁的犯罪嫌疑人有要求通知其法定代理人到场的权利，法定代理人可以代为行使诉讼权利。无法通知，法定代理人不能到场或是共犯的，可以通知犯罪嫌疑人的其他成年亲属，所在学校、单位或者居住地的村民委员会、居民委员会、未成年人保护组织的代表到场。

9.对于侦查人员的提问，应当如实回答。但是对与本案无关的问题，有拒绝回答的权利。

10.有核对讯问笔录和自行书写供述的权利，如果犯罪嫌疑人没有阅读能力，侦查人员应当向其宣读；如果讯问笔录记载有遗漏或者差错，可以提出补充或者改正。对讯问笔录、勘验检查笔录、搜查笔录、查封扣押财物、文件清单以及送达的各种法律文书确认无误后，应当签名、捺指印。

11. 依法接受拘传、取保候审、监视居住、拘留、逮捕等强制措施和人身检查、搜查、扣押、鉴定等侦查措施。

12. 犯罪嫌疑人及其法定代理人、近亲属、聘请的律师对于采取强制措施超过法定期限的，有权要求解除强制措施。

13. 对于人民检察院及其侦查人员侵犯其诉讼权利和人身侮辱的行为，有权提出控告、举报。

犯罪嫌疑人（签字）

日　期：

此告知书在第一次讯问犯罪嫌疑人或对其采取强制措施之日交犯罪嫌疑人阅后签字并附卷。

××××人民检察院

被害人诉讼权利义务告知书

（侦查阶段）

根据《中华人民共和国刑事诉讼法》的规定，你作为本案的被害人，在侦查阶段依法享有的诉讼权利和承担的诉讼义务如下：

一、诉讼权利

1. 要求提供作证条件和保密的权利

检察机关应当保证你有客观充分地提供证据的条件，并为你保守秘密。如果你的作证内容涉及国家秘密、商业秘密、个人隐私，你有权要求保密。

2. 委托诉讼代理人和发表诉讼意见的权利

你及你的法定代理人或者近亲属有权委托一至二名律师、人民团体或你所在单位推荐的人作为诉讼代理人，你的监护人、亲友也可以作为你的诉讼代理人。

检察机关可以听取你及你的诉讼代理人的意见。你及你的诉讼代理人有权向检察机关就犯罪嫌疑人认罪认罚等问题提出书面意见。

3. 使用本民族语言文字进行诉讼及获得翻译的权利

你有权使用本民族语言文字进行诉讼。

如果你是聋、哑人或者不通晓当地通用语言文字，检察机关应当为你聘请通晓聋、哑手势或者当地通用语言文字且与本案无利害关系的人员为你提供翻译。

4. 申请回避的权利

你及你的法定代理人或者诉讼代理人认为检察人员具有法定回避事由的，有权要求他们回避。

你及你的法定代理人或者诉讼代理人对检察机关驳回申请回避的决定，有权申请复议一次。

5. 知悉用作证据的鉴定意见及申请补充鉴定或者重新鉴定的权利

检察机关应当向你或者你的法定代理人、近亲属或诉讼代理人告知用作证据的鉴定意见。

对于用作证据的鉴定意见，你或者你的法定代理人、近亲属、诉讼代理人有权申请补充鉴定或者重新鉴定，但除原鉴定违反法定程序外，你应当承担补充鉴定或者重新鉴定的费用。

6. 控告权

如果办案人员有侵犯你诉讼权利和人身侮辱的行为，或者采用羁押、暴力、威胁、引诱、欺骗等非法方法收集证据的行为，你有权提出控告。

7. 获得保护的权利

如果你因在诉讼中作证，你或者近亲属的人身安全面临危险，你有权请求检察机关予以保护。

如果你因在危害国家安全犯罪、恐怖活动犯罪、黑社会性质组织犯罪、毒品犯罪等案件中作证，你或者近亲属的人身安全面临危险，检察机关应当依法为你采取保护措施。

8. 知悉证明文件、核对笔录和亲笔书写陈述的权利

你有权要求对你进行询问的检察人员向你出示证明文件。

询问笔录应当交你核对。如果你没有阅读能力，检察人员应当向你宣读。如果记载有遗漏或者差错，你有权要求补充或改正。

你有权请求自行书写陈述，检察人员应当准许。

9. 请求赔偿的权利

如果由于犯罪嫌疑人的犯罪行为而遭受物质损失，符合法定条件的，有权请求赔偿。

10. 未成年被害人的特殊权利

你若未满十八周岁，询问时将通知你的法定代理人到场，法定代理人可以代为行使你的诉讼权利。无法通知，法定代理人不能到场或是共犯的，可以要求通知你的其他成年亲属，所在学校、单位或者居住地的村民委员会、居民委员会、未成年人保护组织的代表到场。

你若是未满十八周岁的女性，询问时应当有女工作人员在场。

二、诉讼义务

1. 作证的义务

凡是知道案件情况的人，都有作证的义务。

2. 如实提供证据、陈述的义务

你应当如实地提供证据、陈述，诬告陷害、有意作虚假陈述或者隐匿罪证，将承担相应的法律责任。

3. 在询问笔录上签字和按要求书写陈述的义务

经核对无误后，你应当在询问笔录上逐页签名、盖章或者捺指印。

必要的时候，经检察人员要求，你应当亲笔书写陈述。

4. 接受检查的义务

你应当接受为确定你的某些特征或者生理状态而进行的人身检查、提取指纹信息，采集血迹、尿液等生物样本。

如果你是女性，检查你的身体应当由女工作人员或者医师进行。

××××人民检察院

证人诉讼权利义务告知书

根据《中华人民共和国刑事诉讼法》的规定，你作为本案的证人，依法享有的诉讼权利和承担的诉讼义务如下：

一、诉讼权利

1. 要求提供作证条件和保密的权利

检察机关应当保证你有客观充分地提供证据的条件，并为你保守秘密。如果你的作证内容涉及国家秘密、商业秘密、个人隐私，你有权要求保密。

2. 使用本民族语言文字进行诉讼及获得翻译的权利

你有权使用本民族语言文字进行诉讼。

如果你是聋、哑人或者不通晓当地通用语言文字，检察机关应当为你聘请通晓聋、哑手势或者当地通用语言文字且与本案无利害关系的人员为你提供翻译。

3. 控告权

如果办案人员有侵犯你诉讼权利和人身侮辱的行为，或者采用羁押、暴力、威胁、引诱、欺骗等非法方法收集证据的行为，你有权提出控告。

4. 获得保护和经济补助的权利

如果因在诉讼中作证，你或者近亲属的人身安全面临危险，你有权请求检察机关予以保护。

如果因在危害国家安全犯罪、恐怖活动犯罪、黑社会性质组织犯罪、毒品犯罪等案件中作证，你或者近亲属的人身安全面临危险，你有权请求检察机关予以保护。

　　如果因履行作证义务而支出交通、住宿、就餐等费用，你有权获得补助。如果你有工作单位，所在单位不得因你作证而克扣或者变相克扣你的工资、奖金及其他福利待遇。

　　5.知悉证明文件、核对笔录和亲笔书写陈述的权利

　　你有权要求对你进行询问的检察人员向你出示证明文件，询问时，检察人员、书记员不得少于二人。

　　询问笔录应当交你核对。如果你没有阅读能力，检察人员应当向你宣读。如果记载有遗漏或者差错，你有权要求补充或改正。

　　你有权请求自行书写证词，检察人员应当准许。

　　6.特殊情况不被强制出庭作证的权利

　　如果你是犯罪嫌疑人、被告人的配偶、父母、子女，除非你同意，否则司法机关不能强制你出庭作证。

　　7.未成年证人的特殊权利

　　你若未满十八周岁，可以要求通知你的法定代理人询问时到场，法定代理人可以代为行使你的诉讼权利。无法通知，法定代理人不能到场或是共犯的，可以要求通知你的其他成年亲属，所在学校、单位或者居住地的村民委员会、居民委员会、未成年人保护组织的代表到场。

　　你若是未满十八周岁的女性，询问时应当有女工作人员在场。

二、诉讼义务

　　1.作证的义务

　　凡是知道案件情况的人，都有作证的义务。

　　2.如实提供证据、证言并出庭作证的义务

　　你应当如实地提供证据、证言，有意作伪证或者隐匿罪证，将承担相应的法律责任。

　　法院依法通知你出庭作证的，你应当出庭作证；没有正当理由不出庭作证，法院可以强制你出庭作证，但你是被告人的配偶、父母、子女的除外。

　　如果你无正当理由不出庭作证或者出庭后拒绝作证，你将承担相应的法律责任。

　　3.在询问笔录上签字和按要求书写证词的义务

　　经核对无误后，你应当在询问笔录上逐页签名、盖章或者捺指印。

　　必要的时候，你应当按照检察人员的要求亲笔书写证词。

×××× 人民检察院
询问通知书
（副本）

×× 检 ×× 询〔20××〕× 号

＿＿＿＿＿＿＿＿：

　　根据《中华人民共和国刑事诉讼法》第一百二十四条的规定，兹因办案工作需要，请你于＿＿＿年＿＿＿＿月＿＿＿＿日＿＿＿＿时接受询问。

　　询问地点＿＿＿＿＿＿＿＿

20×× 年 × 月 × 日

（院印）

本通知已收到

被询问人：

　　年　月　日

第二联附卷

××××人民检察院
调取证据通知书
（副本）

××检××调证〔20××〕×号

_____:

根据《中华人民共和国刑事诉讼法》第五十四条的规定，本院需要对在你处的下列证据材料：_____

_____

_____予以调取。请将上列证据材料于_____年_____月_____日前送交本院。

20××年×月×日

（院印）

本通知已收到

证据持有人（单位）：

年　月　日

××××人民检察院

调取证据清单

编号：

第　页共　页

编号	名称	数量	特征	备注

提供人：

办案人：

年　月　日

（院印）

本清单一式三份，一份附卷，一份交证据材料持有人，一份交证据材料保管人员。

×××× 人民检察院

勘 验 证

×× 检勘〔20××〕× 号

　　根据《中华人民共和国刑事诉讼法》第一百二十八条、第一百三十条的规定，兹派＿＿＿＿＿＿等＿＿＿＿＿＿人对＿＿＿＿＿＿进行勘验。

20×× 年 × 月 × 日

（院印）

第二联附卷

××××人民检察院

勘验检查笔录

×检××技勘〔20××〕×号

一、基本情况

勘检事由：

勘检起始时间：_____　　勘检结束时间：_____

勘检地点：_____

勘检环境情况：（天气、光线、温度、风向等）_____

现场指挥人：_____　　到场时间：_____

勘检人：_____　　到场时间：_____

勘检人：_____　　到场时间：_____

见证人：_____　　证件名称/号码：_____

见证人：_____　　证件名称/号码：_____

其他人员：（包括笔录人、制图人、照相人、录像人、录音人、全程录音录像人等）_____

勘检设备和软件工具的名称、型号、版本号：_____

二、勘检过程

勘验/检查情况：_____

发现、提取、分析、固定证据的形式、方法和步骤：_____

_____

三、勘检结果

（提取固定痕迹、物证情况，制图和照相的数量，录像、录音的时间）_____

附件：（现场照片、物证照片、设备照片、现场图、录音录像、物品列表等）

_____

_____

现场指挥人：（签名）　　年　月　日

勘检人：（签名）　　年　月　日

见证人：（签名）　　年　月　日

提取痕迹物证登记表

序号	名称	基本特征	数量	提取部位	提取方法	提取人

注：本表为现场勘验笔录、检查笔录的组成部分。

20××年×月×日

（院印）

××××人民检察院

侦查实验笔录

时间_____年___月___日___时___分

至_____年___月___日___时___分

地点：_____

侦查人员姓名、单位：_____

_____

侦查实验目的：_____

_____

_____

过程及结果：_____

_____

_____

侦查人员：_____ 日期：_____

记录人：_____ 日期：_____

××××人民检察院

侦查实验笔录

一、实验目的

_____

二、实验材料（可选）

_____

_____

_____

三、实验环境（可选）

_____

_____

四、实验过程

_____

_____

_____

五、实验结果

_____

_____

附件：（照片、录音录像等）

参加人：

年　　月　　日

×××× 人民检察院

搜 查 证

×× 检 ×× 搜〔20××〕× 号

　　根据《中华人民共和国刑事诉讼法》第一百三十六条、第一百三十八条的规定，兹派本院工作人员＿＿＿＿＿＿＿＿＿＿＿＿＿＿＿等＿＿＿＿＿人持此证对＿＿＿＿＿＿＿＿＿＿进行搜查。

检察长（印）

20×× 年 × 月 × 日

（院印）

本证已于＿＿＿＿年＿＿＿＿月＿＿＿＿日向我宣布。

被搜查人或其家属：＿＿＿＿

见证人：＿＿＿＿＿＿＿＿＿

宣告人：＿＿＿＿＿＿＿＿＿

第二联使用后附卷

××××人民检察院
查封决定书
（副本）

×× 检 ×× 封决〔20××〕× 号

_____:

　　根据《中华人民共和国刑事诉讼法》第一百四十一条的规定，本院决定对_____予以查封。

20×× 年 × 月 × 日

（院印）

附件：查封财物、文件清单

第二联附卷

×××× 人民检察院

查封财物、文件清单

编号：

第　页　共　页

编号	物品、文件名称	数量	单位	特征	备注

被查封 / 扣押财物、文件持有人：

见证人：

查封 / 扣押人：

年　月　日

（院印）

　　本清单一式四份，一份统一保存，一份附卷，一份交被查封 / 扣押财物、文件持有人，一份交被查封 / 扣押财物、文件保管人。

××××人民检察院
扣押决定书
（副本）

××检××扣决〔20××〕×号

_____:

　　根据《中华人民共和国刑事诉讼法》第一百四十一条的规定，本院决定对_____予以扣押。

20××年×月×日

（院印）

附件：扣押财物、文件清单

第二联附卷

×××× 人民检察院

扣押财物、文件清单

编号：

第　页　共　页

编号	物品、文件名称	数量	单位	特征	备注

被扣押财物、文件持有人：
见证人：
扣押人：

年　月　日

（院印）

本清单一式四份，一份统一保存，一份附卷，一份交被扣押财物、文件持有人，一份交被扣押财物、文件保管人。

××××人民检察院

协助查封通知书

××检××协封通〔20××〕×号

_____：

  根据《中华人民共和国刑事诉讼法》第一百四十一条的规定，请予以协助查封犯罪嫌疑人_____的下列财物、文件：

财物、文件名称_____

_____

财物、文件所在地_____

_____

查封数量（大、小写）_____

_____

协助查封方式

_____

20××年×月×日

（院印）

第二联送达协助单位

××××人民检察院
扣押邮件、电报通知书
（副本）

××检××扣邮〔20××〕×号

_____：

  因_____，根据《中华人民共和国刑事诉讼法》第一百四十三条的规定，请你单位从_____年_____月_____日起，对犯罪嫌疑人_____（工作单位_____，住址_____）的邮件、电报检交本院扣押。

20××年×月×日
（院印）

第二联附卷

××××人民检察院
查询犯罪嫌疑人金融财产通知书
（副本）

×× 检 ×× 查询〔20××〕× 号

_____：

　　因_____，根据《中华人民共和国刑事诉讼法》第一百四十四条的规定，需向你单位查询_____的存款／汇款／股票／债券／基金份额等财产，特派本院工作人员_____前往你处查询，请予协助。

20×× 年 × 月 × 日

（院印）

第二联附卷

××××人民检察院
协助查询金融财产通知书

（副本）

××检××协查〔20××〕×号

_____：

　　兹因_____，
需向你行查询_____单位（个人）的_____，
特派本院工作人员_____前往你处，请予协助查询为盼。

20××年×月×日

（院印）

×××× 人民检察院
冻结犯罪嫌疑人金融财产通知书
（副本）

×× 检 ×× 冻〔20××〕× 号

_____：

　　因_____，根据《中华人民共和国刑事诉讼法》第一百四十四条的规定，对_____在你单位的_____予以冻结，冻结期限自_____年_____月_____日至___年___月___日止。

20×× 年 × 月 × 日

（院印）

第二联附卷

××××人民检察院
协助冻结金融财产通知书
（副本）

××检××协冻〔20××〕×号

＿＿＿＿＿＿＿＿＿＿：

　　兹因办理＿＿＿＿＿＿＿＿＿＿＿＿＿＿案需要，根据《中华人民共和国刑事诉讼法》第一百四十四条、《人民检察院刑事诉讼规则》第二百一十六条的规定，＿＿＿＿＿＿＿＿＿＿＿在你单位的＿＿＿＿＿＿＿＿＿，请协助予以冻结。冻结期限自＿＿＿＿年＿＿＿＿月＿＿＿＿日至＿＿＿＿年＿＿＿＿月＿＿＿＿日止。

20××年×月×日

（院印）

第二联附卷

××××人民检察院

扣押／冻结债券／股票／基金份额等财产告知书

（副本）

××检××扣／冻告〔20××〕×号

_____:

　　本院以____号扣押／冻结通知书将犯罪嫌疑人_____涉嫌_____一案的下列财产:_____（债券／股票／基金份额／本票／汇票／支票等逐项列明，并使用汉字大写填写数额）予以扣押／冻结。根据《人民检察院刑事诉讼规则》第二百一十四条的规定，现告知你有权在不损害国家利益、被害人利益，不影响诉讼正常进行的前提下，对于有效期即将届满的被扣押／冻结的债券／股票／基金份额等财产，可以在案件办结前申请依法出售或者变现，所得价款将由本院指定的专门银行账户保管。

　　　　　　　　　　　　　　　20××年×月×日

　　　　　　　　　　　　　　　　（院印）

本通知书已收到。

犯罪嫌疑人:

　　　年　月　日

××××人民检察院
许可出售扣押/冻结债券/股票/基金份额等财产决定书

（副本）

××检××扣/冻许售〔20××〕×号

_____:

本院以____号扣押/冻结通知书将犯罪嫌疑人_____涉嫌_____一案的下列财产:_____（债券/股票/基金份额/本票/汇票/支票等逐项列明，并使用汉字大写填写数额）予以扣押/冻结。你提出因_____（写明当事人申请出售上述财产的理由，对于有效期即将届满的财产逐项列明，并使用大写填写数额），要求_____。根据《人民检察院刑事诉讼规则》第二百一十四条的规定，本院经审查认为，_____，决定许可出售下列财产_____（债券/股票/基金份额/本票/汇票/支票等逐项列明，并使用大写填写数额）。上述财产出售或者变现的价款由本院指定专门的银行账户保管。

20××年×月×日

（院印）

×××× 人民检察院

不许可出售扣押／冻结债券／股票／

基金份额等财产决定书

（副本）

×× 检 ×× 扣／冻不许售〔20××〕× 号

_____ :

本院以____号扣押／冻结通知书将犯罪嫌疑人_____涉嫌_____一案的下列财产:_____（债券／股票／基金份额／本票／汇票／支票等逐项列明，并使用汉字大写填写数额）予以扣押／冻结。你提出因_____（写明当事人申请出售上述财产的理由，对于有效期即将届满的财产逐项列明，并使用大写填写数额），要求_____。根据《人民检察院刑事诉讼规则》第二百一十四条的规定，本院经审查认为，_____，决定不予许可。

20×× 年 × 月 × 日

（院印）

第二联附卷

××××人民检察院

鉴定人诉讼权利义务告知书

根据《中华人民共和国刑事诉讼法》的规定，你作为本案的鉴定人，依法享有的诉讼权利和承担的诉讼义务如下：

一、诉讼权利

1. 控告权

如果办案人员有侵犯你诉讼权利和人身侮辱的行为，或者采用羁押、暴力、威胁、引诱、欺骗等非法方法收集证据的行为，你有权提出控告。

2. 获得保护权

如果因在诉讼中作证，你或者近亲属的人身安全面临危险，你有权请求检察机关予以保护。

如果因在危害国家安全犯罪、恐怖活动犯罪、黑社会性质组织犯罪、毒品犯罪等案件中作证，你或者近亲属的人身安全面临危险，检察机关应当依法对你采取保护措施。

3. 知悉证明文件、核对笔录权

你有权要求对你进行询问的检察人员向你出示证明文件。

询问笔录应当交给你核对。如果记载有遗漏或者差错，你有权要求补充或改正。

二、诉讼义务

1. 依法如实鉴定、出庭作证的义务

你应当按照法律规定如实地进行鉴定，故意作虚假鉴定将承担法律责任。

法院依法通知你出庭作证的，你应当出庭作证；没有正当理由拒不出庭作证，将承担相应的法律责任。

2. 出具鉴定意见并签名的义务

你进行鉴定后，应当出具鉴定意见，并在鉴定意见上签名。

3. 在询问笔录上签字、对知悉的案件情况或材料保密的义务

经核对无误后，你应当在询问笔录上逐页签名。

你对于因在鉴定过程中知悉的案件情况或与案件有关的材料，应当保密。

×××× 人民检察院
鉴定聘请书
（副本）

×× 检 ×× 鉴聘〔20××〕× 号

_____ :

　　本院承办的_____一案，需要进行_____鉴定。根据《中华人民共和国刑事诉讼法》第一百四十六条的规定，特聘请你为本案鉴定人，请鉴定下列内容：_____。请于_____年_____月_____日前将书面的鉴定情况和意见送交本院。

20×× 年 × 月 × 日

（院印）

本聘请书已收到。

　　被聘请人：

　　　　年　月　日

×××× 人民检察院

委托鉴定书

（副本）

×× 检 ×× 委鉴〔20××〕× 号

＿＿＿＿＿＿＿＿＿＿：

　　本院办理的＿＿＿＿＿＿＿＿＿＿＿＿＿＿＿＿＿＿一案，需对＿＿＿＿＿＿＿＿＿＿＿＿＿＿＿＿进行鉴定。根据《中华人民共和国刑事诉讼法》第一百四十六条的规定，现委托：＿＿＿＿＿＿＿＿＿＿＿＿＿＿＿＿＿按下列要求进行鉴定。鉴定内容、目的：＿＿＿＿＿＿＿＿＿＿＿＿＿

＿＿＿＿＿＿＿＿＿＿＿＿＿＿＿＿＿＿＿＿＿＿＿＿＿＿＿＿

＿＿＿＿＿＿＿＿＿＿＿＿＿＿＿＿＿＿＿＿＿＿＿＿＿＿＿＿

20×× 年 × 月 × 日

（院印）

第二联附卷

××××人民检察院
鉴定意见通知书

××检××鉴通〔20××〕×号

_____：

  本院指派／聘请有关人员，对_____

_____进行了_____鉴定。鉴定意

见 是_____。

根据《中华人民共和国刑事诉讼法》第一百四十八条的规

定，如果你对该鉴定意见有异议，可以提出补充鉴定或者重

新鉴定的申请。

20××年×月×日

（院印）

通知书已收到。

被害人或其家属：   犯罪嫌疑人：

  年 月 日   年 月 日

第二联附卷

××××人民检察院
终止对犯罪嫌疑人侦查决定书
（副本）

××检××终〔20××〕×号

　　姓名____，性别____，出生于_____年____月____日，住址_____，单位及职业_____。

　　本院办理的_____案，因_____，现决定终止对_____的侦查。

20××年×月×日

（院印）

本决定书副本已收到。

当事人或其家属：

　　年　月　日

×××× 人民检察院

撤销案件决定书

（副本）

×× 检 ×× 撤〔20××〕× 号

　　本院办理的＿＿＿＿＿＿＿＿＿＿案，因＿＿＿＿＿，
根据《中华人民共和国刑事诉讼法》第＿＿＿条的规定，决
定撤销此案。

检察长（印）

20×× 年 × 月 × 日

（院印）

本决定书已收到。

原案件犯罪嫌疑人或其家属：

　　　　年　月　日

第二联附卷

×××× 人民检察院

案件侦查终结移送起诉告知书

_____:

本院对你涉嫌的_____一案已侦查终结，拟移送_____人民检察院／本院起诉。根据《中华人民共和国刑事诉讼法》第一百六十二条，《人民检察院刑事诉讼规则》第二百三十九条、第二百五十三条的规定，现将移送起诉情况向你告知。

20×× 年 × 月 × 日

（院印）

本告知书已收到。

犯罪嫌疑人：

年　月　日

本告知书一式两份，一份附卷，一份交犯罪嫌疑人。

×××× 人民检察院

案件侦查终结移送起诉告知书

辩护律师：_____（填写律师姓名、身份证号和律师证编号）

本院对犯罪嫌疑人 _____涉嫌_____罪一案，现已侦查终结，拟移送人民检察院／本院起诉。根据《中华人民共和国刑事诉讼法》第一百六十二条，《人民检察院刑事诉讼规则》第二百三十九条、第二百五十三条的规定，现将移送起诉情况向你告知。

20×× 年 × 月 × 日

（院印）

本告知书已收到。

辩护律师：

年　月　日

本告知书一式两份，一份附卷，一份交辩护律师。

××××人民检察院

起诉意见书

××检××移诉〔20××〕×号

犯罪嫌疑人……［犯罪嫌疑人姓名（别名、曾用名、绰号等），性别，出生年月日，公民身份号码，民族，文化程度，职业或工作单位及职务，住址，政治面貌（如是人大代表、政协委员，一并写明具体级、届代表、委员及代表、委员号），犯罪嫌疑人简历及前科情况。案件有多名犯罪嫌疑人的，逐一写明。单位犯罪案件中，应当写明单位的名称、地址、组织机构代码、法定代表人姓名、性别、公民身份号码、联系方式］

犯罪嫌疑人×××（姓名）涉嫌×××（罪名）一案……（写明案由和案件来源，具体为单位或者公民举报、控告、上级交办、有关部门移送、本院其他部门移交以及办案中发现等。简要写明案件侦查过程中的各个法律程序开始的时间，如立案、侦查终结的时间。具体写明采取强制措施的种类、采取的时间、强制措施变更情况及延长侦查羁押期限的情况等）。

犯罪嫌疑人×××涉嫌×××案，现已侦查终结。

经依法侦查查明：

……（概括叙写经检察机关侦查认定的犯罪事实，包括犯罪时间、地点、经过、手段、目的、动机、危害后果等与定罪有关的事实要素。应当根据具体案件情况，围绕刑法规定的该罪构成要件，简明扼要叙述）

（对于只有一个犯罪嫌疑人的案件，犯罪嫌疑人实施多次犯罪的犯罪事实应逐一列举；同时触犯数个罪名的犯罪嫌疑人的犯罪事实应该按照主次顺序分别列举；对于共同犯罪的案件，写明犯罪嫌疑人的共同犯罪事实及各自在共同犯罪中的地位和作用后，按照犯罪嫌疑人的主次顺序，分别叙述各个犯罪嫌疑人的单独犯罪事实）

认定上述事实的证据如下：

……（针对上述犯罪事实，分列相关证据）

上述犯罪事实清楚，证据确实、充分，足以认定。

犯罪嫌疑人……（具体写明是否有累犯、立功、自首、和解等影响量刑的从重、从轻、减轻等犯罪情节，以及自愿认罪的情况）

综上所述，犯罪嫌疑人……（根据犯罪构成简要说明罪状），其行为已触犯《中华人民共和国刑法》第×××条之规定，涉嫌×××罪。依照《中华人民共和国刑事诉讼法》第×××条之规定，现将此案移送起诉。查封、扣押、冻结物品、文件清单随案移送。

　　此致

（负责捕诉的部门）

　　　　　　　　　　　　　　　　　　　（负责侦查的部门）

　　　　　　　　　　　　　　　　　　20××年×月×日

　　　　　　　　　　　　　　　　　　　　　（部门印）

　　附件：1.随案移送案件材料、证据；

　　　　　2.犯罪嫌疑人现在处所；

　　　　　3.查封、扣押、冻结物品、文件清单＿＿＿份附后。

　　　　　（所附项目根据需要填写）

　　　　　　　　　　××××人民检察院

不 起 诉 意 见 书

　　　　　　　　　　　××检××移不诉〔20××〕×号

　　犯罪嫌疑人×××〔犯罪嫌疑人姓名（别名、曾用名、绰号等），性别，出生年月日，公民身份号码，民族，文化程度，职业或工作单位及职务（作案时在何单位任何职务），住址，政治面貌，如是人大代表、政协委员，一并写明具体级、届代表、委员及代表、委员号），犯罪嫌疑人简历及前科情况。案件有多名犯罪嫌疑人的，逐一写明。单位犯罪案件中，应当写明单位的名称、地址、组织机构代码、法定代表人姓名、性别、公民身份号码、联系方式〕

　　犯罪嫌疑人×××（姓名）涉嫌×××（罪名）一案，本院于×年×月×日立案侦查，……（采取强制措施、变更强制措施及延长侦查羁押期限的情况），现已侦查终结。

　　犯罪嫌疑人×××涉嫌×××案，现已侦查终结。

　　经依法侦查查明：

　　……（概括叙写经检察机关侦查认定的犯罪事实，包括犯罪时间、地点、经过、手段、目的、动机、危害后果等与定罪有关的事实要素。应当根据具体案件情况，围绕刑法规定的该罪构成要件，特别是犯罪特征，简明扼要叙述。叙述犯罪嫌疑人的犯罪事实时，先按照其触犯罪名的犯罪构成作概括性的叙述，然后再逐一列举，最后列举相关证据。证据包括经侦查获取的能够证明犯罪嫌疑人的行为构成犯罪且需要追究刑事责任的证据）

综上所述，犯罪嫌疑人×××（姓名）的行为触犯了《中华人民共和国刑法》第×××条之规定，涉嫌×××罪（不要写构成罪），但是，……（具体写明犯罪情节轻微，不需要判处刑罚或免除刑罚的具体情形）。根据《中华人民共和国刑事诉讼法》第×条之规定，不需要判处刑罚（或免除刑罚），根据《中华人民共和国刑事诉讼法》第一百六十八条和第一百七十七条第二款之规定，移送审查不起诉。……（对查封、扣押、冻结物品、文件提出处理建议）

此致

（负责捕诉的部门）

（负责侦查的部门）

20××年×月×日

（部门印）

附件：1. 随案移送案件材料、证据；

2. 犯罪嫌疑人现在处所；

3. 查封、扣押、冻结物品、文件清单____份附后。

（所附项目根据需要填写）

三、模拟侦查阶段的律师辩护

（一）辩护律师在侦查阶段辩护流程图

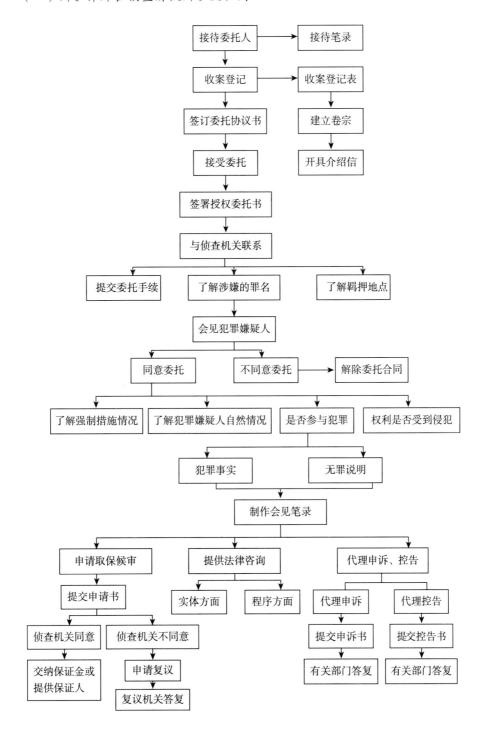

（二）辩护律师在侦查阶段辩护工作

1. 侦查阶段犯罪嫌疑人委托辩护人的时间

根据《刑事诉讼法》的规定，犯罪嫌疑人自被侦查机关第一次讯问或者采取强制措施之日起，有权委托律师担任辩护人。

在侦查阶段，犯罪嫌疑人聘请律师的，可以自己聘请，也可以由其监护人、近亲属代为聘请。在押的犯罪嫌疑人提出聘请律师的，看守机关应当及时将其请求转达办理案件的侦查机关，侦查机关应当及时向其所委托的人员或者所在的律师事务所转达该项请求。犯罪嫌疑人仅有聘请律师的要求，但提不出具体对象的，侦查机关应当及时通知当地律师协会或者司法行政机关为其推荐律师。

2. 手续办理

律师接受委托，应当由律师事务所办理以下手续：①律师事务所与委托人签署《委托协议》；②委托人签署委托书；③律师事务所开具办案所需的相关诉讼文书。上述手续，律师事务所应当留存原件或存根备查。

律师接受委托办理刑事案件，可以在侦查、审查起诉、一审、二审、死刑复核、申诉、再审等各诉讼阶段由律师事务所分别办理委托手续，也可以一次性办理。

3. 侦查阶段律师辩护人的职责

（1）向侦查机关了解案件情况。侦查期间，律师接受委托后，自犯罪嫌疑人被第一次讯问或者采取强制措施之日起，可以向侦查机关了解案件情况，包括犯罪嫌疑人涉嫌的罪名，已查明的主要事实，犯罪嫌疑人被采取、变更、解除强制措施，延长侦查羁押期限等。

（2）为犯罪嫌疑人提供法律帮助。所谓"提供法律帮助"，是指帮助犯罪嫌疑人了解有关法律规定，解释有关法律方面的问题。这是律师为犯罪嫌疑人进行法律帮助的最基本的内容。

辩护律师为犯罪嫌疑人提供法律咨询，应当告知其基本诉讼权利，主要包括以下内容：①犯罪嫌疑人有不被强迫证实自己有罪的权利；②犯罪嫌疑人有对办案机关侵权行为、程序违法提出申诉和控告的权利；③犯罪嫌疑人有申请侦查人员回避的权利；④犯罪嫌疑人有知悉鉴定意见和提出异议的权利；⑤犯罪嫌疑人有对刑事案件管辖提出异议的权利；⑥有关刑事和解的权利。

辩护律师为犯罪嫌疑人提供关于强制措施的法律咨询，主要包括以下内容：①强制措施的种类；②强制措施的条件、适用程序的法律规定；③强制措施期限的法律规定；④申请变更强制措施的权利及条件。

辩护律师为犯罪嫌疑人提供关于侦查机关讯问方面的法律咨询，主要包括以下内容：①犯罪嫌疑人对侦查人员的讯问有如实回答的义务，对与本案无关的问题有拒绝回答的权利；②犯罪嫌疑人对侦查人员制作的讯问笔录有核对、补充、更正的权利以及在确认笔录没有错误后应当签名的义务；③犯罪嫌疑人有要求自行书写供述和辩解的权利；④犯罪嫌疑人有如实供述犯罪事实可以获得从宽处罚的权利。

辩护律师为犯罪嫌疑人提供关于犯罪构成与证据方面的法律咨询，主要包括以下内容：①刑法及相关司法解释关于犯罪嫌疑人所涉嫌罪名的相关规定；②刑法及相关司法解释关于从重、从轻、减轻以及免予处罚的相关规定；③关于刑事案件的举证责任的相关规定；④关于证据的含义、种类及收集、使用的相关规定；⑤关于非法证据排除的相关规定。

（3）代理申诉、控告。所谓"代理申诉、控告"，是指律师代替犯罪嫌疑人向有关部门诉说冤情、进行申辩，控告侦查机关及其他人员侵犯其合法权利的行为等。具体包括：①采取强制措施法定期限届满，不予以解除、变更强制措施或者释放犯罪嫌疑人的；②应当退还取保候审保证金不予退还的；③对与案件无关的财物采取查封、扣押、冻结措施的；④应当解除查封、扣押、冻结不予解除的；⑤贪污、挪用、私分、调换或其他违反规定使用查封、扣押、冻结财物的。

辩护律师可以要求受理申诉或者控告的侦查机关及时处理，对不及时处理或对处理结果不服的，可以向同级人民检察院申诉；人民检察院直接受理的案件，可以向上一级人民检察院申诉。

代理申诉、控告时需要经过犯罪嫌疑人的委托。犯罪嫌疑人被采取强制措施后，人身自由受到一定的限制，也可能被错拘、错捕或者错误追诉。因此，凡法律规定侦查人员必须遵守的程序而没有遵守，或者侦查人员违反法律规定侵害了犯罪嫌疑人的人身权利、诉讼权利和其他合法权益（如刑讯逼供、报复陷害、非法拘禁、体罚虐待犯罪嫌疑人，以及有威胁、引诱、欺骗等违法违纪行为）时，受聘请的律师就应积极协助犯罪嫌疑人提出申诉、控告，以维护其合法权益，并使侦查机关和侦查人员的违法、错误行为得到切实纠正。

（4）申请变更强制措施。受委托的律师有权为被逮捕的犯罪嫌疑人申请取保候审；侦查机关对犯罪嫌疑人采取强制措施超过法定期限的，受委托的律师有权要求侦查机关解除。

（5）同在押的犯罪嫌疑人会见和通信。辩护律师持律师执业证书、律师事务所证明和委托书或者法律援助公函要求会见在押的犯罪嫌疑人的，看守所应当及时安排会见，至迟不得超过四十八小时。危害国家安全犯罪、恐怖活动犯罪案件，在侦查期间辩护律师会见在押的犯罪嫌疑人，应当经侦查机关许可。上述案件，侦查机关应当事先通知看守所。

辩护律师会见在押的犯罪嫌疑人，可以了解案件有关情况，提供法律咨询等。

所谓"有关案件的情况"包括：①犯罪嫌疑人的自然情况；②是否参与以及怎样参与所涉嫌的案件；③如果承认有罪，陈述涉及定罪量刑的主要事实和情节；④如果否认犯罪，陈述无罪的辩解；⑤被采取强制措施的法律手续是否完备，程序是否合法；⑥被采取强制措施后其人身权利及诉讼权利是否受到侵犯；⑦其他需要了解的情况。通过了解以上内容，律师就可以对有关案件的情况有一个基本认识，从而使法律服务更加客观、全面和准确。

（6）向侦查机关提出意见。如果律师认为罪名不重或者犯罪嫌疑人没有这一犯罪嫌疑，就可以向侦查机关提出申诉，并对侦查机关的管辖不当及执法程序存在的问题提出异议，从而维护犯罪嫌疑人的合法权益。

侦查期间，辩护律师收集到有关犯罪嫌疑人不在犯罪现场、未达到刑事责任年龄、属于依法不负刑事责任的精神病人的证据材料时，应当及时向侦查机关提出无罪或不予追究刑事责任的辩护意见，并同时要求侦查机关释放犯罪嫌疑人或对其变更强制措施。在案件侦查期间和侦查终结前，辩护律师向侦查机关就实体和程序问题提出辩护意见的，可以口头或书面的方式提出。

对于非法证据，辩护律师可以提出予以排除的意见。

（7）对逮捕措施提出意见。在审查批捕过程中，辩护律师认为具备下列情形的，可以向检察机关提出不批准逮捕或不予逮捕的意见：①犯罪嫌疑人不构成犯罪；②可能被判处一年有期徒刑以下刑罚的；③无社会危险性；④不适宜羁押。

（三）辩护律师在侦查阶段辩护工作文书

律师事务所受理诉讼案件批办单

侦查机关			犯罪嫌疑人		
委　托　人		地址			
		电话			
		联系人			
承办律师		案号		收费额	
案情简介：					
承办律师意　　见	签名：　　　　　年　月　日				
批准人意　　见	签名：　　　　　年　月　日				

＊名称项下均按全称填写。

律师承办法律事务监督卡

编号：

受理时间		案由		收费额	
委托人		地址		电话	
受理法院		审级		主审法官	

执 业 报 告

（包括委托事项办理结果及在收案、收费、调查取证等环节上，在处理与本案执法人员、与委托人关系方面遵守职业道德、执业纪律的情况）

承办律师：　　　年　月　日

委托人意见	（打"√"表示） 1. 律师执业执行情况是否属实　　　　　　　　（是　否） 2. 有无告知该所的承诺及举报电话　　　　　　（有　无） 3. 有无收费不开发票行为　　　　　　　　　　（有　无） 4. 有无在收取代理费外又私自接受或索要钱物行为　　（有　无） 5. 对承办律师的综合评价意见　　　　（满意　基本满意　不满意） 对具体事实的陈述或其他意见 委托人签字或盖章：　　　　　　　　　年　月　日
律师事务所主任意见	年　月　日

委托协议

[ ] 第 号

委托人_____经与_____律师事务所协商，达成以下协议：

一、_____律师事务所指派_____律师担任_____案件的犯罪嫌疑人的辩护人。

二、根据《律师业务收费办法》的规定，委托人_____向律师事务所缴纳委托费用_____元。

三、本委托书有效期自双方签订之日起至侦查终结止。

四、本委托书如需变更，另行协议。

委托方：   受托方：
（签字）   律师事务所（章）
年 月 日   年 月 日

注：本委托书一式二份，由委托人、律师事务所各持一份。

授 权 委 托 书

[ ] 第 号

委托人_____根据法律的规定，特聘请_____律师事务所_____律师为涉嫌_____罪案件____的辩护人。本委托书有效期自即日起至侦查终结之日止。

委托人：
年 月 日

注：本委托书一式三份，由委托人、律师事务所各持一份，交公安机关一份。

律师事务所函

[   ]第   号

领函人：

交付：

事由：

批准人：

时间：

注：本函用于向侦查机关提交。

律师事务所函

[   ]第   号

_____：

　　本所接受_____的委托，指派_____律师，担任_____案件犯罪嫌疑人_____的辩护人。

　　特此函告

（律师事务所章）

年　　月　　日

附：授权委托书一份。

律师会见在押犯罪嫌疑人专用介绍信

[   ]第   号

领函人：

交付：

事由：

批准人：

时间：

注：本介绍信用于会见犯罪嫌疑人时向看守所、羁押场所提交。

律师会见在押犯罪嫌疑人专用介绍信

[　　]第　　号

_____ 看守所：

根据《中华人民共和国刑事诉讼法》第三十九条以及《中华人民共和国律师法》第三十条的规定，现指派我所_____ 律师前往你处会见_____ 案的在押犯罪嫌疑人_____ 。

时间：_____ 年____ 月____ 日____ 时，请予安排。

特此函告

（律师事务所章）

年　　月　　日

会见在押犯罪嫌疑人申请书

（涉及国家秘密案件用）

[　　]第　　号

领函人：

交付：

事由：

批准人：

时间：

注：本函用于侦查阶段会见犯罪嫌疑人前向侦查机关提交。

会见在押犯罪嫌疑人申请书

（涉及国家秘密案件用）

[　　]第　　号

申请人：_____ 律师事务所_____ 律师

通信地址或联系方法：

申请事项：会见在押犯罪嫌疑人

申请理由：犯罪嫌疑人＿＿＿＿＿＿＿因涉嫌＿＿＿＿＿＿＿＿＿＿一案被拘留（逮捕）。我接受犯罪嫌疑人或其家属＿＿＿＿＿＿的聘请，拟会见在押犯罪嫌疑人。鉴于该案涉及国家秘密，根据《中华人民共和国刑事诉讼法》第三十九条的规定，提出申请，请予批准。

此致

＿＿＿＿＿＿＿＿

申请人：

（律师事务所章）

年　月　日

刑事案件会见笔录

侦查阶段第 × 次

会见时间：＿＿＿＿年＿＿月＿＿日＿＿时＿＿分至＿＿时＿＿分

会见地点：＿＿＿＿＿＿＿看守所第＿＿＿号律师会见室

会见人：＿＿＿＿＿＿

工作单位：＿＿＿＿＿＿＿＿＿＿＿＿＿＿＿＿＿＿律师事务所律师

被会见人：＿＿＿＿＿＿

记录人：＿＿＿＿＿＿

（了解犯罪嫌疑人的自然情况；是否参与以及怎样参与所涉嫌的案件；如果承认有罪，陈述涉及定罪量刑的主要事实和情节；如果否认犯罪，陈述无罪的辩解；被采取强制措施的法律手续是否完备，程序是否合法；被采取强制措施后其人身权利及诉讼权利是否受到侵犯；其他需要了解的情况）

以上笔录我看过，和我说的相符。

（签名捺印）

年　月　日

任务三　模拟检察院审查起诉程序

一、模拟检察院审查起诉程序

（一）模拟检察院对公安机关移送案件审查起诉程序

1. 检察院对公安机关移送案件审查起诉流程图

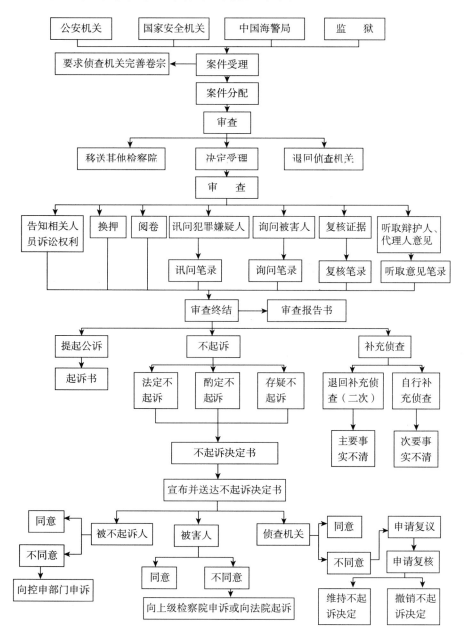

2. 检察院对公安机关移送案件审查起诉程序

人民检察院对于公安机关移送审查起诉的案件，应当在七日内进行审查。审查内容包括：①案件是否属于本院管辖；②起诉意见书以及案卷材料是否齐备，案卷装订、移送是否符合有关规定和要求，诉讼文书、技术性鉴定材料是否单独装订成卷；③作为证据使用的实物是否随案移送及移送的实物与物品清单是否相符；④犯罪嫌疑人是否在案及采取强制措施的情况。

审查后，对具备受理条件的，填写受理审查起诉案件登记表；对移送的起诉意见书及其他材料不符合有关规定和要求或者有遗漏的，应要求公安机关按照要求制作后移送或者在三日内补送；对于犯罪嫌疑人在逃的，应要求公安机关采取措施保证在逃的犯罪嫌疑人到案后移送审查起诉；共同犯罪的部分犯罪嫌疑人在逃的，应要求公安机关采取措施保证在逃的犯罪嫌疑人到案后另案移送审查起诉，对在案的犯罪嫌疑人的审查起诉应当照常进行。

各级人民检察院提起公诉，应当与人民法院审判管辖相适应。负责捕诉的部门收到移送起诉的案件后，经审查认为不属于本院管辖的，应当在发现之日起五日以内经由负责案件管理的部门移送有管辖权的人民检察院。属于上级人民法院管辖的第一审案件，应当报送上级人民检察院，同时通知移送起诉的公安机关；属于同级其他人民法院管辖的第一审案件，应当移送有管辖权的人民检察院或者报送共同的上级人民检察院指定管辖，同时通知移送起诉的公安机关。上级人民检察院受理同级公安机关移送起诉的案件，认为属于下级人民法院管辖的，可以交下级人民检察院审查，由下级人民检察院向同级人民法院提起公诉，同时通知移送起诉的公安机关。一人犯数罪、共同犯罪和其他需要并案审理的案件，只要其中一人或者一罪属于上级人民检察院管辖的，全案由上级人民检察院审查起诉。公安机关移送起诉的案件，需要依照《刑事诉讼法》的规定指定审判管辖的，人民检察院应当在公安机关移送起诉前协商同级人民法院办理指定管辖有关事宜。

人民检察院受理移送审查起诉案件，应当指定检察员或者经检察长批准代行检察员职务的助理检察员办理，也可以由检察长办理。办案人员接到案件后，应当阅卷审查。

人民检察院审查起诉实行"专人审查、集体讨论、检察长决定"的办案制度。即对于审查起诉的案件，首先由承办人认真审查并拿出处理意见，经审查起诉部门集体讨论后，报检察长审批。重大、复杂的案件还应提交检察委员会讨论决定。审查起诉的步骤和方法主要包括：阅卷；讯问犯罪嫌疑人；听取被害人的意见；听取辩护人或者值班律师、诉讼代理人的意见，辩护人或者值班律师、诉讼代理人提出书面意见的，应当附卷；进行必要的核实和调查；补充侦查几种。

人民检察院对于公安机关移送起诉的案件，应当在一个月以内作出决定，重大、复杂的案件，可以延长十五日；犯罪嫌疑人认罪认罚，符合速裁程序适用条件的，应当在十日以内作出决定，对可能判处的有期徒刑超过一年的，可以延长至十五日。人民检察院审查起诉的案件，改变管辖的，从改变后的人民检察院收到案件之日起计算审查起诉期限。

人民检察院对案件进行审查后，应当依法作出起诉或者不起诉以及是否提起附带民事诉讼、附带民事公益诉讼的决定。

3. 检察院对公安机关移送案件审查起诉工作文书

××××　人民检察院

犯罪嫌疑人诉讼权利义务告知书

（审查起诉阶段）

目前案件已经进入审查起诉阶段，根据《中华人民共和国刑事诉讼法》规定，人民检察院应当在一个月内作出决定，重大、复杂的案件，可以延长十五日；符合速裁程序适用条件的，应当在十日内作出决定，对可能判处有期徒刑超过一年的，可以延长至十五日。

对于监察机关移送起诉的已采取留置措施的案件，人民检察院应当对犯罪嫌疑人先行拘留，留置措施自动解除。人民检察院应当在拘留后的十日以内作出是否逮捕、取保候审或者监视居住的决定。在特殊情况下，决定的时间可以延长一日至四日。人民检察院决定采取强制措施的期间不计入审查起诉期限。

你在审查起诉阶段依法享有的诉讼权利和承担的诉讼义务如下：

一、诉讼权利

1. 认罪认罚获得从宽处理的权利

在接受讯问时，你自愿如实供述自己的罪行，承认指控的犯罪事实，愿意接受处罚的，可以依法从宽处理。

2. 约见值班律师的权利

犯罪嫌疑人有权约见值班律师，值班律师为犯罪嫌疑人提供法律咨询、程序选择建议、申请变更强制措施等法律帮助。

3. 辩护及获得法律援助的权利

你在被检察机关第一次讯问后或者采取强制措施之日起，可以聘请律师为你提供法律咨询，代理申诉、控告。你有权为自己辩护，也可以委托辩护人为你辩护。

如果你在押或者被监视居住，也可以由你的监护人、近亲属代为委托辩护人；在此期间你要求委托辩护人的，检察机关应当及时向你的监护人、近亲属或者指定的人员转达你的要求。

如果你因经济困难或者其他原因没有委托辩护人的，你及你的近亲属可以向法律援助机构申请指派律师提供辩护。

4. 使用本民族语言文字进行诉讼及获得翻译的权利

你有权使用本民族语言文字进行诉讼。如果你是聋、哑人或者不通晓当地通用语言文字，检察机关应当为你聘请通晓聋、哑手势或者当地通用语言文字且与本案无利害关系的人员为你提供翻译。

5. 申请回避的权利

你及你的法定代理人或者辩护人认为检察人员具有法定回避事由的，有权要求他们回避。你及你的法定代理人或者辩护人对检察机关驳回申请回避的决定，有权申请复议一次。

6. 核对笔录、讯问知情、亲笔书写供词的权利

讯问笔录应当交给你核对。如果你没有阅读能力，检察人员应当向你宣读。如果记载有遗漏或者差错，你有权要求补充或改正。

如果检察机关对讯问进行同步录音录像，检察人员应当向你告知。

如果你请求自行书写供述的，检察人员应当准许。

7. 知悉用作证据的鉴定意见及申请补充鉴定或者重新鉴定的权利

检察机关应当向你告知用作证据的鉴定意见。

对于用作证据的鉴定意见，你有权申请补充鉴定或者重新鉴定，但除原鉴定违反法定程序外，你应当承担补充鉴定或者重新鉴定的费用。

8. 同意适用速裁 / 简易程序的权利

对于可以适用速裁 / 简易程序审理的案件，检察机关在征得你的同意后，可以建议人民法院适用速裁 / 简易程序进行审理。

9. 申请变更及解除强制措施等权利

你及你的法定代理人、近亲属或者辩护人，有权申请变更强制措施；对于检察机关采取强制措施法定期限届满的，有权要求解除强制措施。

如果你被羁押，有权申请检察机关对羁押必要性进行审查。

10. 证明文件知悉权

如果你被传唤到指定地点或住处接受讯问，你有权要求检察人员出示证明文件。

11. 控告、申诉及获得国家赔偿的权利

对于检察人员侵犯你诉讼权利和人身侮辱的行为，或者办案机关及其工作人员的违法行为，你有权提出控告或者申诉。

对办案人员采用刑讯逼供等非法方法收集证据的行为，你有权提出控告。如果你能够提供涉嫌非法取证的人员、时间、地点、方式和内容等材料或者线索的，检察机关应当受理并审查。

如果你的人身权利、财产权利因检察机关及其工作人员违法行使职权而受到侵犯，你有权要求国家赔偿。

二、诉讼义务

1. 接受相关诉讼行为的义务

你应当遵守刑事诉讼法及有关规定，接受检察机关依法采取的强制措施及其他诉讼行为。

2. 不得干扰作证的义务

你在诉讼中不得隐匿、伪造、毁灭证据或者串供，不得威胁引诱证人作伪证以及进行其他干扰司法机关诉讼活动的行为；违反前述规定的，将被追究法律责任。

3. 接受讯问并在笔录上签名、按要求书写亲笔供词的义务

你对检察人员的讯问，应当如实回答。如果你认为讯问笔录没有错误，应当逐页签名、盖章或者捺指印。

必要的时候，经检察人员要求，你应当亲笔书写供述。

4. 接受检查、搜查的义务

你应当接受为确定你的某些特征或者生理状态而进行的人身检查、提取指纹信息，采集血迹、尿液等生物样本。

如果你拒绝，检察人员认为必要的时候，可以强制检查。如果你是女性，检查你的身体应当由女工作人员或者医师进行。

你应当接受检察人员为收集犯罪证据而进行的搜查。

×××× 人民检察院

认罪认罚从宽制度告知书

一、根据《中华人民共和国刑事诉讼法》第十五条的规定，犯罪嫌疑人、被告人自愿如实供述自己的罪行，承认指控的犯罪事实，愿意接受处罚的，可以依法从宽处理。

二、犯罪嫌疑人、被告人没有委托辩护人，法律援助机构没有指派律师为其提供辩护的，由值班律师为犯罪嫌疑人、被告人提供法律咨询、程序选择建议、申请变更强制措施、对案件处理提出意见等法律帮助，犯罪嫌疑人、被告人有权约见值班律师。

三、适用认罪认罚从宽制度，犯罪嫌疑人、被告人应当签署《认罪认罚从宽制度告知书》及《认罪认罚具结书》。《认罪认罚具结书》应由辩护人或值班律师签字确认。有下列情形之一的，不需要签署《认罪认罚具结书》：

（一）犯罪嫌疑人是盲、聋、哑人，或者是尚未完全丧失辨认或者控制自己行为能力的精神病人的；

（二）未成年犯罪嫌疑人的法定代理人、辩护人对未成年人认罪认罚有异议的；

（三）其他不需要签署认罪认罚具结书的情形。

四、《认罪认罚具结书》应载明：犯罪嫌疑人基本信息，认罪认罚情况，被指控的犯罪事实，罪名及适用的法律规定，检察机关对犯罪嫌疑人拟提出的从轻、减轻或者免除处罚等从宽处罚的建议；认罪认罚后案件审理适用的程序及其他需要听取意见的情形。

五、检察机关根据犯罪嫌疑人、被告人的犯罪事实、犯罪情节、认罪情形，就主刑、附加刑、是否适用缓刑等拟出量刑建议。犯罪嫌疑人、被告人或其辩护人/值班律师可以向检察机关提出从轻、减轻处罚等意见，检察机关根据案件情况，可以进行调整。

六、对于认罪认罚案件，除《中华人民共和国刑事诉讼法》第二百零一条规定的除外情形外，人民法院依法作出判决时，一般应当采纳人民检察院指控的罪名和量刑建议。

七、《认罪认罚具结书》签署后，犯罪嫌疑人、被告人提出异议或变更的，人民检察院将重新提出量刑建议。

八、经协商，犯罪嫌疑人、被告人如不同意检察机关的量刑建议，有权不签署《认罪认罚具结书》，不适用本制度。

本人已阅读并完全理解上述《认罪认罚从宽制度告知书》，并由本人签署后附卷留存。

签名：

年　月　日

本文书一式二份，一份留存附卷，一份交犯罪嫌疑人、被告人。

认罪认罚具结书

（自然人）

一、犯罪嫌疑人身份信息

本人姓名 _____，性别 _____，_____年____月_____日出生，公民身份号码：_____，民族_____，文化程度_____，职业_____，户籍所在地：_____。

二、权利知悉

本人已阅读《认罪认罚从宽制度告知书》，且理解并接受其全部内容，本人自愿适用认罪认罚从宽制度。

三、认罪认罚内容

本人知悉并认可如下内容：

1._____人民检察院指控本人犯罪事实：_____

_____

2._____人民检察院指控本人构成 _____罪。

3._____人民检察院提出的量刑建议：

（如在审理阶段具有赔偿被害人、取得谅解等情节的，将调整量刑建议或者给出具体预期刑期；如相对不起诉，可写鉴于×××情况，我院对你拟决定不起诉）

4.本人同意适用速裁程序／简易程序／普通程序。

四、自愿签署声明

本人就本具结书内容已经听取辩护人／值班律师的法律意见，知悉认罪认罚可能导致的法律后果。

本人已阅读、理解并认可本《认罪认罚具结书》的每一项内容，上述内容真实、准确、完整。

本人签名：　　　　　　　　　　　　　年　月　日

本《认罪认罚具结书》是本人在知情和自愿的情况下签署，未受任何暴力、威胁或任何其他形式的非法影响，亦未受任何可能损害本人理解力和判断力的毒品、药物或酒精物质的影响，除了本《认罪认罚具结书》载明的内容，本人没有获得其他任何关于案件处理的承诺。

本人系_____（单位）的律师，担任犯罪嫌疑人/被告人_____的辩护人/值班律师。本人证明，该犯罪嫌疑人/被告人已经阅读了《认罪认罚从宽制度告知书》及《认罪认罚具结书》，自愿签署了上述《认罪认罚具结书》。

辩护人/值班律师签名：_____

年　月　日

本文书一式二份，一份留存附卷，一份送人民法院。

认罪认罚具结书

（单位）

一、犯罪嫌疑人身份信息

被告单位×××（写明单位名称、组织机构代码、住所地、法定代表人姓名、职务等）

诉讼代表人×××（写明姓名、性别、出生日期、工作单位、职务）

二、权利知悉

本人已阅读《认罪认罚从宽制度告知书》，且理解并接受其全部内容，本人代表单位自愿适用认罪认罚从宽制度。

三、认罪认罚内容

本人知悉并认可如下内容：

1._____人民检察院指控本单位犯罪事实：_____
_____

2._____人民检察院指控本单位构成_____罪。

3._____人民检察院提出的量刑建议：_____

（如相对不起诉，可写鉴于×××，我院拟对×××单位决定不起诉）

4. 本人代表单位同意适用<u>速裁程序/简易程序/普通程序</u>。

四、自愿签署声明

本人就本具结书内容已经听取辩护人/值班律师的法律意见，知悉认罪认罚可能导致的法律后果。

本《认罪认罚具结书》是本人在知情和自愿的情况下签署，未受任何暴力、威胁或任何其他形式的非法影响，亦未受任何可能损害本人理解力和判断力的毒品、药物或酒精物质的影响，除了本《认罪认罚具结书》载明的内容，本人没有获得其他任何关于案件处理的承诺。

本人已阅读、理解并认可本《认罪认罚具结书》的每一项内容，上述内容真实、准确、完整。

诉讼代表人签名： 年 月 日

本人系_____（单位）的律师，担任犯罪嫌疑单位/被告单位_____的辩护人/值班律师。本人证明，该诉讼代表人已经阅读了《认罪认罚从宽制度告知书》及《认罪认罚具结书》，自愿签署了上述《认罪认罚具结书》。

辩护人/值班律师签名：_____

年 月 日

本文书一式二份，一份留存附卷，一份送人民法院。

×××× 人民检察院

被害人诉讼权利义务告知书

（审查起诉阶段）

根据《中华人民共和国刑事诉讼法》的规定，你作为本案的被害人，在审查起诉阶段依法享有的诉讼权利和承担的诉讼义务如下：

一、诉讼权利

1. 要求提供作证条件和保密的权利

检察机关应当保证你有客观充分地提供证据的条件，并为你保守秘密。如果你的作证内容涉及国家秘密、商业秘密、个人隐私，你有权要求保密。

2. 委托诉讼代理人和发表诉讼意见的权利

你及你的法定代理人或者近亲属有权委托一至二名律师、人民团体或你所在单位推荐的人作为诉讼代理人，你的监护人、亲友也可以作为你的诉讼代理人。

检察机关审查案件应当听取你及你的诉讼代理人的意见。你及你的诉讼代理人有权向检察机关提出书面意见。

犯罪嫌疑人认罪认罚的，检察机关应当对下列事项听取你及你的诉讼代理人的意见：（1）涉嫌的犯罪事实、罪名及适用的法律规定；（2）从轻、减轻或者免除处罚等从宽处罚的建议；（3）认罪认罚后案件审理适用的程序；（4）其他需要听取意见的事项。

3. 使用本民族语言文字进行诉讼及获得翻译的权利

你有权使用本民族语言文字进行诉讼。

如果你是聋、哑人或者不通晓当地通用语言文字，检察机关应当为你聘请通晓聋、哑手势或者当地通用语言文字且与本案无利害关系的人员为你提供翻译。

4. 申请回避的权利

你及你的法定代理人或者诉讼代理人认为检察人员具有法定回避事由的，有权要求他们回避。

你及你的法定代理人或者诉讼代理人对检察机关驳回申请回避的决定，有权申请复议一次。

5. 知悉用作证据的鉴定意见及申请补充鉴定或者重新鉴定的权利

检察机关应当向你或者你的法定代理人、近亲属或诉讼代理人告知用作证据的鉴定意见。对于用作证据的鉴定意见，你或者你的法定代理人、近亲属、诉讼代理人有权申请补充鉴定或者重新鉴定，但除原鉴定违反法定程序外，你应当承担补充鉴定或者重新鉴定的费用。

6. 控告权

如果办案人员有侵犯你诉讼权利和人身侮辱的行为，或者采用羁押、暴力、威胁、引诱、欺骗等非法方法收集证据的行为，你有权提出控告。

7. 获得保护的权利

如果你因在诉讼中作证，你或者近亲属的人身安全面临危险，你有权请求检察机关予以保护。

如果你因在危害国家安全犯罪、恐怖活动犯罪、黑社会性质组织犯罪、毒品犯罪等案件中作证，你或者近亲属的人身安全面临危险，检察机关应当依法为你采取保护措施。

8.知悉证明文件、核对笔录和亲笔书写陈述的权利

你有权要求对你进行询问的检察人员向你出示证明文件。

询问笔录应当交你核对。如果你没有阅读能力，检察人员应当向你宣读。如果记载有遗漏或者差错，你有权要求补充或改正。

你有权请求自行书写陈述，检察人员应当准许。

9.提起附带民事诉讼的权利

如果你由于犯罪嫌疑人的犯罪行为而遭受物质损失，符合法定条件的，有权向人民法院提起附带民事诉讼。提起附带民事诉讼应交民事诉状正本一份、副本二份。

如果你向人民法院提起附带民事诉讼，在必要的时候，你有权申请人民法院采取保全措施。

10.未成年被害人的特殊权利

你若未满十八周岁，询问时将通知你的法定代理人到场，法定代理人可以代为行使你的诉讼权利。无法通知，法定代理人不能到场或是共犯的，可以要求通知你的其他成年亲属，所在学校、单位或者居住地的村民委员会、居民委员会、未成年人保护组织的代表到场。

你若是未满十八周岁的女性，询问时应当有女工作人员在场。

二、诉讼义务

1.作证的义务

凡是知道案件情况的人，都有作证的义务。

2.如实提供证据、陈述的义务

你应当如实地提供证据、陈述，诬告陷害、有意作虚假陈述或者隐匿罪证，将承担相应的法律责任。

3.在询问笔录上签字和按要求书写陈述的义务

经核对无误后，你应当在询问笔录上逐页签名、盖章或者捺指印。

必要的时候，经检察人员要求，你应当亲笔书写陈述。

4.接受检查的义务

你应当接受为确定你的某些特征或者生理状态而进行的人身检查、提取指纹信息，采集血迹、尿液等生物样本。

如果你是女性，检查你的身体应当由女工作人员或者医师进行。

××××人民检察院
补充侦查决定书
（副本）

××检××补侦〔20××〕×号

你＿＿＿于＿＿＿年＿＿＿月＿＿＿日以＿＿＿＿＿号文书移送起诉的＿＿＿＿＿＿＿＿一案，经本院审查认为：＿＿＿＿＿＿＿＿＿＿＿＿＿＿＿。根据《中华人民共和国刑事诉讼法》第一百七十五条第二款的规定，现决定将此案退回你＿＿＿补充侦查。请在收到本决定书后一个月内将补充侦查材料移送本院。

此致

＿＿＿＿＿＿＿

20××年×月×日
（院印）

附件：补充侦查提纲

附件：

关于××一案的退回补充侦查提纲

_____（侦查机关名称）：

你_____（侦查机关简称）以_____号起诉意见书移送起诉的犯罪嫌疑人_____涉嫌_____一案，为有效地指控犯罪，根据《中华人民共和国刑事诉讼法》第_____条第___款的规定，决定将案件退回你_____（侦查机关简称）补充侦查。

一、补充侦查的方向

本院审查认为……

二、补充侦查的主要事项和工作

根据上述情况，请你_____（侦查机关简称）查明以下事项，并重点做好相关工作：

1. 为查明……，调取（核查、询问、讯问、梳理）……

2. 为查明……，调取（核查、询问、讯问、梳理）……

3. 为核实……，调取（核查、询问、讯问、梳理）……

4. 为核实……，调取（核查、询问、讯问、梳理）……

……

三、相关工作要求

补充侦查过程中，注意以下问题：

1.……

2.……

联系人：

联系电话：

备注：本提纲供开展补充侦查工作参考，不得装入侦查案卷。

20××年×月×日

（院印）

×××× 人民检察院

提供证据材料通知书

×× 检 ×× 诉提证〔20××〕× 号

_____（侦查机关名称）：

你_____（侦查机关简称）以_____号起诉意见书移送起诉（或者侦查）的犯罪嫌疑人_____涉嫌_____一案，为有效地指控犯罪，根据《中华人民共和国刑事诉讼法》第一百七十五条第一款的规定，请提供下列证据材料：

……（列出证据材料要求）

20×× 年 × 月 × 日

（院印）

主管领导意见	
	签名　　　　　年　　月　　日
科处领导意见	
	签名　　　　　年　　月　　日

关于（犯罪嫌疑人姓名）涉嫌（罪名）一案的审查起诉报告

一、犯罪嫌疑人基本情况

二、案件由来

三、侦查机关指控的犯罪事实及证据

四、经审查查明的犯罪事实及证据

五、审查意见

妥否，请批示

检察员：

年　　月　　日

起诉书格式（样本）一：自然人犯罪案件普通程序适用

××××人民检察院

起诉书

××检××刑诉〔20××〕×号

被告人……（写明姓名、性别、出生年月日、公民身份号码、民族、文化程度、职业或者工作单位及职务、是否系人大代表或政协委员、户籍地、住址、曾受到刑事处罚以及与本案定罪量刑相关的行政处罚的情况和因本案采取强制措施的情况等）

本案由（监察/侦查机关）调查/侦查终结，以被告人×××涉嫌×××罪，于（受理日期）向本院移送起诉。本院受理后，于××××年××月××日已告知被告人有权委托辩护人，××××年××月××日已告知被害人及其法定代理人（近亲属）、附带民事诉讼的当事人及其法定代理人有权委托诉讼代理人，依法讯问了被告人，听取了辩护人、被害人及其诉讼代理人的意见，审查了全部案件材料。本院于（一次退查日期、二次退查日期）退回侦查机关补充侦查，侦查机关于（一次重报日期、二次重报日期）补充侦查完毕移送起诉。本院于（一次延长日期、二次延长日期、三次延长日期）延长审查起诉期限15日。

经依法审查查明：……（写明经检察机关审查认定的犯罪事实，包括犯罪时间、地点、经过、手段、目的、动机、危害后果等与定罪、量刑有关的事实要素。应当根据具体案件情况，围绕刑法规定的该罪的构成要件叙写）

认定上述事实的证据如下：

1.物证：……；2.书证：……；3.证人证言：证人×××的证言；4.被害人陈述：被害人×××的陈述；5.被告人供述和辩解：被告人×××的供述和辩解；6.鉴定意见：……；7.勘验、检查、辨认、侦查实验等笔录：……；8.视听资料、电子数据：……。

本院认为，被告人……（概述被告人行为的性质、危害程度、情节轻重），其行为触犯了《中华人民共和国刑法》第×××条（引用罪状、法定刑条款），犯罪事实清楚，证据确实、充分，应当以×××罪追究其刑事责任。根据《中华人民共和国刑事诉讼法》第一百七十六条的规定，提起公诉，请依法判处。

此致

×××人民法院

检　察　官：

检察官助理：

20××年×月×日

（院印）

附件：1. 被告人现在处所（具体包括在押被告人的羁押场所或监视居住、取保候审的处所）

2. 案卷材料和证据 ×× 册

3. 证人、鉴定人、需要出庭的有专门知识的人的名单，需要保护的被害人、证人、鉴定人的名单

4. 有关涉案款物情况

5. 被害人（单位）附带民事诉讼情况

6. 其他需要附注的事项

起诉书格式（样本）二：自然人犯罪案件认罪认罚适用

×××× 人民检察院

起诉书

×× 检 ×× 刑诉〔20××〕× 号

被告人……（写明姓名、性别、出生年月日、公民身份号码、民族、文化程度、职业或者工作单位及职务、户籍地、住址、曾受到刑事处罚以及与本案定罪量刑相关的行政处罚的情况和因本案采取强制措施的情况等）

本案由 ×××（监察/侦查机关）调查/侦查终结，以被告人 ××× 涉嫌 ××× 罪，于 ×××× 年 ×× 月 ×× 日向本院移送起诉。本院受理后，于 ×××× 年 ×× 月 ×× 日已告知被告人有权委托辩护人和认罪认罚可能导致的法律后果，×××× 年 ×× 月 ×× 日已告知被害人及其法定代理人（近亲属）、附带民事诉讼的当事人及其法定代理人有权委托诉讼代理人，依法讯问了被告人，听取了被告人及其辩护人（值班律师）、被害人及其诉讼代理人的意见，审查了全部案件材料……（写明退回补充调查/侦查、延长审查起诉期限等情况）。被告人同意本案适用速裁/简易/普通程序审理。

经依法审查查明：

……（写明经检察机关审查认定的犯罪事实，包括犯罪时间、地点、经过、手段、目的、动机、危害后果，以及被告人到案后自愿如实供述自己的罪行，与被害人达成和解协议或者赔偿被害人损失，取得被害人谅解等与定罪、量刑有关的事实要素。应当根据具体案件情况，围绕刑法规定的该罪的构成要件叙写）

（对于只有一个犯罪嫌疑人的案件，犯罪嫌疑人实施多次犯罪的，犯罪事实应逐一列举；同时触犯数个罪名的犯罪嫌疑人的犯罪事实应该按照主次顺序分类列举。对于共同犯罪的案件，写明犯罪嫌疑人的共同犯罪事实及各自在共同犯罪中的

地位和作用后，按照犯罪嫌疑人的主次顺序，分别叙明各个犯罪嫌疑人的单独犯罪事实）

认定上述事实的证据如下：

……（针对上述犯罪事实，列举证据，包括犯罪事实证据和量刑情节证据）

上述证据收集程序合法，内容客观真实，足以认定指控事实。被告人×××对指控的犯罪事实和证据没有异议，并自愿认罪认罚。

本院认为，……（概述被告人行为的性质、危害程度、情节轻重），其行为触犯了《中华人民共和国刑法》第×××条（引用罪状、法定刑条款），犯罪事实清楚，证据确实、充分，应当以×××罪追究其刑事责任。被告人×××认罪认罚，依据《中华人民共和国刑事诉讼法》第十五条的规定，可以从宽处理。……（阐述认定的法定、酌定量刑情节，并引用相关法律条款），建议判处被告人×××……（阐述具体量刑建议，包括主刑、附加刑的刑种、刑期，以及刑罚执行方式；建议判处财产刑的，写明确定的数额。也可以单独附量刑建议书，量刑建议不在起诉书中表述）。根据《中华人民共和国刑事诉讼法》第一百七十六条的规定，提起公诉，请依法判处。

此致

×××人民法院

检　察　官：

检察官助理：

20××年×月×日

（院印）

附件：1.被告人现在处所：具体包括在押被告人的羁押场所或监视居住、取保候审的处所

2.案卷材料和证据××册

3.《认罪认罚具结书》一份

4.《量刑建议书》一份（单独制作《量刑建议书》时移送）

5.有关涉案款物情况

6.被害人（单位）附带民事诉讼情况

7.其他需要附注的事项

起诉书格式（样本）三：单位犯罪案件普通程序适用

××××人民检察院

起 诉 书

××检××刑诉〔20××〕×号

被告单位……（写明单位名称、组织机构代码、住所地、法定代表人姓名、职务等）

诉讼代表人……（写明姓名、性别、出生日期、工作单位、职务）

被告人……（写明直接负责的主管人员、其他直接责任人员的姓名、性别、出生年月日、公民身份号码、民族、文化程度、职业或者工作单位及职务、户籍地、住址、曾受到刑事处罚以及与本案定罪量刑相关的行政处罚的情况和因本案采取强制措施的情况等）

本案由××××调查/侦查终结，以被告单位×××涉嫌×××罪、被告人×××涉嫌×××罪，于××××年××月××日向本院移送起诉。本院受理后，于××××年××月××日已告知被告单位和被告人有权委托辩护人，××××年××月××日已告知被害人及其法定代理人（近亲属）（被害单位及其诉讼代表人）、附带民事诉讼的当事人及其法定代理人有权委托诉讼代理人，依法讯问了被告人，听取了被告单位的辩护人、被告人的辩护人、被害人及其诉讼代理人的意见，审查了全部案件材料。……（写明退回补充侦查、延长审查起诉期限等情况）。

经依法审查查明：……（写明经检察机关审查认定的犯罪事实，包括犯罪时间、地点、经过、手段、目的、动机、危害后果等与定罪、量刑有关的事实要素。应当根据具体案件情况，围绕刑法规定的该罪的构成要件叙写）。

认定上述事实的证据如下：

1. 物证：……；2. 书证：……；3. 证人证言：证人×××、×××的证言；4. 被害人陈述：被害人×××的陈述；5. 被告人供述和辩解：被告人×××（被告人姓名，如有多个被告人，则分别提取各被告人的姓名）的供述与辩解；6. 鉴定意见：……；7. 勘验、检查、辨认、侦查实验等笔录：现场勘验笔录，×××的辨认笔录等；8. 视听资料、电子数据：……。

本院认为，……（分别概述被告单位、被告人行为的性质、危害程度、情节轻重），其行为触犯了《中华人民共和国刑法》第××条，犯罪事实清楚，证据确实、充分，应当以×××罪追究其刑事责任。根据《中华人民共和国刑事诉讼法》第一百七十六条的规定，提起公诉，请依法判处。

此致

×××人民法院

检　察　官：

检察官助理：

20××年×月×日

（院印）

附件：1.被告人现在处所（具体包括在押被告人的羁押场所或监视居住、取保
候审的处所）

2.案卷材料和证据

3.证人、鉴定人、需要出庭的有专门知识的人的名单，需要保护的被害
人、证人、鉴定人的名单

4.有关涉案款物情况

5.被害人（单位）附带民事诉讼情况

6.其他需要附注的事项

起诉书格式（样本）四：单位犯罪案件认罪认罚适用

××××人民检察院

起诉书

××检××刑诉〔20××〕×号

被告单位……（写明单位名称、组织机构代码、住所地、法定代表人姓名、职
务等）

诉讼代表人……（写明姓名、性别、出生日期、工作单位、职务）

被告人……（写明直接负责的主管人员、其他直接责任人员的姓名、性别、出
生年月日、公民身份号码、民族、文化程度、职业或者工作单位及职务、户籍地、
住址、曾受到刑事处罚以及与本案定罪量刑相关的行政处罚的情况和因本案采取强
制措施的情况等）

本案由×××（监察/侦查机关）调查/侦查终结，以被告单位×××涉嫌
×××罪，被告人×××涉嫌×××罪，于××××年××月××日向本院
移送起诉。本院受理后，于××××年××月××日已告知被告单位、被告人
有权委托辩护人和认罪认罚可能导致的法律后果，××××年××月××日已
告知被害人及其法定代理人（近亲属）（被害单位及其诉讼代表人）、附带民事诉

讼的当事人及其法定代理人有权委托诉讼代理人，依法讯问了被告人，听取了被告单位的辩护人（值班律师）、被告人的辩护人（值班律师）、被害人及其诉讼代理人的意见，审查了全部案件材料。……（写明退回补充调查／侦查、延长审查起诉期限等情况）。被告单位、被告人同意本案适用速裁／简易／普通程序审理。

经依法审查查明：……（写明经检察机关审查认定的犯罪事实，包括犯罪时间、地点、经过、手段、目的、动机、危害后果，以及被告人到案后自愿如实供述自己的罪行，与被害人达成和解协议或者赔偿被害人损失，取得被害人谅解等与定罪、量刑有关的事实要素。应当根据具体案件情况，围绕刑法规定的该罪的构成要件叙写）。

认定上述事实的证据如下：

……（针对上述犯罪事实，分别列举证据，包括犯罪事实证据和量刑情节证据）。

上述证据收集程序合法，内容客观真实，足以认定指控事实。被告人×××对指控的犯罪事实和证据没有异议，并自愿认罪认罚。

本院认为，……（分别概述被告单位、被告人行为的性质、危害程度、情节轻重），其行为触犯了《中华人民共和国刑法》第××条（引用罪状、法定刑条款），犯罪事实清楚，证据确实、充分，应当以×××罪追究其刑事责任。被告单位×××、被告人×××认罪认罚，依据《中华人民共和国刑事诉讼法》第十五条的规定，可以从宽处理。……（阐述认定的法定、酌定量刑情节，并引用相关法律条款），建议判处被告单位、被告人……（阐述具体量刑建议）。根据《中华人民共和国刑事诉讼法》第一百七十六条的规定，提起公诉，请依法判处。

此致
×××人民法院

检 察 官：

检察官助理：

20××年×月×日

（院印）

附件：1. 被告人现在处所（具体包括在押被告人的羁押场所或监视居住、取保候审的处所）

2. 案卷材料和证据××册××页

3. 有关涉案款物情况

4. 被害人（单位）附带民事诉讼情况

5. 《认罪认罚具结书》一份

6. 其他需要附注的事项

起诉书格式（样本）五：附带民事诉讼案件适用

××××人民检察院

刑事附带民事起诉书

×× 检 ×× 刑附民诉〔20××〕× 号

被告人……（写明姓名、性别、出生日期、民族、文化程度、职业、工作单位及职务、户籍地、住址、是否刑事案件被告人等）

（对于被告单位，写明单位名称、住所地、是否刑事案件被告单位、法定代表人姓名、职务等）

被害单位……（写明单位名称、所有制性质、住所地、法定代表人姓名、职务等）

诉讼请求：

……（写明具体的诉讼请求）

事实证据和理由：

……（写明检察机关审查认定的导致国家、集体财产损失的犯罪事实及有关证据）

本院认为，……（概述被告人应承担民事责任的理由），根据……（引用被告人应承担民事责任的法律条款）的规定，应承担赔偿责任。因被告人 ××× 的上述行为构成 ××× 罪，依法应当追究刑事责任，本院已于 × 年 × 月 × 日以 ×× 号起诉书向你院提起公诉。现根据《中华人民共和国刑事诉讼法》第一百零一条第二款的规定，提起附带民事诉讼，请依法裁判。

此致

××× 人民法院

检　察　官：

检察官助理：

20×× 年 × 月 × 日

（院印）

附件：1. 刑事附带民事起诉书副本一式 × 份

2. 其他需要附注的事项

××××人民检察院

证人（鉴定人）名单

××检×××诉证（鉴）人〔20××〕×号

案　由 _____

序号	姓名	性别	出生日期	民族	职业	通信地址或者工作单位地址、联系方式

20××年×月×日

（院印）

××××人民检察院

申请证人（鉴定人、有专门知识的人）

出庭名单

××检×××诉出庭〔20××〕×号

案　由

序号	姓名	性别	出生日期	民族	职业	出庭身份	通信地址或者工作单位地址、联系方式

20××年×月×日

（院印）

（二）模拟人民检察院自侦案件审查起诉程序

1. 检察院对自侦案件审查起诉流程图

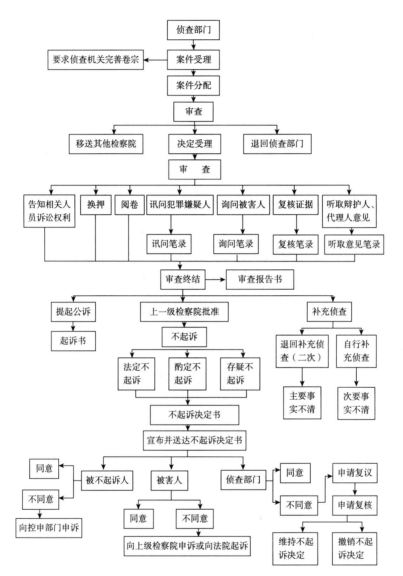

2. 检察院对自侦案件审查起诉程序

人民检察院负责捕诉的部门受理本院侦查部门移送审查起诉的案件，应按照对公安机关移送案件审查起诉程序办理。

人民检察院自行侦查终结的案件，经审查后，应当分情况作出提起公诉、不起诉、撤销案件的决定。不起诉包括法定不起诉、酌定不起诉两种；撤销案件适用于经审查认为不构成犯罪或证据不足的案件。

人民检察院直接受理侦查的案件，拟作不起诉决定的，应当报请上一级人民检察院批准。

3. 检察院对自侦案件审查起诉专用文书

×××× 人民检察院
补充侦查决定书
（副本）

×× 检 ×× 补侦〔20××〕× 号

你部门于＿＿＿年＿＿＿月＿＿＿日以＿＿＿号文书移送起诉的＿＿＿＿＿一案，经审查认为：＿＿＿＿＿＿＿＿＿＿＿＿＿。根据《人民检察院刑事诉讼规则》第三百四十六条的规定，现决定将此案退回你部门补充侦查。请在收到本决定书后一个月内将补充侦查材料移送本部门。

此致

＿＿＿＿＿＿

20×× 年 × 月 × 日
（部门印）

附件：补充侦查提纲

第二联附卷

附件：

关于××一案的退回补充侦查提纲

_____（负责侦查的部门名称）：

你部门以_____号起诉意见书移送起诉的犯罪嫌疑人_____涉嫌_____一案，为有效地指控犯罪，根据《人民检察院刑事诉讼规则》第三百四十六的规定，决定将案件退回你部门补充侦查。

一、补充侦查的方向

本部审查认为………

二、补充侦查的主要事项和工作

根据上述情况，请你部门查明以下事项，并重点做好相关工作：

1. 为查明……，调取（核查、询问、讯问、梳理）……

2. 为查明……，调取（核查、询问、讯问、梳理）……

3. 为核实……，调取（核查、询问、讯问、梳理）……

4. 为核实……，调取（核查、询问、讯问、梳理）……

……

三、相关工作要求

补充侦查过程中，注意以下问题：

1.……

2.……

联系人：

联系电话：

备注：本提纲供开展补充侦查工作参考，不得装入侦查案卷。

20××年×月×日

（部门印）

（三）模拟监察委员会移送案件审查起诉程序

1. 检察院对监察委员会移送案件审查起诉流程图

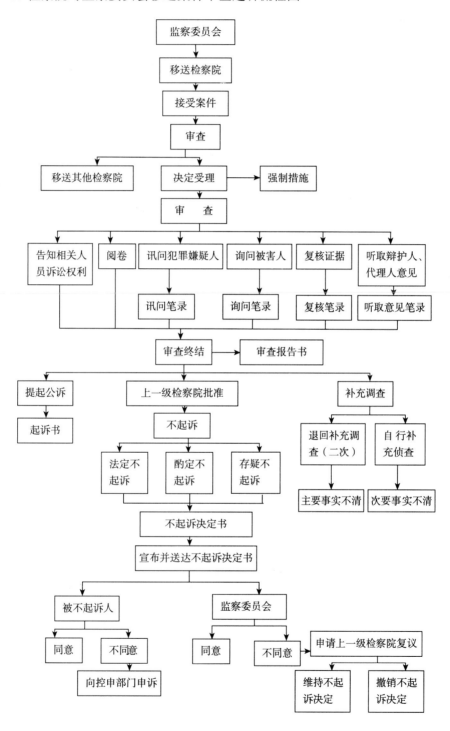

2. 检察院对监察委员会移送案件审查起诉程序

人民检察院对于监察机关移送起诉的案件，依照《刑事诉讼法》和《中华人民共和国监察法》（以下简称《监察法》）的有关规定进行审查。

对于监察机关移送起诉的已采取留置措施的案件，人民检察院应当对犯罪嫌疑人先行拘留，留置措施自动解除。人民检察院应当在拘留后的十日以内作出是否逮捕、取保候审或者监视居住的决定。在特殊情况下，决定的时间可以延长一日至四日。人民检察院决定采取强制措施的期间不计入审查起诉期限。

人民检察院对于监察机关移送起诉的案件，认为需要补充调查的，应当退回监察机关补充调查。必要时，可以自行补充侦查。需要退回补充调查的案件，人民检察院应当出具补充调查决定书、补充调查提纲，写明补充调查的事项、理由、调查方向、需补充收集的证据及其证明作用等，连同案卷材料一并送交监察机关。人民检察院决定退回补充调查的案件，犯罪嫌疑人已被采取强制措施的，应当将退回补充调查情况书面通知强制措施执行机关。监察机关需要讯问的，人民检察院应当予以配合。

对于监察机关移送起诉的案件，具有下列情形之一的，人民检察院可以自行补充侦查：

①证人证言、犯罪嫌疑人供述和辩解、被害人陈述的内容主要情节一致，个别情节不一致的；

②物证、书证等证据材料需要补充鉴定的；

③其他由人民检察院查证更为便利、更有效率、更有利于查清案件事实的情形。

自行补充侦查完毕后，应当将相关证据材料入卷，同时抄送监察机关。人民检察院自行补充侦查的，可以商请监察机关提供协助。

涉监察委员会管辖问题的处理：人民检察院立案侦查时认为属于直接受理侦查的案件，在审查起诉阶段发现属于监察机关管辖的，应当及时商监察机关办理。属于公安机关管辖，案件事实清楚，证据确实、充分，符合起诉条件的，可以直接起诉；事实不清、证据不足的，应当及时移送有管辖权的机关办理。

在审查起诉阶段，发现公安机关移送起诉的案件属于监察机关管辖，或者监察机关移送起诉的案件属于公安机关管辖，但案件事实清楚，证据确实、充分，符合起诉条件的，经征求监察机关、公安机关意见后，没有不同意见的，可以直接起诉；提出不同意见，或者事实不清、证据不足的，应当将案件退回移送案件的机关并说明理由，建议其移送有管辖权的机关办理。

人民检察院对监察委员会移送起诉的案件进行审查后，分情况作出提起公诉或者不起诉的决定。监察机关移送起诉的案件，拟作不起诉决定的，应当报请上一级人民检察院批准。

对于监察机关移送起诉的案件，人民检察院决定不起诉的，应当将不起诉决定书送达监察机关。监察机关认为不起诉的决定有错误，向上一级人民检察院提请复议的，上一级人民检察院应当在收到提请复议意见书后三十日以内，经检察长批准，作出复议决定，通知监察机关。

3. 检察院对监察委员会移送案件审查起诉专用文书

××××人民检察院
拘留决定书
（副本）

×× 检 ×× 拘〔20××〕× 号

犯罪嫌疑人_____，性别_____，生于_____年_____月_____日，现留置于_____，因涉嫌_____，根据《中华人民共和国刑事诉讼法》第一百七十条第二款的规定，本院决定对其刑事拘留，请即执行。

此致

（公安机关）

20×× 年 × 月 × 日

（院印）

第二联附卷

××××人民检察院
逮捕决定书
（副本）

××检××捕〔20××〕×号

　　犯罪嫌疑人＿＿＿＿涉嫌＿＿＿＿＿＿犯罪，根据《中华人民共和国刑事诉讼法》第八十一条、第一百七十条的规定，决定予以逮捕，请依法立即执行，并将执行情况在三日以内通知本院。

　　此致

　　（公安机关）

20××年×月×日
（院印）

第二联附卷

××××人民检察院

补充调查决定书

（副本）

××检××补调〔20××〕×号

_____监察委员会：

你委于_____年_____月_____日以_____号文书移送起诉的_____一案，经本院审查认为：_____。根据《中华人民共和国刑事诉讼法》第一百七十条第一款、《中华人民共和国监察法》第四十七条第三款之规定，现决定将此案退回你委补充调查。请在收到本决定书后一个月内将补充调查材料移送本院。

20××年×月×日

（院印）

附件：补充调查提纲

附件：

关于××一案的退回补充调查提纲

_____（监察机关名称）：

你_____（监察机关简称）以_____号起诉意见书移送起诉的犯罪嫌疑人_____涉嫌_____一案，为有效地指控犯罪，根据《中华人民共和国刑事诉讼法》第_____条第____款的规定，决定将案件退回你_____（监察机关简称）补充调查。

一、补充调查的方向

本院审查认为………

二、补充调查的主要事项和工作

根据上述情况，请你_____（监察机关简称）查明以下事项，并重点做好相关工作：

1. 为查明……，调取（核查、询问、讯问、梳理）……

2. 为查明……，调取（核查、询问、讯问、梳理）……

3. 为核实……，调取（核查、询问、讯问、梳理）……

4. 为核实……，调取（核查、询问、讯问、梳理）……

……

三、相关工作要求

补充调查过程中，注意以下问题：

1.……

2.……

联系人：

联系电话：

备注：本提纲供开展补充调查工作参考，不得装入调查案卷。

20××年×月×日

（院印）

××××人民检察院

提供证据材料通知书

××检××诉提证〔20××〕×号

＿＿＿＿＿＿＿＿（监察机关名称）：

你＿＿＿＿＿＿＿＿（监察机关简称）以＿＿＿＿＿号起诉意见书移送起诉（或者侦查）的犯罪嫌疑人＿＿＿＿涉嫌＿＿＿＿＿＿＿＿＿＿一案，为有效地指控犯罪，根据《中华人民共和国刑事诉讼法》第一百七十五条第一款的规定，请提供下列证据材料：

……（列出证据材料要求）

20××年×月×日

（院印）

二、模拟审查起诉阶段的律师辩护

（一）辩护律师在审查起诉阶段辩护工作程序流程图

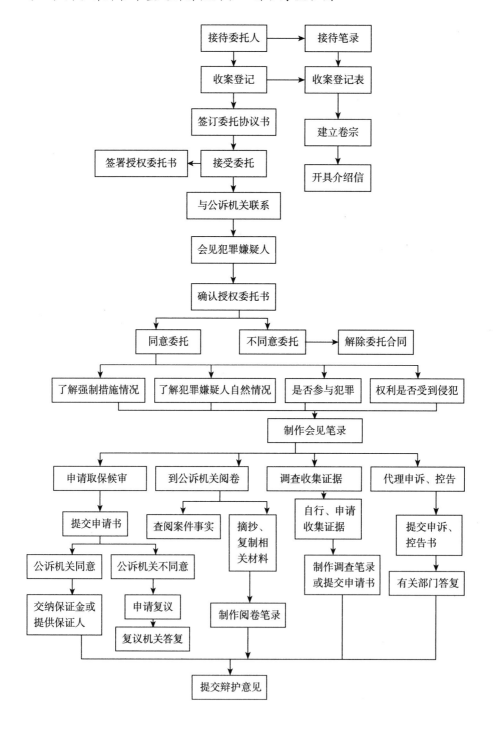

（二）辩护律师在审查起诉阶段辩护工作

审查起诉阶段，辩护人既可以是律师，也可以是符合法律规定的其他人。在此阶段，辩护人的主要诉讼权利具体包括：

（1）会见和通信权。辩护律师可以同在押的犯罪嫌疑人会见和通信。其他辩护人经人民检察院许可，也可以同在押的犯罪嫌疑人会见和通信。

辩护律师会见在押的犯罪嫌疑人，可以向犯罪嫌疑人核实有关证据。辩护律师会见犯罪嫌疑人时不被监听。

根据《人民检察院刑事诉讼规则》第四十八条的规定，自人民检察院对案件审查起诉之日起，律师以外的辩护人向人民检察院申请查阅、摘抄、复制本案的案卷材料或者申请同在押、被监视居住的犯罪嫌疑人会见和通信的，由人民检察院负责捕诉的部门进行审查并作出是否许可的决定，在三日以内书面通知申请人。人民检察院许可律师以外的辩护人同在押或者被监视居住的犯罪嫌疑人通信的，可以要求看守所或者公安机关将书信送交人民检察院进行检查。对于律师以外的辩护人申请同在押、被监视居住的犯罪嫌疑人会见和通信，具有下列情形之一的，人民检察院可以不予许可：①同案犯罪嫌疑人在逃的；②案件事实不清，证据不足，或者遗漏罪行、遗漏同案犯罪嫌疑人需要补充侦查的；③涉及国家秘密或者商业秘密的；④有事实表明存在串供、毁灭、伪造证据或者危害证人人身安全可能的。

辩护律师同被监视居住的犯罪嫌疑人会见、通信，适用前述规定。

（2）阅卷权。辩护律师自人民检察院对案件审查起诉之日起，可以查阅、摘抄、复制本案的案卷材料。其他辩护人经人民检察院许可，也可以查阅、摘抄、复制上述材料。复制案卷材料可以采用复印、拍照、扫描等方式。

根据《人民检察院刑事诉讼规则》第四十八条的规定，对于律师以外的辩护人申请查阅、摘抄、复制案卷材料，具有下列情形之一的，人民检察院可以不予许可：①同案犯罪嫌疑人在逃的；②案件事实不清，证据不足，或者遗漏罪行、遗漏同案犯罪嫌疑人需要补充侦查的；③涉及国家秘密或者商业秘密的；④有事实表明存在串供、毁灭、伪造证据或者危害证人人身安全可能的。

（3）申请调取证据权。辩护人认为在侦查期间公安机关收集的证明犯罪嫌疑人无罪或者罪轻的证据材料未提交的，有权申请人民检察院调取。

（4）调查收集证据的权利。辩护律师经证人或者其他有关单位和个人同意，可以向他们收集与本案有关的材料；经人民检察院许可，并且经被害人或者其近亲属、被害人提供的证人同意，可以向他们收集与本案有关的材料。

（5）申请收集、调取证据或者申请通知证人出庭作证的权利。辩护律师可以申请人民检察院收集、调取证据或者申请通知证人出庭作证。

（6）提出意见权。根据《刑事诉讼法》的规定，检察院审查起诉，应当听取辩护人的意见，辩护人提出书面意见的，应当附卷。

（7）申诉或者控告权。根据《刑事诉讼法》的规定，辩护人对于检察人员侵犯公民诉讼权利和人身侮辱的行为，有权提出控告；辩护人认为人民检察院及其工作人员阻碍其依法行使诉讼权利的，有权向同级或者上一级人民检察院申诉或者控告。

（8）对委托人涉案信息的保密权。辩护律师对在执业活动中知悉的委托人的有关情况和信息，有权予以保密。但是，辩护律师在执业活动中知悉委托人或者其他人，准备或者正在实施危害国家安全、公共安全以及严重危害他人人身安全的犯罪的，应当及时告知司法机关。

（9）拒绝辩护权。根据《律师法》的规定，委托人委托事项违法或者利用律师提供的服务从事违法活动或者向律师隐瞒重要事实的，辩护律师有权拒绝辩护。

（三）辩护律师在审查起诉阶段辩护工作文书

律师事务所函

〔 　〕第　　号

领函人：

交付：

事由：

批准人：

时间：

注：本函用于向检察机关提交。

律师事务所函

〔 　〕第　　号

_____：

本所接受_____的委托，指派_____律师担任你院办理的_____案件犯罪嫌疑人_____的辩护人。

特此函告

（律师事务所章）

年　　月　　日

附：授权委托书一份。

委 托 书

编号：

委托人＿＿＿＿＿＿＿＿根据法律的规定，特聘请＿＿＿＿＿＿＿＿律师事务所律师＿＿＿＿＿为＿＿＿＿＿＿＿＿案件＿＿＿＿＿的辩护人。

本委托书有效期自即日起至＿＿＿＿＿＿ 日止。

委托人：

年　月　日

注：本委托书一式三份，由委托人、律师事务所各持一份，交人民检察院一份。

提请收集、调取证据申请书

〔　〕第　号

领函人：

交付：

事由：

批准人：

时间：

注：本申请书用于审查起诉阶段向检察院提交。

提请收集、调取证据申请书

〔　〕第　号

申请人：＿＿＿＿律师事务所＿＿＿＿律师

通信地址或联系方法：＿＿＿＿＿＿＿＿＿＿＿＿＿＿＿＿＿＿＿＿

申请事项：申请＿＿＿＿＿向＿＿＿＿收集、调取证据

申请理由：作为犯罪嫌疑人＿＿＿＿涉嫌＿＿＿＿一案的辩护律师，本人认为需要向证人（有关单位、公民个人）＿＿＿＿＿收集、调取证据。因情况特殊，根据《中华人民共和国刑事诉讼法》第四十三条第一款的规定，特申请贵院予以收集、调取。

此致

申请人签名：

（律师事务所章）

年　月　日

附：证人、个人姓名：

　　有关单位名称：

　　住址或通信方法：

　　收集、调取证据范围、内容：

调查取证申请书

〔　〕第　　号

领函人：

交付：

批准人：

时间：

注：本申请书用于审查起诉阶段向检察院提交。

调查取证申请书

〔　〕第　　号

申请人：_____律师事务所_____律师

通信地址或联系方法：_____

申请事项：许可调查取证。

申请理由：作为犯罪嫌疑人_____的辩护律师，因案情需要，本人拟向被害人（被害人近亲属、被害人提供的证人）_____收集与本案有关的材料，根据《中华人民共和国刑事诉讼法》第四十三条第二款的规定，特此申请，请予许可。

此致

申请人签名：

（律师事务所章）

年　月　日

解除强制措施申请书

〔 〕第 号

领函人：

交付：

事由：

批准人：

时间：

注：本申请书用于向检察机关提出。

解除强制措施申请书

〔 〕第 号

申请人：_____律师事务所_____律师

通信地址或联系方法：_____

申请事项：解除对犯罪嫌疑人_____采取的____强制措施。

申请理由：犯罪嫌疑人_____因涉嫌_____一案，

于____年____月____日____时被_____采取的____强制措施，现已超过法定期

限。作为犯罪嫌疑人_____委托的律师（辩护人），根据《中华人民共和国刑事诉

讼法》的规定，特申请解除对其采取的强制措施。

此致

申请人签名：

（律师事务所章）

年 月 日

任务四 模拟审判程序

一、模拟公诉案件一审普通程序

（一）人民法院一审公诉案件普通程序

1. 人民法院一审公诉案件普通程序审判流程图

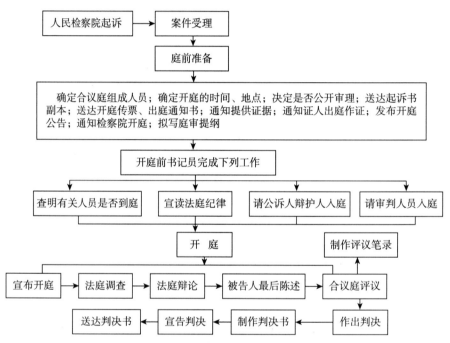

2. 人民法院适用普通程序审理程序

公诉案件的一审普通程序是一审人民法院组成合议庭，对检察院提起公诉的刑事案件进行审理适用的程序。具体分为三个阶段：对公诉案件的庭前审查、开庭前的准备和法庭审判。

（1）对公诉案件的庭前审查

对公诉案件的庭前审查，是人民法院对于人民检察院提起公诉的刑事案件进行庭前审查，以决定是否开庭审判的诉讼活动。它是公诉案件第一审程序中的一个必经程序。

对公诉案件的庭前审查是人民法院行使国家审判权的开始程序，其法律性质是对案件的接受和审查，而不是审判，其任务是解决是否将被告人交付法庭审判，案件是否符合开庭审判的条件，其本质是属于程序性审查。审查的内容紧紧围绕是否符合开庭审判的条件，不从实体上解决案件的定性处理即事实是否清楚、证据是否充分、定性是否恰当等问题。具体内容是：①案件是否属于本院管辖。②起诉书是否写明被告人的身份，是否受过或者正在接受刑事处罚、行政处罚、处分，被采取留置措施的情况，被采取强制措施的时间、种类、羁押地点，犯罪的时间、地点、手段、后果以及其他可能影响定罪量刑的情节；有多起犯罪事实的，是否在起诉书中将事实分别列明。③是否移送证明指控犯罪事实及影响量刑的证据材料，包括采取技术调查、侦查措施的法律文书和所收集的证据材料。④是否查封、扣押、冻结被告人的违法所得或者其他涉案财物，查封、扣押、冻结是否逾期；是否随案移送涉案财物、附涉案财物清单；是否列明涉案财物权属情况；是否就涉案财物处理提供相关证据材料。⑤是否列明被害人的姓名、住址、联系方式；是否附有证人、鉴定人名单；是否申请法庭通知证人、鉴定人、有专门知识的人出庭，并列明有关人员的姓名、性别、年龄、职业、住址、联系方式；是否附有需要保护的证人、鉴定人、被害人名单。⑥当事人已委托辩护人、诉讼代理人或者已接受法律援助的，是否列明辩护人、诉讼代理人的姓名、住址、联系方式。⑦是否提起附带民事诉讼；提起附带民事诉讼的，是否列明附带民事诉讼当事人的姓名、住址、联系方式，是否附有相关证据材料。⑧监察调查、侦查、审查起诉程序的各种法律手续和诉讼文书是否齐全。⑨被告人认罪认罚的，是否提出量刑建议、移送认罪认罚具结书等材料。⑩有无《刑事诉讼法》第十六条第（二）项至第（六）项规定的不追究刑事责任的情形。审查的方法，原则上限于书面审查，即通过审阅移送的案卷材料，了解起诉书指控的案件事实和证据情况。人民法院在庭前审查中不宜提审被告人或询问有关证人、被害人，以避免形成先入为主的成见。

对公诉案件进行庭前审查后，应当根据不同情况分别处理：①经审查认为符合开庭条件的，应当决定开庭审判。②对于不属于本院管辖或者被告人不在案的，应当决定退回人民检察院。但是，对人民检察院按照缺席审判程序提起公诉的，应当依照《最高人民法院关于适用〈中华人民共和国刑事诉讼法〉的解释》第二十四章的规定作出处理。③对于不符合《最高人民法院关于适用〈中华人民共和国刑事诉讼法〉的解释》第二百一十八条第（二）项至第（九）项规定之一，需要补送材料的，应当通知人民检察院在三日内补送。④依照《刑事诉讼法》第二百条第（三）项规定宣告被告人无罪后，人民检察院根据新的事实、证据重新起诉的，人民法院应当依法受理。⑤依照《最高人民法院关于适用〈中华人民共和国刑事诉讼法〉的解释》第二百九十六条规定，人民法院裁定准许人民检察院撤诉的案件，没有新的影响定罪量刑的事实、证据，重新起诉的，应当退回人民检察院。⑥对于符合《刑事诉讼法》第十六条第（二）项至第（六）项规定的情形的，应当退回人民检察院；属于告诉才处理的案件，应当同时告知被害人有权提起自诉。⑦对于被告人真实身份不明，但符合《刑事诉讼法》第一百六十条第二款规定的，人民法院应当依法受理。⑧属于告诉才处理的案件，应当退回人民检察院，并告知被害人有权提起自诉。人民法院对于按照普通程序审理的公诉案件，决定是否受理，应当在七日内审查完毕。人民法院对提起公诉的案件进行审查的期限，计入人民法院的审理期限。

（2）开庭前的准备

人民法院经审查决定开庭审判后，须做以下几项准备工作：

①确定审判长及合议庭的组成人员。

②送达起诉书副本。开庭十日以前将起诉书副本送达被告人、辩护人，使被告人及早了解自己被控的罪名和有关情况，做好充分行使辩护权的准备；人民法院应当告知被告人可以委托辩护人；对于被告人未委托辩护人但符合应当指定辩护人的法定情形的，人民法院应当通知法律援助机构指派律师为其提供辩护。

③通知当事人、法定代理人、辩护人、诉讼代理人在开庭五日前提供证人、鉴定人名单，以及拟当庭出示的证据；申请证人、鉴定人、有专门知识的人出庭的，应当列明有关人员的姓名、性别、年龄、职业、住址、联系方式。

④开庭三日前将开庭的时间、地点通知人民检察院。

⑤开庭三日以前将传唤当事人的传票和通知辩护人、诉讼代理人、法定代理人、证人、鉴定人等出庭的通知书送达；通知有关人员出庭，也可以采取电话、短信、传真、电子邮件、即时通信等能够确认对方收悉的方式；对被害人人数众多的涉众型犯罪案件，可以通过互联网公布相关文书，通知有关人员出庭。被害人人数众多，且案件不属于附带民事诉讼范围的，被害人可以推选若干代表人参加庭审。

⑥公开审理的案件，在开庭三日前公布案由、被告人姓名、开庭时间和地点。

⑦确定合并审理与分案审理。对一案起诉的共同犯罪或者关联犯罪案件，被告人人数众多、案情复杂，人民法院经审查认为，分案审理更有利于保障庭审质量和效率的，可以分案审理。分案审理不得影响当事人质证权等诉讼权利的行使。对分案起诉的共同犯罪或者关联犯罪案件，人民法院经审查认为，合并审理更有利于查明案件事实、保障诉讼权利、准确定罪量刑的，可以并案审理。

⑧召开庭前会议。案件具有下列情形之一的，审判人员可以召开庭前会议：证据材料较多、案情重大复杂的；控辩双方对事实、证据存在较大争议的；社会影响重大的；需要召开庭前会议的其他情形。

控辩双方可以申请人民法院召开庭前会议，提出申请应当说明理由。人民法院经审查认为有必要的，应当召开庭前会议；决定不召开的，应当告知申请人。

召开庭前会议，审判人员可以就下列问题向控辩双方了解情况，听取意见：是否对案件管辖有异议；是否申请有关人员回避；是否申请不公开审理；是否申请排除非法证据；是否提供新的证据材料；是否申请重新鉴定或者勘验；是否申请收集、调取证明被告人无罪或者罪轻的证据材料；是否申请证人、鉴定人、有专门知识的人、调查人员、侦查人员或者其他人员出庭，是否对出庭人员名单有异议；是否对涉案财物的权属情况和人民检察院的处理建议有异议；与审判相关的其他问题。

庭前会议中，人民法院可以开展附带民事调解。

对可能导致庭审中断的程序性事项，人民法院可以在庭前会议后依法作出处理，并在庭审中说明处理决定和理由。控辩双方没有新的理由，在庭审中再次提出有关申请或者异议的，法庭可以在说明庭前会议情况和处理决定理由后，依法予以驳回。

庭前会议情况应当制作笔录，由参会人员核对后签名。

庭前会议中，审判人员可以询问控辩双方对证据材料有无异议，对有异议的证据，应当在庭审时重点调查；无异议的，庭审时举证、质证可以简化。

庭前会议由审判长主持，合议庭其他审判员也可以主持庭前会议。

召开庭前会议应当通知公诉人、辩护人到场。庭前会议准备就非法证据排除了解情况、听取意见，或者准备询问控辩双方对证据材料的意见的，应当通知被告人到场。有多名被告人的案件，可以根据情况确定参加庭前会议的被告人。

庭前会议一般不公开进行。根据案件情况，庭前会议可以采用视频等方式进行。

人民法院在庭前会议中听取控辩双方对案件事实、证据材料的意见后，对明显事实不清、证据不足的案件，可以建议人民检察院补充材料或者撤回起诉。建议撤回起诉的案件，人民检察院不同意的，开庭审理后，没有新的事实和理由，一般不准许撤回起诉。

对召开庭前会议的案件，可以在开庭时告知庭前会议情况。对庭前会议中达成一致意见的事项，法庭在向控辩双方核实后，可以当庭予以确认；未达成一致意见的事项，法庭可以归纳控辩双方争议焦点，听取控辩双方意见，依法作出处理。

控辩双方在庭前会议中就有关事项达成一致意见，在庭审中反悔的，除有正当理由外，法庭一般不再进行处理。

⑨拟写庭审提纲。开庭审理前，合议庭可以拟出法庭审理提纲。提纲一般包括下列内容：合议庭成员在庭审中的分工；起诉书指控的犯罪事实的重点和认定案件性质的要点；讯问被告人时需了解的案情要点；出庭的证人、鉴定人、有专门知

识的人、侦查人员的名单；控辩双方申请当庭出示的证据的目录；庭审中可能出现的问题及应对措施。

（3）法庭审判

根据刑事诉讼法的规定，法庭审判可以分为宣布开庭、法庭调查、法庭辩论、被告人最后陈述、评议和宣判五个阶段。

A. 宣布开庭

宣布开庭是法庭审理的开始。根据《刑事诉讼法》第一百九十条和《最高人民法院关于适用〈中华人民共和国刑事诉讼法〉的解释》以及最高人民法院《人民法院办理刑事案件第一审普通程序法庭调查规程（试行）》的有关规定，宣布开庭的具体程序包括：

开庭审理前，书记员应当依次进行下列工作：受审判长委托，查明公诉人、当事人、辩护人、诉讼代理人、证人及其他诉讼参与人是否到庭；核实旁听人员中是否有证人、鉴定人、有专门知识的人；请公诉人、辩护人、诉讼代理人及其他诉讼参与人入庭；宣读法庭规则；请审判长、审判员、人民陪审员入庭；审判人员就座后，向审判长报告开庭前的准备工作已经就绪。

由审判长宣布开庭并传唤当事人到庭。查明被告人的下列情况：姓名、出生日期、民族、出生地、文化程度、职业、住址，或者被告单位的名称、住所地、法定代表人、实际控制人以及诉讼代表人的姓名、职务；是否受过刑事处罚、行政处罚、处分及其种类、时间；是否被采取留置措施及留置的时间，是否被采取强制措施及强制措施的种类、时间；收到起诉书副本的日期；有附带民事诉讼的，附带民事诉讼被告人收到附带民事起诉状的日期。

被告人较多的，可以在开庭前查明上述情况，但开庭时审判长应当作出说明。

审判长宣布案件来源、起诉案由、附带民事诉讼原告人和被告人的姓名以及是否公开审理，对不公开审理的案件宣布不公开审理的理由。

审判长宣布合议庭组成人员、法官助理、书记员、公诉人的名单，以及辩护人、诉讼代理人、鉴定人、翻译人员等诉讼参与人的名单。

告知当事人、法定代理人、辩护人、诉讼代理人在法庭审理过程中依法享有的诉讼权利。包括：可以申请合议庭组成人员、法官助理、书记员、公诉人、鉴定人和翻译人员回避；可以提出证据，申请通知新的证人到庭、调取新的证据，申请重新鉴定或者勘验；被告人可以自行辩护；被告人可以在法庭辩论终结后作最后陈述。

审判长应当询问当事人及其法定代理人、辩护人、诉讼代理人是否申请回避、申请何人回避和申请回避的理由。当事人及其法定代理人、辩护人、诉讼代理人申请回避的，依照《刑事诉讼法》及《最高人民法院关于适用〈中华人民共和国刑事诉讼法〉的解释》的有关规定处理。同意或者驳回回避申请的决定及复议决定，由审判长宣布，并说明理由。必要时，也可以由院长到庭宣布。

被告人认罪认罚的，审判长应当告知被告人享有的诉讼权利和认罪认罚的法律规定，审查认罪认罚的自愿性和认罪认罚具结书内容的真实性、合法性。

对共同犯罪案件，应当将各被告人同时传唤到庭，查明身份及基本情况后，集中告知依法享有的诉讼权利，询问是否申请回避，以避免重复，节省开庭时间。

B. 法庭调查

法庭调查阶段是法庭审判的中心环节，凡没有经过法庭调查核实的证据是不能作为定案的根据的。法庭调查的任务是查明案件事实、核实证据，为准确适用法律，正确进行判决奠定基础。具体程序是：

①开庭讯问、发问程序。

审判长宣布法庭调查开始后，应当先由公诉人宣读起诉书；公诉人宣读起诉书后，审判长应当询问被告人对起诉书指控的犯罪事实和罪名有无异议。有附带民事诉讼的，公诉人宣读起诉书后，由附带民事诉讼原告人或者其法定代理人、诉讼代理人宣读附带民事起诉状。

在审判长主持下，被告人、被害人可以就起诉书指控的犯罪事实分别陈述。

在审判长主持下，公诉人可以就起诉书指控的犯罪事实讯问被告人。经审判长准许，被害人及其法定代理人、诉讼代理人可以就公诉人讯问的犯罪事实补充发问；附带民事诉讼原告人及其法定代理人、诉讼代理人可以就附带民事部分的事实向被告人发问；被告人的法定代理人、辩护人，附带民事诉讼被告人及其法定代理人、诉讼代理人可以在控诉方、附带民事诉讼原告方就某一问题讯问、发问完毕后向被告人发问。

对于召开庭前会议的案件，可以在开庭时告知庭前会议情况。对于庭前会议中达成一致意见的事项，法庭向控辩双方核实后当庭予以确认；对于未达成一致意见的事项，法庭可以归纳控辩双方争议焦点，听取控辩双方意见，并依法作出处理。

有多起犯罪事实的案件，可以在有关犯罪事实的法庭调查开始前，分别宣布庭前会议报告的相关内容。

有多名被告人的案件，辩护人对被告人的发问，应当在审判长主持下，先由被告人本人的辩护人进行，再由其他被告人的辩护人进行。

根据案件情况，就证据问题对被告人的讯问、发问可以在举证、质证环节进行。

有多名被告人的案件，讯问应当分别进行。

同案被告人供述之间存在实质性差异的，法庭可以传唤有关被告人到庭对质。审判长可以分别讯问被告人，就供述的实质性差异进行调查核实。经审判长准许，控辩双方可以向被告人讯问、发问。审判长认为有必要的，可以准许被告人之间相互发问。

申请参加庭审的被害人众多，且案件不属于附带民事诉讼范围的，被害人可以推选若干代表人参加庭审。

对被告人发问完毕后，其他证据出示前，在审判长主持下，被害人可以就起诉书指控的犯罪事实作出陈述。经审判长准许，控辩双方可以在被害人陈述后向被害人发问。

为核实被告人是否自愿认罪，解决案件事实证据存在的疑问，审判人员可以讯问被告人，也可以向被害人、附带民事诉讼原告人发问。

被告人庭前不认罪，当庭又认罪的，法庭核实被告人认罪的自愿性和真实性后，可以重点围绕量刑事实、证据进行调查。

被告人认罪后又当庭反悔的，法庭应当调查核实反悔的理由，并对与定罪和量刑有关的事实、证据进行全面调查。

②出庭作证程序。

公诉人可以提请法庭通知证人、鉴定人、有专门知识的人、调查人员、侦查人员或者其他人员出庭，或者出示证据。被害人及其法定代理人、诉讼代理人，附带民事诉讼原告人及其诉讼代理人也可以提出申请。

在控诉方举证后，被告人及其法定代理人、辩护人可以提请法庭通知证人、鉴定人、有专门知识的人、调查人员、侦查人员或者其他人员出庭，或者出示证据。

控辩双方申请证人出庭作证，出示证据，应当说明证据的名称、来源和拟证明的事实。法庭认为有必要的，应当准许；对方提出异议，认为有关证据与案件无关或者明显重复、不必要，法庭经审查异议成立的，可以不予准许。

公诉人、当事人或者辩护人、诉讼代理人对证人证言有异议，且该证人证言对定罪量刑有重大影响，或者对鉴定意见有异议，人民法院认为证人、鉴定人有必要出庭作证的，应当通知证人、鉴定人出庭。

控辩双方对侦破经过、证据来源、证据真实性或者合法性等有异议，申请调查人员、侦查人员或者有关人员出庭，人民法院认为有必要的，应当通知调查人员、侦查人员或者有关人员出庭。

公诉人、当事人及其辩护人、诉讼代理人申请法庭通知有专门知识的人出庭，就鉴定意见提出意见的，应当说明理由。法庭认为有必要的，应当通知有专门知识的人出庭。

申请有专门知识的人出庭，不得超过二人。有多种类鉴定意见的，可以相应增加人数。

为查明案件事实、调查核实证据，人民法院可以依职权通知证人、鉴定人、有专门知识的人、调查人员、侦查人员或者其他人员出庭。人民法院通知有关人员出庭的，可以要求控辩双方予以协助。

证人具有下列情形之一，无法出庭作证的，人民法院可以准许其不出庭，可以通过视频等方式作证：庭审期间身患严重疾病或者行动极为不便的；居所远离开庭地点且交通极为不便的；身处国外短期无法回国的；有其他客观原因，确实无法出庭的。

证人出庭的，法庭应当核实其身份、与当事人以及本案的关系，并告知其有关权利义务和法律责任。证人应当保证向法庭如实提供证言，并在保证书上签名。

证人出庭后，一般先向法庭陈述证言；其后，经审判长许可，由申请通知证人出庭的一方发问，发问完毕后，对方也可以发问。

法庭依职权通知证人出庭的，发问顺序由审判长根据案件情况确定。

向证人发问应当遵循以下规则：发问的内容应当与本案事实有关；不得以诱导方式发问；不得威胁证人；不得损害证人的人格尊严。

对被告人、被害人、附带民事诉讼当事人、鉴定人、有专门知识的人、调查人员、侦查人员或者其他人员的讯问、发问，适用前述规定。

控辩双方的讯问、发问方式不当或者内容与本案无关的，对方可以提出异议，申请审判长制止，审判长应当判明情况予以支持或者驳回；对方未提出异议的，审判长也可以根据情况予以制止。

审判人员认为必要时，可以询问证人、鉴定人、有专门知识的人、调查人员、侦查人员或者其他人员。

向证人、调查人员、侦查人员发问应当分别进行。

证人、鉴定人、有专门知识的人、调查人员、侦查人员或者其他人员不得旁听对本案的审理。有关人员作证或者发表意见后，审判长应当告知其退庭。

③物证、书证等证据的举证、质证程序。

审判长应当驾驭庭审过程，组织控辩双方举证、质证，全面调查核实案件中可能影响定罪量刑的事实证据问题，准确查明案件事实。

起诉书指控的被告人的犯罪事实为两起以上的，法庭调查一般应当分别进行。

已经移送人民法院的案卷和证据材料，控辩双方需要出示的，可以向法庭提出申请，法庭可以准许。案卷和证据材料应当在质证后当庭归还。

需要播放录音录像或者需要将证据材料交由法庭、公诉人或者诉讼参与人查看的，法庭可以指令值庭法警或者相关人员予以协助。

开庭讯问、发问程序结束后，公诉人先行举证。公诉人举证完毕后，被告人及其辩护人可以举证，公诉人出示某一证据后，经审判长准许，被告人及其辩护人可以出示证据予以反驳。

控辩一方举证后，对方可以发表质证意见。必要时，控辩双方可以对争议的证据进行多次质证。

被告人及其辩护人认为公诉人出示的有关证据对本方诉讼主张有利的，可以在发表质证意见时予以认可，或者在发表辩护意见时直接使用有关证据。

对于控辩双方随案移送或者庭前提交，但没有当庭出示的证据，审判长可以进行必要的提示；对于其中可能影响定罪量刑的关键证据，审判长应当要求控辩双方出示。对于案件中可能影响定罪量刑的事实、证据存在疑问，控辩双方没有提及的，审判长应当引导控辩双方发表质证意见，并依法调查核实。

公诉人申请出示开庭前未移送或者提交人民法院的证据，辩护方提出异议的，审判长应当要求公诉人说明理由；理由成立并确有出示必要的，应当准许。辩护方提出需要对新的证据作辩护准备的，法庭可以宣布休庭，并确定准备辩护的时间。辩护方申请出示开庭前未提交的证据，参照适用前述规定。

当庭出示的证据，尚未移送人民法院的，应当在质证后当庭移交。

法庭应当重视对证据收集合法性的审查，对证据收集的合法性有疑问的，应当调查核实证明取证合法性的证据材料。

对于被告人及其辩护人申请排除非法证据，依法提供有关线索或者材料，法庭对证据收集的合法性有疑问，决定进行调查的，应当先行当庭调查。

对于可能影响定罪量刑的关键证据和控辩双方存在争议的证据，一般应当单独举证、质证。

对于控辩双方无异议的非关键性证据，可以仅就证据的名称及其证明的事项作出说明。

对于物证、书证、视听资料、电子数据等证据应当出示原物、原件。取得原物、原件确有困难的，可以出示照片、录像、副本、复制件等足以反映原物、原件外形和特征以及真实内容的材料，并说明理由。

对于鉴定意见和勘验、检查、辨认、侦查实验等笔录，应当出示原件。

控辩双方出示证据，应当重点围绕与案件事实相关内容或者控辩双方存在争议的内容进行。

出示证据时，可以借助多媒体设备等方式出示、播放或者演示证据内容。

控辩双方对证人证言、被害人陈述、鉴定意见无异议，上述人员不需要出庭的，以及上述人员因客观原因无法出庭且无法通过视频等方式作证的，可以出示、宣读庭前收集的书面证据材料或者庭前制定的作证过程录音录像。

被告人当庭供述与庭前供述的实质性内容一致的，可以不再出示庭前供述；当庭供述与庭前供述存在实质性差异的，可以出示、宣读庭前供述中存在实质性差异的内容。

采用技术侦查措施收集的证据，应当当庭出示。当庭出示、辨认、质证可能危及有关人员的人身安全，或者可能产生其他严重后果的，应当采取不暴露有关人员身份、不公开技术侦查措施和方法等保护措施。

法庭决定在庭外对技术侦查证据进行核实的，可以召集公诉人和辩护律师到场。在场人员应当在保密承诺书上签名，并履行保密义务。

法庭对证据有疑问的，可以告知公诉人、当事人及其法定代理人、辩护人、诉讼代理人补充证据或者作出说明；必要时，可以宣布休庭，对证据进行调查核实。

对公诉人、当事人及其法定代理人、辩护人、诉讼代理人补充的和审判人员庭外调查核实取得的证据，应当经过当庭质证才能作为定案的根据。但是，对不影响定罪量刑的非关键证据、有利于被告人的量刑证据以及认定被告人有犯罪前科的裁判文书等证据，经庭外征求意见，控辩双方没有异议的除外。

控辩一方申请出示庭前未移送或提交人民法院的证据，对方提出异议的，申请方应当说明理由，审判长经审查认为理由成立并确有出示必要的，应当准许。

对方提出需要对新的证据作质证准备的，法庭应当宣布休庭，并确定准备的时间。

法庭审理过程中，控辩双方申请通知新的证人到庭，调取新的证据，申请重新鉴定或者勘验的，应当提供证人的基本信息、证据的存放地点，说明拟证明的事项，申请重新鉴定或者勘验的理由。法庭认为有必要的，应当同意，并宣布休庭；根据案件情况，可以决定延期审理。

人民法院决定重新鉴定的，应当及时委托鉴定，并将鉴定意见告知人民检察院、当事人及其辩护人、诉讼代理人。

公开审理案件时，控辩双方提出涉及国家秘密、商业秘密或者个人隐私的证据的，法庭应当制止。有关证据确与本案有关的，可以根据具体情况，决定将案件转为不公开审理，或者对相关证据的法庭调查不公开进行。

审判期间，公诉人发现案件需要补充侦查，建议延期审理的，合议庭可以同意，但建议延期审理不得超过两次。

人民检察院将补充收集的证据移送人民法院的，人民法院应当通知辩护人、诉讼代理人查阅、摘抄、复制。辩护方提出需要对补充收集的证据作辩护准备的，法庭可以宣布休庭，并确定准备辩护的时间。

补充侦查期限届满后，人民检察院未将补充的证据材料移送人民法院的，人民法院可以根据在案证据作出判决、裁定。

人民法院向人民检察院调取需要调查核实的证据材料，或者根据被告人、辩护人的申请，向人民检察院调取在调查、侦查、审查起诉期间收集的有关被告人无罪或者罪轻的证据材料，应当通知人民检察院在收到调取证据材料决定书后三日以内移交。

法庭审理过程中，对与量刑有关的事实、证据，应当进行调查。

人民法院除应当审查被告人是否具有法定量刑情节外，还应当根据案件情况审查以下影响量刑的情节：案件起因；被害人有无过错及过错程度，是否对矛盾激化负有责任及责任大小；被告人的近亲属是否协助抓获被告人；被告人平时表现，有无悔罪态度；退赃、退赔及赔偿情况；被告人是否取得被害人或者其近亲属谅解；影响量刑的其他情节。

审判期间，合议庭发现被告人可能有自首、坦白、立功等法定量刑情节，而人民检察院移送的案卷中没有相关证据材料的，应当通知人民检察院在指定时间内移送。

审判期间，被告人提出新的立功线索的，人民法院可以建议人民检察院补充侦查。

对被告人认罪的案件，在确认被告人了解起诉书指控的犯罪事实和罪名，自愿认罪且知悉认罪的法律后果后，法庭调查可以主要围绕量刑和其他有争议的问题进行。

对被告人不认罪或者辩护人作无罪辩护的案件，法庭调查应当在查明定罪事实的基础上，查明有关量刑事实。

法庭审理过程中，应当对查封、扣押、冻结财物及其孳息的权属、来源等情况，是否属于违法所得或者依法应当追缴的其他涉案财物进行调查，由公诉人说明情况、出示证据、提出处理建议，并听取被告人、辩护人等诉讼参与人的意见。

案外人对查封、扣押、冻结的财物及其孳息提出权属异议的，人民法院应当听取案外人的意见；必要时，可以通知案外人出庭。

经审查，不能确认查封、扣押、冻结的财物及其孳息属于违法所得或者依法应当追缴的其他涉案财物的，不得没收。

审理过程中，法庭认为有必要的，可以传唤同案被告人、分案审理的共同犯罪或者关联犯罪案件的被告人等到庭对质。

④认证规则。

对于控辩双方提出的事实证据争议，法庭应当当庭进行审查，经审查后当庭作出处理的，应当一并说明理由；需要庭后评议作出处理的，应当在裁判文书中说明理由。

法庭经审查认定的非法证据，应当依法予以排除，不得出示、质证。

对于经过控辩双方质证的证据，法庭应当结合控辩双方质证意见，从证据与待证事实的关联程度、证据之间的印证关系、证据自身的真实性程度等方面，综合判断证据能否作为定案的根据。

证据与待证事实不存在关联，或者证据自身存在无法解释的疑问，或者证据与待证事实以及其他证据存在无法排除的矛盾的，不得作为定案的根据。

通过勘验、检查、搜查等方式搜集的物证、书证等证据，未通过辨认、鉴定等方式确定其与案件事实的关联的，不得作为定案的根据。

法庭对鉴定意见有疑问的，可以重新鉴定。

收集证据的程序、方式不符合法律规定，严重影响证据真实性的，人民法院应当建议人民检察院予以补正或者作出合理解释；不能补正或者作出合理解释的，有关证据不能作为定案的根据。

证人没有出庭作证，其庭前证言真实性无法确认的，不得作为定案的根据。

证人当庭作出的证言与其庭前证言矛盾，证人能够作出合理解释，并与相关证据印证的，应当采信其庭审证言；不能作出合理解释，而其庭前证言与相关证据印证的，可以采信其庭前证言。

经人民法院通知，鉴定人拒不出庭作证的，鉴定意见不得作为定案的根据。

有专门知识的人当庭对鉴定意见提出质疑，鉴定人能够作出合理解释，并与相关证据印证的，可以采信鉴定意见；不能作出合理解释，无法确认鉴定意见可靠性的，有关鉴定意见不能作为定案的根据。

被告人的当庭供述与庭前供述、自书材料存在矛盾，被告人能够作出合理解释，并与相关证据印证的，应当采信其当庭供述；不能作出合理解释，而其庭前供述、自书材料与相关证据印证的，可以采信其庭前供述、自书材料。

法庭在庭审过程中审查认定或者排除的证据，应当当庭说明理由；庭后评议认定或者排除的证据，应当在裁判文书中说明理由。

法庭认定被告人有罪，必须达到犯罪事实清楚，证据确实、充分，对于定罪事实应当综合全案证据排除合理怀疑。定罪证据不足的案件，不能认定被告人有罪，应当作出证据不足、指控的犯罪不能成立的无罪判决。定罪证据确实、充分，量刑证据存疑的，应当作出有利于被告人的认定。

法庭调查结束的标志：第一，对指控的每个事实、情节都已调查；第二，诉讼双方没有新的证据予以提供；第三，法官认为没有需要补充调查的内容。

C. 法庭辩论

合议庭认为案件事实已经调查清楚的，应当由审判长宣布法庭调查结束，开始就定罪、量刑、涉案财物处理的事实、证据、适用法律等问题进行法庭辩论。

法庭辩论是控辩双方在审判长主持下，在法庭调查的基础上，就定罪、量刑、涉案财物处理的事实、证据、适用法律等问题，发表意见，进行论证，互相辩驳的一种诉讼活动。控辩双方发言的目的，都在于说服审判人员采纳自己的意见，做到兼听则明，公正裁判。

发言的顺序是：公诉人发言；被害人及其诉讼代理人发言；被告人自行辩护；辩护人辩护；控辩双方进行辩论。

人民检察院可以提出量刑建议并说明理由；建议判处管制、宣告缓刑的，一般应当附有调查评估报告，或者附有委托调查函。当事人及其辩护人、诉讼代理人可以对量刑提出意见并说明理由。

对被告人认罪的案件，法庭辩论时，应当指引控辩双方主要围绕量刑和其他有争议的问题进行。对被告人不认罪或者辩护人作无罪辩护的案件，法庭辩论时，可以指引控辩双方先辩论定罪问题，后辩论量刑和其他问题。

附带民事部分的辩论应当在刑事部分的辩论结束后进行，先由附带民事诉讼原告人及其诉讼代理人发言，后由附带民事诉讼被告人及其诉讼代理人答辩。

法庭辩论过程中，审判长应当充分听取控辩双方的意见，对控辩双方与案件无关、重复或者指责对方的发言应当提醒、制止。

法庭辩论过程中，合议庭发现与定罪、量刑有关的新的事实，有必要调查的，审判长可以宣布恢复法庭调查，在对新的事实调查后，继续法庭辩论。

公诉人当庭发表与起诉书不同的意见，属于变更、追加、补充或者撤回起诉的，人民法院应当要求人民检察院在指定时间内以书面方式提出；必要时，可以宣布休庭。人民检察院在指定时间内未提出的，人民法院应当根据法庭审理情况，就起诉书指控的犯罪事实依法作出判决、裁定。人民检察院变更、追加、补充起诉的，人民法院应当给予被告人及其辩护人必要的准备时间。

经过一轮或几轮法庭辩论，案件事实已经查清，证据已经核实，合议庭认为控辩双方均已提不出新的意见，没有继续辩论必要时，审判长即终止双方的辩论发言，宣告法庭辩论结束。

D. 被告人最后陈述

被告人最后陈述，既是法庭审判的必经程序，也是被告人的一项重要的、不可剥夺的权利。

审判长在宣布法庭辩论结束后，立即宣布由被告人作最后陈述。对于被告人的最后陈述，审判人员应当认真听取，陈述的内容只要不超出本案范围，就不应限制其发言的时间，或随意打断其发言。被告人在最后陈述中多次重复自己的意见的，法庭可以制止；陈述内容蔑视法庭、公诉人，损害他人及社会公共利益，或者与本案无关的，应当制止。在公开审理的案件中，被告人最后陈述的内容涉及国家秘密、个人隐私或者商业秘密的，应当制止。

被告人在最后陈述中提出新的事实、证据，合议庭认为可能影响正确裁判的，应当恢复法庭调查；如果被告人提出新的辩解理由，合议庭认为可能影响正确裁判的，应当恢复法庭辩论。被告人最后陈述完毕后，由审判长宣布休庭。

E. 评议和宣判

被告人最后陈述后，审判长应当宣布休庭，合议庭进行评议。

评议是合议庭在庭审基础上，对案件事实的认定、法律适用进行讨论并作出处理决定的诉讼活动。合议庭评议应当在审判长的主持下进行。合议庭评议案件，应当根据已经查明的事实、证据和有关法律规定，在充分考虑控辩双方意见的基础上，确定被告人是否有罪、构成何罪，有无从重、从轻、减轻或者免除处罚情节，应否处以刑罚、判处何种刑罚，附带民事诉讼如何解决，查封、扣押、冻结的财物及其孳息如何处理等，并依法作出判决、裁定。

评议时，如果有意见分歧，应按多数人的意见作出决定，但少数人的意见应当写入笔录。对于疑难、复杂、重大的案件，合议庭成员意见分歧较大，难以对案件作出处理决定的，由合议庭提请院长决定提交审判委员会讨论。审判委员会的决定，合议庭应当执行。评议一律秘密进行，评议笔录不允许当事人及其他诉讼参与人查阅，合议庭成员也不得向外界泄露有关评议的情况。合议庭成员、法官助理、书记员应当在评议笔录上签名。

对第一审公诉案件，人民法院审理后，应当按照下列情形分别作出判决、裁定：起诉指控的事实清楚，证据确实、充分，依据法律认定指控被告人的罪名成立的，应当作出有罪判决；起诉指控的事实清楚，证据确实、充分，但指控的罪名不当的，应当依据法律和审理认定的事实作出有罪判决，人民法院应当在判决前听取控辩双方的意见，保障被告人、辩护人充分行使辩护权，必要时，可以再次开庭，组织控辩双方围绕被告人的行为构成何罪及如何量刑进行辩论；案件事实清楚，证据确实、充分，依据法律认定被告人无罪的，应当判决宣告被告人无罪；证据不足，不能认定被告人有罪的，应当以证据不足、指控的犯罪不能成立，判决宣告被告人无罪；案件部分事实清楚，证据确实、充分的，应当作出有罪或者无罪的判决，对事实不清、证据不足部分，不予认定；被告人因未达到刑事责任年龄，不予刑事处罚的，应当判决宣告被告人不负刑事责任；被告人是精神病人，在不能辨认或者不能控制自己行为时造成危害结果，不予刑事处罚的，应当判决宣告被告人不负刑事责任；被告人符合强制医疗条件的，应当依照强制医疗程序的规定进行审理并作出判决；犯罪已过追诉时效期限且不是必须追诉，或者经特赦令免除刑罚的，应当裁定终止审理；属于告诉才处理的案件，应当裁定终止审理，并告知被害人有权提起自诉；被告人死亡的，应当裁定终止审理，但有证据证明被告人无罪，经缺席审理确认无罪的，应当判决宣告被告人无罪。

对涉案财物，人民法院应当根据审理查明的情况作出处理。

评议结束后，即可宣判。

裁判文书应当写明裁判依据，阐释裁判理由，反映控辩双方的意见并说明采纳或者不予采纳的理由。适用普通程序审理的被告人认罪的案件，裁判文书可以适当简化。

合议庭成员、法官助理、书记员应当在判决书、裁定书等法律文书上署名，加盖法院公章，写明判决日期、上诉期限和上诉的法院。

庭审结束后、评议前，部分合议庭成员不能继续履行审判职责的，人民法院应当依法更换合议庭组成人员，重新开庭审理。

评议后、宣判前，部分合议庭成员因调动、退休等正常原因不能参加宣判，在不改变原评议结论的情况下，可以由审判本案的其他审判员宣判，裁判文书上仍署审判本案的合议庭成员的姓名。

在开庭后、宣告判决前，人民检察院要求撤回起诉的，人民法院应当审查撤回起诉的理由，作出是否准许的裁定。

审判期间，人民法院发现新的事实，可能影响定罪量刑的，或者需要补查补证的，应当通知人民检察院，由其决定是否补充、变更、追加起诉或者补充侦查。人民检察院不同意或者在指定时间内未回复书面意见的，人民法院应当就起诉指控的事实，依法作出判决、裁定。

对于因证据不足，不能认定被告人有罪，作出证据不足、指控的犯罪不能成立的无罪判决后，人民检察院根据新的事实、证据重新起诉受理的案件，人民法院应当在判决中写明被告人曾被人民检察院提起公诉，因证据不足，指控的犯罪不能成立，被人民法院依法判决宣告无罪的情况；前案依照《刑事诉讼法》第二百条第（三）项规定作出的证据不足、指控的犯罪不能成立的无罪判决不予撤销。

　　宣判是审判人员向当事人宣告判决的具体内容。宣判分为当庭宣判和定期宣判两种。当庭宣告判决的，应当宣布判决结果，并在五日内将判决书送达人民检察院、当事人、法定代理人、辩护人、诉讼代理人，并可以送达被告人的近亲属。定期宣告判决的，合议庭应当在宣判前，先期公告宣判的时间和地点，传唤当事人并通知公诉人、法定代理人、辩护人和诉讼代理人；判决宣告后应当立即将判决书送达人民检察院、当事人、法定代理人、辩护人、诉讼代理人，并可以送达被告人的近亲属。被害人死亡，其近亲属申请领取判决书的，人民法院应当及时提供。判决生效后，还应当送达被告人的所在单位或者户籍地的公安派出所，或者被告单位的注册登记机关。被告人系外国人，且在境内有居住地的，应当送达居住地的公安派出所。

　　宣告判决，一律公开进行。宣告判决结果时，法庭内全体人员应当起立。公诉人、辩护人、诉讼代理人、被害人、自诉人或者附带民事诉讼原告人未到庭的，不影响宣判的进行。

　　3. 人民法院适用普通程序审理文书

×××人民法院

立案登记表

公诉机关			起诉书编号	检诉〔　〕号
案　由			收到起诉书日期	年　月　日
被告人姓名	性别	出生日期	住址或羁押处所	
审查意见： 审查人： 年 月 日				
审批意见： 审批人：　　　　　　审批人：　　　年　月　日				
立案时间：　　　年　月　日			案件编号：（　）字第　　号	
移交审判庭日期及接收人： 年　月　日			备注：	

　　立案登记表制作说明：

　　1. 本文书供第一审人民法院在收到公诉案件起诉书后，指定审判员进行审查时使用。

　　2. 表中"审查意见"栏，要按照司法解释规定的内容进行审查，并提出意见，送领导审批。如果需要人民检察院补充材料的，应当另行制作"补充材料函"；如果决定不予受理的，应当另行制作"不予受理决定书"；如果决定立案受理的，应当及时立案编号，并移交审判庭审理。

××× 人 民 法 院

换 押 票

（　　）刑 字 第　　号

_____看守所：

　　你所羁押的犯罪嫌疑人_____，性别_____，_____年___月___日出生，___

_____人民检察院指控其犯_____罪，向本院提起公诉，

经审查，我院已依法受理，请予换押。

审判员：

书记员：

年　月　日

××× 人 民 法 院

提 押 票

（　　）字 第　　号

_____看守所： 　　下列被告人一名，请予提押。 　　　　　　　　　　　　　审判员： 　　　　　　　　　　　　　书记员： 　　　　　　　　　　　　　　　年　月　日			
被告人姓名	性别	出生日期	出生地
提出事由	提出时间及执行法警		还押时间和看守所值班民警
提出事由	年　月　日　时　分 执行法警：		年　月　日　时　分 值班民警：
提出事由	年　月　日　时　分 执行法警：		年　月　日　时　分 值班民警：
提出事由	年　月　日　时　分 执行法警：		年　月　日　时　分 值班民警：

送达起诉书副本笔录

时间：_____年_____月_____日_____时

地点：

送达人：　　　　记录人：

送达人核对被告人姓名、性别、出生年月日、民族、出生地、文化程度等情况：

问：你何时被拘留？何时被逮捕？

答：

告知：_____人民检察院指控你犯有_____罪向本院提起公诉，我院已经受理。根据《中华人民共和国刑事诉讼法》第一百八十七条第一款的规定，现将人民检察院____检_____诉〔　〕_____号起诉书副本送达给你。我院即将开庭审理。除你自己行使辩护权外，还可以委托律师等辩护人为你辩护。

问：你听清了吗？有什么要说的？

答：

被告人：（签名）

×××人民法院

传　　票

案　号	（　　）字第　号
案　由	
当事人姓名	
工作单位或者住址	
传唤事由	
应到时间	年　月　日　时　分
应到处所	

注意事项：1. 被传唤人必须准时到达应到处所。
　　　　　2. 被传唤人应携带本传票报到。
　　　　　3. 被传唤人收到传票后，应在送达回证上签名或者盖章。

审判员：
书记员：
年　月　日

×××人民法院

送 达 回 证

案　由		案　号	（　　）字第　　号	
受送达人的 姓名、住址				
送达的文书名称及件数	受送达人签收	代收人签收		送达人
	年　月　日	年　月　日		
	年　月　日	年　月　日		
	年　月　日	年　月　日		
备注：（如拒收，写明拒收的事由、送达时的见证人，并签字）				

法庭笔录（第　　　次）

时间：_____年____月____日____时____分至____时____分

地点：

是否公开审理：　　　　　　　旁听人数：

审判人员：

书记员：

在宣布开庭前，书记员应做好如下工作：

1.查明公诉人、当事人、证人及其他诉讼参与人是否到庭。

2.拟出庭作证的证人、鉴定人应安排在庭外休息，等候传唤。

3.宣读法庭规则。

（1）未经允许不得录音、录像和摄影；

（2）未经允许不得进入审判区；

（3）不得发言、鼓掌、喧哗、吵闹，如对庭审活动有意见，可在庭审结束后提交书面材料；

（4）请关闭手机、呼机等通信工具。

4. 请公诉人、诉讼代理人、辩护人入庭就座。

5. 全体起立。请审判长、审判员（人民陪审员）入庭。

6. （审判人员就座后，审判长宣布全体人员坐下）报告审判长，公诉人、诉讼代理人、辩护人已到庭，被告人已押到候审，其他诉讼参与人在庭外等候传唤，请指示。

审判长：×××人民法院今天在这里依法公开（不公开）审理 ××× 人民检察院指控被告人（姓名和案由）一案。（对于不公开审理的，应说明理由）

：传被告人到庭。（被告人到庭后，原则上不使用戒具，但为保障安全秩序，确有必要的除外）

：现在查明被告人情况：（多个被告人的依次进行）

被告人姓名、出生年月、民族、出生地、文化程度、工作单位、职务、住址？

以前是否受过法律处罚、行政处罚、处分及其种类？是什么时间？

这次是什么时间、因为什么被拘留的？什么时间、因为什么被逮捕的？

是否收到检察院起诉书副本？是什么时间？

被害人到庭的，亦应由审判长先查明其姓名、年龄、职业、住址。

被告人 ××× 的法定代理人的名字？年龄？住址？工作单位？与被告人关系？（其他诉讼参与人有法定代理人的也应当依次查明身份及与被代理人的关系）

（如果有附带民事诉讼，还应查明附带民事诉讼各原告人和被告人的身份及附带民事诉讼被告人收到民事诉状的日期）

审判长：（宣布法庭组成人员）

合议庭由（职务或职称）（姓名）担任审判长，和（职称）（姓名）、（职称）（姓名）组成合议庭，书记员（姓名）担任法庭记录。×××人民检察院指派（姓名、职务）出庭支持公诉。×××律师事务所×××律师为被告人×××辩护。由（单位及职称）（姓名）出庭担任翻译，由（单位及职称）（姓名）出庭为本案技术问题提出鉴定意见。

审判长：当事人、法定代理人及辩护人在法庭审理过程中依法享有如下主要诉讼权利：

（1）可以申请合议庭组成人员、法官助理、书记员、公诉人、鉴定人和翻译人员回避；

（2）可以提出证据，申请通知新的证人到庭、调取新的证据，申请重新鉴定或者勘验；

（3）被告人可以自行辩护；

（4）被告人可以在法庭辩论终结后作最后陈述。

审判长：【询问当事人、法定代理人是否申请回避，申请何人回避及理由。（如要申请审判人员、出庭支持公诉的检察人员回避，合议庭认为符合法定情形的，应宣布休庭，依照有关规定处理；认为不符合法定情形的，应当庭驳回，继续法庭审理；如果申请回避人当庭申请复议，合议庭应当宣布休庭，待作出复议决定后，决定是否继续法庭审理。注意：如果有多名被告人及其他当事人的，应分别询问）】

审判长：（告知法庭审理的主要阶段：法庭调查、法庭辩论、被告人最后陈述、评议及宣判）

审判长：公诉人对法庭准备工作有无意见？（公诉人无意见之后）

审判长：请鉴定人退庭到休息室听候通知。法庭准备工作结束，现在开始法庭调查，由公诉人宣读起诉书。（有附带民事诉讼的，再由附带民事诉讼原告人或者其诉讼代理人宣读民事诉状）

公诉人：（宣读）

（如系共同犯罪案件，审判长应当先将第一被告人留下庭审，将其他被告人带出法庭候审。等第一被告人调查结束后，再将其带下，带其他被告人到庭进行调查）

审判长：被告人，刚才宣读的起诉书是否听清了？

被告人：

审判长：与你收到的起诉书副本是否一致？

被告人：

审判长：你对起诉书指控的罪名是否有异议？

被告人：

审判长：你对起诉书指控的犯罪事实是否有异议？

被告人：

审判长：被告人，你就起诉书对你的指控，向法庭作如实陈述。

被告人：

审判长：由公诉人对被告人进行讯问。

审判长：由辩护人对被告人发问。

（合议庭成员根据被告人的陈述情况，公诉人讯问情况，辩护人等询问、发问情况和案件事实重点和定性要点，认为需要向被告人发问的，可以选择适当时机进行讯问）

（共同犯罪案件，法庭对每一名被告人进行调查后，将全部被告人带上法庭进

行举证、质证）

审判长：由公诉人向法庭提供证据。

公诉人：请审判长通知证人×××出庭作证。

审判长：请值庭法警通知证人×××出庭。

：证人叫什么名字？出生年月日、民族、籍贯、文化程度、工作单位、职务、住址？

与本案当事人是什么关系？

审判长：你出庭作证，应当向法庭如实提供证言，如有意作伪证或隐匿罪证要负法律责任，听清了吗？

：请值庭法警将保证书交证人签字。

：请值庭法警将保证书交还书记员。

审判长：公诉人对证人进行发问。

审判长：被告人对证人证言有什么意见？是否有发问？

被告人的辩护人对证人证言有什么意见？是否有发问？（合议庭成员根据案件事实和定性及被告人的陈述情况认为需要对证人发问的，可以选择适当时机进行发问）

审判长：请书记员宣读证人证言笔录。

：证人×××刚才宣读的笔录与你的证言是否一致？有没有修改或补充？

：请值庭法警将证人证言交证人核对、签字。

：请值庭法警将证人证言交还书记员。

：证人退庭。

：由公诉人继续出示证据。

公诉人：审判长，下面要求宣读未到庭的证人证言。

审判长：可以宣读。

（公诉人宣读证人证言，被害人陈述，鉴定意见，勘验、检查、辨认、侦查实验笔录等，宣读完毕后，立即由被告人及辩护人进行质证，可以宣读一份证据质证一次，也可以宣读几份同种类的证据后质证一次）

审判长：由公诉人继续出示证据。

公诉人：审判长，下面要求出示有关物证、书证，由被告人辨认。

审判长：可以出示。

（公诉人出示物证、书证，应当首先说明证据的来源，物证的特征、书证的内容等，然后一证一出示，由值庭法警交由被告人、辩护人一一辨认）

审判长：公诉人是否还有证据向法庭提供？

公诉人：审判长，控方证据提供完毕。

审判长：由被告人及辩护人向法庭提供证据。

被告人和辩护人：请审判长通知证人×××出庭作证。

审判长：请值庭法警通知证人×××到庭。

：证人叫什么名字？出生年月日、民族、籍贯、文化程度、工作单位、职务、住址？

与本案被告人、被害人是什么关系？

：你出庭作证应当如实向法庭提供证言，如有意作伪证或隐匿罪证，要负法律责任，听清了吗？

：请值庭法警将保证书交证人签字。

：请值庭法警将保证书交还书记员。

审判长：由辩护人向证人进行发问。

：被告人对证人证言有什么意见？是否有发问？

：公诉人对证人证言有什么意见？是否有发问？（合议庭成员根据案件事实和定性及被告人的陈述情况，认为需要对证人发问的，可以选择适当时机进行发问）

审判长：请书记员宣读证人证言笔录。

：证人×××刚才宣读的笔录与你的证言是否一致？有没有修改和补充？

：请值庭法警将证人证言交证人核对、签字。

：请值庭法警将证人证言交还书记员。

：证人退庭。

：被告人及辩护人继续出示证据。

辩护人：审判长，下面宣读书面证据。

审判长：可以宣读。

（辩护人宣读的书面证据，宣读完毕后，对证据进行质证，可以宣读一份证据后质证一次，也可以宣读几份证据后质证一次，因案而宜）

：被告人及辩护人继续出示证据。

辩护人：审判长，我有物证（或书证）需要当庭出示。

审判长：可以出示。

（辩护人出示的物证、书证应当先说明证据的来源，物证的特征、书证的内容等，再让有关人员辨认，辨认结果要记录清楚。公诉人对物证、书证有异议的，可以提出质询）

审判长：被告人及辩护人继续出示证据。

辩护人：审判长，辩方提供证据完毕。

审判长：公诉人，是否有未向法庭提供的证明被告人无罪、罪轻的证据？

：被告人及其辩护人，是否申请通知新的证人到庭，调取新的证据，进行重新鉴定或勘验、检查？

【法庭调查过程中，审判人员应注意如下内容：

1.法庭调查应以指控的内容为主线，以审查、核实证据为中心，查明案件的事实，其他诉讼参与人提出或者人民法院发现有相关的新的事实或者新的证据，应当一并查清。指控多项犯罪事实的，应当逐项进行调查。

2.控辩双方必须对自己的主张承担举证责任。需要运用证据证明的案件事实包括：

（1）被指控的犯罪行为是否存在；

（2）被指控的行为是否为被告人所实施；

（3）被告人的身份（特殊情况下可按其自报认定）；

（4）实施行为的时间、地点、手段、后果以及其他情节；

（5）共同被告人的责任分担及与其他同案人的关系；

（6）被告人有无罪过，行为的动机、目的；

（7）被告人的行为是否构成犯罪，有无法定或者酌定从重、加重、从轻、减轻处罚以及免除处罚的情节；

（8）赃款、赃物的来源、数量及去向。有附带民事诉讼的，要证明被告人的行为是否已经给被害人造成损害，被害人对造成的损害结果有无过错以及被告人的赔偿能力；

（9）其他有关罪与非罪以及与定罪量刑有关的事实。

3.审判人员应询问被告人、被害人对指控犯罪的事实有无异议，公诉人可以就异议部分讯问被告人。被告人全部或者部分否认犯有指控的罪行的，应充分听取其否认的根据和理由，但不能轻信，应着重于其他证据的证明。

被害人、附带民事诉讼原告人和辩护人、诉讼代理人经审判长许可，可以就具体事实、情节向被告人发问或互相发问。被告人、被害人经审判长许可，可以就指控的犯罪事实分别进行陈述。但对控辩双方讯问、发问、陈述的内容与本案无关或讯问、发问方式不当的，审判长应当制止。对于控辩双方认为对方讯问、发问内容与本案无关或方式不当而提出异议的，审判长应当判明情况予以支持或者驳回。

审判人员认为有必要时，随时可以向被告人讯问，也可以向公诉人、被害人及附带民事诉讼原告人发问。审问共同犯罪案件的被告人应当分别进行，暂不审问的应押离法庭。合议庭认为必要时，可以传唤共同被告人同时到庭对质。

4.对指控的每一项案件事实，经审判长准许，公诉人、被害人、附带民事诉讼原告人、被告人、辩护人、法定代理人、诉讼代理人可以提请审判长传唤证人、鉴定人和勘验、检查笔录制作人出庭作证，或者出示证据，宣读未出庭的被害人、证人、鉴定人和勘验、检查笔录制作人的书面陈述、证言、鉴定结论及勘验、检查笔录。控辩双方要求证人出庭作证，向法庭出示物证、书证、视听资料等证据，应当向审判长说明拟证明的事实，审判长同意的，即传唤证人或准许出示证据；审判长认为与案件无关或者明显重复、不必要的证据，可不予准许。

出示证据应当逐项进行：

（1）原则上要一事一证、一证一质；

（2）两起以上互不关联、性质不同的犯罪应分别进行举证、质证；

（3）两个以上行为连续实施，构成两个以上性质不同犯罪（如抢劫后绑架）的，应同时举证、质证；

（4）多起性质相同的犯罪应同时举证、质证；

（5）对前一犯罪行为举证、质证完毕后，再按照时间顺序对下一犯罪行为进行举证、质证。

5. 证人到庭后，审判人员应当先核实证人的身份、证人与当事人以及本案的关系；告知证人应当如实地提供证言和有意作伪证或者隐匿罪证要负的法律责任，并指令证人在如实作证的保证书上签名。向证人发问，应先由提请传唤的一方进行，另一方在对方发问完毕后经审判长准许也可以发问。

6. 鉴定人到庭后，审判人员应当先核实鉴定人的身份、与本案有无利害关系；告知鉴定人应当如实地提供鉴定意见和有意作虚假鉴定要负的法律责任。

鉴定人宣读鉴定结论后，要求传唤方可以提出发问，另一方经审判长许可也可以发问。

7. 审判人员认为有必要时，可以随时询问证人、鉴定人。

对于向证人、鉴定人发问的内容与本案无关或发问方式不当的，审判人员应当制止；对于控辩双方认为对方发问不当而提出异议的，审判人员应当判明情况予以支持或者驳回（可以不说明理由）。

传唤证人和鉴定人出庭作证应分别进行，发问、询问完毕后，审判长应当告其退庭，不得旁听对本案的审理。

8. 控辩双方出示、宣读未到庭的证人、鉴定人的证言笔录、鉴定意见时，审判长应告其先说明该证人、鉴定人的身份，取得该笔录的时间、地点，取证人，在场人及鉴定意见的来源。如笔录中有与案件无关的内容时，可只宣读有关部分，但是不得断章取义歪曲原意。宣读后即交付法庭，审判人员应询问另一方对该证据的意见。

9. 控辩双方出示其他书证及物证、视听资料时，应当先由出示方就所出示的证据的来源、内容、特征作必要的说明，然后当庭交付法庭。审判人员应当交另一方进行辨认和发表意见。控辩双方可以相互质问、辩论。

合议庭对于当庭出示、质证过的证据，认为可以当庭确认的，应当作出采纳与否的决定；认为不能当庭确认的，可宣布已质证清楚，待后判决。

在庭审过程中，合议庭对于证据有疑问的，可以宣布休庭，对该证据进行调查核实。调查核实证据可以进行勘验、检查、扣押、鉴定和查询、冻结。必要时，可以通知检察人员、辩护人到场。

10. 在庭审过程中，当事人和辩护人申请通知新的证人到庭，调取新的证据，申请重新鉴定或者勘验、检查的，应当提供证人的姓名、通信地址、证据的存放地点，说明所要证明的案件事实、要求重新鉴定或者勘验、检查的理由。合议庭根据具体情况，认为可能影响案件事实认定的，应当同意申请，并宣布延期审理；不同意的，应当告知理由并继续开庭。

在庭审过程中，公诉人要求撤回起诉，或认为案件需要补充侦查，申请延期审理的，合议庭应当准许。但建议延期审理的次数不得超过两次。人民检察院在法定补充侦查期限内没有提请恢复法庭审理的，法庭将以撤诉结案。】

审判长：（合议庭认为案件事实已查清后）法庭调查结束，开始就全案事实、证据、适用法律等问题进行法庭辩论。

（法庭辩论应当在审判长的主持下，按照下列顺序进行：公诉人发言；被害人及其诉讼代理人发言；被告人自行辩护；辩护人辩护；控辩双方进行辩论）

【法庭辩论应注意：

1. 辩论的顺序应先控后辩，再互相辩论。有多名被告人的，可逐个进行，但应允许其他被告人、辩护人穿插发言，多轮交锋。发现新的事实和证据，合议庭认为有必要查清的，审判长可以宣布暂停辩论，恢复法庭调查，待事实查清后再继续辩论。附带民事诉讼部分的辩论应当在刑事诉讼部分辩论结束后进行。

在法庭辩论过程中，审判长对于控辩双方与案件无关、重复意见或互相指责的发言应当制止。

2. 被告人当庭拒绝辩护人为其辩护并要求另行委托辩护人或者要求人民法院另行指定辩护律师，合议庭同意的，应宣布休庭延期审理。重新开庭后，被告人再次拒绝重新委托的辩护人或指定的辩护律师为其辩护的，合议庭应当分别情形作出处理：

（1）被告人是成年的，可以准许，但不得再行委托或者指定辩护人。

（2）被告人是盲、聋、哑，可能被判处无期以上刑罚或者限制行为能力的人、未成年人，没有正当理由，一般不予准许。

委托辩护人当庭拒绝继续为被告人进行辩护的，合议庭应当准许。指定辩护人提出拒绝辩护人的，一般不予许可。】

审判长：（经辩论，双方观点已明晰后）本案法庭辩论结束，根据法律规定，由被告人向法庭作最后陈述。

被告人：

（被告人的最后陈述应注意：

1. 法庭应当保证被告人充分行使最后陈述的权利。如果被告人多次重复自己的意见，审判长可以制止。如果陈述内容是蔑视法庭、公诉人，损害他人及社会公共利益或者与本案无关的，应当制止。在公开审理的案件中，被告人最后陈述的内容涉及国家秘密、商业秘密或者个人隐私，也应当制止。

2. 被告人在最后陈述阶段提出了新的事实、证据，可能影响正确裁判的，应当恢复法庭调查；如果被告人提出新的辩解理由，合议庭认为有必要的，可以恢复法庭辩论。

如有附带民事诉讼部分的可以在法庭辩论结束后当庭调解。附带民事诉讼原告人在宣告判决前可以同附带民事诉讼被告人自行和解或者撤回起诉。

审理附带民事诉讼应适用民事诉讼法，如与刑事诉讼法规定不一致的，应当适用刑事诉讼法的规定。）

审判长：休庭。（休庭后被告人阅读笔录，公诉人、辩护人向法庭移交有关证据材料，合议庭进行评议。评议后继续开庭，将被告人带下去。不当庭宣判的，则宣布：现在休庭，下次开庭时间、地点另行公告）

（评议后）

书记员：请大家坐好。

请公诉人、诉讼参与人入庭。

请审判长、审判员（人民陪审员）入庭。

审判长：继续开庭，传被告人到庭。

被告人×××休庭期间你阅读庭审笔录没有？是否签字？

被告人：

审判长：×××人民检察院指控被告人×××一案，经过法庭审理，听取了被告人的陈述，审查了公诉人、辩护人向法庭提供的有关证据，充分听取了控辩双方的辩论意见及被告人的最后陈述。经合议庭评议，认为公诉人出示或提供的×××证据（简要情节或证明的主要内容）、某物证、某书证（证明的主要事实），辩护人出示或提供的×××证据（简要情节或证明的主要内容），某物证、某书证（证明的主要事实）……本庭予以确认（或对哪些证据不予确认）。现在宣判。

书记员：全体起立。

（审判长站起来宣判认定的事实，适用法律的各项依据和判决结果）

审判长：本判决在闭庭后五日内送达。如不服本判决，可在接到判决书次日起十日内向本院或者直接向×××人民法院提出上诉。

审判长：被告人×××，是否听清？

审判长：对本判决有无意见？是否上诉？

审判长：把被告人×××带出法庭，送回×××看守所继续羁押。（未被羁押的，宣布把被告人×××带出法庭）

审判长：现在宣布闭庭。

关于（被告人姓名和案由）
一案的审理报告

（　　　　）刑初字第　号

一、控辩双方和其他诉讼参与人的基本情况

公诉机关×××人民检察院。

被害人（写明姓名、性别、出生年月日、民族、出生地、文化程度、职业或者工作单位和职务、住址，与被告人的关系和受害情况等）。

附带民事诉讼原告人（写明姓名、性别、出生年月日、民族、出生地、文化程度、职业或者工作单位和职务、住址等）。

委托（或者法定、指定）代理人（写明姓名、性别、职业或者工作单位和职务、住址以及与被代理人的关系等。此项系指被害人、自诉人、附带民事诉讼原告人的委托代理人和未成年当事人的法定代理人或者指定代理人。有此项的，应列在被代理人之后另起一行续写）。

被告人（首先写明姓名、性别、出生年月日、民族、出生地、文化程度、党派、职业或者工作单位和职务、住址，因本案被拘留、逮捕或者被采取其他强制措施的时间和情况，现羁押处所；其次写明何时、何地、何故受过何种处罚，包括行政拘留、犯罪判刑或者免刑和是否累犯等情况；再次写明被告人的其他情况，如有亲属侨居外国或者在我国台、港、澳的，也应写明其情况）。

辩护人（写明姓名、工作单位和职务）。

如果被告人和其他诉讼参与人有多人，应在其相关项目之后增项续写。

二、案件的由来和审理经过

被告人（写明其姓名和案由）一案，由×××人民检察院于××××年××月××日以×检×诉〔 〕××号起诉书，向本院提起公诉。本院于××××年××月××日公开（或者不公开）开庭审理了本案。×××人民检察院检察长或检察员×××出庭支持公诉，被害人×××及其诉讼代理人×××，被告人×××及其辩护人×××，鉴定人×××、翻译人员×××等到庭参加诉讼（没有到庭参加诉讼的不写）。现已审理终结。

三、案件的侦破、揭发情况

（简要写明案件的发生、揭发或者侦查、破获过程的情况，包括时间、地点和方式方法以及涉及的主要人员等。有曲折过程、复杂情况和问题的，应当详细写明）

四、控辩双方的主要控辩内容

（写明检察机关对被告人指控的罪名、犯罪事实、犯罪情节、证据、适用法律的意见、诉讼请求事项及其理由和根据。有附带民事诉讼的，应当一并写明原告人所诉的主要内容，包括事实、情节、请求事项及其理由和根据）

五、审理查明的事实和证据

（写明经法庭审理查证后所认定的事实和具体证据。犯罪事实应包括作案的时间、地点、动机、目的、实施过程、犯罪情节、危害后果，以及被告人作案后的表现等。证据应是经过庭审查证属实的。证据要具体列举，并用括号注明其系控方举证还是辩方提供、所在的卷宗页次或者出处。对据以认定犯罪事实的有关物证、书证、证人证言、被害人陈述、勘验或者检查笔录、鉴定意见、视听资料、电子数据、同案人供述和被告人供述、辩解等证据及其与本案的联系，进行分析论证；证据之间有矛盾的，要在控辩双方举证、质证的基础上进行实事求是的分析认证；对不真实的或者不能采用的证据和不能认定的事实和情节，应当作出有根据、有分析的说明，尤其是对于有争议的事实和证据，更要重点分析论证）

六、需要说明的问题

需要说明的问题，一般是涉及认定犯罪事实、情节、证据和定罪量刑而又不宜写入裁判文书的事实、理由等部分的问题，以及其他对案件的审判有影响的问题等。根据具体案件的实际情况，有什么需要说明的问题，就写明什么问题。例如，侦查中使用了不正当手段的；有诱供逼供，有伪证、假证的；被告人或者诉讼参与人的亲属有妨碍侦查、预审、审判活动的非法行为的；侦查、起诉和审判程序上有不合法之处的，开庭审理中出现不正常情况的；发现未起诉的漏罪、漏犯的；被告人检举揭发他人的罪行，提供他人犯罪的重要线索的；有较大争论而又难以认定或者否定的事实、情节的；有关方面对本案的意见；等等，都应当把问题的情况和意见如实地写明。案件本身没有什么问题需要说明的，此项则不写。

七、处理意见和理由

合议庭评议认为，（此项应当写明的内容，实际上就是判决书中的理由和判决两部分的内容。要根据法庭核实的证据和查明的事实与情节，依照有关法律、法规和司法解释等规定，运用有关法学理论，首先写明对控辩双方不同的意见及其理由的分析评论，哪些应予采纳，哪些不予采纳；其次写明对被告人行为的性质、情节、社会危害性大小，定罪的证据是否充分，能否认定被告人有罪，构成何种罪的分析论述，一案有多名被告人的应当分别论述清楚；最后写明被告人是否应当负刑事责任及其责任的大小，有无法定从轻、减轻或者从重的情节和其他可以从宽、从严的情节，在法定量刑幅度的基础上应判处什么刑罚，还是应当免予刑事处分，或者应当宣告无罪。有附带民事诉讼的，要一并写明对被告人应否承担赔偿经济损失和赔偿多少的处理意见。提出处理实体问题的具体意见时，应当写明所适用的法律和司法解释规定的具体条款。需要提出司法建议的，应当写明其内容和向哪个单位提出建议，等等）。

附：制作审理报告的说明

（1）本格式供各级人民法院审理第一审程序的刑事案件时使用。

（2）案件审理报告的标题要特定化，即公诉案件应当写明被告人的姓名和案由等。不能简化为"审理报告"或者"案件审理报告"，也不能写成"审结报告"。

（3）案件审理报告，是独任审判员或者合议庭在评议案件之后，报送审判委员会讨论决定案件的综合性书面材料，是在案件审理完毕之后，对前一段诉讼活动、审理过程、案情全貌作出的全面总结，并对案件的事实认定、定性处理提出意见。它既是案件在判处以前报送审判委员会讨论决定案件和制作裁判文书的基础，也是日后检查案件质量、总结审判工作经验教训的重要根据。

（4）案件审理报告写得是否符合要求，不但影响审判委员会的审议，而且直接影响据以制作的裁判文书的质量。因此，制作审理报告时，要参阅样式规定的项目和内容要素，如实地反映审理阶段的诉讼活动、审理过程和案情全貌，并对事实的认定和定性处理认真提出意见，叙述事实要实事求是，不夸大、不缩小，能认定的事实才能予以认定，不能认定的和存在的问题要做出分析说明。所提定性处理的意见，要严格依法办事。援引的法条要准确、完整、具体。审理报告的内容要兼收并蓄，应比同一审级程序的裁判文书的内容更加全面、系统、丰富、具体，案件的来龙去脉、过程、情节和问题应当交代得更为清楚明白。对合议庭少数人的不同意见，应当一并写明。

（5）审理报告的尾部，由审理本案的独任审判员或者合议庭成员署名，并写明年月日。

（6）本文书系不公开的内部文书，应归入副卷，并注意保密。

×××人民法院

刑事判决书

（一审公诉案件适用普通程序用）

刑初字（　）第　号

公诉机关×××人民检察院。

被告人×××（写明姓名、性别、出生年月日、民族、出生地、文化程度、职业或者工作单位和职务、住址和因本案所受强制措施情况等，现羁押处所）。

辩护人×××（写明姓名、工作单位和职务）。

×××人民检察院以×检×诉（××）××号起诉书指控被告人×××犯×××罪，于××××年××月××日向本院提起公诉。本院依法组成合议庭，公开（或者不公开）开庭审理了本案。×××人民检察院指派检察员×××出庭支持公诉，被害人×××及其法定代理人×××、诉讼代理人×××，被告人×××及其法定代理人×××、辩护人×××，证人×××，鉴定人×××，翻译人员×××等到庭参加诉讼。现已审理终结。

×××人民检察院指控，（概述人民检察院指控被告人犯罪的事实、证据和适用法律的意见）。

被告人×××辩称，（概述被告人对指控的犯罪事实予以供述、辩解、自行辩护的意见和有关证据）。辩护人×××提出的辩护意见是……（概述辩护人的辩护意见和有关证据）。

经审理查明，（首先写明经庭审查明的事实；其次写明经举证、质证定案的证据及其来源；最后对控辩双方有异议的事实、证据进行分析、认证）。

本院认为，（根据查证属实的事实、证据和有关法律规定，论证公诉机关指控的犯罪是否成立，被告人的行为是否构成犯罪，犯的什么罪，应否从轻、减轻、免除处罚或者从重处罚。对于控辩双方关于适用法律方面的意见，应当有分析地表示是否予以采纳，并阐明理由）。依照……（写明判决的法律依据）的规定，判决如下：

【写明判决结果。分三种情况：

第一种，定罪判刑的，表述为：

"一、被告人×××犯×××罪，判处……（写明主刑、附加刑）。

（刑期从判决执行之日起计算。判决执行以前先行羁押的，羁押一日折抵刑期一日，即自××××年××月××日起至××××年××月××日止）。

二、被告人×××（写明决定追缴、退赔或者发还被害人、没收财物的名称、种类和数额）。"

第二种，定罪免刑的，表述为：

"被告人×××犯×××罪，免予刑事处罚（如有追缴、退赔或者没收财物的，续写第二项）。"

第三种，宣告无罪的，无论是适用《中华人民共和国刑事诉讼法》第二百条第（二）项还是第（三）项，均应表述为：

"被告人××无罪"。】

如不服本判决，可在接到判决书的第二日起十日内，通过本院或者直接向×××人民法院提出上诉。书面上诉的，应当提交上诉状正本一份，副本×份。

审判长：×××

审判员：×××

审判员：×××

年　月　日

（院印）

本件与原本核对无异（印戳）

书记员：×××

附：刑事判决书制作说明

本判决书样式由首部、事实、理由、判决结果和尾部五个部分组成。

1.首部

（1）法院名称，一般应与院印的文字一致，但是基层人民法院的名称前应冠以省、自治区、直辖市的名称。判处涉外案件时，各级人民法院均应冠以"中华人民共和国"的国名。

（2）案号，由立案年度、制作法院、案件性质、审判程序的代字和案件的顺序号组成。案号写在文书名称下一行的右端，其最末一字与下面的正文右端各行看齐。案号上下各空一行。

（3）公诉机关，直接写"公诉机关×××人民检察院"。在"公诉机关"与"人民检察院"之间不用标点符号，也不用空格。

（4）被害人和法定代理人、诉讼代理人出庭参加诉讼的，在审判阶段的"出庭人员"中写明（未出庭的不写）。

（5）被告人的基本情况有变化时，应在样式要求的基础上，根据不同情况作相应改动：

①被告人如有与案情有关的别名、化名，应在其姓名后面用括号加以注明。

②被告人的职业，一般应写工人、农民、个体工商户等；有工作单位的，应写明其工作单位和职务。

③被告人的"出生年月日"，应写被告人准确的出生年月日；确实查不清出生年月日的，也可以写年龄。但对于未成年被告人，必须写出生年月日。

④被告人曾受过刑事处罚、行政处罚，或者在限制人身自由期间有逃跑等法定或者酌定从重处罚情节的，应当写明其事由和时间。

⑤因本案所受强制措施情况，应写明被拘留、逮捕等羁押时间，以便于折抵刑期。有被留置情况的也应写明。

⑥被告人项内书写的各种情况之间，一般可用逗号隔开；如果某项内容较多，可视行文需要，另行采用分号或者句号。

⑦被告人的住址应写住所所在地，住所所在地和经常居住地不一致的，写经常居住地。

⑧同案被告人有二人以上的，按主从关系的顺序列项书写。

⑨被告人是外国人的，应在其中文译名后用括号写明其外文姓名、护照号码、国籍。

（6）被告人是未成年人的，应当在写明被告人基本情况之后，另行续写法定代表人的姓名、与被告人的关系、工作单位和职务以及住址。

（7）辩护人是律师的，只写姓名、工作单位和职务，即"辩护人，×××律师事务所律师"，辩护人是人民团体或者被告人所在单位推荐的，只写姓名、工作单位和职务；辩护人是被告人的监护人、亲友的，还应写明其与被告人的关系；辩护人如果是人民法院指定的，写为"指定辩护人"，并在审判经过段中作相应的改动。同案被告人有二人以上并各有辩护人的，分别在各被告人项的下一行列项书写辩护人的情况。

（8）案件的由来和审判经过段中检察院的起诉日期为法院签收起诉书等材

料的日期；出庭的被告人、辩护人有多人的，可以概写为"上列被告人及其辩护人"；出庭支持公诉的如系检察长、副检察长、助理检察员的，分别表述为"检察长""副检察长""代理检察员"。

（9）对于前案依据《刑事诉讼法》第二百条第（三）项规定作出无罪判决，人民检察院又起诉的，原判决不予撤销，但应在案件审判经过段"人民检察院以×检×诉（××）×号起诉书"一句前，增写"被告人曾于××××年××月××日被人民检察院以×××罪向人民法院提起公诉。因证据不足，指控的犯罪不能成立，被人民法院依法判决宣告无罪。"

（10）对于经第二审人民法院发回重审的案件，原审法院重审以后，在制作判决书时，在"开庭审理了本案"一句之后，增写以下内容："于××××年××月××日作出（××）刑初字第××号刑事判决，被告人提出上诉（或者人民检察院提出抗诉）。人民法院于××××年××月××日作出（××）刑终字第××号刑事裁定，撤销原判，发回重审。本院依法另行组成合议庭，公开（或者不公开）开庭审理了本案。"

2. 事实

事实是判决的基础，是判决理由和判决结果的根据。制作判决书，首先要把事实叙述清楚。书写判决事实时，应当注意以下几点：

（1）按照样式规定，事实部分包括四个方面的内容：人民检察院指控被告人犯罪的事实和证据；被告人的供述、辩解和辩护人的辩护意见；经法庭审理查明的事实和据以定案的证据，并分四个自然段书写，以充分体现控辩式的审理方式。

（2）叙述事实时，应当写明案件发生的时间、地点，被告人的动机、目的、手段，实施行为的过程、危害结果和被告人在案发后的表现等内容，并以是否具备犯罪构成要件为重点，兼叙影响定性处理的各种情节。依法公开审理的案件，案件事实未经法庭公开调查的，不能认定。

（3）叙述事实要层次清楚，重点突出。一般按时间先后顺序叙述；一人犯数罪的，应当按罪行主次的顺序叙述；一般共同犯罪案件，应当以主犯为主线进行叙述；集团犯罪案件，可以先综述集团的形成和共同的犯罪行为，再按首要分子、主犯、从犯、胁从犯或者罪重、罪轻的顺序分别叙述各个被告人的犯罪事实。

（4）认定事实的证据必须做到：①依法公开审理的案件，除无须举证的事实外，证明案件事实的证据必须经法庭公开举证、质证，才能认证；未经法庭公开举证、质证的，不能认证。②特别要注意通过对证据的具体分析、认证来证明判决所确认的犯罪事实，防止并杜绝用"以上事实，证据充分，被告也供认不讳，足以认定"的抽象、笼统的说法或者用简单的罗列证据的方法，来代替对证据的具体分析、认证；法官认证和采信证据的过程应当在判决书中充分体现出来。③证据要尽可能写得明确、具体。证据的写法，应当因案而异。案情简单或者控辩双方没有异议的，可以集中表述；案情复杂或者控辩双方有异议的，应当进行分析、认证；一人犯数罪或者共同犯罪案件，还可以分项或者逐人逐罪叙述证据或者对证据进行分析、认证。对控辩双方没有争议的证据，在控辩主张中可不予叙述，而只在"经审理查明"的证据部分具体表述，以避免不必要的重复。

（5）叙述证据时，应当注意保守国家秘密，保护报案人、控告人、举报人、被害人、证人的安全和名誉。

3. 理由

理由是判决的灵魂，是将犯罪事实和判决结果有机联系在一起的纽带。其核心内容是针对案情特点，运用法律规定、政策精神和犯罪构成理论，阐述公诉机关的指控是否成立，被告人的行为是否构成犯罪，犯的什么罪，依法应当如何处理，为判决结果打下基础。书写判决理由时，应当注意以下几点：

（1）理由的论述一定要有针对性，有个性。要注意结合具体案情，充分摆事实、讲道理。说理力求透彻，逻辑严密，无懈可击，使理由具有较强的思想性和说服力。防止理由部分不说理或者说理不充分，只引用法律条文，不阐明适用法律的道理，切忌说空话、套话，理由千篇一律，只有共性，没有个性。尽量使用法律术语，并注意语言精炼。

（2）确定罪名，应当以《刑法》和《最高人民法院关于执行〈中华人民共和国刑法〉确定罪名的规定》为依据。一人犯数罪的，一般先定重罪，后定轻罪；共同犯罪案件，应在分清各被告人在共同犯罪中的地位、作用和刑事责任的前提下，依次确定首要分子、主犯、从犯或者胁从犯、教唆犯的罪名。

（3）如果被告人具有从轻、减轻、免除处罚或者从重处罚等一种或者数种情节的，应当分别或者综合予以认定。

（4）对控辩双方适用法律方面的意见应当有分析地表明是否予以采纳，并阐明理由。

（5）判决的法律依据，根据《最高人民法院关于司法解释工作的若干规定》，应当包括司法解释在内。在引用法律条文时，应当注意：

①要准确、完整、具体。准确，就是要恰如其分地符合判决结果；完整，就是要把据以定性处理的法律规定和司法解释全部引用；具体，就是要引出法律依据条文外延最小的规定，即凡条下分款、分项的，应写明第几条第几款第几项；有的

条文只分项不分款，则写明第几条第几项。

②要有一定的条理和顺序。一份裁判文书应当引用两条以上的法律条文的，应当先引用有关定罪与确定量刑幅度的条文，后引用从轻、减轻、免除处罚或者从重处罚的条文，判决结果既有主刑，又有附加刑内容的，应当先引用适用主刑的条文，后引用适用附加刑的条文；某种犯罪需要援引其他条款的法定刑处罚（即援引法定刑）的，应当先引用本条条文，再按本条的规定，引用相应的他罪条文；一人犯数罪的，应当逐罪引用法律条文，共同犯罪的，既可集中引用有关的法律条文，也可逐人逐罪引用有关的法律条文。

③引用的法律依据中，既有法律规定又有司法解释规定的，应当先引用法律规定，再引用相关的司法解释；同时适用修订前后《刑法》的，对修订前的《刑法》，称"1979年《中华人民共和国刑法》"，对修订后的刑法，称"《中华人民共和国刑法》"。

4. 判决结果

判决结果（又称"主文"）是依照有关法律的具体规定，对被告人作出的定性处理的结论，应当字斟句酌、认真推敲。书写判决结果时，应当注意以下几点：

（1）判处的各种刑罚，应按法律规定写明全称。既不能随意简化，如将"判处死刑，缓期二年执行"的，简写为判处"死缓"；也不能"画蛇添足"，如将宣告缓刑的，写为"判处有期徒刑×年，缓期×年执行"。

（2）有期徒刑的刑罚应当写明刑种、刑期和主刑的折抵办法以及起止时间。本样式系按判处有期徒刑、拘役的模式设计起止时间的。如系判处死刑缓期二年执行的，起止时间表述为"死刑缓期二年执行的期间，从高级人民法院核准之日起计算"；如系判处管制的，表述为"刑期从判决执行之日起计算；判决执行以前先行羁押的，羁押一日折抵刑期二日，即自××××年××月××日起至××××年××月××日止"。

（3）关于对三类特殊案件判决结果的表述。根据《最高人民法院关于执行〈中华人民共和国刑事诉讼法〉的解释》第二百九十五条第（六）、第（七）项的规定，对被告人因未达到刑事责任年龄不予刑事处罚和被告人是精神病人，在不能辨认或者不能控制自己行为的时候造成危害结果不予刑事处罚的，均应当在判决结果中宣告"被告人不负刑事责任"。依照该条第（十）项的规定，对被告人死亡的案件，根据已查明的案件事实和认定的证据材料，能够确认被告人无罪的，应当在判决结果中宣告"被告人无罪"。

（4）适用《中华人民共和国刑事诉讼法》第二百条第（三）项规定宣告被告

人无罪的，应当将"证据不足，人民检察院指控的犯罪不能成立"作为判决的理由，而不应当作为判决的主文。

（5）追缴、退赔和发还被害人、没收的财物，应当写明其名称、种类和数额。财物多、种类杂的，可以在判决结果中概括表述，另列清单，作为判决书的附件。

（6）数罪并罚的，应当分别定罪量刑（包括主刑和附加刑），然后按照《刑法》关于数罪并罚的原则，决定执行的刑罚，切忌综合（即"估推"）量刑。

（7）一案多人的，应当以罪责的主次或者判处刑罚的轻重为顺序，逐人分项定罪判处。

5. 尾部

（1）如果适用《中华人民共和国刑法》第六十三条第二款的规定在法定刑以下判处刑罚的，应当在交代上诉权之后，另起一行写明："本判决依法报请最高人民法院核准后生效"。

（2）判决书的尾部应当由参加审判案件的合议庭组成人员或者独任审判员署名。合议庭成员有陪审员的，署名为"人民陪审员"；合议庭成员有助理审判员的，署名为"代理审判员"；助理审判员担任合议庭审判长的，与审判员担任合议庭审判长一样，署名为"审判长"；院长（副院长）或者庭长（副庭长）参加合议庭的，应当担任审判长，均署名为"审判长"。

（3）判决书尾部的年月日，为作出判决的日期。当庭宣判的，应当写当庭宣判的日期；定期或者委托宣判的，应当写签发判决书的日期（裁定书亦同）。当庭宣告判决的，其不服判决的上诉和抗诉的期限，仍应当从接到判决书的第二日起计算。

（4）判决书原本上不写"本件与原本核对无异"。此句文字应制成专用印戳，由书记员将正本与原本核对无异之后，加盖在正本末页年月日的左下方、书记员署名的左上方。

××× 人 民 法 院

刑事附带民事判决书

（一审公诉案件适用普通程序用）

× 刑初字（　）×× 号

公诉机关 ××× 人民检察院。

附带民事诉讼原告人（写明姓名、性别、出生年月日、民族、出生地、文化程度、职业或者工作单位和职务、住址等）。

被告人 ×××（写明姓名、性别、出生年月日、民族、出生地、文化程度、职业或者工作单位和职务、住址和因本案所受强制措施情况等，现羁押处所）。

辩护人 ×××（写明姓名、工作单位和职务）。

××× 人民检察院以 × 检刑诉〔　〕×× 号起诉书指控被告人 ××× 犯 ××× 罪，于 × 年 × 月 × 日向本院提起公诉。在诉讼过程中，附带民事诉讼原告人向本院提起附带民事诉讼。本院依法组成合议庭，公开（或者不公开）开庭进行了合并审理。××× 人民检察院指派检察员 ××× 出庭支持公诉，附带民事诉讼原告人及其法定（诉讼）代理人，被告人及其法定代理人、辩护人，证人 ×××，鉴定人 ×××，翻译人员 ××× 等到庭参加诉讼。现已审理终结。

××× 人民检察院指控，_____（概述人民检察院指控被告人犯罪的事实、证据和适用法律的意见）。

附带民事诉讼原告人诉称，_____（概述附带民事诉讼原告人的诉讼请求和有关证据）。

被告人辩称，_____（概述被告人对人民检察院指控的犯罪事实和附带民事诉讼原告人的诉讼请求予以供述、辩解、自行辩护的意见和有关证据）。

辩护人提出的辩护意见是_____（概述辩护人的辩护意见和有关证据）。

经审理查明，_____（首先写明经法庭审理查明的事实，既要写明经法庭查明的全部犯罪事实，又要写明由于被告人的犯罪行为使被害人遭受经济损失的事实；其次写明据以定案的证据及其来源；最后对控辩双方有异议的事实、证据进行分析、认证）。

本院认为，……（根据查证属实的事实、证据和法律规定，论证公诉机关指控的犯罪是否成立，被告人的行为是否构成犯罪，犯的什么罪，应否追究刑事责任；论证被害人是否由于被告人的犯罪行为而遭受经济损失，被告人对被害人的经济损失应否负民事赔偿责任，应否从轻、减轻、免除处罚或者从重处罚。对于控辩双方关于适用法律方面的意见，应当有分析地表示是否予以采纳，并阐明理由）。依据

（写明判决的法律依据）的规定，判决如下：

【写明判决结果。分四种情况：

第一种，定罪判刑并应当赔偿经济损失的，表述为：

"一、被告人犯×××罪，判处×××（写明主刑、附加刑）；

（刑期从判决执行之日起计算。判决执行以前先行羁押的，羁押一日折抵刑期一日，即自××××年××月××日起至××××年××月××日止）

二、被告人赔偿附带民事诉讼原告人……（写明受偿人的姓名、赔偿的金额和支付的日期）。"

第二种，定罪免刑并应当赔偿经济损失的，表述为：

"一、被告人犯×××罪，免予刑事处罚；

二、被告人赔偿附带民事诉讼原告人……（写明受偿人的姓名、赔偿的金额和支付的日期）。"

第三种，宣告无罪但应当赔偿经济损失的，表述为：

"一、被告人无罪；

二、被告人赔偿附带民事诉讼原告人……（写明受偿人的姓名、赔偿的金额和支付的日期）。"

第四种，宣告无罪且不赔偿经济损失的，表述为：

"一、被告人无罪；

二、被告人不承担民事赔偿责任。"】

如不服本判决，可在接到判决书的第二日起十日内，通过本院或者直接向×××人民法院提出上诉。书面上诉的，应当提交上诉状正本一份，副本×份。

审判长：×××

审判员：×××

审判员：×××

年　月　日

（院印）

本件与原本核对无异（印戳）

书记员：×××

附：刑事附带民事判决书制作说明

（1）本样式供第一审人民法院审理公诉案件过程中，在确定被告人是否承担刑事责任的同时，附带解决被告人对于被害人所遭受的物质损失（即经济损失）是否承担民事赔偿责任时使用。

（2）附带民事诉讼如系被害人提起的，应在"附带民事诉讼原告人"项内的"单位和职务、住址"之后，续写"系本案被害人"；如果被害人是无行为能力或者限制行为能力的人，应当在第一项"附带民事诉讼原告人"之后，列第二项"法定代理人"，并注明其与被害人的关系；如果被害人已经死亡，经更换当事人，由他的近亲属提起附带民事诉讼的，应当将其近亲属列为"附带民事诉讼原告人"，并注明其与死者的关系。

（3）附带民事诉讼如系公诉机关提起的，本样式应作如下改动：

①删去首部的"附带民事诉讼原告人"项；

②将案件审判经过段的"犯罪……提起附带民事诉讼"改为"犯罪，同时致使……（写明受损失单位的名称或者被害人的姓名）遭受经济损失一案，向本院提起刑事附带民事诉讼"，并将"附带民事诉讼原告人"从到庭参加诉讼的人员中删去。

③在控方指控项中增加有关附带民事诉讼的意见，并把"概述附带民事诉讼原告人的诉讼请求和有关证据"的内容删去。

（4）根据《最高人民法院关于执行〈中华人民共和国刑事诉讼法〉的解释》第一百八十条的规定，附带民事诉讼中依法负有赔偿责任的人，除刑事被告人（公民、法人和其他组织）外，还包括：未被追究刑事责任的其他共同致害人；刑事被告人的监护人；死刑罪犯的遗产继承人；共同犯罪案件中，案件审结前已死亡的被告人的遗产继承人；对被害人的物质损失依法应当承担赔偿责任的其他单位和个人。因此，刑事附带民事诉讼如有除"被告人"以外的"附带民事诉讼被告人"，应当在"被告人"项后单独列项，并在文书的相应部分增加有关内容。

（5）刑事附带民事案件在判决理由部分，除需要引用《刑法》和《刑事诉讼法》的有关条文外，还必须同时引用《中华人民共和国民法典》中有关损害赔偿的规定，作为判决的法律依据。

（6）对于公诉案件，人民法院在判决前，如果经调解，双方当事人就经济损失的赔偿已达成调解协议的，可以制作《刑事附带民事调解书》，经双方当事人签收后即具有法律效力，但不能制作《民事调解书》；刑事部分单独审结的，则应当制作《刑事判决书》。赔偿金额在判决前被告人已一次付清的，应当记入笔录，经双方当事人、审判人员、书记员签名或者盖章后即发生法律效力；如果当事人要求制作调解书的，也可以制作《刑事附带民事调解书》。经调解无法达成协议或者调解书签收前当事人反悔的，附带民事诉讼则应当同刑事诉讼一并判决，并制作《刑事附带民事判决书》。

（7）审理刑事附带民事案件，根据《最高人民法院关于执行〈中华人民共和国刑事诉讼法〉的解释》第三百八十条的规定，对附带民事判决或者裁定的上诉、抗诉期限，应当按照刑事部分的上诉、抗诉期限确定。

（8）刑事附带民事诉讼不同于单纯的刑事诉讼，它要在刑事诉讼过程中依照民事诉讼程序附带解决民事赔偿问题。因此，在制作这种判决书时，应当注意在首部、事实、理由和判决结果部分完整地反映出刑事附带民事诉讼这一特点。

＿＿＿＿＿＿人 民 法 院

公 告

本院定于＿＿＿＿＿＿年＿＿＿月＿＿日＿＿＿时＿＿＿分在＿＿＿＿＿＿＿公开审理＿＿＿＿＿＿＿＿一案。

特此公告

年 月 日

（院印）

注：本公告已于＿＿＿＿＿＿年＿＿月＿＿日张贴。

书记员：

＿＿＿＿＿＿人 民 法 院

出 庭 通 知 书

（ ）字第 号

＿＿＿＿＿＿＿＿＿：

本院受理＿＿＿＿＿＿＿＿一案，定于＿＿＿＿＿＿年＿＿月＿＿日＿＿＿时＿＿＿分在＿＿＿＿＿＿＿开庭审理。根据《中华人民共和国刑事诉讼法》第一百八十七条第三款的规定，特通知你作为本案的＿＿＿＿＿＿＿人准时出庭。

年 月 日

附：使用说明

（1）本通知书在人民法院决定开庭审理后，通知人民检察院和辩护人、诉讼代理人、翻译人员、证人、鉴定人等出庭时使用。

（2）送交本通知书时应使用送达证。

保 证 书

姓名_____性别_____年龄_____民族____职业及工作单位_____
与本案当事人的关系_____
　　我作为本案的证人（或鉴定人），保证向法庭如实提供证言（或说明鉴定意见）。如有意作伪证或者隐匿罪证（或作虚假鉴定），愿负法律责任。

（签名）

年　　月　　日

（二）检察院参与人民法院适用普通程序案件审理程序

1. 检察院参与人民法院一审公诉案件普通程序审判工作流程图

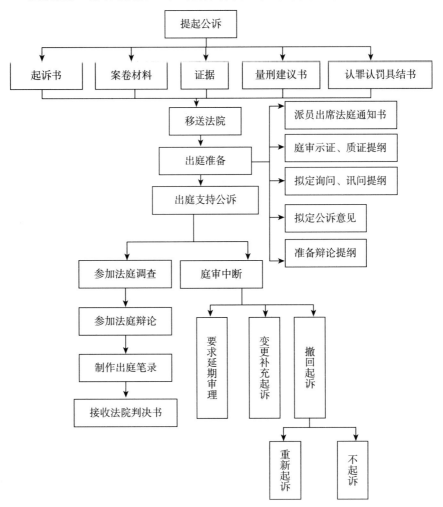

2. 检察院参与人民法院适用普通程序案件审理工作

提起公诉的案件，人民检察院应当派员以国家公诉人的身份出席第一审法庭，支持公诉。公诉人应当由检察官担任。检察官助理可以协助检察官出庭。根据需要可以配备书记员担任记录。

（1）出庭准备工作

人民法院决定开庭审判的，公诉人应当做好以下准备工作：①进一步熟悉案情，掌握证据情况；②深入研究与本案有关的法律政策问题；③充实审判中可能涉及的专业知识；④拟定讯问被告人、询问证人、鉴定人、有专门知识的人和宣读、出示、播放证据的计划并制定质证方案；⑤对可能出现证据合法性争议的，拟定证明证据合法性的提纲并准备相关材料；⑥拟定公诉意见，准备辩论提纲；⑦需要对出庭证人等的保护向人民法院提出建议或者配合工作的，做好相关准备。

（2）对非法证据问题的处理

人民检察院在开庭审理前收到人民法院或者被告人及其辩护人、被害人、证人等送交的反映证据系非法取得的书面材料的，应当进行审查。对于审查逮捕、审查起诉期间已经提出并经查证不存在非法取证行为的，应当通知人民法院、有关当事人和辩护人，并按照查证的情况做好庭审准备。对于新的材料或者线索，可以要求监察机关、公安机关对证据收集的合法性进行说明或者提供相关证明材料。

（3）参加庭前会议

人民法院通知人民检察院派员参加庭前会议的，由出席法庭的公诉人参加。检察官助理可以协助。根据需要可以配备书记员担任记录。

人民检察院认为有必要召开庭前会议的，可以建议人民法院召开庭前会议。

在庭前会议中，公诉人可以对案件管辖、回避、出庭证人、鉴定人、有专门知识的人的名单、辩护人提供的无罪证据、非法证据排除、不公开审理、延期审理、适用简易程序或者速裁程序、庭审方案等与审判相关的问题提出和交换意见，了解辩护人收集的证据等情况。对辩护人收集的证据有异议的，应当提出意见并简要说明理由。

公诉人通过参加庭前会议，了解案件事实、证据和法律适用的争议和不同意见，解决有关程序问题，为参加法庭审理做好准备。

当事人、辩护人、诉讼代理人在庭前会议中提出证据系非法取得，人民法院认为可能存在以非法方法收集证据情形的，人民检察院应当对证据收集的合法性进行说明。需要调查核实的，在开庭审理前进行。

（4）公诉人在法庭上的工作

公诉人在法庭上应当依法进行下列活动：①宣读起诉书，代表国家指控犯罪，提请人民法院对被告人依法审判；②讯问被告人；③询问证人、被害人、鉴定人；④申请法庭出示物证，宣读书证、未到庭证人的证言笔录、鉴定人的鉴定意见以及勘验、检查、辨认、侦查实验等笔录和其他作为证据的文书，播放作为证据的视听资料、电子数据等；⑤对证据采信、法律适用和案件情况发表意见，提出量刑建议及理由，针对被告人、辩护人的辩护意见进行答辩，全面阐述公诉意见；⑥维护诉讼参与人的合法权利；⑦对法庭审理案件有无违反法律规定诉讼程序的情况记明笔录；⑧依法从事其他诉讼活动。

（5）法庭举证、质证

人民检察院向人民法院移送全部案卷材料后，在法庭审理过程中，公诉人需要出示、宣读、播放有关证据的，可以申请法庭出示、宣读、播放。

人民检察院基于出庭准备和庭审举证工作的需要，可以取回有关案卷材料和证据。取回案卷材料和证据后，辩护律师要求查阅案卷材料的，应当允许辩护律师在人民检察院查阅、摘抄、复制案卷材料。

在法庭审理中，公诉人应当客观、全面、公正地向法庭出示与定罪、量刑有关的证明被告人有罪、罪重或者罪轻的证据。

按照审判长要求，或者经审判长同意，公诉人可以按照以下方式举证、质证：①对于可能影响定罪量刑的关键证据和控辩双方存在争议的证据，一般应当单独举证、质证；②对于不影响定罪量刑且控辩双方无异议的证据，可以仅就证据的名称及其证明的事项、内容作出说明；③对于证明方向一致、证明内容相近或者证据种类相同，存在内在逻辑关系的证据，可以归纳、分组示证、质证。

公诉人出示证据时，可以借助多媒体设备等方式出示、播放或者演示证据内容。

定罪证据与量刑证据需要分开的，应当分别出示。

公诉人讯问被告人，询问证人、被害人、鉴定人，出示物证，宣读书证、未出庭证人的证言笔录等应当围绕下列事实进行：①被告人的身份；②指控的犯罪事实是否存在，是否为被告人所实施；③实施犯罪行为的时间、地点、方法、手段、结果，被告人犯罪后的表现等；④犯罪集团或者其他共同犯罪案件中参与犯罪人员的各自地位和应负的责任；⑤被告人有无刑事责任能力，有无故意或者过失，行为的动机、目的；⑥有无依法不应当追究刑事责任的情况，有无法定的从重或者从轻、减轻以及免除处罚的情节；⑦犯罪对象、作案工具的主要特征，与犯罪有关的财物的来源、数量以及去向；⑧被告人全部或者部分否认起诉书指控的犯罪事实的，否认的根据和理由能否成立；⑨与定罪、量刑有关的其他事实。

对于免证事实，公诉人不必举证。

讯问被告人、询问证人不得采取可能影响陈述或者证言客观真实的诱导性发问以及其他不当发问方式。

辩护人向被告人或者证人进行诱导性发问以及其他不当发问可能影响陈述或者证言的客观真实的，公诉人可以要求审判长制止或者要求对该项陈述或者证言不予采纳。

讯问共同犯罪案件的被告人、询问证人应当个别进行。

被告人、证人、被害人对同一事实的陈述存在矛盾的，公诉人可以建议法庭传唤有关被告人、通知有关证人同时到庭对质，必要时可以建议法庭询问被害人。

被告人在庭审中的陈述与在侦查、审查起诉中的供述一致或者不一致的内容不影响定罪量刑的，可以不宣读被告人供述笔录。被告人在庭审中的陈述与在侦查、审查起诉中的供述不一致，足以影响定罪量刑的，可以宣读被告人供述笔录，并针对笔录中被告人的供述内容对被告人进行讯问，或者提出其他证据进行证明。

公诉人对证人证言有异议，且该证人证言对案件定罪量刑有重大影响的，可以申请人民法院通知证人出庭作证。人民警察就其执行职务时目击的犯罪情况作为证人出庭作证，适用证人出庭作证规定。

公诉人对鉴定意见有异议的，可以申请人民法院通知鉴定人出庭作证。经人民法院通知，鉴定人拒不出庭作证的，公诉人可以建议法庭不予采纳该鉴定意见作为定案的根据，也可以申请法庭重新通知鉴定人出庭作证或者申请重新鉴定。必要时，公诉人可以申请法庭通知有专门知识的人出庭，就鉴定人作出的鉴定意见提出意见。

当事人或者辩护人、诉讼代理人对证人证言、鉴定意见有异议的，公诉人认为必要时，可以申请人民法院通知证人、鉴定人出庭作证。

证人应当由人民法院通知并负责安排出庭作证。对于经人民法院通知而未到庭的证人或者出庭后拒绝作证的证人的证言笔录，公诉人应当当庭宣读。对于经人民法院通知而未到庭的证人的证言笔录存在疑问，确实需要证人出庭作证，且可以强制其到庭的，公诉人应当建议人民法院强制证人到庭作证和接受质证。

证人在法庭上提供证言，公诉人应当按照审判长确定的顺序向证人发问。可以要求证人就其所了解的与案件有关的事实进行陈述，也可以直接发问。证人不能连贯陈述的，公诉人可以直接发问。向证人发问，应当针对证言中有遗漏、矛盾、模糊不清和有争议的内容，并着重围绕与定罪量刑紧密相关的事实进行。发问采取一问一答形式，提问应当简洁、清楚。证人进行虚假陈述的，应当通过发问澄清事实，必要时可以宣读在侦查、审查起诉阶段制作的该证人的证言笔录或者出示、宣读其他证据。当事人和辩护人、诉讼代理人向证人发问后，公诉人可以根据证人回答的情况，经审判长许可，再次向证人发问。

询问鉴定人、有专门知识的人参照上述规定进行。

必要时，公诉人可以建议法庭采取不暴露证人、鉴定人、被害人外貌、真实声音等出庭作证保护措施，或者建议法庭在庭外对证据进行核实。

对于鉴定意见，勘验、检查、辨认、侦查实验等笔录和其他作为证据的文书以及经人民法院通知而未到庭的被害人的陈述笔录，公诉人应当当庭宣读。

公诉人向法庭出示物证，一般应当出示原物，原物不易搬运、不易保存或者已返还被害人的，可以出示反映原物外形和特征的照片、录像、复制品，并向法庭说明情况及与原物的同一性。

公诉人向法庭出示书证，一般应当出示原件。获取书证原件确有困难的，可以出示书证副本或者复制件，并向法庭说明情况及与原件的同一性。

公诉人向法庭出示物证、书证，应当对该物证、书证所要证明的内容、获取情况作出说明，并向当事人、证人等问明物证的主要特征，让其辨认。对该物证、书证进行鉴定的，应当宣读鉴定意见。

在法庭审理过程中，被告人及其辩护人提出被告人庭前供述系非法取得，审判人员认为需要进行法庭调查的，公诉人可以通过出示讯问笔录、提讯登记、体检记录、采取强制措施或者侦查措施的法律文书、侦查终结前对讯问合法性进行核查的材料等证据材料，有针对性地播放讯问录音、录像，提请法庭通知调查人员、侦查人员或者其他人员出庭说明情况等方式，对证据收集的合法性加以证明。

审判人员认为可能存在《刑事诉讼法》第五十六条规定的以非法方法收集其他证据的情形，需要进行法庭调查的，公诉人可以对证据收集的合法性进行证明。公诉人不能当庭证明证据收集的合法性，需要调查核实的，可以建议法庭休庭或者延期审理。

在法庭审理期间，人民检察院可以要求监察机关或者公安机关对证据收集的合法性进行说明或者提供相关证明材料。必要时，可以自行调查核实。

公诉人对证据收集的合法性进行证明后，法庭仍有疑问的，可以建议法庭休庭，由人民法院对相关证据进行调查核实。人民法院调查核实证据，通知人民检察院派员到场的，人民检察院可以派员到场。

在法庭审理过程中，对证据合法性以外的其他程序事实存在争议的，公诉人应当出示、宣读有关诉讼文书、侦查或者审查起诉活动笔录。

对于搜查、查封、扣押、冻结、勘验、检查、辨认、侦查实验等活动中形成的笔录存在争议，需要调查人员、侦查人员以及上述活动的见证人出庭陈述有关情况的，公诉人可以建议合议庭通知其出庭。

在法庭审理过程中，合议庭对证据有疑问或者人民法院根据辩护人、被告人的申请，向人民检察院调取在侦查、审查起诉中收集的有关被告人无罪或者罪轻的证据材料的，人民检察院应当自收到人民法院要求调取证据材料决定书后三日以内移交。没有上述材料的，应当向人民法院说明情况。

在法庭审理过程中，合议庭对证据有疑问并在休庭后进行勘验、检查、查封、扣押、鉴定和查询、冻结的，人民检察院应当依法进行监督，发现上述活动有违法情况的，应当提出纠正意见。

人民法院根据申请收集、调取的证据或者在合议庭休庭后自行调查取得的证据，应当经过庭审出示、质证才能决定是否作为判决的依据。未经庭审出示、质证直接采纳为判决依据的，人民检察院应当提出纠正意见。

在法庭审理过程中，经审判长许可，公诉人可以逐一对正在调查的证据和案件情况发表意见，并同被告人、辩护人进行辩论。证据调查结束时，公诉人应当发表总结性意见。

（6）法庭辩论

在法庭辩论中，公诉人应发表公诉意见。公诉人与被害人、诉讼代理人意见不一致的，公诉人应当认真听取被害人、诉讼代理人的意见，阐明自己的意见和理由。

人民检察院向人民法院提出量刑建议的，公诉人应当在发表公诉意见时提出。

对认罪认罚案件，人民法院经审理认为人民检察院的量刑建议明显不当向人民检察院提出的，或者被告人、辩护人对量刑建议提出异议的，人民检察院可以调整量刑建议。

适用普通程序审理的认罪认罚案件，公诉人可以建议适当简化法庭调查、辩论程序。

（7）建议延期审理

在法庭审判过程中，遇有下列情形之一的，公诉人可以建议法庭延期审理：①发现事实不清、证据不足，或者遗漏罪行、遗漏同案犯罪嫌疑人，需要补充侦查或者补充提供证据的；②被告人揭发他人犯罪行为或者提供重要线索，需要补充侦查进行查证的；③发现遗漏罪行或者遗漏同案犯罪嫌疑人，虽不需要补充侦查和补充提供证据，但需要补充、追加起诉的；④申请人民法院通知证人、鉴定人出庭作证或者有专门知识的人出庭提出意见的；⑤需要调取新的证据，重新鉴定或者勘验的；⑥公诉人出示、宣读开庭前移送人民法院的证据以外的证据，或者补充、追加、变更起诉，需要给予被告人、辩护人必要时间进行辩护准备的；⑦被告人、辩护人向法庭出示公诉人不掌握的与定罪量刑有关的证据，需要调查核实的；⑧公诉人对证据收集的合法性进行证明，需要调查核实的。

在人民法院开庭审理前发现具有上述情形之一的，人民检察院可以建议人民法院延期审理。

法庭宣布延期审理后，人民检察院应当在补充侦查期限内提请人民法院恢复法庭审理或者撤回起诉。公诉人在法庭审理过程中建议延期审理的次数不得超过两次，每次不得超过一个月。

（8）补充侦查

在审判过程中，对于需要补充提供法庭审判所必需的证据或者补充侦查的，人民检察院应当自行收集证据和进行侦查，必要时可以要求监察机关或者公安机关提供协助；也可以书面要求监察机关或者公安机关补充提供证据。

（9）变更、追加、补充起诉

人民法院宣告判决前，人民检察院发现被告人的真实身份或者犯罪事实与起诉书中叙述的身份或者指控犯罪事实不符的，或者事实、证据没有变化，但罪名、适用法律与起诉书不一致的，可以变更起诉。发现遗漏同案犯罪嫌疑人或者罪行的，应当要求公安机关补充移送起诉或者补充侦查；对于犯罪事实清楚，证据确实、充分的，可以直接追加、补充起诉。

在法庭审理过程中，人民法院建议人民检察院补充侦查、补充起诉、追加起诉或者变更起诉的，人民检察院应当审查有关理由，并作出是否补充侦查、补充起诉、追加起诉或者变更起诉的决定。人民检察院不同意的，可以要求人民法院就起诉指控的犯罪事实依法作出裁判。

变更、追加、补充起诉应当以书面方式在判决宣告前向人民法院提出。

（10）撤回起诉

人民法院宣告判决前，人民检察院发现具有下列情形之一的，经检察长批准，可以撤回起诉：①不存在犯罪事实的；②犯罪事实并非被告人所为的；③情节显著轻微、危害不大，不认为是犯罪的；④证据不足或证据发生变化，不符合起诉条件的；⑤被告人因未达到刑事责任年龄，不负刑事责任的；⑥法律、司法解释发生变化，导致不应当追究被告人刑事责任的；⑦其他不应当追究被告人刑事责任的。

对于撤回起诉的案件，人民检察院应当在撤回起诉后三十日以内作出不起诉决定。需要重新调查或者侦查的，应当在作出不起诉决定后将案卷材料退回监察机关或者公安机关，建议监察机关或者公安机关重新调查或者侦查，并书面说明理由。

对于撤回起诉的案件，没有新的事实或者新的证据，人民检察院不得再行起诉。新的事实是指原起诉书中未指控的犯罪事实。该犯罪事实触犯的罪名既可以是原指控罪名的同一罪名，也可以是其他罪名。新的证据是指撤回起诉后收集、调取的足以证明原指控犯罪事实的证据。

撤回起诉应当以书面方式在判决宣告前向人民法院提出。

3. 检察院参与人民法院适用普通程序案件审理文书

×××× 人民检察院
召开庭前会议建议书
（副本）

×× 检 ×× 庭前建〔20××〕× 号

　　本院以_____号起诉书提起公诉的_____一案，经本院审查，符合《中华人民共和国刑事诉讼法》第一百八十七条第二款的规定，建议你院召开庭前会议。

　　此致
_____人民法院

20×× 年 × 月 × 日
（院印）

×××× 人民检察院
派员出席法庭通知书
（副本）

×× 检 ×× 派〔20××〕× 号

你院定于_____年____月____日开庭审理的_____案，根据《中华人民共和国刑事诉讼法》第_____条的规定，本院决定指派_____代表本院出席法庭依法执行职务。

此致
_____人民法院

20×× 年 × 月 × 日

（院印）

第二联附卷

×××× 人民检察院

调 卷 函

×× 检 ×× 刑调卷〔20××〕× 号

_____ 人民法院：

本院在办理 _____ 一案中，需要调阅该案的相关案卷，请协助办理。

附件：人民检察院调阅案卷单

20×× 年 × 月 × 日

（院印）

×××× 人民检察院

调阅案卷单

调卷单位				
案号	年 字第 号			
当事人				
案由				
用途				
卷数	正卷	副卷	总计（册）	
	日期	调卷人	调卷人电话	经手人
调卷				
还卷				
			（院 印）	

×××× 人民检察院

公诉意见书

被告人：×××

案　由：×××

起诉书号：×××

审判长、审判员（人民陪审员）：

根据《中华人民共和国刑事诉讼法》第一百八十九条、第一百九十八条和第二百零九条等规定，我（们）受 ××× 人民检察院的指派，代表本院，以国家公诉人的身份，出席法庭支持公诉，并依法对刑事诉讼实行法律监督。现对本案证据和案件情况发表如下意见，请法庭注意。

……（结合案情重点阐述以下问题：

一、根据法庭调查的情况，概述法庭质证的情况、各证据的证明作用，并运用各证据之间的逻辑关系证明被告人的犯罪事实清楚、证据确实充分。

二、根据被告人的犯罪事实，论证应适用的法律条款并提出定罪及从重、从轻、减轻处罚等意见。

三、根据庭审情况，在揭露被告人犯罪行为的社会危害性的基础上，做必要的法制宣传和教育工作。）

综上所述，起诉书认定本案被告人 ××× 的犯罪事实清楚，证据确实、充分，依法应当认定被告人有罪，并建议_____（根据是否认罪认罚等情况提出量刑建议或从重、从轻、减轻处罚等意见）。

公诉人：

20×× 年 × 月 × 日当庭发表

×××× 人民检察院

量刑建议书

××检××量建〔20××〕×号

　　被告人_____涉嫌_____犯罪一案，经本院审查认为，被告人_____的行为已触犯《中华人民共和国刑法》第___条第___款第___项之规定，犯罪事实清楚，证据确实、充分，应当以_____罪追究其刑事责任，其法定刑为_____。

　　因其具有以下量刑情节：

　　1. 法定从重处罚情节：_____。

　　2. 法定从轻、减轻或者免除处罚情节：_____。

　　3. 酌定从重处罚情节：_____。

　　4. 酌定从轻处罚情节：_____。

　　5. 其他：_____。

　　故根据_____（法律依据）的规定，建议判处被告人_____（主刑种类及幅度或单处附加刑或者免予刑事处罚），_____（执行方式），并处_____（附加刑）。

　　此致

_____人民法院

检察官：

20××年×月×日

（院印）

×××× 人民检察院

量刑建议书

（认罪认罚案件适用）

×× 检 ×× 量建〔20××〕× 号

本院以_____号起诉书提起公诉的_____一案，经审查认为，被告人_____的行为已触犯《中华人民共和国刑法》_____之规定，犯罪事实清楚，证据确实、充分，应当以_____罪追究其刑事责任。

1. 被告人_____自愿如实供述涉嫌的犯罪事实，对指控的犯罪没有异议，接受刑事处罚，建议判处被告人_____。

2. 被告人_____自愿如实供述涉嫌的犯罪事实，对指控的犯罪没有异议，接受刑事处罚，建议判处被告人_____。

……

此致

_____人民法院

检察官：

20×× 年 × 月 × 日

（院印）

制作说明

一、本文书依据《中华人民共和国刑事诉讼法》第一百七十六条、《人民检察院刑事诉讼规则》第二百七十四条、第三百六十四条、第四百一十八条的规定制作。为人民检察院对提起公诉的案件拟以专门的量刑建议书的形式向人民法院提出量刑建议时使用。其中，对于认罪认罚案件，量刑建议一般应当为确定刑。对新类型、不常见犯罪案件，量刑情节复杂的重罪案件等，也可以提出幅度刑量刑建议。

二、法定刑为依法应适用的具体刑罚档次；量刑情节包括法定从重、从轻、减轻或者免除处罚情节和酌定从重、从轻处罚情节，如果有其他量刑理由的，可以列出；建议的法律依据包括刑法、相关法律和司法解释等。

三、量刑建议书应当署具体承办案件检察官姓名；量刑建议书的年月日，为审批量刑建议书的日期。

四、被告人犯有数罪的，应当分别指出其触犯的法律、涉嫌罪名、法定刑、量刑情节，对指控的各罪分别提出量刑建议后，可以根据案件具体情况决定是否提出总的量刑建议。

五、一案中有多名被告人的，可以分别制作量刑建议书，也可以在同一份量刑建议书中集中表述。

六、本文书一式二份，一份附卷，一份送达人民法院。

××××人民检察院

量刑建议调整书

××检××量建调〔20××〕×号

被告人_____涉嫌_____一案，本院以_____号起诉书向你院提起公诉，并建议判处被告人_____（写明原量刑建议）。因_____（写明原因）现对量刑建议作如下调整：

建议判处被告人_____。

（指控多个犯罪中仅对部分犯罪的量刑建议变更或指控多个被告人仅对部分被告人量刑建议变更时，写明："_____号起诉书／量刑建议书中的量刑建议未被变更内容仍然具有法律效力。"）

此致
_____人民法院

检察官：

20××年×月×日

（院印）

××××人民检察院

延期审理建议书

（副本）

××检××延〔20××〕×号

对于＿＿＿＿＿＿一案，根据《中华人民共和国刑事诉讼法》第二百零四条的规定，建议你院对该案延期审理。

此致

＿＿＿＿＿＿人民法院

20××年×月×日

（院印）

××××人民检察院

追加起诉决定书

××检××刑追诉〔20××〕×号

被告人_____涉嫌_____罪一案，本院以_____号起诉书向你院提起公诉。在审理过程中，发现被告人_____涉嫌_____罪应当一并起诉和审理。现根据查明的事实对_____号起诉书作如下补充：

被告人（姓名、性别、出生日期、公民身份号码、民族、文化程度、工作单位及职务、户籍地、住址、前科情况、强制措施情况）

经依法审查查明：

……

认定上述事实的证据如下：

1. 物证：……；2. 书证：……；3. 证人证言：证人×××的证言；4. 被害人陈述：被害人×××的陈述；5. 被告人的供述与辩解：被告人×××的供述与辩解；6. 鉴定意见：……；7. 勘验、检查、辨认、侦查实验等笔录：……；8. 视听资料、电子数据：……。

本院认为，被告人_____（简述罪状），其行为触犯了《中华人民共和国刑法》第___条，犯罪事实清楚，证据确实、充分，应当以_____罪追究其刑事责任。根据《中华人民共和国刑事诉讼法》第一百七十六条及《人民检察院刑事诉讼规则》第四百二十三条的规定，追加起诉，请依法判处。

_____号起诉书仍然具有法律效力。

此致

_____人民法院

检　察　官：

检察官助理：

20××年×月×日

（院印）

附件：1. 被告人现在处所。具体包括在押被告人的羁押场所或监视居住、取保候审的处所。

2. 案卷材料和证据××册。

3. 证人、鉴定人、需要出庭的有专门知识的人的名单，需要保护的被害人、证人、鉴定人的名单。

4. 有关涉案款物情况。

5. 被害人（单位）附带民事诉讼情况。

6. 其他需要附注的事项。

××××人民检察院

补充起诉决定书

××检××刑补诉〔20××〕×号

被告人_____一案，本院以_____号起诉书向你院提起公诉，在审理过程中，发现被告人_____有遗漏的罪行应当一并起诉和审理。现根据查明的事实对_____号起诉书作如下补充：

案件事实及证据：（同起诉书格式要求）

本院认为，被告人_____（姓名、罪状），其行为触犯了《中华人民共和国刑法》第____条，犯罪事实清楚，证据确实、充分，应当以_____罪追究其刑事责任。根据《中华人民共和国刑事诉讼法》第一百七十六条及《人民检察院刑事诉讼规则》第四百二十三条的规定，补充起诉，请依法判处。

_____号起诉书仍然具有法律效力。

此致

_____人民法院

检 察 官：

检察官助理：

20××年×月×日

（院印）

××××人民检察院

变更起诉决定书

×× 检 ×× 刑变诉〔20××〕× 号

被告人_____一案，本院以_____号起诉书向你院提起公诉，在法庭审理过程中，发现案件事实与起诉书指控的事实不符（被告人_____的真实身份与起诉书中叙述的身份不符）。现根据查明的事实对_____号起诉书作如下变更：

被告人的身份变更为：_____

认定的事实变更为：_____

适用的法律变更为：被告人_____（姓名、罪状），其行为触犯了《中华人民共和国刑法》第____条，犯罪事实清楚，证据确实、充分，应当以_____罪追究其刑事责任。根据《中华人民共和国刑事诉讼法》第一百七十六条及《人民检察院刑事诉讼规则》第四百二十三条的规定，变更起诉，请依法判处。

_____号起诉书未被变更部分仍然具有法律效力。

此致
_____人民法院

检 察 官：
检察官助理：
20×× 年 × 月 × 日
（院印）

××××人民检察院
撤回起诉决定书
（副本）

××检××撤诉〔20××〕×号

　　本院以＿＿＿＿＿＿号起诉书提起公诉的被告人＿＿＿＿＿＿＿＿＿＿＿
＿＿＿＿＿＿＿＿＿＿＿＿＿＿＿＿＿＿一案，因＿＿＿＿＿＿＿＿＿，本院决
定对被告人＿＿＿＿＿＿＿＿＿＿撤回起诉。

　　此致

＿＿＿＿＿＿＿＿＿＿人民法院

20××年×月×日

（院印）

第二联附卷

×××× 人民检察院

恢复庭审建议书

（副本）

×× 检 ×× 恢审〔20××〕× 号

_____ 人民法院：

本院于 _____ 年 _____ 月 _____ 日以 _____ 号延期审理建议书，建议你院对 _____ 案延期审理，现该案已经 _____ 完毕，建议你院对该案恢复庭审。

20×× 年 × 月 × 日

（院印）

第二联附卷

（三）辩护律师参与人民法院适用普通程序案件审理工作

1. 辩护律师参与人民法院一审公诉案件普通程序审判工作流程图

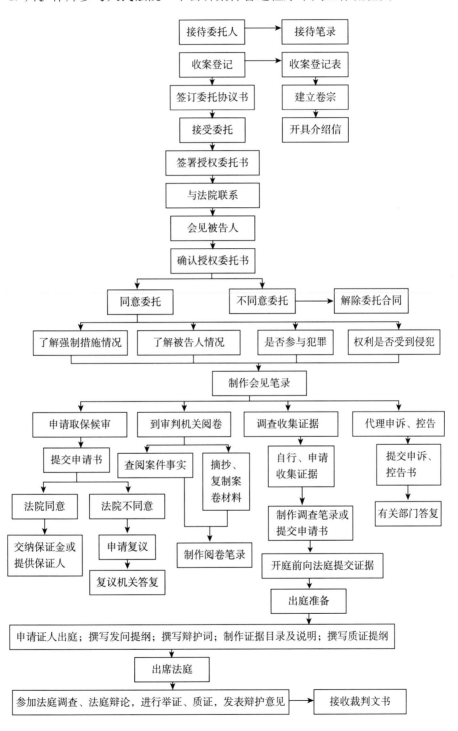

2. 辩护律师参与人民法院适用普通程序案件审理工作

审判阶段，辩护人既可以是律师，也可以是符合法律规定的其他人。在此阶段，辩护人的主要诉讼权利具体包括：

①会见和通信权。辩护律师可以同在押的被告人会见和通信。其他辩护人经人民法院许可，也可以同在押的被告人会见和通信。辩护律师会见在押的被告人，可以向被告人核实有关证据。辩护律师会见被告人时不被监听。

②阅卷权。审判阶段，辩护律师可以查阅、摘抄、复制本案的案卷材料。其他辩护人经人民法院许可，也可以查阅、摘抄、复制上述材料。复制案卷材料可以采用复印、拍照、扫描等方式。

③申请调取证据权。辩护人认为在审查起诉期间人民检察院收集的证明被告人无罪或者罪轻的证据材料未提交的，有权申请人民法院调取。

④调查收集证据的权利。辩护律师经证人或者其他有关单位和个人同意，可以向他们收集与本案有关的材料；经人民法院许可，并且经被害人或者其近亲属、被害人提供的证人同意，可以向他们收集与本案有关的材料。

⑤申请收集、调取证据或者申请通知证人出庭作证的权利。辩护律师可以申请人民法院收集、调取证据或者申请通知证人出庭作证。

⑥参加法庭调查、法庭辩论权。辩护人有权参加法庭调查，对控方证据进行质证；经法庭许可，可以对被告人、被害人、证人、鉴定人发问；可以向法庭提供证明被告人无罪、罪轻的证据；可以申请通知新的证人到庭、调取新的物证，申请重新鉴定或勘验、检查。在法庭辩论阶段有权发表辩护意见。

⑦申诉或者控告权。根据刑诉法的规定，辩护人对于审判人员侵犯公民诉讼权利和人身侮辱的行为，有权提出控告；辩护人认为人民法院及其工作人员阻碍其依法行使诉讼权利的，有权向同级或者上一级人民检察院申诉或者控告。

⑧对委托人涉案信息的保密权。辩护律师对在执业活动中知悉的委托人的有关情况和信息，有权予以保密。但是，辩护律师在执业活动中知悉委托人或者其他人，准备或者正在实施危害国家安全、公共安全以及严重危害他人人身安全的犯罪的，应当及时告知司法机关。

⑨拒绝辩护权。根据《中华人民共和国律师法》（以下简称《律师法》）的规定，委托人委托事项违法或者利用律师提供的服务从事违法活动或者向律师隐瞒重要事实的，辩护律师有权拒绝辩护。

在审判阶段，辩护律师的主要工作包括：

（1）庭前准备阶段

①在开庭审理前，辩护律师应当研究证据材料、有关法律、判例，熟悉案件

涉及的专业知识，拟定辩护方案，准备发问提纲、质证提纲、举证提纲、辩护提纲等。

②人民法院召集庭前会议的，辩护律师可以就下列事项提出意见或申请：案件管辖异议；申请回避；申请调取证据；是否适用简易程序；是否公开审理；开庭时间；申请通知证人出庭作证；申请鉴定人出庭作证；申请具有专门知识的人员出庭；是否延长审限；申请查看讯问过程的同步录音、录像；申请非法证据排除；举证、质证方式的磋商；参与附带民事诉讼的调解；其他与审理相关的事项。

人民法院未召开庭前会议，辩护律师认为有上述相关事由的，可以申请人民法院召开庭前会议。

人民法院没有通知被告人参加庭前会议，但庭前会议的内容和决定影响被告人行使诉讼权利的，辩护律师应当申请人民法院通知被告人参加庭前会议。

被告人未参加庭前会议的，辩护律师未经特别授权不得代表被告人对实体、证据和程序性问题发表意见。

辩护律师出席庭前会议应当严格遵守《刑事诉讼法》关于庭前会议的有关规定，不得就依法应当在开庭审理过程中解决的问题发表意见。

③辩护律师申请人民法院通知证人、鉴定人、有专门知识的人等出庭的，应当制作上述人员名单，注明身份、住址、通信方式等，并说明出庭目的。

④辩护律师拟当庭宣读、出示、播放的证据，可以制作目录并说明所要证明的事实，在开庭前提交人民法院。

⑤辩护律师接到出庭通知书后应当按时出庭，因下列正当理由不能出庭的，应当提前向人民法院提出并说明理由，申请调整开庭日期：辩护律师收到两个以上出庭通知，只能按时参加其中之一的；庭审前发现新的证据线索，需进一步调查取证或拟出庭的有专门知识的人、证人因故不能出庭的；因其他正当理由无法按时出庭的。

辩护律师申请调整开庭日期，未获准许又确实不能出庭的，应当与委托人协商，妥善解决。

辩护律师收到出庭通知书距开庭时间不满三日的，可以建议人民法院更改开庭日期。

⑥辩护律师有权了解公诉人、合议庭组成人员、书记员、鉴定人和翻译人员等情况，协助被告人确定有无申请回避的事由及是否提出回避的申请。

（2）参加法庭调查

①辩护律师参加有两名以上被告人案件的审理，应当按起诉书指控被告人的顺序依次就座。

②合议庭组成人员、书记员、公诉人、鉴定人和翻译人员具有法定回避情形的，在审判长宣布被告人的诉讼权利后，辩护律师可以根据情况提出，并说明理由。

③法庭核对被告人年龄、身份、有无前科劣迹等情况有误，可能影响案件审理的，律师应当认真记录，在法庭调查时予以澄清。

④发问、质证。

辩护律师在公诉人、被害人及其代理律师发问后，经审判长许可，有权向被告人发问。

在法庭调查过程中，经审判长许可，辩护律师有权对证人、鉴定人、被害人、有专门知识的人发问。

公诉人、其他辩护人、诉讼代理人、审判人员以威胁、诱导或其他不当方式发问的，或发问问题与本案无关、损害被告人人格尊严的，辩护律师可以提出异议并申请审判长予以制止。

辩护律师发问应当简洁、清楚，重点围绕与定罪量刑相关的事实进行发问。

对出庭的证人、鉴定人等，辩护律师应当按照法庭安排发问。发问内容应当重点针对定罪量刑相关的问题进行。

公诉人对辩护律师的发问提出反对或异议的，辩护律师可以进行反驳。法庭作出决定的，辩护律师应当服从。

辩护律师可以就举证质证方式与公诉人、审判人员进行协商，根据案件不同情况既可以对单个证据发表质证意见，也可以就一组证据、一类证据，或涉及某一待证事实的多份证据发表综合质证意见。

辩护律师应当围绕证据的真实性、合法性、关联性，就证据资格、证明力以及证明目的、证明标准、证明体系等发表质证意见。

对公诉人及其他诉讼参与人发表的不同的质证意见，辩护律师可以进行辩论。

辩护律师认为可能存在以非法方法收集证据情形的，应当申请排除非法证据。辩护律师申请排除非法证据的，可以在开庭审理前提出；在庭审期间发现相关线索或者材料的，可以在开庭审理过程中提出。被告人申请排除非法证据的，辩护律师应当向被告人了解涉嫌非法取证的人员、时间、地点、方式、内容等相关线索或者材料。申请排除非法证据的，可以申请法庭通知侦查人员出庭说明情况，调取、播放侦查讯问录音、录像以及调取其他相关证据。

对证人证言，应当重点从以下方面进行质证：证人证言与待证事实的关系；证人与案件当事人、案件处理结果有无利害关系；证人证言之间以及与其他证据之间能否相互印证，有无矛盾；证人证言内容是否为证人直接感知；证人感知案件事实时的环境、条件和精神状态；证人的感知力、记忆力和表达力；证人作证是否受到外界的干扰或影响；证人的年龄以及生理上、精神上是否有缺陷；证人证言是否前后矛盾；证人证言是否以暴力、威胁等非法方法收集；证人证言的取得程序、方式是否符合法律及有关规定；证人不能出庭作证的原因及对本案的影响；需要质证的其他情形。

公诉人提出在案证据材料中证人名单以外的证人出庭作证的，辩护律师有权要求法庭延期审理。

对于当事人、辩护律师、公诉人有异议且对定罪量刑有重大影响的证人证言，辩护律师可以申请法庭通知证人出庭作证。

对被害人陈述的质证，适用对证人证言质证的有关规范。

对被告人供述和辩解，应当重点从以下方面质证：讯问的时间、地点和讯问人的身份等是否符合法律、司法解释及有关规定；讯问笔录的制作、修改是否符合法律、司法解释及有关规定；被告人的供述有无以刑讯逼供等非法手段获取的情形；被告人的所有供述和辩解是否均已随案移送，供述是否前后一致；被告人的供述和辩解内容是否符合案情和常理，有无矛盾；被告人的供述和辩解与同案被告人的供述和辩解以及其他证据能否相互印证，有无矛盾；有同步录音录像资料的，可以结合相关录音录像资料进行质证；需要质证的其他情形。

辩护律师对鉴定意见有异议，且该鉴定意见对被告人定罪量刑有影响的，可以申请人民法院通知鉴定人出庭作证。对鉴定意见，应当重点从以下方面质证：鉴定人与案件有无利害关系；鉴定人与被告人、被害人有无利害关系；鉴定机构和鉴定人有无合法资质；鉴定程序、过程、方法是否符合法律、法规的规定以及专业规范要求；检材的来源、取得、保管、送检是否符合法律及有关规定；鉴定意见是否明确，形式要件是否完备；鉴定意见与案件待证事实有无关联；鉴定意见与其他证据之间有无矛盾；需要质证的其他情形。辩护律师可以向法庭申请有专门知识的人出庭协助质证，对鉴定意见提出意见。

对物证，应当重点从以下方面质证：物证是否为原物；物证与待证事实的关系；物证与其他证据之间能否相互印证，有无矛盾；物证的来源、收集程序、方式是否合法；物证是否受到破坏或者改变；物证收集是否完整全面；物证的照片、录像、复制品是否能反映原物的外形和特征；勘验、检查、搜查、扣押的物证是否附有相关笔录清单，是否经侦查人员、持有人、见证人签名，物品的名称、特征、数量、质量等是否注明清楚；需要质证的其他情形。

对于书证，应当重点从以下方面质证：书证是否为原件；书证是否有更改或更改的迹象；书证与待证事实的关系；书证与其他证据之间能否相互印证，有无矛盾；书证的副本、复制件是否与原件核对无误，或经鉴定为真实或者以其他方式确定为真实；书证的来源、收集程序、方式是否合法；书证是否受到破坏或者改变；与案件事实有关联的书证是否全部收集；勘验、检查、搜查提取的书证是否附有相关笔录，是否经侦查人员、持有人、见证人签名；需要质证的其他情形。

对勘验、检查笔录，应当重点从以下方面质证：勘验、检查是否依法进行，笔录的制作是否符合法律及有关规定的要求；勘验、检查笔录的内容是否全面、详细、准确、规范；固定证据的形式、方法是否科学、规范；补充勘验、检查是否说明理由，前后有无矛盾；勘验、检查笔录中记载的情况与其他证据能否印证，有无矛盾；勘验、检查笔录是否经勘验、检查人员和见证人签名或盖章；需要质证的其他情形。

对辨认笔录，应当重点从以下方面质证：辨认是否在侦查人员主持下进行；辨认人有无在辨认前见到辨认对象或详细询问辨认对象的具体特征；辨认活动是否单独进行；辨认对象或对象数量是否符合规定；有无给辨认人暗示或指认的情形；有无制作规范的辨认笔录；需要质证的其他情形。

对侦查实验笔录，应当重点从以下方面质证：实验的过程、方法、笔录的制作是否符合有关规定；侦查实验的条件与事件发生时的条件有无明显差异；是否存在影响实验科学结论的其他情形。

对视听资料，应当重点从以下方面质证：视听资料的形成及时间、地点和周围的环境；视听资料的来源及提取过程是否合法，制作过程中当事人有无受到威胁、引诱等违反法律及有关规定的情形；是否为原件，制作人、原视听资料持有人是否签字或盖章；内容和制作过程是否真实、完整，有无伪造、变造、剪辑、增减等；内容与待证事实的关系；播放视听资料的设备是否影响播放效果等；视听资料为复制件的，是否附有无法调取原件的原因、复制件制作过程和原件存放地点的说明；需要质证的其他情形。

对电子数据，应当重点从以下方面质证：原始存储介质是否随案移送；制作、储存、传递、获得、收集、出示等程序和环节是否符合技术规范，是否合法；内容是否真实，有无变造、伪造、删除、修改、增减等情形；电子数据与案件事实有无关联；与案件事实有关联的电子数据是否全面依法收集；需要质证的其他情形。

对勘验、检查笔录，辨认笔录，侦查实验笔录，视听资料及电子数据有疑问的，辩护律师可以申请人民法院通知勘验、检查等相关人员出庭作证。

公诉人出示庭前未提交证据的，辩护律师可以申请法庭休庭或延期审理。

法庭进行庭外调查并通知控辩双方到场的，辩护律师应当到场。

⑤在公诉人举证完毕后，辩护律师有权向法庭举证，也可以申请法庭通知证人出庭作证。辩护律师向法庭出示的证据，可以是自行依法收集的证据，也可以是检察机关向法院移送但没有在法庭上出示的证据。

辩护律师举证时，应当向法庭说明证据的名称、内容、来源以及拟证明的事实。非言词证据应当出示原件、原物，不能出示原件、原物的应当说明理由。

（3）参加法庭辩论

辩护律师应当根据法庭对案件事实调查的情况，针对公诉人及其他诉讼参与人发表的辩论意见，结合案件争议焦点事实、证据、程序及法律适用问题，充分发表辩论意见。

辩护律师对于起诉书指控犯罪持有异议，提出无罪辩护或者依法不应当追究刑事责任的辩护，可以从以下方面发表辩论意见：被告人没有犯罪事实的意见；指控的事实不清，证据不足的意见；指控被告人的行为依法不构成犯罪的意见；被告人未达到法定刑事责任年龄的意见；被告人属于依法不负刑事责任的精神病人的意见；具有《刑事诉讼法》第十六条规定的情形，不应当追究刑事责任的意见：情节显著轻微、危害不大，不认为是犯罪的；犯罪已过追诉时效期限的；经特赦令免除刑罚的；依照《刑法》告诉才处理的犯罪，没有告诉或者撤回告诉的；犯罪嫌疑人、被告人死亡的；其他法律规定免予追究刑事责任的。

辩护律师对于起诉书指控的罪名不持异议，可以从量刑方面发表辩论意见，包括针对检察机关提出的量刑建议及其理由发表意见。

辩护律师作无罪辩护的案件，法庭辩论时，辩护律师可以先就定罪问题发表辩论意见，然后就量刑问题发表意见。

辩护律师认为起诉书指控的犯罪罪名不成立，但指控的犯罪事实构成其他处罚较轻的罪名，在事先征得被告人同意的情况下，可以提出改变罪名的辩护意见。

辩护律师认为案件诉讼程序存在违法情形，对定罪量刑有影响或具有依法应当排除的非法证据，可以在法庭辩论时发表意见。

辩护律师发表辩护意见所依据的证据、引用的法律要清楚、准确。

辩护律师的辩护意见应当观点明确，重点突出，论据充分，论证有力，逻辑严谨，用词准确，语言简洁。

辩护律师在与公诉人相互辩论中，重点针对控诉方的新问题、新观点，结合案件争议焦点发表意见。

一审宣判前，辩护律师发现有新的或遗漏的事实、证据需要查证的，可以申请恢复法庭调查。

在法庭审理过程中，被告人当庭拒绝辩护或提出更换律师的，辩护律师应当建议休庭，与当事人协商妥善处理。

在法庭审理过程中，出现律师与当事人或者委托人就辩护或代理方案产生严重分歧，不能达成一致的，辩护律师可以请求法庭休庭，与当事人协商妥善处理。

（4）庭后工作

休庭后，辩护律师应当就当庭出示、宣读的证据及时与法庭办理交接手续；及时阅读庭审笔录，认为记录有遗漏或差错的，应当要求书记员补充或者改正，确认无误后签名。

休庭后，辩护律师应当尽快整理书面辩护意见，提交法庭。

人民法院宣告判决后，辩护律师应当及时收取判决书。

在上诉期间，一审辩护律师、拟担任二审辩护人的律师可以会见被告人，听取其对判决书的意见及是否上诉的意见并提出建议。

3. 辩护律师参与人民法院适用普通程序案件审理工作文书

律师事务所函

〔   〕第   号

领函人：

交付：

事由：

批准人：

时间：

注：本函用于向审判机关提交。

律师事务所函

〔   〕第   号

_____：

本所接受_____的委托，指派_____律师担任你院办理的_____

_____案件被告人_____的辩护人。

特此函告

（律师事务所章）

年　月　日

附：授权委托书一份。

律师事务所函

〔　　〕第　号

领函人：

交付：

事由：

批准人：

时间：

注：本函用于刑事公诉、自诉、刑事附带民事诉讼案件向法院提交。

律师事务所函

〔　　〕第　号

_____:

　　本所接受_____的委托，指派_____律师，担任你院办理的_____案件_____的诉讼代理人。

　　特此函告

（律师事务所章）

年　月　日

附：授权委托书一份。

委 托 书

编号：

委托人_____根据法律的规定，特聘请_____律师事务所律师_____

为_____案件_____的辩护人。

本委托书有效期自即日起至_____日止。

委托人：

年 月 日

注：本委托书一式三份，由委托人、律师事务所各持一份，交人民法院一份。

指 定 辩 护 函

[ ]第 号

领函人：

交付：

事由：

批准人：

时间：

指 定 辩 护 函

[ ]第 号

_____人民法院：

根据《中华人民共和国刑事诉讼法》第三十四条的规定及贵院的来函，本所

指派_____律师担任_____案被告人（上诉人）_____的辩护人。

特此函告

（律师事务所章）

年 月 日

委 托 协 议

编号：

委托人＿＿＿＿＿经与＿＿＿＿＿律师事务所协商，达成以下协议：

一、＿＿＿＿＿律师事务所指派＿＿＿＿＿律师担任＿＿＿＿＿＿＿案件的被告人＿＿＿＿＿的辩护人。

二、根据《律师业务收费办法》的规定，委托人＿＿＿＿＿向律师事务所缴纳委托费用＿＿＿＿＿元。

三、本委托协议有效期自双方签订之日起至＿＿＿＿＿止。

四、本委托协议如需变更，另行协商。

委托人（签字）：　　　　　　受托方：（律师事务所章）

　　　　　　　　　　　　　　　　　年　月　日

注：本协议书一式二份，由委托人、律师事务所各持一份。

律师会见在押犯罪嫌疑人、被告人专用介绍信

〔　　〕第　号

领函人：

交付：

事由：

批准人：

时间：

注：本介绍信用于会见犯罪嫌疑人、被告人时向看守所、羁押场所提交。

律师会见在押犯罪嫌疑人、被告人专用介绍信

〔　　〕第　号

＿＿＿＿＿：

根据《中华人民共和国刑事诉讼法》第三十九条以及《中华人民共和国律师法》第三十条的规定，现指派我所＿＿＿＿＿律师前往你处会见＿＿＿＿＿案的在押犯罪嫌疑人（被告人）＿＿＿＿＿，请予安排。

特此函告

（律师事务所章）

年　月　日

提请收集、调取证据申请书

[　　]第　号

领函人：

交付：

事由：

批准人：

时间：

注：本申请书用于审判阶段向法院提交。

提请收集、调取证据申请书

[　　]第　号

申请人：_____律师事务所_____律师

通信地址或联系方法：_____

申请事项：申请_____向_____收集、调取证据。

申请理由：作为被告人_____涉嫌_____一案的辩护律师，本人认为需要向证人（有关单位、公民个人）_____收集、调取证据。因情况特殊，根据《中华人民共和国刑事诉讼法》第四十三条第一款的规定，特申请贵院予以收集、调取。

此致

_____人民法院

申请人签名：

（律师事务所章）

年　月　日

附：证人、个人姓名：

有关单位名称：

住址或通信方法：

收集、调取证据范围、内容：

调查取证申请书

〔　　〕第　号

领函人：

交付：

批准人：

时间：

注：本申请书用于审判阶段向法院提交。

调查取证申请书

申请人：＿＿＿＿＿＿律师事务所＿＿＿＿＿＿律师

通信地址或联系方法：＿＿＿＿＿＿＿＿＿＿＿＿＿＿＿＿＿＿＿＿＿

申请事项：许可调查取证。

申请理由：作为被告人＿＿＿＿＿＿的辩护律师，因案情需要，本人拟向被害人（被害人近亲属、被害人提供的证人）＿＿＿＿＿＿收集与本案有关的材料，根据《中华人民共和国刑事诉讼法》第四十三条第二款的规定，特此申请，请予许可。

此致

＿＿＿＿＿＿人民法院

申请人签名：

（律师事务所章）

年　月　日

通知证人出庭申请书

[　　]第　号

领函人：

交付：

事由：

批准人：

时间：

通知证人出庭申请书

[　　]第　号

申请人：＿＿＿＿＿＿律师事务所＿＿＿＿＿＿律师

通信地址或联系方法：＿＿＿＿＿＿＿＿＿＿＿＿＿＿＿＿＿＿＿＿＿＿＿＿

申请事项：通知证人＿＿＿＿＿＿出庭作证。

申请理由：＿＿＿＿＿＿系被告人＿＿＿＿＿＿被控＿＿＿＿＿＿一案的证人。申请人认为需要证人出庭作证。根据《中华人民共和国刑事诉讼法》第四十三条第一款的规定，特提出申请。

此致

＿＿＿＿＿＿人民法院

申请人签名：

（律师事务所章）

年　月　日

附：证人地址、联系方式：

解除强制措施申请书

〔　　〕第　　号

领函人：

交付：

事由：

批准人：

时间：

注：本申请书用于向法院提出。

解除强制措施申请书

〔　　〕第　　号

申请人：＿＿＿＿＿＿律师事务所＿＿＿＿＿＿律师

通信地址或联系方法：＿＿＿＿＿＿＿＿＿＿＿＿＿＿＿＿＿＿＿＿＿＿＿＿＿＿＿＿＿

申请事项：解除对被告人＿＿＿＿采取的＿＿＿＿强制措施。

申请理由：被告人＿＿＿＿因涉嫌＿＿＿＿＿＿＿＿一案，于＿＿＿＿年＿＿月＿＿＿日＿＿＿时被＿＿＿＿＿＿采取的＿＿＿＿强制措施，现已超过法定期限。作为被告人＿＿＿＿＿＿委托的辩护人，根据《中华人民共和国刑事诉讼法》的规定，特申请解除对其采取的强制措施。

此致

＿＿＿＿＿＿人民法院

申请人签名：

（律师事务所章）

年　月　日

延期审理申请书

〔　　〕第　号

领函人：

交付：

事由：

批准人：

时间：

延期审理申请书

〔　　〕第　号

申请人：_____律师事务所_____律师

通信地址或联系方法：_____

申请事项：延期审理。

申请理由：作为_____案_____人_____委托的辩护人（代理人），

由于_____，根据《中华人民共和国刑事诉讼法》的规定，特提请法院延期审理。

此致

_____人民法院

申请人签名：

（律师事务所章）

年　月　日

重新鉴定、勘验申请书

〔　　〕第　号

领函人：

交付：

事由：

批准人：

时间：

重新鉴定、勘验申请书

[   ]第   号

申请人：_____律师事务所_____律师

通信地址或联系方法：_____

申请事项：重新鉴定、勘验。

申请理由：我作为_____案_____人_____委托的_____辩护人（诉讼代理人），认为本案关于_____的鉴定（勘验）结论存在以下问题：

根据《中华人民共和国刑事诉讼法》一百九十七条的规定，特申请对事项重新鉴定、勘验。

此致

_____人民法院

申请人签名：

（律师事务所章）

年   月   日

辩 护 词

（一）概念

辩护词，是指辩护人在刑事诉讼的法庭辩护中，为维护被告人的合法权益，以事实和法律为依据而作出的证明被告人无罪、罪轻或者减轻、免除其刑事责任的材料和意见。

辩护词从写作角度来说是一篇具有辩驳性的说理文。它有很强的针对性，其主要论点一般针对检察机关所提出的起诉书和公诉人当庭发表的公诉词。在辩护内容上，主要是针对起诉书或公诉词对被告人犯罪事实的认定、对罪名的确定，以及适用法律的理由和根据等方面，有的还可能涉及诉讼程序方面存在的不当等问题。

（二）制作内容和方法

辩护词不是法定的法律文书，没有固定的格式。但是，从司法实践来看，多数辩护词（第一轮的发言）大体有一个写作的结构，即由前言、辩护理由和结束语三部分组成。

1. 前言

前言部分一般讲三方面内容：（1）申明辩护人的合法地位。根据法律规定，应申明辩护人是受被告人的委托，还是由×××人民法院指定。（2）辩护人在出庭前做了哪些工作。一般是查阅了案卷材料、会见了被告人（或是与被告人通了信）、作了必要的调查等，还要附带说明听取法庭调查的情况。（3）辩护人对全案的基本看法，进而引出对辩护理由的阐述。总之，前言部分应当力求文字简洁。

2. 辩护理由

这是辩护词的核心内容，通常从以下几方面展开辩论：

（1）对犯罪事实的认定方面

犯罪事实是定罪量刑的事实根据，如果犯罪事实不存在或有较大的出入，那就有可能从根本上推翻检察机关对被告人的指控，从而否定被告人的罪行。作为辩护律师，如果发现起诉书中所认定的被告人的行为事实有错误，应首先从否定所指控的事实方面进行辩护。具体来说，有以下几种常见的情况。第一，某种行为事实虽然存在，但辩护人和公诉人对该行为在性质上有根本不同的认识。例如：公诉人认为被告人的行为属于防卫过当，而辩护人认为完全是正当防卫；公诉人认为被告人的行为构成强奸未遂，而辩护人则认为其行为属于强制猥亵、侮辱妇女；等等。第二，行为事实虽然存在，但有所夸大，甚至被歪曲。这就需要辩护律师说明事实真相，建议法庭根据事实的真相来评判被告人的罪行轻重。第三，被指控的行为事实根本不存在，在否定行为事实时最有效的方法是否定原有的证据，提供新的证据，证明被告人根本没有被指控的犯罪事实。可以通过申请非法证据的排除、分析指控犯罪的证据之间的矛盾等方法否认被指控的犯罪事实。

（2）法律适用方面

适用法律主要是指定罪和量刑这两方面内容。在辩护时，要涉及罪名的认定是否恰当和罪刑轻重的问题。在罪名认定上，要根据事实和法律，从较轻的罪名方面为被告人辩护。如对构不成抢劫罪的被告人，以抢夺罪的罪名为被告人辩护等。关于罪刑轻重的辩护，是在承认公诉人指控罪名的前提下，辩护律师指明被告人存在着可以从轻处理的事实情节，从而提出量刑的建议。例如，被告人有自首、未遂或中止的事实情节，或是认罪态度较好、积极退赃，或是危害后果不甚严重，或是共同犯罪中不是主犯，或是个人犯罪中不属累犯，等等。另外，适用法律方面还可以针对诉讼程序，如有关回避、审判方式是否应当公开等问题为被告人进行辩护。

（3）某些犯罪行为发生过程中的"情理"因素

这里的"情理"，是指符合社会公共道德秩序的人情事理。例如，被告人的行为属于"大义灭亲"的义愤行为，其中有可以谅解的因素，从轻论处也不违背法理，辩护人就可以从这方面为被告人作出辩护。

3. 结束语。

这部分虽不是必备的内容，但如能就整篇辩护词作出小结，概括全篇的主要论点，并对法庭的最后判决提出一些原则性的建议，则不仅是必要的，有时还会产生很好的辩护效果。

结束语主要包括以下两点内容：①辩护人对自己的发言进行归纳总结，提出结论性意见，让法庭成员明了辩护词的基本观点；②对被告人如何定罪量刑、适用哪些刑法条款，向法庭提出看法、要求和建议。

结束语的文字要力求做到观点鲜明、意见恳切、简洁明晰、概括有力，并且要与辩护理由相一致，是辩护理由的必然结论，这样才容易为人们所接受。

（三）辩护词的论证技巧

（1）欲进先退法。大多数刑事案件的被告人都犯有这样或那样的罪行。辩护律师必须尊重客观事实，在辩护词中承认被告人犯罪及应承担法律责任，对于被害人必须深表同情。这就是"退"的表现。但作为辩护人，还应在此基础上"进"，即进一步阐述理由，分析事理，分析事端的引起、各方的责任以及有关方面处置不当的情形，从而为被告人提供从轻处理的理由和根据。

（2）针锋相对法。有的案件中确有少数被告人被指控的罪行不实或罪名不当。这时，辩护人就应抓住起诉书中的指控，针锋相对地进行辩论，观点鲜明地据理反驳，讲明事实真相，否定起诉中认定的事实，为被告人作有力辩护。

（3）借题发挥法。有些刑事案件中被告人的行为事实在起诉书中被认定得完全属实，指控罪名完全恰当，而被告人认罪态度并不好。在这种情况下，辩护人可以从被告人的犯罪行为本身，发现足以引起有关方面吸取教训的某些问题，加以发挥，提示引起被告人犯罪的社会原因。这样有助于法庭客观地看待被告人的犯罪行为，作出公正的判处。这对加强法制宣传、教育他人也有重要意义。

二、模拟简易程序审判

（一）人民法院一审公诉案件简易程序

1. 人民法院一审公诉案件简易程序审判流程图

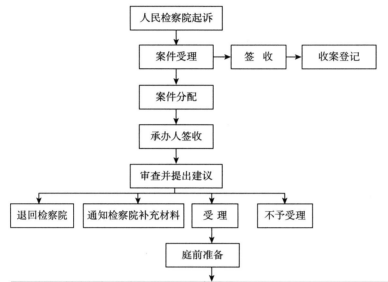

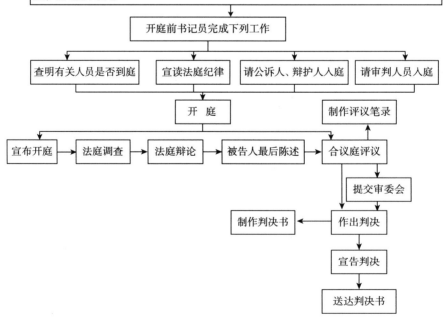

2. 人民法院适用简易程序审理工作

（1）可以适用简易程序的案件

根据《刑事诉讼法》第二百一十四条的规定，基层人民法院管辖的案件，符合下列条件的，可以适用简易程序审判：①案件事实清楚、证据充分的；②被告人承认自己所犯罪行，对指控的犯罪事实没有异议的；③被告人对适用简易程序没有异议的。

（2）不应当适用简易程序的案件

根据《最高人民法院关于适用〈中华人民共和国刑事诉讼法〉的解释》的规定，具有下列情形之一的，不适用简易程序：

①被告人是盲、聋、哑人的；

②被告人是尚未完全丧失辨认或者控制自己行为能力的精神病人的；

③案件有重大社会影响的；

④共同犯罪案件中部分被告人不认罪或者对适用简易程序有异议的；

⑤辩护人作无罪辩护的；

⑥被告人认罪但经审查认为可能不构成犯罪的；

⑦不宜适用简易程序审理的其他情形。

（3）简易程序的提起

①简易程序的启动权。

对于公诉案件，简易程序的启动权由人民检察院、人民法院和被告人共同行使。只要人民检察院、人民法院、被告人有一方认为不宜适用简易程序，就不能适用简易程序。

②简易程序的提起和决定程序。

人民检察院起诉时建议适用简易程序的，应当制作《适用简易程序建议书》，在提起公诉时，连同全案卷宗一并移交人民法院。人民法院在征得被告人、辩护人同意后决定适用简易程序的，应制作《适用简易程序决定书》，开庭前送达人民检察院、被告人、辩护人。人民法院认为不适用的，应书面通知人民检察院。

人民检察院没有建议适用简易程序的，基层人民法院受理公诉案件后，经审查认为案件事实清楚、证据充分的，在将起诉书副本送达被告人时，应当询问被告人对指控的犯罪事实的意见，告知其适用简易程序的法律规定。被告人对指控的犯罪事实没有异议并同意适用简易程序的，可以决定适用简易程序，并在开庭前通知人民检察院和辩护人。

被告人及其辩护人申请适用简易程序审理的案件，人民法院经审查认为符合简易程序适用条件的，应当征询人民检察院的意见，人民检察院没有异议并同意适用简易程序的，可以决定适用简易程序，并在开庭前通知人民检察院和辩护人。不符合简易程序适用条件的，应当通知被告人及其辩护人。

（4）简易程序法庭审判的特点

简易程序只适用于基层人民法院第一审程序审理的案件。

适用简易程序审理案件，对可能判处三年有期徒刑以下刑罚的，可以组成合议庭进行审判，也可以由审判员一人独任审判；对可能判处的有期徒刑超过三年的，应当组成合议庭进行审判。

适用简易程序审理的案件，符合《刑事诉讼法》第三十五条第一款规定的，人民法院应当告知被告人及其近亲属可以申请法律援助。

适用简易程序审理案件，人民法院应当在开庭前将开庭的时间、地点通知人民检察院、自诉人、被告人、辩护人，也可以通知其他诉讼参与人。通知不受时限限制，可以采用简便方式，但应当记录在案。

适用简易程序审理公诉案件，人民检察院应当派员出席法庭。

适用简易程序审理案件，庭审程序不受讯问被告人，询问证人，鉴定人，出示证据，法庭辩论程序规定的限制。

适用简易程序审理案件，审判长或者独任审判员应当当庭询问被告人对指控的犯罪事实的意见，告知被告人适用简易程序审理的法律规定，确认被告人是否同意适用简易程序。

适用简易程序审理案件，可以对庭审作如下简化：公诉人可以摘要宣读起诉书；公诉人、辩护人、审判人员对被告人的讯问、发问可以简化或者省略；对控辩双方无异议的证据，可以仅就证据的名称及所证明的事项作出说明；对控辩双方有异议或者法庭认为有必要调查核实的证据，应当出示，并进行质证；控辩双方对与定罪量刑有关的事实、证据没有异议的，法庭审理可以直接围绕罪名确定和量刑问题进行。

适用简易程序审理案件，判决宣告前应当听取被告人的最后陈述。

适用简易程序审理案件，经审判人员许可，被告人及其辩护人可以同公诉人、自诉人及其诉讼代理人互相辩论。

适用简易程序审理案件，人民法院应当在受理后二十日以内审结；对可能判处的有期徒刑超过三年的，可以延长至一个半月。

适用简易程序独任审判过程中，发现对被告人可能判处的有期徒刑超过三年的，应当转由合议庭审理。

适用简易程序审理案件，在法庭审理过程中，具有下列情形之一的，应当转为普通程序审理：被告人的行为可能不构成犯罪的；被告人可能不负刑事责任的；

被告人当庭对起诉指控的犯罪事实予以否认的；案件事实不清、证据不足的；不应当或者不宜适用简易程序的其他情形。决定转为普通程序审理的案件，审理期限应当从作出决定之日起计算。

适用简易程序审理案件，裁判文书可以简化。

适用简易程序审理案件，一般应当当庭宣判。

3. 人民法院适用简易程序审理专用文书

××××人民法院

刑事判决书

（简易程序）

（　　）×××刑初×××号

公诉机关××××人民检察院。

被告人×××，……（列明被告人姓名、性别、出生年月日、公民身份证号码、民族、文化程度、职业或者工作单位和职务、户籍地、现住址、曾受法律处分情况、被采取强制措施情况、羁押场所）。

辩护人×××，×××律师事务所律师。

××××人民检察院以×检×刑诉〔20××〕×号起诉书指控被告人×××犯××罪，于××年×月×日向本院提起公诉。本院受理后，依法组成合议庭，适用简易程序公开开庭审理了本案。××××人民检察院指派检察员×××出庭支持公诉，被告人×××及其辩护人×××到庭参加诉讼。现已审理终结。

公诉机关指控……（简要概述指控的犯罪事实）。

公诉机关认为，被告人×××……（简要概述犯罪构成），应当以×××罪追究其刑事责任；……（简要概述量刑建议）。公诉机关提交了……证据证实。

被告人×××对指控事实、罪名及量刑建议没有异议，同意适用简程序，且签字具结，在开庭审理过程中亦无异议。其辩护人提出的辩护意见是……。

经审理查明的事实、证据与公诉机关的指控一致。另查明，……（被告人到案情况、立功情况、调解或和解情况、被害人意见、退赔情况、交纳罚金情况等）。

本院认为，被告人×××构成××罪。公诉机关的指控成立。辩护人辩护意见予以（不予以）采纳。<u>被告人×××到案后能如实供述自己的罪行，愿意接受处罚，对其可以从轻处罚</u>（划线部分依次叙述被告人具有的从重、减轻、从轻处罚等法定和酌定情节）。公诉机关的量刑建议适当（量刑建议不当的不写）。依照

《中华人民共和国刑法》第××条（列明引用的法律、司法解释条文）、《中华人民共和国刑事诉讼法》第二百零一条之规定，判决如下：

被告人×××犯××罪，判处……

（刑期从判决执行之日起计算。判决执行以前先行羁押的，羁押一日折抵刑期一日，即自××年×月×日起至××年×月×日止）

如不服本判决，可在接到判决书的第二日起十日内，通过本院或者直接向××××中级人民法院提出上诉。书面上诉的，应当提交上诉状正本一份、副本二份。

审 判 长：

人民陪审员：

人民陪审员：

××××年××月××日

（院印）

法官助理：

书 记 员：

本件与原件核对无异（印戳）

（二）检察院参与人民法院适用简易程序案件审理程序

1. 检察院参与人民法院一审公诉案件简易程序审判工作流程图

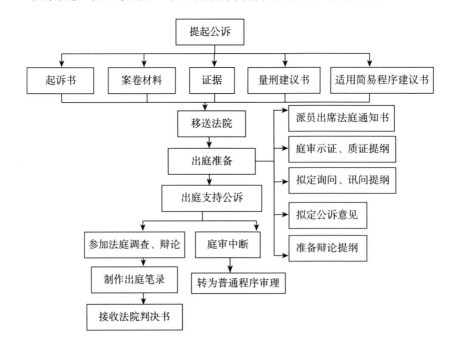

2. 检察院参与人民法院适用简易程序审理阶段工作

（1）建议人民法院适用简易程序审理

人民检察院对于基层人民法院管辖的案件，符合适用简易程序审理条件的，可以建议人民法院适用简易程序审理；但是，具有下列情形之一的，人民检察院不得建议人民法院适用简易程序：①被告人是盲、聋、哑人，或者是尚未完全丧失辨认或者控制自己行为能力的精神病人的；②有重大社会影响的；③共同犯罪案件中部分被告人不认罪或者对适用简易程序有异议的；④比较复杂的共同犯罪案件；⑤辩护人作无罪辩护或者对主要犯罪事实有异议的；⑥其他不宜适用简易程序的。

人民法院决定适用简易程序审理的案件，人民检察院认为具有《刑事诉讼法》第二百一十五条规定情形之一的，应当向人民法院提出纠正意见；具有其他不宜适用简易程序情形的，人民检察院可以建议人民法院不适用简易程序。

（2）告知义务

基层人民检察院审查案件，认为案件事实清楚、证据充分的，应当在讯问犯罪嫌疑人时，了解其是否承认自己所犯罪行，对指控的犯罪事实有无异议，告知其适用简易程序的法律规定，确认其是否同意适用简易程序。

（3）派员出席法庭

适用简易程序审理的公诉案件，人民检察院应当派员出席法庭。

（4）公诉人在法庭上的工作

公诉人出席简易程序法庭时，应当主要围绕量刑以及其他有争议的问题进行法庭调查和法庭辩论。在确认被告人庭前收到起诉书并对起诉书指控的犯罪事实没有异议后，可以简化宣读起诉书，根据案件情况决定是否讯问被告人，询问证人、鉴定人和出示证据。

根据案件情况，公诉人可以建议法庭简化法庭调查和法庭辩论程序。

适用简易程序审理的公诉案件，公诉人发现不宜适用简易程序审理的，应当建议法庭按照第一审普通程序重新审理。转为普通程序审理的案件，公诉人需要为出席法庭进行准备的，可以建议人民法院延期审理。

3. 检察院参与人民法院适用简易程序案件审理文书

××××人民检察院
适用简易程序建议书
（副本）

×× 检 ×× 简建〔20××〕× 号

　　本院以_____号起诉书提起公诉的_____一案，经本院审查，符合《中华人民共和国刑事诉讼法》第二百一十四条的规定，建议你院对此案适用简易程序审理。

　　此致
_____人民法院

20×× 年 × 月 × 日
（院印）

第二联附卷

（三）辩护律师参与人民法院适用简易程序案件审理程序

1. 辩护律师参与人民法院一审公诉案件简易程序审判流程图

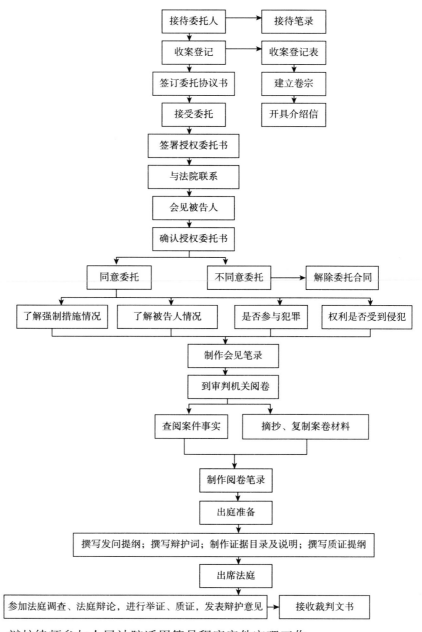

2. 辩护律师参与人民法院适用简易程序案件审理工作

律师参与简易程序较普通程序要简单。主要是庭前阅卷，了解被告人被指控的犯罪事实、证据，了解被告人是否认罪，是否存在事实不清、证据不足的情况。在庭审中，主要是经审判人员许可，同公诉人互相辩论，发表对事实、证据、适用法律及量刑方面的意见。

3. 辩护律师参与人民法院适用简易程序案件审理文书

律师在简易程序中，没有独特的文书。

三、模拟速裁程序

（一）人民法院一审公诉案件速裁程序

1. 人民法院一审公诉案件速裁程序审判流程图

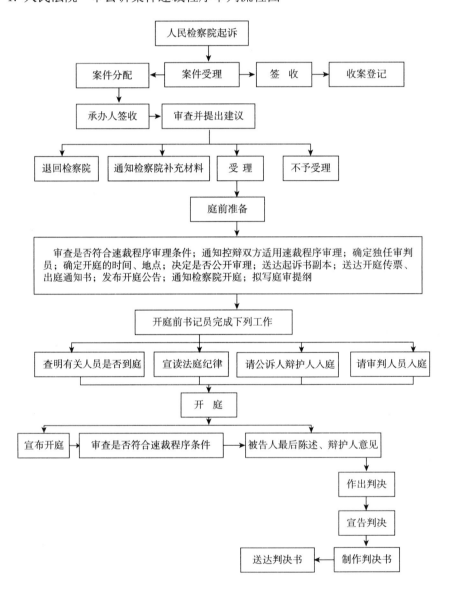

2. 人民法院适用速裁程序案件审理程序

速裁程序是基层人民法院审理可能判处三年有期徒刑以下刑罚的，案件事实清楚，证据确实、充分，被告人认罪认罚并同意适用的，较简易程序更为简化的第一审程序。

（1）可以适用速裁程序的案件

根据《刑事诉讼法》第二百二十二条的规定，基层人民法院管辖的案件，符合下列条件的，可以适用速裁程序：

①可能判处三年有期徒刑以下刑罚；

②案件事实清楚，证据确实、充分；

③被告人认罪认罚；

④被告人同意适用速裁程序。

（2）不可以适用速裁程序的案件

根据《刑事诉讼法》第二百二十三条和《最高人民法院关于适用〈中华人民共和国刑事诉讼法〉的解释》的规定，具有下列情形之一的，不可以适用速裁程序：

①被告人是盲、聋、哑人，或者是尚未完全丧失辨认或者控制自己行为能力的精神病人的；

②被告人是未成年人的；

③案件有重大社会影响的；

④共同犯罪案件中部分被告人对指控的犯罪事实、罪名、量刑建议或者适用速裁程序有异议的；

⑤被告人与被害人或者其法定代理人没有就附带民事诉讼赔偿等事项达成调解或者和解协议的；

⑥辩护人作无罪辩护的；

⑦其他不宜适用速裁程序审理的。

（3）速裁程序的审理

根据《刑事诉讼法》第二百二十二条至第二百二十六条的规定，速裁程序除参照第一审普通程序的规定执行外，还需要遵循以下特殊规定：

①审判组织为独任庭。

②送达期限不受《刑事诉讼法》普通程序规定期限的限制。适用速裁程序审理案件，人民法院应当在开庭前将开庭的时间、地点通知人民检察院、被告人、辩护人，也可以通知其他诉讼参与人。通知可以采用简便方式，但应当记录在案。

③适用速裁程序审理案件，一般不进行法庭调查、法庭辩论。适用速裁程序审理案件，可以集中开庭，逐案审理。公诉人简要宣读起诉书后，审判人员应当当

庭询问被告人对指控事实、证据、量刑建议以及适用速裁程序的意见，核实具结书签署的自愿性、真实性、合法性，并核实附带民事诉讼赔偿等情况。

④适用速裁程序审理案件，在判决宣告前应当听取辩护人的意见和被告人的最后陈述意见。

⑤适用速裁程序审理案件，裁判文书可以简化。

⑥适用速裁程序审理案件，应当当庭宣判。

⑦适用速裁程序审理案件，人民法院应当在受理后十日以内审结；对可能判处的有期徒刑超过一年的，可以延长至十五日。

⑧适用速裁程序审理案件，在法庭审理过程中，具有下列情形之一的，应当转为普通程序或者简易程序审理：被告人的行为可能不构成犯罪或者不应当追究刑事责任的；被告人违背意愿认罪认罚的；被告人否认指控的犯罪事实的；案件疑难、复杂或者对适用法律有重大争议的；其他不宜适用速裁程序的情形。

决定转为普通程序或者简易程序审理的案件，审理期限应当从作出决定之日起计算。

⑨适用速裁程序审理的案件，第二审人民法院依照《刑事诉讼法》第二百三十六条第一款第（三）项的规定发回原审人民法院重新审判的，原审人民法院应当适用第一审普通程序重新审判。

3. 人民法院适用速裁程序案例审理文书

××××人民法院

刑事判决书

（速裁程序）

（　）×××刑初×××号

公诉机关	××××人民检察院	
被告人基本情况	被告人……（列明被告人姓名、性别、出生年月日、公民身份证号码、民族、文化程度、职业或者工作单位和职务、户籍地、现住址、曾受法律处分情况、被采强制措施情况、羁押场所）	
辩护人	×××，×××律师事务所律师	
公诉机关指控情况	起诉书文号	
	指控事实	（简要概述指控的犯罪事实）
	指控罪名	
	量刑建议	

被告人及其辩护人意见	被告人×××对指控事实、罪名及量刑建议没有异议，同意适用速裁程序且签字具结，在开庭审理过程中亦无异议。其辩护人提出的辩护意见是……
判决理由	公诉机关指控被告人×××犯×××罪罪名成立，量刑建议适当，应予采纳。辩护人的辩护意见予以（不予以）采纳。被告人认罪认罚，且具有……情节，对其可以从轻（减轻）处罚（依次叙述被告人具有的从重、减轻、从轻等法定和酌定情节）
法律依据	《中华人民共和国刑法》第××条
判决结果	被告人×××犯××罪，判处…… （刑期自×年×月×日起至×年×月×日止）
权利告知	如不服本判决，可在接到判决书的第二日起十日内，通过本院或者直接向××××中级人民法院提出上诉。书面上诉的，应当提交上诉状正本一份、副本二份
本件与原件核对无异	审　判　员 年　月　日 （院印） 书　记　员

　　说明：人民法院适用速裁程序审理刑事案件，判决时使用本格式。依法不需要签署认罪认罚具结书的，不用表述"且签字具结"。

　　（二）检察院参与人民法院适用速裁程序案件审理程序

　　1. 检察院参与人民法院一审公诉案件速裁程序审判工作流程图

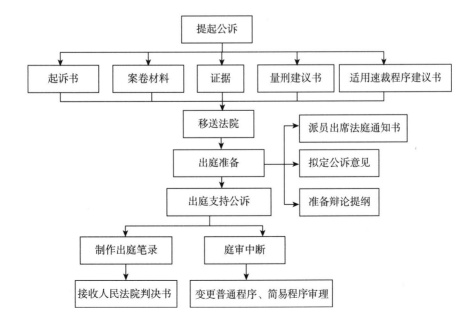

2. 人民检察院在速裁程序中的工作

（1）速裁程序适用建议

人民检察院对基层人民法院管辖的案件，符合速裁程序条件的，在提起公诉时，可以建议人民法院适用速裁程序审理。不符合速裁程序条件的，人民检察院不得建议人民法院适用速裁程序。

公安机关、犯罪嫌疑人及其辩护人建议适用速裁程序，人民检察院经审查认为符合条件的，可以建议人民法院适用速裁程序审理。

公安机关、辩护人未建议适用速裁程序，人民检察院经审查认为符合速裁程序适用条件，且犯罪嫌疑人同意适用的，可以建议人民法院适用速裁程序审理。

人民检察院建议人民法院适用速裁程序的案件，起诉书内容可以适当简化，重点写明指控的事实和适用的法律。

（2）派员出席法庭

人民法院适用速裁程序审理的案件，人民检察院应当派员出席法庭。

（3）公诉人出席速裁程序法庭的工作

公诉人出席速裁程序法庭时，可以简要宣读起诉书指控的犯罪事实、证据、适用法律及量刑建议，一般不再讯问被告人。

适用速裁程序审理的案件，人民检察院发现有不宜适用速裁程序审理情形的，应当建议人民法院转为普通程序或者简易程序重新审理。

转为普通程序审理的案件，公诉人需要为出席法庭进行准备的，可以建议人民法院延期审理。

3. 检察院参与人民法院适用速裁程序案件审理文书

×××× 人民检察院
适用速裁程序建议书
（副本）

×× 检 ×× 速建〔20××〕× 号

　　本院以＿＿＿＿＿＿号起诉书提起公诉的＿＿＿＿＿＿＿＿＿＿＿一案，经本院审查，符合《中华人民共和国刑事诉讼法》第二百二十二条的规定，建议你院对此案适用速裁程序审理。

　　此致

＿＿＿＿＿＿＿＿＿＿人民法院

20×× 年 × 月 × 日

（院印）

第二联附卷

（三）辩护律师参与人民法院适用速裁程序案件审理程序

1. 辩护律师参与人民法院一审公诉案件速裁程序审判工作流程图

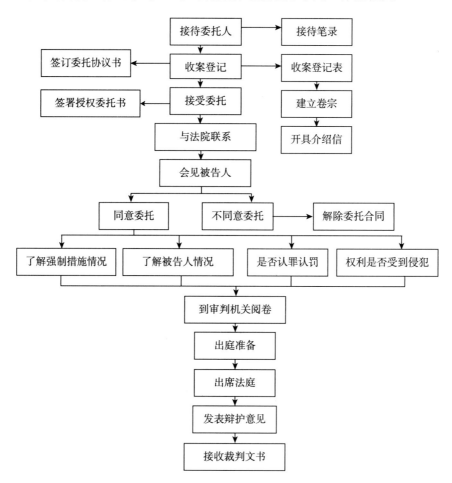

2. 辩护律师参与人民法院适用速裁程序案件工作

在速裁程序中，辩护律师的主要工作是了解被告人是否自愿认罪认罚、案件事实是否清楚、有无被告人无罪的情况，在法庭审理中发表对案件的意见。

3. 辩护律师参与人民法院适用速裁程序案件审理文书

在速裁程序中，辩护律师没有专用的文书。

项目二　模拟自诉案件诉讼程序

任务一　模拟自诉案件提起程序

一、自诉案件起诉阶段工作流程图

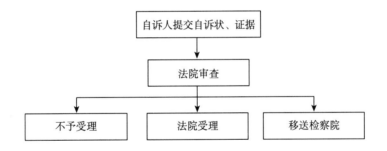

二、自诉案件起诉阶段的主要工作

（一）自诉案件提起条件

提起自诉应当具备以下条件：

（1）自诉人一般是犯罪行为的被害人，被害人死亡或者丧失行为能力的，被害人的法定代理人、近亲属也有权向人民法院起诉；如果被害人因受强制、威吓无法告诉的，被害人的近亲属也可以代理自诉人提起自诉。

（2）必须有明确的被告人，有具体的诉讼请求，并提出足以证明被告人犯罪的证据。

（3）起诉的刑事案件应属于人民法院直接受理的案件范围。

（二）自诉案件的提起

自诉人起诉应当向法院提交符合规范的起诉状，并按被告人的人数提出副本。如果书写起诉状确有困难，可以口头起诉，由人民法院接待人员写成笔录，经宣读无误后，由自诉人签名或盖章。提起自诉的同时提起附带民事诉讼的，还应当提交刑事附带民事诉状。

自诉人起诉时，还应提供能够证明被告人有罪的证据。

（三）人民法院对自诉案件的审查和处理

人民法院收到自诉人的起诉后，应当指定一名审判人员进行审查。人民法院对自诉案件的庭前审查与公诉案件的庭前审查不同的是，自诉案件的庭前审查既是程序性的审查，也是实体性的审查。自诉案件的庭前审查，要审查案件事实是否清楚，证据是否确实、充分。如果自诉人没有提出能够证明被告人有罪的证据，应当劝说自诉人撤回起诉。如果不撤回起诉，再裁定不予受理。

人民法院对自诉案件的庭前审查，应当围绕以下几个方面进行：是否属于自诉案件；是否属于本院管辖；自诉人是否适格；是否有明确的被告人、具体诉讼请求和能证明被告人犯罪事实的证据。

对自诉案件，人民法院应当在十五日内审查完毕。对自诉案件进行庭前审查后，应当作出以下处理：

（1）对于事实清楚，有足够证据的案件，应当开庭审判。

（2）具有下列情形之一的，应当说服自诉人撤回起诉；自诉人不撤回起诉的，裁定不予受理：①不属于《最高人民法院关于适用〈中华人民共和国刑事诉讼法〉的解释》第一条规定的案件的；②缺乏罪证的；③犯罪已过追诉时效期限的；④被告人死亡的；⑤被告人下落不明的；⑥除因证据不足而撤诉的以外，自诉人撤诉后，就同一事实又告诉的；⑦经人民法院调解结案后，自诉人反悔，就同一事实再行告诉的；⑧属于《最高人民法院关于适用〈中华人民共和国刑事诉讼法〉的解释》第一条第（二）项规定的案件，公安机关正在立案侦查或者人民检察院正在审查起诉的；⑨不服人民检察院对未成年犯罪嫌疑人作出的附条件不起诉决定或者附条件不起诉考验期满后作出的不起诉决定，向人民法院起诉的。

（3）对已经立案，经审查缺乏罪证的自诉案件，自诉人提不出补充证据的，人民法院应当说服其撤回起诉或者裁定驳回起诉；自诉人撤回起诉或者被驳回起诉后，又提出了新的足以证明被告人有罪的证据，再次提起自诉的，人民法院应当受理。

（4）自诉人明知有其他共同侵害人，但只对部分侵害人提起自诉的，人民法院应当受理，并告知其放弃告诉的法律后果；自诉人放弃告诉，判决宣告后又对其他共同侵害人就同一事实提起自诉的，人民法院不予受理。

共同被害人中只有部分人告诉的，人民法院应当通知其他被害人参加诉讼，并告知其不参加诉讼的法律后果。被通知人接到通知后表示不参加诉讼或者不出庭的，视为放弃告诉。第一审宣判后，被通知人就同一事实又提起自诉的，人民法院不予受理。但是，当事人另行提起民事诉讼的，不受限制。

（5）被告人实施两个以上犯罪行为，分别属于公诉案件和自诉案件，人民法院可以一并审理。

（6）自诉案件当事人因客观原因不能取得的证据，申请人民法院调取的，应当说明理由，并提供相关线索或者材料。人民法院认为有必要的，应当及时调取。对通过信息网络实施的侮辱、诽谤行为，被害人向人民法院告诉，但提供证据确有困难的，人民法院可以要求公安机关提供协助。

（7）必须由人民检察院提起公诉的案件，应当移送人民检察院。

三、自诉案件起诉阶段文书

刑事自诉状

自诉人：（姓名、性别、出生年月日、民族、籍贯、职业或工作单位和职务、住址等）

被告人：（姓名、性别等情况，出生年月日不详者可写其年龄）

案由和诉讼请求：

（被告人被控告的罪名和具体的诉讼请求）

事实与理由：

（被告人犯罪的时间、地点、侵害的客体、动机、目的、情节、手段及造成的后果。有附带民事诉讼内容的，在写明被告人的犯罪事实之后写清。理由应阐明被告人构成的罪名和法律依据）

证据和证据来源，证人姓名和住址：

（主要证据及其来源，证人姓名和住址。如证据、证人在事实部分已经写明，此处只需点明证据名称、证人详细住址）

此致

_____人民法院

自诉人：

代书人：

年　月　日

（附：本诉状副本_____份）

×××人民法院

立 案 通 知 书

（自诉案件用）

（　　　　　）　　字第　　　号

_____：

你诉　_____一案的自诉状已收到。经审查，起诉符合法定受理条件，本院决定立案审理。现将有关事项通知如下：

一、在诉讼过程中，当事人必须依法行使诉讼权利，履行诉讼义务，遵守诉讼秩序。自诉人经两次依法传唤，无正当理由拒不到庭的，或者未经法庭许可中途退庭的，按撤诉处理。

二、在诉讼中，自诉人承担举证责任。对于缺乏证据，自诉人提不出补充证据的，自诉人应当撤回自诉，否则本院将裁定驳回起诉。

三、你有权随时委托诉讼代理人，并将由被代理人签名或者盖章的授权委托书递交本院。

（院印）

年　　月　　日

×××人民法院

应 诉 通 知 书

（自诉案件用）

（　　　　　）　　字第　　　号

_____：

本院受理_____诉你_____一案，现随文发送自诉状副本一份，并将有关应诉事项通知如下：

一、在诉讼过程中，当事人必须依法行使诉讼权利，履行诉讼义务，遵守诉讼秩序。

二、在收到自诉状副本后____日内，将申请出庭的证人名单和当庭宣读、出示的证据复印件、照片连同提出的答辩状（正本一份，副本____份）一并递交本院_____庭。

三、你可以委托辩护人，并将由委托人签名或者盖章的辩护委托书递交本院。

（院印）

年　　月　　日

任务二　模拟自诉案件审判程序

一、自诉案件一审流程图

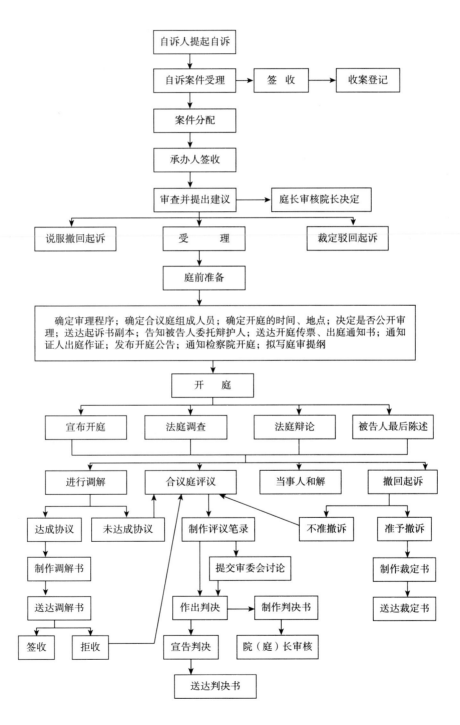

二、人民法院审理自诉案件工作要求

人民法院审理一审自诉案件应当参照公诉案件的第一审程序进行，并注意以下特点。

1. 可以适用简易程序审理

自诉案件符合简易程序适用条件的，可以适用简易程序审理。不适用简易程序审理的自诉案件，参照适用公诉案件第一审普通程序的有关规定。

需要注意的是，自诉案件不适用速裁程序审理。具体原因是：自诉案件由自诉人自行提起，案件没有经过侦查、审查起诉，人民法院在开庭前很难判断证据是否确实、充分。同时，自诉案件自诉人与被告人往往对案件事实等存在较大争议。此外，由于没有检察机关等国家机关主持，也无法在审前提出量刑建议、签署认罪认罚具结书。从这些情况来看，自诉案件是不适合适用速裁程序审理的。

2. 可以调解

（1）对告诉才处理的案件和被害人起诉的有证据证明的轻微刑事案件，人民法院可以进行调解。但对于被害人有证据证明对被告人侵犯自己人身、财产权利的行为应当依法追究刑事责任，而侦查机关或者人民检察院不予追究被告人刑事责任的案件，不适用调解。

（2）人民法院审理自诉案件，可以在查明事实、分清是非的基础上，根据自愿、合法的原则进行调解。调解达成协议的，应当制作刑事调解书，由审判人员、法官助理、书记员署名，并加盖人民法院印章。调解书经双方当事人签收后，即具有法律效力。调解没有达成协议，或者调解书签收前当事人反悔的，应当及时作出判决。

（3）经人民法院调解结案后，自诉人反悔，就同一事实再行告诉的，人民法院应当说服自诉人撤回起诉，或者裁定驳回起诉。

3. 可以和解与撤诉

（1）自诉人在宣告判决前，可以同被告人自行和解或者撤回自诉。对当事人自行和解的应记录在案。人民法院经审查，认为和解、撤回自诉确属自愿的，应当裁定准许；认为系被强迫、威吓等，并非自愿的，不予准许。自诉人撤诉后除有正当理由外，不得就同一案件再行起诉。

裁定准许撤诉的自诉案件，被告人被采取强制措施的，人民法院应当立即解除。

（2）自诉人经两次依法传唤，无正当理由拒不到庭的，或者未经法庭准许中途退庭的，人民法院应当决定按自诉人撤诉处理。

（3）自诉人是两人以上的，部分自诉人撤诉或者被裁定按撤诉处理的，不影响案件的继续审理。

4. 可以反诉

（1）可以反诉的案件范围

对于告诉才处理的案件和被害人起诉的有证据证明的轻微刑事案件，被告人或者其法定代理人在诉讼过程中，可以对自诉人提起反诉。但是，对于被害人有证据证明对被告人侵犯自己人身、财产权利的行为应当依法追究刑事责任，而公安机关或者人民检察院不予追究被告人刑事责任的案件，被害人依法提起自诉后，被告人不能提起反诉。

（2）提起反诉的必需条件

①提起反诉的是本案被告人或其法定代理人；

②反诉提起的时间是在法院对自诉案件宣告判决前；

③反诉的对象是本案的自诉人；

④反诉的内容同自诉人起诉的事实有关；

⑤反诉的案件必须是告诉才处理的案件和被害人起诉的有证据证明的轻微刑事案件。

（3）反诉的审理

反诉适用自诉的规定，并且应当与自诉案件一并审理，自诉人撤诉的，不影响反诉案件的继续审理；如果对双方当事人都必须判处刑罚，应根据各自应负的罪责分别判处，不能互相抵消刑罚。

5. 被告人在自诉案件审判期间下落不明的处理

被告人在自诉案件审判期间下落不明的，人民法院可以裁定中止审理；符合条件的，可以对被告人依法决定逮捕。

6. 宣告无罪自诉案件附带民事部分的处理

对依法宣告无罪的自诉案件，有附带民事诉讼的，其附带民事部分可以依法进行调解或者一并作出判决，也可以告知附带民事诉讼原告人另行提起民事诉讼。

7. 审理期限的特殊性

人民法院审理自诉案件，被告人被羁押的，应当在受理后二个月以内宣判，至迟不得超过三个月。对于附带民事诉讼的案件，以及有交通十分不便的边远地区的重大复杂案件，重大的犯罪集团案件，流窜作案的重大复杂案件，犯罪涉及面广、取证困难的重大复杂案件等情形之一的，经上一级人民法院批准，可以延长三个月。因特殊情况还需要延长的，报请最高人民法院批准。人民法院改变管辖的案件，从改变后的人民法院收到案件之日起计算审理期限。未被羁押的，应当在受理后六个月以内宣判。

三、律师参与自诉案件的工作流程

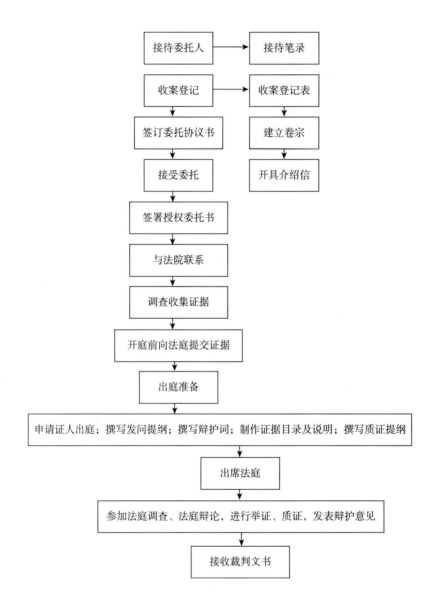

四、自诉案件专用文书

刑事自诉案件反诉状

反诉人：（本诉被告人）（姓名、性别、出生年月日、民族、籍贯、职业或工作单位和职务、住址等）

被反诉人：（本诉自诉人）（姓名、性别、出生年月日等基本情况）

反诉的具体请求内容：

事实与理由：

（被反诉人的罪行事实发生的时间、地点、侵犯客体等具体事实要素，阐明被反诉人罪行的性质及法律依据）

证据和证据来源，证人姓名和住址：

（主要证据及来源，主要证人姓名和住址。如证据、证人在事实部分已经写明，此处只需点明名称、证人地址）

此致

_____人民法院

反诉人：

代书人：

年　月　日

（附：本诉状副本_____份）

刑事答辩状范本

答辩人：_____（基本情况）

因_____一案，提出答辩如下：

（要针对自诉人的指控进行辩解，可写明自诉状中陈述的事实和依据的证据的不实之处，提出相反的事实和证据；可写明答辩人的行为合法，或虽违法但不犯罪；可写明自诉人起诉程序不合法，或举证不合法，或不属自诉案件范围。提出答辩理由，要实事求是，要提供证据）

答辩请求：

（要符合法律规定，针对自诉人的诉讼请求。可列举有关法律规定，论证自己主张的正确性，请求人民法院保护自己的合法权益），主要有以下几项：

1.要求人民法院驳回起诉；

2.要求人民法院否定自诉人请求之一或全部；

3.要求与自诉人和解；

4.提出反诉请求。

证据和证据来源：

（写明证据的名称、件数、来源。有证人的，应写明证人的姓名、住址）

此致

_____人民法院

答辩人：

年　月　日

（附：本答辩状副本_____份）

×××人民法院

刑事判决书

（一审自诉案件用）

（　　）×刑初字第××号

自诉人……（写明姓名、性别、出生年月日、民族、出生地、文化程度、职业或者工作单位和职务、住址等）

诉讼代理人……（写明姓名、工作单位和职务）

被告人……（写明姓名、性别、出生年月日、民族、出生地、文化程度、职业或者工作单位和职务、住址等）

辩护人……（写明姓名、工作单位和职务）

自诉人×××以被告人×××犯××罪，于××××年××月××日向本院提起控诉。本院受理后，依法实行独任审判（或者组成合议庭），公开（或者不公开）开庭审理了本案。自诉人×××及其诉讼代理人×××、被告人×××及其辩护人×××等到庭参加诉讼。现已审理终结。

自诉人×××诉称……（概述自诉人指控被告人犯罪的事实、证据和诉讼请求）。

被告人×××辩称……（概述被告人对自诉人的指控予以供述、辩解、自行辩护的意见和有关证据）。辩护人×××提出的辩护意见是……（概述辩护人的辩护意见和有关证据）。

经审理查明，……（首先写明经法庭审理查明的事实；其次写明据以定案的证据及其来源；最后对控辩双方有异议的事实、证据进行分析、认证）。

本院认为……（写明根据查证属实的事实、证据和法律规定，论证自诉人的指控是否成立，被告人的行为是否构成犯罪，犯的什么罪，是否从轻、减轻、免除处罚或者从重处罚。对于控辩双方有关适用法律方面的意见，应当有分析地表示是否予以采纳，并阐明理由）。依照……（写明判决的法律依据）的规定，判决如下：

……［写明判决结果。分三种情况：

第一，定罪判刑的，表述为：

"被告人×××犯××罪，判处……（写明判处的刑罚）。

（刑期从判决执行之日起计算。判决执行以前先行羁押的，羁押一日折抵刑期一日，即自××××年××月××日起至××××年××月××日止）"

第二，定罪免刑的，表述为：

"被告人×××犯××罪，免予刑事处罚。"

第三，宣告无罪的，表述为："被告人×××无罪。"］

如不服本判决，可在接到判决书的第二日起十日内，通过本院或者直接向×××中级人民法院提出上诉。书面上诉的，应当提交上诉状正本一份、副本×份。

审 判 员：

年 月 日

本件与原本核对无异（印戳）　　　　　（院印）

书 记 员：

项目三　模拟特别程序

任务一　未成年人犯罪案件诉讼程序

一、未成年人犯罪案件办理程序

（一）开庭准备

1. 送达要求

人民法院向未成年被告人送达起诉书副本时，应当向其讲明被指控的罪行和有关法律规定，并告知其审判程序和诉讼权利、义务。

2. 通知法律援助机构指派律师为未成年被告人提供辩护的问题

审判时不满十八周岁的未成年被告人没有委托辩护人的，人民法院应当通知法律援助机构指派熟悉未成年人身心特点的律师为其提供辩护。

未成年被害人及其法定代理人因经济困难或者其他原因没有委托诉讼代理人的，人民法院应当帮助其申请法律援助。

3. 程序适用的征求

对未成年人刑事案件，人民法院决定适用简易程序审理的，应当征求未成年被告人及其法定代理人、辩护人的意见。上述人员提出异议的，不适用简易程序。

4. 近亲属到庭

被告人实施被指控的犯罪时不满十八周岁，开庭时已满十八周岁、不满二十周岁的，人民法院开庭时，一般应当通知其近亲属到庭。经法庭同意，近亲属可以发表意见。近亲属无法通知、不能到场或者是共犯的，应当记录在案。

5. 未成年人社会调查报告

对人民检察院移送的关于未成年被告人性格特点、家庭情况、社会交往、成长经历、犯罪原因、犯罪前后的表现、监护教育等情况的调查报告，以及辩护人提交的反映未成年被告人上述情况的书面材料，法庭应当接受。必要时，人民法院可以委托社区矫正机构、共青团、社会组织等对未成年被告人的上述情况进行调查，或者自行调查。

6. 心理疏导

人民法院根据情况，可以对未成年被告人、被害人、证人进行心理疏导；根据实际需要并经未成年被告人及其法定代理人同意，可以对未成年被告人进行心理测评。心理疏导、心理测评可以委托专门机构、专业人员进行。心理测评报告可以作为办理案件和教育未成年人的参考。

7. 未成年被告人与其法定代理人或者合适成年人会见

开庭前和休庭时，法庭根据情况，可以安排未成年被告人与其法定代理人或者合适成年人会见。

（二）审判

1. 审判庭的设置

人民法院应当在辩护台靠近旁听区一侧为未成年被告人的法定代理人或者合适成年人设置席位。

审理可能判处五年有期徒刑以下刑罚或者过失犯罪的未成年人刑事案件，可以采取适合未成年人特点的方式设置法庭席位。

2. 强制辩护的规定

未成年被告人或者其法定代理人当庭拒绝辩护人辩护的，适用《最高人民法院关于适用〈中华人民共和国刑事诉讼法〉的解释》第三百一十一条第二款、第三款的规定。重新开庭后，未成年被告人或者其法定代理人再次当庭拒绝辩护人辩护的，不予准许。重新开庭时被告人已满十八周岁的，可以准许，但不得再另行委托辩护人或者要求另行指派律师，由其自行辩护。

3. 和缓的办案方式

法庭审理过程中，审判人员应当根据未成年被告人的智力发育程度和心理状态，使用适合未成年人的语言表达方式。发现有对未成年被告人威胁、训斥、诱供或者讽刺等情形的，审判长应当制止。

4. 特殊材料举证要求

控辩双方提出对未成年被告人判处管制、宣告缓刑等量刑建议的，应当向法庭提供有关未成年被告人能够获得监护、帮教以及对所居住社区无重大不良影响的书面材料。

对未成年被告人情况的调查报告，以及辩护人提交的有关未成年被告人情况的书面材料，法庭应当审查并听取控辩双方意见。上述报告和材料可以作为办理案件和教育未成年人的参考。人民法院可以通知作出调查报告的人员出庭说明情况，接受控辩双方和法庭的询问。

5. 法治教育与最后陈述

法庭辩论结束后，法庭可以根据未成年人的生理、心理特点和案件情况，对未成年被告人进行法治教育；判决未成年被告人有罪的，宣判后，应当对未成年被告人进行法治教育。对未成年被告人进行教育，其法定代理人以外的成年亲属或者教师、辅导员等参与有利于感化、挽救未成年人的，人民法院应当邀请其参加有关活动。

未成年被告人最后陈述后，法庭应当询问其法定代理人是否补充陈述。

6. 宣判要求

对未成年人刑事案件，宣告判决应当公开进行。对依法应当封存犯罪记录的案件，宣判时，不得组织人员旁听；有旁听人员的，应当告知其不得传播案件信息。定期宣告判决的未成年人刑事案件，未成年被告人的法定代理人无法通知、不能到场或者是共犯的，法庭可以通知合适成年人到庭，并在宣判后向未成年被告人的成年亲属送达判决书。

二、未成年人犯罪案件文书

×××× 人民检察院

未成年犯罪嫌疑人诉讼权利义务告知书

（审查逮捕阶段）

根据《中华人民共和国刑事诉讼法》和《未成年人刑事检察工作指引（试行）》的有关规定，你在审查逮捕阶段依法享有的诉讼权利和承担的诉讼义务如下：

一、诉讼权利

1. 认罪认罚如实供述获得从宽处理的权利

在接受讯问时，你自愿如实供述自己的罪行，承认指控的犯罪事实，愿意接受处罚的，可以依法从宽处理。

2. 辩护及获得法律援助的权利

你有权为自己辩护，自被侦查机关第一次讯问或者被采取强制措施之日起，有权委托辩护人，但在侦查期间只能委托律师作为辩护人。

如果你在押或者被监视居住，也可以由你的监护人、近亲属代为委托辩护人；在此期间你要求委托辩护人的，办案机关应当及时向你的监护人、近亲属或者指定的人员转达你的要求。

如果你没有委托辩护人，办案机关应当通知法律援助机构指派律师免费为你提供辩护。

3. 使用本民族语言文字进行诉讼及获得翻译的权利

你有权使用本民族语言文字进行诉讼。

如果你是聋、哑人或不通晓当地通用语言文字，检察机关应当为你聘请通晓聋、哑手势或者当地通用语言文字且与本案无利害关系的人员提供翻译。

4. 申请回避的权利

你及你的法定代理人认为办案人员具有下列情形之一的，有权要求其回避：

（1）是本案的当事人或者是当事人的近亲属的；

（2）本人或者他的近亲属和本案有利害关系的；

（3）担任过本案的证人、鉴定人、辩护人、诉讼代理人的；

（4）与本案当事人有其他关系，可能影响公正处理案件的；

（5）接受当事人及其委托人的请客送礼，违反规定会见当事人及其委托人的。对检察机关驳回申请回避的决定，有权申请复议一次。

5. 接受讯问时的权利

（1）检察机关对你进行讯问时，应当通知你的法定代理人到场，法定代理人可以代为行使你的诉讼权利并维护你的合法权益。如果法定代理人具有下列情形之一，不能或不宜到场的，检察机关可以通知你的其他成年亲属，所在学校、单位或者居住地的村民委员会、居民委员会、未成年人保护组织的代表到场，维护你的合法权益：

①与你涉嫌共同犯罪的；

②已经死亡、宣告失踪或者无监护能力的；

③因身份、住址或联系方式不明无法通知的；

④因路途遥远或者其他原因无法及时到场的；

⑤经通知明确拒绝到场的；

⑥阻扰讯问或者询问活动正常进行，经劝阻不改的；

⑦你有正当理由拒绝法定代理人到场的；

⑧到场可能影响你真实陈述的；

⑨其他不能或者不宜到场的情形。

有正当理由时，你有权要求更换合适成年人，原则上以两次为限。

（2）如果你是女性，检察机关对你进行讯问时，应当有女性办案人员在场。

（3）如果检察机关对讯问进行同步录音录像，办案人员应当向你告知。

（4）对与本案无关的问题，你可以不回答。

（5）讯问笔录应当交给你核对。如果你没有阅读能力，办案人员应当向你宣读。如果记载有遗漏或差错，你有权要求补充或改正。

（6）如果你请求自行书写供述，办案人员应当准许。

（7）你有权向检察机关申请与你的法定代理人、近亲属进行会见。

6. 知悉用作证据的鉴定意见及申请补充或重新鉴定的权利

侦查机关应当向你告知用作证据的鉴定意见。

对于用作证据的鉴定意见，你有权申请补充鉴定或者重新鉴定，但除原鉴定违反法定程序外，你应当承担补充鉴定或者重新鉴定的费用。

7. 申请审查逮捕不公开听证的权利

你认为自己不被羁押不致发生社会危险性且符合取保候审条件的，你及你的法定代理人或者辩护人有权申请检察机关进行审查逮捕不公开听证。

8. 申请变更及解除强制措施等权利

你及你的法定代理人、近亲属或者辩护人，有权向办案机关申请变更强制措施；对于办案机关采取强制措施法定期限届满的，有权要求解除强制措施。

如果你被逮捕，有权申请检察机关对羁押必要性进行审查。

9. 证明文件知悉权

如果你被传唤到指定地点或住处接受讯问，你有权要求办案人员出示证明文件。

10. 控告、申诉及获得国家赔偿的权利

对于办案人员侵犯你诉讼权利和人身侮辱的行为，或者办案机关及其工作人员的违法行为，你有权提出控告或者申诉。

对办案人员采用刑讯逼供等非法方法收集证据的行为，你有权提出控告。如果你能够提供涉嫌非法取证的人员、时间、地点、方式和内容等材料或者线索，检察机关应当受理并审查。

对于司法机关及其工作人员对与案件无关的财物采取查封、扣押、冻结措施的，或者应当解除查封、扣押、冻结不解除的，或者贪污、挪用、私分、调换、违反规定使用查封、扣押、冻结的财物的，你及你的辩护人有权提出控告或申诉。

如果你的人身权利、财产权利因检察机关及其工作人员违法行使职权而受到侵犯，你有权要求国家赔偿。

11. 隐私获得保护的权利

检察机关在办案过程中应当依法保护你的名誉、隐私和个人信息，尊重你的人格尊严，不得公开或者传播能够单独或者与其他信息结合识别你个人身份的各种信息，包括姓名、出生日期、公民身份号码、个人生物识别信息、住址、电话号码、照片、图像等。

12. 犯罪记录封存及免除前科报告义务的权利

如果你犯罪的时候不满十八周岁，且被判处五年有期徒刑以下刑罚或被不起诉，司法机关应当对相关犯罪记录予以封存。同时，你在入伍、入学、就业的时候，可以免除如实向有关单位报告自己曾受过刑事处罚的义务。

13. 申请和解的权利

你有权向检察机关申请促成双方当事人和解。申请可以口头提出，也可以书面提出。

14. 申请排除非法证据的权利

你及你的法定代理人、辩护律师有权对在侦查阶段因受到刑讯逼供等非法取证行为而作出的供述申请排除，但是应当提供涉嫌非法取证的人员、时间、地点、方式、内容等相关线索或证据。

15. 对社会调查知情的权利

你及你的法定代理人有权知悉对你开展社会调查人员的组成、调查程序、调查内容以及隐私保护等情况。

二、诉讼义务

1. 接受相关诉讼行为的义务

你应当遵守刑事诉讼法及有关规定，接受检察机关依法采取的强制措施及其他诉讼行为。

2. 不得干扰作证的义务

你在诉讼中不得隐匿、伪造、毁灭证据或者串供，不得威胁引诱证人作伪证以及进行其他干扰司法机关诉讼活动的行为；违反前述规定的，将被追究法律责任。

3. 接受讯问并在笔录上签名、按要求书写亲笔供词的义务

你对办案人员的讯问，应当如实回答。如果你认为讯问笔录没有错误，应当逐页签名、盖章或者捺指印。必要的时候，经办案人员要求，你应当亲笔书写供述。

××××人民检察院

未成年犯罪嫌疑人诉讼权利义务告知书

（审查起诉阶段）

根据《中华人民共和国刑事诉讼法》和《未成年人刑事检察工作指引（试行）》的有关规定，你在审查起诉阶段依法享有的诉讼权利和承担的诉讼义务如下：

一、诉讼权利

1.认罪认罚如实供述获得从宽处理的权利

在接受讯问时，你自愿如实供述自己的罪行，承认指控的犯罪事实，愿意接受处罚的，可以依法从宽处理。

2.辩护及获得法律援助的权利

你有权为自己辩护，也可以委托辩护人为你辩护。

如果你在押或者被监视居住，也可以由你的监护人、近亲属代为委托辩护人；在此期间你要求委托辩护人的，检察机关应当及时向你的监护人、近亲属或者指定的人员转达你的要求。

如果你没有委托辩护人，检察机关应当通知法律援助机构指派律师免费为你提供辩护。如你或者你的法定代理人拒绝法律援助机构指派的律师为你提供辩护的，办案机关应当查明拒绝的原因，有正当理由的，应当准许，同时告知你另行委托辩护人。如你及你的法定代理人未另行委托辩护人，办案机关将及时通知法律援助机构另行指派律师为你辩护。

3.使用本民族语言文字进行诉讼及获得翻译的权利

你有权使用本民族语言文字进行诉讼。如果你是聋、哑人或者不通晓当地通用语言文字，检察机关应当聘请通晓聋、哑手势或者当地通用语言文字且与本案无利害关系的人为你提供翻译。

4.申请回避的权利

你及你的法定代理人或者辩护人认为办案人员具有以下情形之一，有权要求他们回避：

（1）是本案的当事人或者是当事人的近亲属的；

（2）本人或者他的近亲属和本案有利害关系的；

（3）担任过本案的证人、鉴定人、辩护人、诉讼代理人的；

（4）与本案当事人有其他关系，可能影响公正处理案件的；

（5）接受当事人及其委托人的请客送礼，违反规定会见当事人及其委托人的。

你及你的法定代理人或者辩护人对检察机关驳回申请回避的决定，有权申请复议一次。

5. 接受讯问时的权利

（1）检察机关对你进行讯问时，应当通知你的法定代理人到场，法定代理人可以代为行使你的诉讼权利并维护你的合法权益。如果法定代理人具有下列情形之一，不能或不宜到场的，检察机关可以通知你的其他成年亲属，所在学校、单位或者居住地的村民委员会、居民委员会、未成年人保护组织的代表到场，维护你的合法权益：

①与你构成共同犯罪的；

②已经死亡、宣告失踪或者无监护能力的；

③因身份、住址或联系方式不明无法通知的；

④因路途遥远或者其他原因无法及时到场的；

⑤经通知明确拒绝到场的；

⑥阻扰讯问或者询问活动正常进行，经劝阻不改的；

⑦你有正当理由拒绝法定代理人到场的；

⑧到场可能影响你真实陈述的；

⑨其他不能或者不宜到场的情形。

有正当理由时，你有权要求更换合适成年人，原则上以两次为限。

（2）如果你是女性，检察机关对你进行讯问时，应当有女性办案人员在场。

（3）如果检察机关对讯问进行同步录音录像，办案人员应当向你告知。

（4）如果检察机关对你进行远程视频讯问，应当征得你的同意。

（5）对与本案无关的问题，你可以不回答。

（6）讯问笔录应当交给你核对。如果你没有阅读能力，办案人员应当向你宣读。如果记载有遗漏或差错，你有权要求补充或改正。

（7）如果你请求自行书写供述，办案人员应当准许。

（8）你有权向检察机关申请与你的法定代理人、近亲属进行会见。

6. 知悉用作证据的鉴定意见及申请补充或重新鉴定的权利

办案机关应当向你告知用作证据的鉴定意见。

对于用作证据的鉴定意见，你有权申请补充鉴定或者重新鉴定，但除原鉴定违反法定程序外，你应当承担补充鉴定或者重新鉴定的费用。

7. 同意适用简易程序的权利

对于可以适用简易程序审理的案件，检察机关在征得你的同意后，可以建议人民法院适用简易程序进行审理。

8. 申请羁押必要性审查不公开听证的权利

你认为自己不被羁押不致发生社会危险性且符合取保候审条件的，你及你的法定代理人或者辩护人有权申请检察机关进行羁押必要性审查不公开听证。

9. 申请变更及解除强制措施等权利

你及你的法定代理人、近亲属或者辩护人，有权申请变更强制措施；对于检察机关采取强制措施法定期限届满的，有权要求解除强制措施。

如果你被羁押，有权申请检察机关对羁押必要性进行审查。

10. 证明文件知悉权

如果你被传唤到指定地点或住处接受讯问，你有权要求办案人员出示证明文件。

11. 控告、申诉及获得国家赔偿的权利

对于办案人员侵犯你诉讼权利和人身侮辱的行为，或者办案机关及其工作人员的违法行为，你有权提出控告或者申诉。

对办案人员采用刑讯逼供等非法方法收集证据的行为，你有权提出控告。如果你能够提供涉嫌非法取证的人员、时间、地点、方式和内容等材料或者线索，检察机关应当受理并审查。

如果你的人身权利、财产权利因检察机关及其工作人员违法行使职权而受到侵犯，你有权要求国家赔偿。

12. 隐私获得保护的权利

检察机关在办案过程中应当依法保护你的名誉、隐私和个人信息，尊重你的人格尊严，不得公开或者传播能够单独或者与其他信息结合识别你个人身份的各种信息，包括姓名、出生日期、公民身份号码、个人生物识别信息、住址、电话号码、照片、图像等。

13. 申请和解的权利

你有权向检察机关申请促成双方当事人和解。申请可以口头提出，也可以书面提出。

14. 犯罪记录封存及免除前科报告义务的权利

如果你犯罪的时候不满十八周岁，且被判处五年有期徒刑以下刑罚，司法机关应当对相关犯罪记录予以封存，同时你在入伍、入学、就业的时候，免除相应的报告义务。相关单位或个人违法泄露被封存的犯罪记录的，可以向检察机关反映情况。

15. 申请排除非法证据的权利

你及你的法定代理人、辩护律师有权对在侦查阶段因受到刑讯逼供等非法取证行为而作出的供述申请排除，但是应当提供涉嫌非法取证的人员、时间、地点、方式、内容等相关线索或证据。

16. 社会调查知情权

你及你的法定代理人有权知悉对你开展社会调查人员的组成、调查程序、调查内容以及隐私保护等情况。

二、诉讼义务

1. 接受相关诉讼行为的义务

你应当遵守刑事诉讼法及有关规定，接受检察机关依法采取的强制措施及其他诉讼行为。

2. 不得干扰作证的义务

你在诉讼中不得隐匿、伪造、毁灭证据或者串供，不得威胁、引诱证人作伪证以及进行其他干扰司法机关诉讼活动的行为；违反前述规定的，将被追究法律责任。

3. 接受讯问并在笔录上签名、按要求书写亲笔供词的义务

你对办案人员的讯问，应当如实回答。如果你认为讯问笔录没有错误，应当逐页签名、盖章或者捺指印。必要的时候，经办案人员要求，你应当亲笔书写供述。

4. 接受检查、搜查的义务

你应当接受为确定你的某些特征或者生理状态而进行的人身检查、提取指纹信息，采集血迹、尿液等生物样本。

如果你拒绝，办案人员认为必要的时候，可以强制检查。

如果你是女性，检查你的身体应当由女工作人员或者医师进行。

你应当接受办案人员为收集犯罪证据而进行的搜查。

××××人民检察院

认罪认罚从宽制度告知书

一、根据《中华人民共和国刑事诉讼法》第十五条的规定，犯罪嫌疑人、被告人自愿如实供述自己的罪行，承认指控的犯罪事实，愿意接受处罚的，可以依法从宽处理。

二、犯罪嫌疑人、被告人没有委托辩护人，法律援助机构没有指派律师为其

提供辩护的，由值班律师为犯罪嫌疑人、被告人提供法律咨询、程序选择建议、申请变更强制措施、对案件处理提出意见等法律帮助，犯罪嫌疑人、被告人有权约见值班律师。

三、适用认罪认罚从宽制度，犯罪嫌疑人、被告人应当签署《认罪认罚从宽制度告知书》及《认罪认罚具结书》。《认罪认罚具结书》应由辩护人或值班律师签字确认。有下列情形之一的，不需要签署认罪认罚具结书：

（一）犯罪嫌疑人是盲、聋、哑人，或者是尚未完全丧失辨认或者控制自己行为能力的精神病人的；

（二）未成年犯罪嫌疑人的法定代理人、辩护人对未成年人认罪认罚有异议的；

（三）其他不需要签署认罪认罚具结书的情形。

四、《认罪认罚具结书》应载明：犯罪嫌疑人基本信息，认罪认罚情况，被指控的犯罪事实、罪名及适用的法律规定，检察机关对犯罪嫌疑人拟提出的从轻、减轻或者免除处罚等从宽处罚的建议；认罪认罚后案件审理适用的程序及其他需要听取意见的情形。

五、检察机关根据犯罪嫌疑人、被告人的犯罪事实、犯罪情节、认罪情形，就主刑、附加刑、是否适用缓刑等拟出量刑建议。犯罪嫌疑人、被告人或其辩护人/值班律师可以向检察机关提出从轻、减轻处罚等意见，检察机关根据案件情况，可以进行调整。

六、对于认罪认罚案件，除《中华人民共和国刑事诉讼法》第二百零一条规定的除外情形外，人民法院依法作出判决时，一般应当采纳人民检察院指控的罪名和量刑建议。

七、《认罪认罚具结书》签署后，犯罪嫌疑人、被告人提出异议或变更的，人民检察院将重新提出量刑建议。

八、经协商，犯罪嫌疑人、被告人如不同意检察机关的量刑建议，有权不签署《认罪认罚具结书》，不适用本制度。

本人已阅读并完全理解上述《认罪认罚从宽制度告知书》，并由本人签署后附卷留存。

签名：

年　月　日

×××× 人民检察院

委托辩护人／申请法律援助告知书

（副本）

×× 检未委辩／申援〔20××〕× 号

（犯罪嫌疑人姓名）：

　　你涉嫌＿＿＿＿＿一案，已由＿＿＿＿＿（侦查机关）移送本院审查逮捕／起诉。根据《中华人民共和国刑事诉讼法》第三十四条、第 二百七十八条和《未成年人刑事检察工作指引（试行）》第二十五条、第一百四十五条／第一百六十九条之规定，现告知你及你的法定代理人有权委托辩护人。在侦查阶段，只能委托律师担任辩护人。

　　没有委托辩护人的，人民检察院将依法通知法律援助机构指派律师提供辩护。

20×× 年 × 月 × 日

（院印）

本告知书已收到。

　　犯罪嫌疑人：

　　法定代理人：　　　　　　年　月　日

×××× 人民检察院

委托诉讼代理人／申请法律援助告知书

（副本）

×× 检未委代／申援〔20××〕× 号

（被害人姓名）：

　　本院已经收到（移送案件的侦查机关）移送审查起诉的
犯罪嫌疑人＿＿＿＿＿＿＿涉嫌＿＿＿＿＿＿＿一案的
案件材料。根据《中华人民共和国刑事诉讼法》第四十六
条、《未成年人刑事检察工作指引（试行）》第七十五条之规
定，现告知你有权委托诉讼代理人。如果因经济困难或其他
原因（未成年人适用）没有委托诉讼代理人的，可以申请法
律援助。

　　　　　　　　　　　　　20×× 年 × 月 × 日

　　　　　　　　　　　　　　　　（院印）

本告知书已收到。

　　　　　　　　　　收件人：

　　　　　　　　　　　年　月　　日

　　　　未成年被害人法定代理人：

　　　　　　　　　　　年　月　　日

×××× 人民检察院
提供法律援助通知书
（副本）

×× 检未援〔20××〕× 号

（法律援助机构名称）：

犯罪嫌疑人＿＿＿＿＿涉嫌＿＿＿＿＿＿＿＿一案已由（侦查机关名称）提请本院审查逮捕／移送本院审查起诉。犯罪嫌疑人＿＿＿＿现羁押／居住于＿＿＿＿＿＿＿＿，因其属于未成年人，符合《中华人民共和国刑事诉讼法》第二百七十八条规定的情形，请依法指派律师为其提供辩护。

20×× 年 × 月 × 日

（院印）

本通知书已收到。

法律援助机构收件人：

年　月　日

第二联附卷

×××× 人民检察院
社会调查委托函
（副本）

×× 检未委调〔20××〕× 号

（接受委托单位名称）：

　　本院审查逮捕 / 审查起诉的＿＿＿＿＿涉嫌＿＿＿＿＿＿＿＿＿一案，需对未成年犯罪嫌疑人＿＿＿＿＿进行社会调查。现委托贵单位指派两名以上调查员对该未成年犯罪嫌疑人的成长经历、犯罪原因、监护教育等情况进行社会调查，请在收到该函＿＿＿＿＿日后将调查报告函复本院。

　　社会调查时，请社会调查员出示社会调查委托函、介绍信和工作证，不得泄露未成年犯罪嫌疑人的涉案信息、个人隐私等情况。

20×× 年 × 月 × 日

（院印）

第二联附卷

社会调查报告

未成年犯罪嫌疑人姓名（曾用名）：

性别：

出生年月：

公民身份号码：

电话号码：（家庭、手机、工作单位）

户籍地：

户籍地所在街道和居（村）委会

实际居住地：

实际居住地所在街道和居（村）委会

涉嫌案由：

社会调查方式：

走访谈话（走访居委会、村委会、家庭、学校、工作单位、派出所等）、查询档案、电话联系等。

一、家庭背景

1. 父母的基本情况

2. 未成年犯罪嫌疑人的家庭情况

3. 父母对未成年犯罪嫌疑人的监护情况

4. 未成年犯罪嫌疑人对家人的态度

5. 未成年犯罪嫌疑人居住情况

6. 与未成年犯罪嫌疑人最有感情的人基本情况（姓名、关系、住址、联系电话等）

未成年犯罪嫌疑人家庭情况与其再犯可能性的联系程度评估：

二、个性特点

1. 未成年犯罪嫌疑人健康状况及有无不良行为、嗜好

2. 未成年犯罪嫌疑人心理情况

3. 未成年犯罪嫌疑人受教育情况

4. 未成年犯罪嫌疑人思维及行动情况

5. 未成年犯罪嫌疑人社会交往情况

6. 未成年犯罪嫌疑人个人爱好及是否受过表彰情况

未成年犯罪嫌疑人个性特点与其再犯可能性的联系程度评估：

三、与案件有关情况

1. 未成年犯罪嫌疑人受处罚情况

2. 未成年犯罪嫌疑人此次涉案主观因素

3. 未成年犯罪嫌疑人此次涉案客观行为

未成年犯罪嫌疑人涉案情况与其再犯可能性的联系程度评估：

四、对涉案行为的认识

1. 未成年犯罪嫌疑人对涉案的消极认识情况

2. 未成年犯罪嫌疑人对涉案的积极认识情况

未成年犯罪嫌疑人涉案行为的认识与其再犯可能性的联系程度评估：

五、帮教条件

1. 未成年犯罪嫌疑人自身生活、学习、工作情况

2. 未成年犯罪嫌疑人家庭帮教条件情况

3. 未成年犯罪嫌疑人所处环境情况

4. 受害者的态度

未成年犯罪嫌疑人帮教条件与其再犯可能性的联系程度评估：

六、其他需要说明的情况

七、综合评价意见

请用文字对上述五个方面内容进行阐述，并提供结论性综合评价意见。

调查员：（两名调查人员签名）

年　月　日

（印章）

附：走访座谈的相关调查笔录或谈话记录等

×××× 人民检察院

未成年人法定代理人到场通知书

（副本）

×× 检未代到〔20××〕× 号

（法定代理人姓名）：

　　_____是本院办理的_____涉嫌_____案的犯罪嫌疑人／被害人／证人，现定于_____年_____月_____日___时在_____对其进行讯问／询问。因其系未成年人，根据《中华人民共和国刑事诉讼法》第二百八十一条、《未成年人刑事检察工作指引（试行）》第四十六条、第一百零七条的规定，通知你届时到场。你到场后可以代为行使未成年人的诉讼权利。

20×× 年 × 月 × 日

（院印）

本通知书我已于_____年_____月___日___时收到。

未成年人法定代理人（签名）：

年　月　日

第二联附卷

××××人民检察院

合适成年人到场通知书

（副本）

×× 检未成到〔20××〕× 号

（合适成年人姓名）：

_____是本院办理的_____涉嫌_____案的犯罪
嫌疑人 / 被害人 / 证人，现定于_____年___月___日___时
在_____对其进行讯问 / 询问。因其系未成年人，且其法
定代理人（说明不到场的原因），根据《中华人民共和国刑
事诉讼法》第二百八十一条、《未成年人刑事检察工作指引
（试行）》第四十六条、第一百三十三条、第一百三十六条的
规定，通知你届时到场。你到场后相关权利义务参阅《合适
成年人权利义务告知书》。

20×× 年 × 月 × 日

（院印）

本通知书我已于_____年_____月___日___时收到。

合适成年人（签名）：

年　月　日

××××人民检察院

未成年人犯罪记录封存决定书

×检未封〔20××〕×号

本院以×号起诉书提起公诉的×××涉嫌××一案，×××人民法院于××年×月×日以×号刑事判决书作出一审判决，判处其……（写明具体判决情况）。在法定期限内，本院未提出抗诉，被告人未提出上诉，现已生效。（经过二审程序的，说明二审程序情况）因被告人×××犯罪时系未成年人，根据《中华人民共和国刑事诉讼法》第二百八十六条、《人民检察院刑事诉讼规则》第四百八十二条、《未成年人刑事检察工作指引（试行）》第八十二条之规定，决定对×××的犯罪记录予以封存。犯罪记录封存后，除司法机关为办案需要或者有关单位根据国家规定进行查询及出现依法应当解除犯罪记录封存的情形外，相关单位不得向任何单位和个人提供封存的犯罪记录，并不得提供未成年人有犯罪记录的证明。

20××年×月×日

（院印）

××××人民检察院

未成年人不起诉记录封存决定书

×检未不诉封〔20××〕×号

本院于××年×月×日以×号不起诉决定书，对×××（被不起诉未成年人姓名）作出不起诉决定。根据《未成年人刑事检察工作指引（试行）》第八十二条、第八十六条的规定，决定对×××的不起诉记录予以封存。不起诉记录封存后，除司法机关为办案需要或者有关单位根据国家规定进行查询以外，相关单位不得向任何单位和个人提供封存的不起诉记录，并不得提供未成年人有不起诉记录的证明。不起诉记录被封存的人，在入伍、就业、入学的时候，免除相应的报告义务。相关单位或个人违法泄露被封存的不起诉记录的，可以向检察机关反映情况。

20××年×月×日

（院印）

××××人民检察院

附条件不起诉决定书

××检未附不诉〔20××〕×号

犯罪嫌疑人……（写明姓名、曾用名，与案情有关的别名、化名、绰号，性别、出生年月日、公民身份号码、民族、文化程度、职业或者工作单位及职务、出生地、户籍所在地、住址）。作为适用附条件不起诉依据的曾受刑事处罚、行政处罚的情况。因涉嫌××（案由）罪，经×××（决定机关）批准/决定，于××年×月×日由×××（执行机关）执行×××（强制措施名称），延长刑事拘留期限及延长、重新计算、中止侦查等羁押期限变化的情况……

法定代理人……（姓名、与犯罪嫌疑人的关系、住址）。

辩护人……（写明姓名、×××律师事务所律师，如系法律援助律师的，应注明指派的法律援助中心；不是律师的，写单位、职务或职业）。

本案由×××（侦查机关）侦查终结，以犯罪嫌疑人×××涉嫌××（案由）罪，于××年×月×日向本院移送审查起诉（如果案件是其他人民检察院移送的，此处应将指定管辖、移送单位以及移送时间等写清楚）。本院受理后，于××年×月×日已告知犯罪嫌疑人及其法定代理人有权委托辩护人，××年×月×日已告知被害人及其法定代理人（近亲属）有权委托诉讼代理人；为犯罪嫌疑人×××落实了法律援助；对其进行了社会调查（或委托×××单位进行了社会调查）；依法讯问了犯罪嫌疑人，其法定代理人（合适成年人）到场；并就是否适用附条件不起诉听取了侦查机关、被害人及其法定代理人、未成年犯罪嫌疑人及其法定代理人、辩护人的意见，未成年犯罪嫌疑人及其法定代理人对适用附条件不起诉无异议。经审查，于××年×月×日（一次退查日期、二次退查日期）退回补充侦查，侦查机关于××年×月×日补充侦查完毕，移送本院审查起诉。本院于××年×月×日（一次延长日期、二次延长日期、三次延长日期）延长审查起诉期限（×次）（各）十五日。

〔1.对于侦查机关移送审查起诉后变更管辖权的，表述为："本案由×××（侦查机关）侦查终结，以犯罪嫌疑人×××涉嫌××罪，于××年×月×日移送×××人民检察院审查起诉。×××人民检察院经审查，于××年×月×日移送（或者报送、交由）本院审查起诉。本院受理后……（同前项内容）。"

2.对于因上级检察机关指定而变更管辖权的，表述为："本案由×××（侦查机关）侦查终结，以犯罪嫌疑人×××涉嫌××罪，于××年×月×日移送×××人民检察院审查起诉，后经×××人民检察院指定，于××年×月×日移送（或者报送、交由）本院审查起诉。本院受理后……（同前项内容）。"

3. 对于退回补充侦查的，在"审查了全部案件材料"后写明："经审查，于××年×月×日（和××年×月×日两次）退回补充侦查，侦查机关补充侦查完毕后，于××年×月×日（最终补充侦查完毕时间）移送本院审查起诉。"

4. 对于审查起诉阶段进行精神病鉴定的，在"审查了全部案件材料"后写明："其间，于××年×月×日至××年×月×日对犯罪嫌疑人×××作精神病鉴定。"

5. 对于进行不公开听证审查的，在上述内容后写明："××年×月×日，本院对本案进行不公开听证审查，听取了侦查机关、犯罪嫌疑人×××及其法定代理人×××、辩护人×××以及×××（具体写明其他参加人员及诉讼身份）的意见。"]

经本院依法审查查明：……（概括叙写案件事实，要将检察机关审查后认定的事实写清楚，不必叙写侦查机关移送审查起诉时认定的事实，重点叙写犯罪嫌疑人符合附条件不起诉法定条件的事实，尤其是其悔罪表现及监管帮教条件）。

认定上述事实的证据如下：

……

（要将证明犯罪嫌疑人符合附条件不起诉法定条件的证据，按照证据种类写明具体名称并概述其证明内容，与认定的事实相对应，确保全部事实均有充分的证据证实）

根据《中华人民共和国刑事诉讼法》第二百七十九条，本院（委托×××）对犯罪嫌疑人×××进行了社会调查，经调查查明：……（叙写经社会调查查明的事实）。

本院认为，犯罪嫌疑人×××实施了《中华人民共和国刑法》第×条规定的行为，但具有……等情节（写明法定和酌定量刑情节），可能判处一年有期徒刑以下刑罚，符合起诉条件，并具有悔罪表现。根据《中华人民共和国刑事诉讼法》第二百八十二条第一款的规定，决定对×××（犯罪嫌疑人的姓名）附条件不起诉。考验期为×个月，从××年×月×日至××年×月×日止。

考验期内，犯罪嫌疑人×××应当遵守《中华人民共和国刑事诉讼法》第二百八十三条第三款的规定：

（一）遵守法律法规，服从监督；

（二）按照考察机关的规定（报告的时间、方式）报告自己的活动情况；

（三）离开所居住的市、县或者迁居，应当报经考察机关批准；

（四）按照考察机关的要求接受矫治教育：（可以参考《人民检察院刑事诉讼规则》第四百七十六条，结合具体情况写明接受矫治教育的内容）。

……

在考验期内有《中华人民共和国刑事诉讼法》第二百八十四条第一款规定情形之一的，本院将撤销附条件不起诉的决定，提起公诉：

（一）实施新的犯罪或者发现决定附条件不起诉以前还有其他犯罪需要追诉的；

（二）违反治安管理规定或者考察机关有关附条件不起诉的监督管理规定，情节严重的。

在考验期内没有上述情形，考验期满的，本院将作出不起诉决定。

犯罪嫌疑人及其法定代理人如果对本决定有异议，可以向本院提出，本院将依法提起公诉。

被害人如果不服本决定，可以自收到本决定书后七日以内向×××人民检察院（此处应写明上一级人民检察院名称）申诉，请求提起公诉。

20××年×月×日

（院印）

附：相关法律条文

《中华人民共和国刑法》第 × 条 × 款……

《中华人民共和国刑事诉讼法》第 × 条 × 款……

相关司法解释

（附条件不起诉考察期满后决定不起诉适用）

×××× 人民检察院

不起诉决定书

×× 检未刑不诉〔20××〕× 号

被不起诉人……（写明姓名，曾用名，与案情有关的别名、化名、绰号，性别、出生年月日、公民身份号码、民族、文化程度、职业或者工作单位及职务、出生地、户籍所在地、住址）作为适用附条件不起诉依据的曾受刑事处罚、行政处罚的情况。因涉嫌 ××（案由）罪，经 ×××（决定机关）批准/决定，于 ×× 年 × 月 × 日由 ×××（执行机关）执行 ×××（强制措施名称），延长刑事拘留期限及延长、重新计算、中止侦查等羁押期限变化的情况。

法定代理人……（姓名、与被不起诉人的关系、住址）

辩护人……（写明姓名、××× 律师事务所律师，如系法律援助律师的，应注明指派的法律援助机构；不是律师的，写单位、职务或职业）

被不起诉人 ××× 因涉嫌 ×× 罪，于 ×× 年 × 月 × 日由本院决定附条件不起诉，考验期为 × 个月。

经本院考察认为，被不起诉人 ××× 在考验期内没有违反《中华人民共和国刑事诉讼法》第二百八十四条第一款规定的情形，根据《中华人民共和国刑事诉讼法》第二百八十四条第二款的规定，决定对 ×××（被不起诉人的姓名）不起诉。

被不起诉人如果不服本决定，可以自收到本决定书后七日内向本院申诉。

被害人如果不服本决定，可以自收到本决定书后七日以内向 ××× 人民检察院（此处应写明上一级人民检察院名称）申诉，请求提起公诉。

20×× 年 × 月 × 日

（院印）

附件：相关法律条文

中华人民共和国刑法

第 × 条 × 款 ……

中华人民共和国刑事诉讼法

第二百八十四条 被附条件不起诉的未成年犯罪嫌疑人，在考验期内有下列情形之一的，人民检察院应当撤销附条件不起诉的决定，提起公诉：

（一）实施新的犯罪或者发现决定附条件不起诉以前还有其他犯罪需要追诉的；

（二）违反治安管理规定或者考察机关有关附条件不起诉的监督管理规定，情节严重的。

被附条件不起诉的未成年犯罪嫌疑人，在考验期内没有上述情形，考验期满的，人民检察院应当作出不起诉的决定。

未成年人刑事检察工作指引（试行）

第一百九十九条【不起诉决定】被附条件不起诉的未成年犯罪嫌疑人在考验期内没有本指引所列撤销附条件不起诉的情形，考验期满后，承办人应当制作附条件不起诉考察意见书，报请检察长作出不起诉决定。作出不起诉决定之前，应当听取被害人意见。

第二百条【送达告知】人民检察院对于考验期满后决定不起诉的，应当制作不起诉决定书，并在三日内送达公安机关、被害人或者其近亲属及其诉讼代理人、被不起诉的未成年犯罪嫌疑人及其法定代理人、辩护人。

送达时，应当告知被送达人，检察机关将对未成年犯罪嫌疑人涉嫌犯罪的不起诉记录予以封存，被送达人不得泄露未成年犯罪嫌疑人的隐私；告知未成年犯罪嫌疑人及其法定代理人，如有单位或者个人泄露已被封存的不起诉记录，可以向检察机关投诉；告知被害人及其诉讼代理人或者其近亲属，如果对不起诉决定不服，可以自收到不起诉决定书后七日以内向上一级人民检察院申诉。上述告知情况应当记录在案。

……

××××人民检察院

撤销附条件不起诉决定书

（副本）

××检未撤附不诉〔20××〕×号

（作出附条件不起诉的人民检察院）于_____年___月
_____日以_____号附条件不起诉决定书对未成年犯罪嫌疑
人_____决定附条件不起诉。现因_____，依
据《中华人民共和国刑事诉讼法》第二百八十四条第一款第
一项／第二项的规定，决定撤销原_____号附条件不
起诉决定书。

20××年×月×日

（院印）

第二联附卷

××××人民检察院

起 诉 书

××检未刑诉〔20××〕×号

被告人（姓名），（曾用名，与案情有关的别名、化名、绰号），（性别），（出生日期）出生，（证件种类）号码（证件号码），（民族），（文化程度），（职业）（工作单位＋职务），户籍所在地（户籍所在地），住址（住所地详细地址）。前科情况按照犯罪记录封存规定处理。因涉嫌（移送案由＋移送 其他案由）罪，经（批准／决定机关），于（执行日期）被（执行机关）执行（强制措施名称）……

本案由（侦查机关）侦查终结，以被告人×××涉嫌××罪，于（受理日期）向本院移送审查起诉。本院受理后，于××××年××月××日已告知被告人有权委托辩护人，××××年××月××日已告知被害人及其法定代理人（近亲属）、附带民事诉讼的当事人及其法定代理人有权委托诉讼代理人，依法讯问了被告人，听取了辩护人、被害人及其诉讼代理人的意见，审查了全部案件材料。本院于（一次退查日期、二次退查日期）退回侦查机关补充侦查，侦查机关于（一次重报日期、二次重报日期）补查重报。本院于（一次延长日期、二次延长日期、三次延长日期）延长审查起诉期限15日。

经依法审查查明：

……

认定上述事实的证据如下：

1.物证：……；2.书证：……；3.证人证言：证人……的证言；4.被害人陈述：被害人……的陈述；5.被告人的供述与辩解：被告人……的供述与辩解；6.鉴定意见：……；7.勘验、检查、辨认、侦查实验等笔录：……；8.视听资料、电子数据：……。

本院认为，被告人……（概述被告人行为的性质、危害程度、情节轻重），其行为触犯了《中华人民共和国刑法》第××条（引用罪状、法定刑条款），犯罪事实清楚，证据确实、充分，应当以××罪追究其刑事责任。根据《中华人民共和国刑事诉讼法》第一百七十六条的规定，提起公诉，请依法判处。

此致

×××人民法院

检 察 官：

检察官助理：

20××年×月×日

（院印）

附件：1. 被告人现在处所

（具体包括在押被告人的羁押场所或监视居住、取保候审的处所）

2. 案卷材料和证据 ×× 册

3. 证人、鉴定人、需要出庭的有专门知识的人的名单，需要保护的被害人、证人、鉴定人的名单

4. 有关涉案款物情况

5. 被害人（单位）附带民事诉讼情况

6. 其他需要附注的事项

（认罪认罚案件）

×××× 人民检察院

起诉书

×× 检未刑诉〔20××〕× 号

被告人……【写明姓名、性别、出生年月日、公民身份证号码、民族、文化程度、职业或者工作单位及职务、出生地、户籍地、住址、前科内容（按照犯罪记录封存规定处理）、因本案采取强制措施的情况等】

本案由 ×××（调查 / 侦查机关）调查 / 侦查终结，以被告人 ××× 涉嫌 ×× 罪，于 ×××× 年 ×× 月 ×× 日向本院移送审查起诉。本院受理后，于 ×××× 年 ×× 月 ×× 日已告知被告人及其法定代理人有权委托辩护人和认罪认罚可能导致的法律后果，×××× 年 ×× 月 ×× 日已告知被害人及其法定代理人（近亲属）、附带民事诉讼的当事人及其法定代理人有权委托诉讼代理人，依法讯问了被告人，听取了被告人及其辩护人、被害人及其诉讼代理人的意见，审查了全部案件材料……（写明退回补充调查 / 侦查、延长审查起诉期限等情况）。被告人同意本案适用简易 / 普通程序审理。

经依法审查查明：

……（写明经检察机关审查认定的犯罪事实，包括犯罪时间、地点、经过、手段、目的、动机、危害后果，以及被告人到案后自愿如实供述自己的罪行，与被害人达成和解协议或者赔偿被害人损失，取得被害人谅解等与定罪、量刑有关的事实要素。应当根据具体案件情况，围绕刑法规定的该罪的构成要件叙写）

（对于只有一个犯罪嫌疑人的案件，犯罪嫌疑人实施多次犯罪的，犯罪事实应逐一列举；同时触犯数个罪名的犯罪嫌疑人的犯罪事实应该按照主次顺序分类列

举。对于共同犯罪的案件，写明犯罪嫌疑人的共同犯罪事实及各自在共同犯罪中的地位和作用后，按照犯罪嫌疑人的主次顺序，分别叙明各个犯罪嫌疑人的单独犯罪事实）

认定上述事实的证据如下：

……（针对上述犯罪事实，列举证据，包括犯罪事实证据和量刑情节证据）

上述证据收集程序合法，内容客观真实，足以认定指控事实。被告人×××对指控的犯罪事实和证据没有异议，并自愿认罪认罚。

本院认为，……（概述被告人行为的性质、危害程度、情节轻重），其行为触犯了《中华人民共和国刑法》第××条（引用罪状、法定刑条款），犯罪事实清楚，证据确实、充分，应当以××罪追究其刑事责任。被告人×××认罪认罚，依据《中华人民共和国刑事诉讼法》第十五条的规定，可以从宽处理。……（阐述认定的法定、酌定量刑情节，并引用相关法律条款），建议判处被告人×××……（阐述具体量刑建议，包括主刑、附加刑的刑种、刑期，以及刑罚执行方式；建议判处财产刑的，写明确定的数额。也可以单独附量刑建议书，量刑建议不在起诉书中表述），根据《中华人民共和国刑事诉讼法》第一百七十六条的规定，提起公诉，请依法判处。

此致
×××人民法院

检 察 官：

检察官助理：

（院印）

20　　年　月　日

附件：1.被告人现在处所（具体包括在押被告人的羁押场所或监视居住、取保候审的处所）

2.案卷材料和证据××册××页

3.《认罪认罚具结书》一份

4.《量刑建议书》一份（单独制作《量刑建议书》时移送）

5.有关涉案款物情况

6.被害人（单位）附带民事诉讼情况

7.其他需要附注的事项

认罪认罚具结书

一、未成年犯罪嫌疑人身份信息

本人姓名_____，性别____，____年____月____日出生，身份证号码：_____，民族_____，文化程度_____，职业_____，户籍所在地：_____

二、权利知悉

本人已阅读《认罪认罚从宽制度告知书》，且理解并接受其全部内容，本人自愿适用认罪认罚从宽制度。

三、认罪认罚内容

本人知悉并认可如下内容：

1._____人民检察院指控本人犯罪事实：_____

_____

2._____人民检察院指控本人构成_____

3._____人民检察院提出的量刑建议：_____

_____

（如在审理阶段具有赔偿被害人、取得谅解等情节的，将调整量刑建议或者给出具体预期刑期；如相对不起诉，可写鉴于×××情况，我院对你决定不起诉）

4. 本人同意适用简易程序/普通程序

四、自愿签署声明

本人就本具结书内容已经获得辩护人的法律援助并听取法律意见，知悉认罪认罚可能导致的法律后果。

本《认罪认罚具结书》是本人在知情和自愿的情况下签署，未受任何暴力、威胁或任何其他形式的非法影响，亦未受任何可能损害本人理解力和判断力的毒品、药物或酒精物质的影响，除了本《认罪认罚具结书》载明的内容，本人没有获得其他任何关于案件处理的承诺。

本人已阅读、理解并认可本《认罪认罚具结书》的每一项内容，上述内容真实、准确、完整。

本人签名：　　　　　　　　　　年　　月　　日

法定代理人/合适成年人签名：　　　　年　　月　　日

本人系＿＿＿＿＿＿＿＿的律师，担任未成年犯罪嫌疑人、被告人＿＿＿＿的辩护人。本人证明，该未成年犯罪嫌疑人、被告人已经阅读了《认罪认罚从宽制度告知书》及《认罪认罚具结书》，自愿签署了上述《认罪认罚具结书》。

辩护人签名：

年　月　日

本文书一式三份，一份留存附卷，一份交未成年犯罪嫌疑人、被告人，一份送人民法院。

××××人民检察院

量刑建议书

××检未量建〔20××〕×号

被告人×××涉嫌××（案由）一案，经本院审查认为，被告人×××的行为已触犯《中华人民共和国刑法》……之规定，犯罪事实清楚，证据确实充分，应当以××罪追究其刑事责任，其法定刑为……

因其具有以下量刑情节：

一、法定情节

1. 法定从重处罚情节

2. 法定从轻、减轻或者免除处罚情节

二、酌定情节

1. 酌定从重处罚情节

2. 酌定从轻处罚情节

3. 其他（如退赃退赔、被害人对被告人的谅解态度、社会调查报告反映出的被告人的个人情况、平时表现等）

被告人×××犯罪情节较轻，有悔罪表现，没有再犯罪的危险，具备有效监护帮教条件，建议对其适用缓刑。

故根据……的规定，建议判处被告人×××（主刑种类及幅度或单处附加刑或者免予刑事处罚，执行方式，并处附加刑情况，对于因利用职业便利实施犯罪或者违背职业要求的特定义务的犯罪，可以建议适用禁止令）。（被告人犯有数罪的，应当分别指出其触犯的法律、涉嫌罪名、法定刑、量刑情节，对指控的各罪分别提出量刑建议后，可以根据案件具体情况决定是否提出总的量刑建议）。

此致

×××人民法院

检察官：

20××年×月×日

（院印）

×××人民法院

刑事判决书

（一审未成年人刑事案件适用普通程序用）

（××）×刑初字第　　号

公诉机关×××人民检察院。

被告人……（写明姓名、性别、出生年月日、民族、户籍所在地、文化程度、职业或者工作单位、学校、住址，所受强制措施情况等，现羁押处所）。

法定代理人……（写明姓名、与被告人的关系、工作单位和职务、住址）。

辩护人（或者指定辩护人）……（写明姓名、工作单位和职务）。

×××人民检察院以××检×诉〔××〕××号起诉书指控被告人×××犯××罪，于××××年××月××日向本院提起公诉。本院于××××年××月××日立案，并依法组成合议庭。因本案被告人系未成年人（或者因本案涉及未成年被告人），依法不公开开庭审理了本案。×××人民检察院指派检察员×××出庭支持公诉，被害人×××及其法定代理人×××、诉讼代理人×××，被告人×××及其法定代理人×××、辩护人（或者指定辩护人）×××，证人×××，鉴定人×××，翻译人员×××等到庭参加诉讼。现已审理终结。

×××人民检察院指控……（概述人民检察院指控被告人犯罪的事实、证据和适用法律的意见）。

被告人×××辩称……（概述被告人对指控的犯罪事实予以供述、辩解、自行辩护的意见和有关证据）。法定代理人×××认为，……（概述对公诉机关指控被告人犯罪的意见、提供的有关证据）。辩护人×××提出的辩护意见是……（概述辩护人的辩护意见和有关证据）。

×××根据《最高人民法院关于审理未成年人刑事案件的若干规定》，向法庭提交了被告人×××的情况调查报告。

经审理查明，……（首先写明经庭审查明的事实；其次写明经举证、质证定案的证据及其来源；最后对控辩双方有异议的事实、证据进行分析、认证）。

在审理过程中，法庭了解到……（概述被告人×××的情况调查报告中与其量刑密切相关的内容）。控辩双方对被告人×××的情况调查报告表述了以下意见：……（如果可能判处被告人非监禁刑罚的，概述所具备的监护、帮教条件等情况）。

本院认为，……（根据查证属实的事实、证据和有关法律规定，论证公诉机关指控的犯罪是否成立，被告人的行为是否构成犯罪，犯的什么罪，应否从轻、减轻、免除处罚或者从重处罚。对于控辩双方关于适用法律方面的意见，应当有分析地表示是否予以采纳，并阐明理由。对于认定未成年被告人构成犯罪的，应当结合查明的未成年被告人的成长经历，剖析未成年被告人走上犯罪道路的主、客观方面的原因）。依照……（写明判决的法律根据）的规定，判决如下：

……（写明判决结果）。分四种情况：

第一，定罪判刑的，表述为：

"一、被告人×××犯××罪，判处……（写明主刑、附加刑）。

（刑期从判决执行之日起计算。判决执行以前先行羁押的，羁押一日折抵刑期一日，即自××××年××月××日起至××××年××月××日止）

二、被告人×××……（写明决定追缴、退赔或者发还被害人、没收财物的名称、种类和数额）。"

第二，定罪免刑的，表述为：

"被告人×××犯××罪，免予刑事处罚（如有追缴、退赔或者没收财物的，续写第二项）。"

第三，对被告人因不满十六周岁不予刑事处罚的，表述为：

"被告人×××不负刑事责任。"

第四，宣告无罪的，不论是适用《中华人民共和国刑事诉讼法》第一百六十二条第（二）项还是第（三）项，均应表述为：

"被告人×××无罪。"

如不服本判决，可在接到判决书的第二日起十日内，通过本院或者直接向×××人民法院提出上诉。书面上诉的，应当提交上诉状正本一份、副本×份。

审　判　长：
人民陪审员：
人民陪审员：
　年　月　日
（院印）

本件与原件核对无异（印戳）

书　记　员：

样式的说明

一、本样式根据《中华人民共和国刑事诉讼法》和《最高人民法院关于审理未成年人刑事案件的若干规定》以及审理未成年人刑事案件实践的需要制定，供第一审人民法院适用普通程序审理未成年人刑事案件时使用。

二、未成年人犯罪有别于成年人犯罪。制作未成年人刑事判决书，应当根据案件的实际情况，充分体现"教育、感化、挽救"的方针和"教育为主、惩罚为辅"的原则，反映"寓教于审、惩教结合"的特点。

三、未成年人刑事裁判文书语言表述应当简洁、通俗易懂、注重说理，便于未成年被告人及其法定代理人理解。

四、首部

1. 未成年被告人的基本情况

（1）姓名和户籍所在地。应当写查明的未成年被告人的姓名和户籍所在地。如果未成年被告人属于《刑事诉讼法》第一百六十条第二款规定的"对于犯罪事实清楚，证据确实、充分，确实无法查明其身份的，也可以按其自报的姓名起诉、审判"情形的，可以按照被告人自报的姓名予以表述，但应当用括号注明"自报"。户籍所在地可以不写。

被告人自报的姓名在侦查、起诉、审判阶段都不一致的，由法官根据案件情况综合考虑予以确定。

（2）出生年月日。应当写经审理查明的未成年被告人的出生年月日。属于《最高人民法院关于审理未成年人刑事案件具体应用法律若干问题的解释》第四条第一款规定的"对于没有充分证据证明被告人实施被指控的犯罪时已经达到法定刑事责任年龄且确实无法查明的，应当推定其没有达到相应法定刑事责任年龄"情形的，可以分别表述为"实施被指控的犯罪时不满十四周岁""实施被指控的犯罪时已满十四周岁不满十六周岁"和"实施被指控的犯罪时已满十六周岁不满十八周岁"，同时用括号注明"推定"。

属于第二款规定的"相关证据足以证明被告人实施被指控的犯罪时已经达到法定刑事责任年龄，但是无法准确查明被告人具体出生日期"的，首部应当直接写明被告人"实施被指控的犯罪时已满××周岁"。

（3）文化程度。应当表述实际就学状况。如可以表述为"小学二年级文化，辍学"或者"初中一年级学生"等。

（4）工作单位、学校、住址。应当写查明的工作单位、学校和住址。户籍所在地和住址一致的，可以不写住址。在户籍所在地以外地方犯罪的，应当写明其被采取强制措施前的住址或者经常居住地。

属于《刑事诉讼法》第一百六十条第二款规定的"对于犯罪事实清楚，证据确实、充分，确实无法查明其身份的，也可以按其自报的姓名起诉、审判"情形的，可以不写。

（5）所受强制措施的情况。表述为"因涉嫌犯××罪于××××年××月××日被刑事拘留、逮捕（或者被采取其他强制措施）"。

（6）首部应当写明以前是否有因犯罪受到刑事处罚的情形。

2. 法定代理人

（1）未成年被告人没有法定代理人或者无法查到法定代理人的，可以不写法定代理人。

（2）未成年被告人的法定代理人无法出庭或者确实不宜出庭的，应当写明法定代理人，并在审理经过段出庭人员中表述为"被告人×××的法定代理人×××经法院通知未出庭"或者"被告人×××的法定代理人×××因特殊原因未出庭"等内容。

（3）被告人犯罪时未成年，开庭审理时已成年的，不列法定代理人。

3. 社会调查员参加庭审的，在审理经过段"翻译人员×××"后增加表述："翻译人员×××，社会调查员×××等到庭参加诉讼。现已审理终结。"

4. 对未成年人刑事案件实行指定管辖的，在审理经过段可以表述为"按照×××中级人民法院指定管辖的决定，×××人民检察院以××检×诉〔××××〕××号起诉书……"直接接审理经过部分。

五、事实

（1）概述被告人的性格特点、家庭情况、社会交往、成长经历及实施被指控的犯罪前后的表现等情况时，应当简明扼要，注意保护未成年被告人及其家庭的隐私。写明与被告人量刑密切相关的情况即可。

控辩双方对未成年被告人调查报告反映的情况提出的意见，应予客观表述。

对于人民法院自行调查未成年被告人情况的，可直接在判决书"经审理查明"事实证据之后，表述为"根据《最高人民法院关于审理未成年人刑事案件的若干规定》的规定，本院经自行调查了解到……"。

（2）事实部分要注意写明有关未成年被告人年龄证据情况；控辩双方对年龄及证据的意见；对控辩双方有异议的年龄、证据要进行分析、认证。

六、理由

注意写明有关认定或者推定未成年被告人实施犯罪时年龄的理由。

对于依照《最高人民法院关于审理未成年人刑事案件具体应用法律若干问题

的解释》第四条第一款规定，对被告人的年龄适用推定的，在"本院认为"部分可以表述为："鉴于通过法庭调查确实无法查明被告人的出生年、月、日，本院根据掌握的现有证据材料，依法推定被告人实施被指控的犯罪时不满十四周岁（或者实施被指控的犯罪时已满十四周岁不满十六周岁，或者实施被指控的犯罪时已满十六周岁不满十八周岁）。"

七、对隐私案件的未成年被害人，为保护被害人的名誉，在裁判文书中应当只写姓、不写名，表述为"张某""王某某"。

隐私案件的未成年被害人提起附带民事诉讼的，则应当在首部"附带民事诉讼原告人"部分表述其真实姓名。

对于未成年刑事案件的证人，应当写明其真实姓名。

八、对于第一审未成年被告人刑事附带民事判决书，可以参阅《法院刑事诉讼文书样式》（样本）3、6、9及其说明制作。第二审刑事附带民事判决书，可以参阅《法院刑事诉讼文书样式》（样本）12、15及其说明制作。

九、对于第二审未成年被告人刑事判决书、裁定书，可以参阅本样式以及《法院刑事诉讼文书样式》（样本）11、13、16、17、18及其说明制作。

×××人民法院

刑事判决书

（一审公诉未成年人刑事案件适用简易程序用）

（××××）×刑初字第××号

公诉机关×××人民检察院。

被告人……（写明姓名、性别、出生年月日、民族、户籍所在地、文化程度、职业或者工作单位、学校、住址，所受强制措施情况等，现羁押处所）。

法定代理人……（写明姓名、与被告人的关系、工作单位和职务、住址）。

辩护人（或者指定辩护人）……（写明姓名、工作单位和职务）。

×××人民检察院以××检×诉〔××××〕××号起诉书指控被告人×××犯××罪，于××××年××月××日向本院提起公诉。本院于××××年××月××日立案，并依法适用简易程序，实行独任审判。因本案被告人系未成年人（或者因本案涉及未成年被告人），依法不公开开庭审理了本案。×××人民检察院检察员×××、被告人×××及其法定代理人×××、辩护人（或者指定辩护人×××）等到庭参加诉讼。现已审理终结。

公诉机关指控被告人……（简要概括起诉书指控的犯罪事实的内容）。

上述事实，被告人在开庭审理过程中亦无异议，并有物证××、书证××、证人×××的证言、被害人×××的陈述、××公安机关（或检察机关）的勘验、检查笔录和××鉴定意见等证据证实，足以认定。

根据《最高人民法院关于审理未成年人刑事案件的若干规定》的规定，在法庭审理过程中，本院了解到……（简要概述被告人×××的情况调查报告中与量刑密切相关的内容。如果可能判处被告人非监禁刑罚的，概述所具备的监护、帮教条件等情况）。

本院认为，被告人×××的行为（具体）已构成××罪（对控辩双方适用法律方面的争议采纳或者不予采纳的理由；依法从轻、减轻处罚或者免除处罚的理由；结合未成年被告人的成长经历，剖析未成年被告人走上犯罪道路的主客观方面的原因）。依照……（写明判决的法律根据）的规定，判决如下：

被告人×××犯××罪，判处……（写明判处的具体内容）。

（刑期从判决执行之日起计算。判决执行以前先行羁押的，羁押一日折抵刑期一日，即自××××年××月××日起至××××年××月××日止）。

如不服本判决，可在接到判决书的第二日起十日内，通过本院或者直接向×××人民法院提出上诉。书面上诉的，应当提交上诉状正本一份、副本×份。

审 判 长：

年　　月　　日

（院印）

本件与原件核对无异（印戳）

书 记 员：

样式的说明

一、本着适用简易程序审理刑事案件，在裁判文书制作上应尽量予以简化的原则，在最高人民法院《一审公诉案件适用简易程序刑事判决书样式》（法发〔2003〕6号）基础上制定本样式。与《一审公诉案件适用简易程序刑事判决书样式》相比，本样式增加了"被告人×××的情况调查报告"内容及"剖析未成年被告人走上犯罪道路的主客观方面的原因"等部分内容。

二、"（ ）"部分的内容是根据案件具体情况应写明的内容，没有相应事项的，不需要写明。

三、第一审未成年人刑事公诉案件适用简易程序的刑事判决书，可以参阅第一审未成年人刑事案件适用普通程序判决书样式及其说明制作。

任务二　特定范围公诉案件的和解程序

一、当事人和解的诉讼程序的适用条件

根据《刑事诉讼法》的规定，当事人和解的诉讼程序应当同时符合下列条件：

（1）犯罪嫌疑人、被告人真诚悔罪，向被害人赔偿损失、赔礼道歉等。该条件要求犯罪嫌疑人、被告人必须是真心地认罪、悔罪，通过各种方式向被害人道歉，以求得被害人谅解。

（2）被害人明确表示对犯罪嫌疑人、被告人予以谅解。被害人必须以谅解书的方式对犯罪嫌疑人、被告人表示谅解。

（3）双方当事人自愿和解，符合有关法律规定。被害人和犯罪嫌疑人、被告人双方都是自愿地达成和解协议，不能是以暴力、威胁、欺骗或其他非法手段强迫、引诱被害人违背意愿达成和解。

被害人死亡的，其法定代理人、近亲属可以与犯罪嫌疑人、被告人和解。被害人系无行为能力或者限制行为能力人的，其法定代理人可以代为和解。犯罪嫌疑人、被告人系限制行为能力人的，其法定代理人可以代为和解。犯罪嫌疑人、被告人在押的，经犯罪嫌疑人、被告人同意，其法定代理人、近亲属可以代为和解。

双方当事人可以就赔偿损失、赔礼道歉等民事责任事项进行和解，并且可以就被害人及其法定代理人或者近亲属是否要求或者同意公安机关、人民检察院、人民法院对犯罪嫌疑人、被告人依法从宽处理进行协商，但不得对案件的事实认定、证据采信、法律适用和定罪量刑等依法属于公安机关、人民检察院、人民法院职权范围的事宜进行协商。

双方当事人可以自行达成和解，也可以经人民调解委员会、村民委员会、居民委员会、当事人所在单位或者同事、亲友等组织或者个人调解后达成和解。

（4）属于侵害特定被害人的故意犯罪或者有直接被害人的过失犯罪。必须是《刑事诉讼法》第二百八十八条规定的案件范围，而不是所有公诉案件。

（5）案件事实清楚，证据确实、充分。

二、当事人和解的诉讼程序的案件范围

根据《刑事诉讼法》第二百八十八条的规定，下列公诉案件，双方当事人可以和解：

（1）因民间纠纷引起，涉嫌刑法分则第四章、第五章规定的犯罪案件，可能判处三年有期徒刑以下刑罚的；

（2）除渎职犯罪以外的可能判处七年有期徒刑以下刑罚的过失犯罪案件。

犯罪嫌疑人、被告人在五年以内曾经故意犯罪的，不适用当事人和解的诉讼程序。犯罪嫌疑人、被告人在犯上述犯罪前五年内曾经故意犯罪，无论该故意犯罪是否已经追究，均应当认定为前款规定的五年以内曾经故意犯罪。

根据《公安机关办理刑事案件程序规定》第三百三十四条，有下列情形之一的，不属于因民间纠纷引起的犯罪案件：①雇凶伤害他人的；②涉及黑社会性质组织犯罪的；③涉及寻衅滋事的；④涉及聚众斗殴的；⑤多次故意伤害他人身体的；⑥其他不宜和解的。

三、当事人和解的程序

当事人和解的程序主要包括以下内容：

（一）和解的提出

刑事公诉案件发生后，当事人双方可以自行接触，进行和解；公安司法机关受理案件后，认为符合刑事公诉案件和解程序的案件范围，有和解可能，可以建议并促成双方达成和解。

对符合《刑事诉讼法》第二百八十八条规定的公诉案件，事实清楚、证据充分的，人民法院应当告知当事人可以自行和解；当事人提出申请的，人民法院可以主持双方当事人协商以达成和解。

（二）达成和解

犯罪嫌疑人、被告人真诚悔罪，通过向被害人赔偿损失、赔礼道歉等方式获得被害人谅解，被害人自愿和解的，双方当事人可以达成和解。

根据案件情况，人民法院可以邀请人民调解员、辩护人、诉讼代理人、当事人亲友等参与促成双方当事人和解。

符合《刑事诉讼法》第二百八十八条规定的公诉案件，被害人死亡的，其近亲属可以与被告人和解。近亲属有多人的，达成和解协议，应当经处于最先继承顺序的所有近亲属同意。被害人系无行为能力或者限制行为能力人的，其法定代理人、近亲属可以代为和解。

被告人的近亲属经被告人同意，可以代为和解。被告人系限制行为能力人的，其法定代理人可以代为和解。被告人的法定代理人、近亲属代为和解的，和解协议约定的赔礼道歉等事项，应当由被告人本人履行。

（三）和解协议的审查

对于双方当事人和解的，公安司法机关应当听取当事人和其他有关人员的意见，对和解协议的自愿性、合法性进行审查，对符合和解法定条件的，主持制作和解协议书。

对公安机关、人民检察院主持制作的和解协议书，当事人提出异议的，人民法院应当审查。经审查，和解自愿、合法的，予以确认，无须重新制作和解协议书；和解违反自愿、合法原则的，应当认定无效。和解协议被认定无效后，双方当事人重新达成和解的，人民法院应当主持制作新的和解协议书。

审判期间，双方当事人和解的，人民法院应当听取当事人及其法定代理人等有关人员的意见。双方当事人在庭外达成和解的，人民法院应当通知人民检察院，并听取其意见。经审查，和解自愿、合法的，应当主持制作和解协议书。

和解协议书应当由双方当事人和审判人员签名，但不加盖人民法院印章。

和解协议书一式三份，双方当事人各持一份，另一份交人民法院附卷备查。

对和解协议中的赔偿损失内容，双方当事人要求保密的，人民法院应当准许，并采取相应的保密措施。

（四）当事人和解的效力

1. 双方当事人在侦查阶段达成和解协议的，公安机关可以向人民检察院提出从宽处理的建议。

2. 人民检察院对于公安机关提请批准逮捕的案件，双方当事人达成和解协议的，可以作为有无社会危险性或者社会危险性大小的因素予以考虑。经审查认为不需要逮捕的，可以作出不批准逮捕的决定；在审查起诉阶段可以依法变更强制措施。人民检察院对于公安机关移送起诉的案件，双方当事人达成和解协议的，可以作为是否需要判处刑罚或者免除刑罚的因素予以考虑，符合法律规定的不起诉条件的，可以决定不起诉。对于依法应当提起公诉的，人民检察院可以向人民法院提出从宽处罚的量刑建议。

3. 人民法院对于当事人达成和解协议的公诉案件，可以依法对被告人从轻、减轻处罚或免除处罚。

和解协议约定的赔偿损失内容，被告人应当在协议签署后即时履行。和解协议已经全部履行，当事人反悔的，人民法院不予支持，但有证据证明和解违反自愿、合法原则的除外。

双方当事人在侦查、审查起诉期间已经达成和解协议并全部履行，被害人或者其法定代理人、近亲属又提起附带民事诉讼的，人民法院不予受理，但有证据证明和解违反自愿、合法原则的除外。

被害人或者其法定代理人、近亲属提起附带民事诉讼后，双方愿意和解，但被告人不能即时履行全部赔偿义务的，人民法院应当制作附带民事调解书。

对达成和解协议的案件，人民法院应当对被告人从轻处罚；符合非监禁刑适用条件的，应当适用非监禁刑；判处法定最低刑仍然过重的，可以减轻处罚；综合全案认为犯罪情节轻微不需要判处刑罚的，可以免予刑事处罚。

共同犯罪案件，部分被告人与被害人达成和解协议的，可以依法对该部分被告人从宽处罚，但应当注意全案的量刑平衡。

四、特定范围公诉案件和解的文书

和解协议书

甲方：

（被害人方）×××（写明姓名、性别、出生年月日、公民身份号码、住址等）。

法定代理人（近亲属）×××（写明姓名、性别、出生年月日、公民身份号码、住址、与被害人的关系等）。

诉讼代理人×××（写明姓名、工作单位等，是法律援助的应注明指派的法律援助机构）。

乙方：

（犯罪嫌疑人方）×××（写明姓名、性别、出生年月日、公民身份号码、住址等）。

法定代理人（近亲属）×××（写明姓名、性别、出生年月日、公民身份号码、住址、与犯罪嫌疑人的关系等）。

辩护人×××（写明姓名、工作单位等，是法律援助的应注明指派的法律援助机构）。

调解人：×××

（根据实际情况决定是否书写此项内容，调解人可以包括人民调解委员会、村民委员会、居民委员会、当事人所在单位或者同事、亲友等，但人民检察院不应作为调解主体）

案件主要事实及和解协议情况：

（案件主要事实）……（概述案件的主要事实，应当着重说明该案件符合《中华人民共和国刑事诉讼法》第二百八十八条规定的条件）。

（和解协议情况）犯罪嫌疑人×××到案后，对犯罪事实进行了如实供述，并真诚悔罪。经双方当事人自行和解，于××年×月×日，达成如下协议：

（经调解的，写明："××年×月×日，由×××主持调解，甲方×××、法定代理人×××、诉讼代理人×××，乙方×××、法定代理人×××、辩护人×××参加了调解。经调解，双方当事人自愿达成如下协议："）

一、乙方一次性赔偿甲方损失共计人民币××××元整，于签订协议当日现场付清。（乙方赔偿损失时适用，如乙方系提供了有效担保后分期履行的，写明具体情况。如乙方有多名犯罪嫌疑人共同实施了加害行为的，应写明各犯罪嫌疑人的责任分担情况）

乙方向甲方赔礼道歉。（乙方赔礼道歉时适用）

乙方同意……。（乙方以其他方式获得谅解时适用）

二、甲方对乙方予以谅解，并请求（或同意）司法机关对乙方依法从宽处理。

经×××人民检察院审查，上述协议系在双方自愿的前提下达成，内容真实合法，符合《中华人民共和国刑事诉讼法》第二百八十八条规定的条件，由×××人民检察院主持制作和解协议书。本协议书一式三份，甲乙双方当事人各持一份，×××人民检察院附卷备查一份。

甲方：（被害人签名）　　　　　　乙方：（犯罪嫌疑人签名）
××年×月×日　　　　　　　　　××年×月×日
（甲方法定代理人/近亲属签名）　（乙方法定代理人/近亲属签名）
××年×月×日　　　　　　　　　××年×月×日
（甲方诉讼代理人签名）　　　　　（乙方辩护人签名）
××年×月×日　　　　　　　　　××年×月×日
（如系经第三方调解达成协议的，此处应由调解方签字或盖章）

调解人：（调解人签名或者盖章）
　　××年×月×日

任务三　犯罪嫌疑人、被告人逃匿、死亡案件违法所得没收程序

在贪污贿赂犯罪、恐怖活动犯罪等重大犯罪案件中，当犯罪嫌疑人、被告人逃匿，且在通缉一年后不能到案，或者犯罪嫌疑人、被告人死亡，依照刑法规定应当追缴其违法所得及其他涉案财产时，人民检察院可以向人民法院提出没收违法所得的申请，人民法院对人民检察院的申请进行审理并作出是否没收违法所得裁定。

一、犯罪嫌疑人、被告人逃匿、死亡案件违法所得没收程序的提起

（一）提起条件

根据《刑事诉讼法》规定，提起犯罪嫌疑人、被告人逃匿、死亡案件违法所得没收程序需要满足以下条件：

1. 案件范围

犯罪嫌疑人、被告人逃匿、死亡案件违法所得没收程序只能用于贪污贿赂犯罪、恐怖活动犯罪等重大犯罪案件。

根据《最高人民法院关于适用〈中华人民共和国刑事诉讼法〉的解释》的规定，"贪污贿赂犯罪、恐怖活动犯罪等"犯罪案件具体是指下列案件：①贪污贿赂、失职渎职等职务犯罪案件；②刑法分则第二章规定的相关恐怖活动犯罪案件，以及恐怖活动组织、恐怖活动人员实施的杀人、爆炸、绑架等犯罪案件；③危害国家安全、走私、洗钱、金融诈骗、黑社会性质组织、毒品犯罪案件；④电信诈骗、网络诈骗犯罪案件。

在省、自治区、直辖市或者全国范围内具有较大影响的犯罪案件，或者犯罪嫌疑人、被告人逃匿境外的犯罪案件，应当认定为《刑事诉讼法》第二百九十八条第一款规定的"重大犯罪案件"。

犯罪嫌疑人、被告人死亡，依照《刑法》规定应当追缴其违法所得及其他涉案财产，人民检察院提出没收违法所得申请的，人民法院应当依法受理。

2. 对象条件

犯罪嫌疑人、被告人逃匿、死亡案件违法所得没收程序适用于贪污贿赂犯

罪、恐怖活动犯罪等重大犯罪案件中，犯罪嫌疑人、被告人逃匿，且在通缉一年后不能到案，或者犯罪嫌疑人、被告人死亡，依照《刑法》规定应当追缴其违法所得及其他涉案财产的情况。

3. 没收对象

没收对象是依照《刑法》规定应当追缴的犯罪嫌疑人、被告人的违法所得及其他涉案财产。

（二）提起主体

根据《刑事诉讼法》规定，犯罪嫌疑人、被告人逃匿、死亡案件违法所得没收程序只能由人民检察院提起。

（三）提出申请的程序

人民检察院可以向人民法院提出没收违法所得的申请。公安机关认为存在符合该程序规定情形的，应当写出没收违法所得意见书，移送人民检察院。

没收违法所得的申请应当提供与犯罪事实、违法所得相关的证据材料，并列明财产的种类、数量、所在地及查封、扣押、冻结的情况。

二、犯罪嫌疑人、被告人逃匿、死亡案件违法所得没收程序的审理

（一）管辖法院和审判组织

1. 管辖

没收违法所得的申请，由犯罪地或者犯罪嫌疑人、被告人居住地的中级人民法院进行审理。

2. 审判组织

没收违法所得的申请，由人民法院组成合议庭进行审理。

（二）审理程序

1. 审查、立案

人民法院对于人民检察院提出的没收违法所得的申请，应当进行审查。审查内容主要包括：①是否属于可以适用违法所得没收程序的案件范围；②是否属于本院管辖；③是否写明犯罪嫌疑人、被告人基本情况，以及涉嫌有关犯罪的情况，并附证据材料；④是否写明犯罪嫌疑人、被告人逃匿、被通缉、脱逃、下落不明、死亡等情况，并附证据材料；⑤是否列明违法所得及其他涉案财产的种类、数量、价值、所在地等，并附证据材料；⑥是否附有查封、扣押、冻结违法所得及其他涉案财产的清单和法律手续；⑦是否写明犯罪嫌疑人、被告人有无利害关系人，利害关

系人的姓名、身份、住址、联系方式及其要求等情况；⑧是否写明申请没收的理由和法律依据；⑨其他依法需要审查的内容和材料。上述材料需要翻译件的，人民法院应当要求人民检察院一并移送。

对没收违法所得的申请，人民法院应当在三十日以内审查完毕，并按照下列情形分别处理：

①属于没收违法所得申请受案范围和本院管辖，且材料齐全、有证据证明有犯罪事实的，应当受理；

②不属于没收违法所得申请受案范围或者本院管辖的，应当退回人民检察院；

③没收违法所得申请不符合"有证据证明有犯罪事实"标准要求的，应当通知人民检察院撤回申请；

④材料不全的，应当通知人民检察院在七日以内补送；七日以内不能补送的，应当退回人民检察院。

人民检察院尚未查封、扣押、冻结申请没收的财产或者查封、扣押、冻结期限即将届满，涉案财产有被隐匿、转移或者毁损、灭失危险的，人民法院可以查封、扣押、冻结申请没收的财产。

2. 审理前的准备

为保证法庭审理程序的顺利，审理前需要做好必要的准备工作，没收违法所得程序的审理前准备工作主要包括：

（1）确定合议庭组成人员。

（2）公告。人民法院受理没收违法所得的申请后，应当在十五日以内发布公告。公告应当载明以下内容：①案由、案件来源；②犯罪嫌疑人、被告人的基本情况；③犯罪嫌疑人、被告人涉嫌犯罪的事实；④犯罪嫌疑人、被告人逃匿、被通缉、脱逃、下落不明、死亡等情况；⑤申请没收的财产的种类、数量、价值、所在地等以及已查封、扣押、冻结财产的清单和法律手续；⑥申请没收的财产属于违法所得及其他涉案财产的相关事实；⑦申请没收的理由和法律依据；⑧利害关系人申请参加诉讼的期限、方式以及未按照该期限、方式申请参加诉讼可能承担的不利法律后果；⑨其他应当公告的情况。

公告期为六个月，公告期间不适用中止、中断、延长的规定。

公告应当在全国公开发行的报纸、信息网络媒体、最高人民法院的官方网站发布，并在人民法院公告栏发布。必要时，公告可以在犯罪地、犯罪嫌疑人、被告人居住地或者被申请没收财产所在地发布。最后发布的公告的日期为公告日期。发布公告的，应当采取拍照、录像等方式记录发布过程。

人民法院已经掌握境内利害关系人联系方式的，应当直接送达含有公告内容的通知；直接送达有困难的，可以委托代为送达、邮寄送达。经受送达人同意的，可以采用传真、电子邮件等能够确认其收悉的方式告知公告内容，并记录在案。

人民法院已经掌握境外犯罪嫌疑人、被告人、利害关系人联系方式，经受送达人同意的，可以采用传真、电子邮件等能够确认其收悉的方式告知公告内容，并记录在案；受送达人未表示同意，或者人民法院未掌握境外犯罪嫌疑人、被告人、利害关系人联系方式，其所在国、地区的主管机关明确提出应当向受送达人送达含有公告内容的通知的，人民法院可以决定是否送达。决定送达的，应当依照规定请求所在国、地区提供司法协助。

（3）利害关系人申请参加诉讼。犯罪嫌疑人、被告人的近亲属和其他利害关系人有权申请参加诉讼，也可以委托诉讼代理人参加诉讼。

"其他利害关系人"，是指除犯罪嫌疑人、被告人的近亲属以外的，对申请没收的财产主张权利的自然人和单位。

犯罪嫌疑人、被告人的近亲属和其他利害关系人申请参加诉讼的，应当在公告期间内提出。犯罪嫌疑人、被告人的近亲属应当提供其与犯罪嫌疑人、被告人关系的证明材料，其他利害关系人应当提供证明其对违法所得及其他涉案财产主张权利的证据材料。

利害关系人可以委托诉讼代理人参加诉讼。委托律师担任诉讼代理人的，应当委托具有中华人民共和国律师资格并依法取得执业证书的律师；在境外委托的，应当依照规定对授权委托进行公证、认证。

利害关系人在公告期满后申请参加诉讼，能够合理说明理由的，人民法院应当准许。

（4）犯罪嫌疑人、被告人逃匿境外，委托诉讼代理人可以申请参加诉讼。犯罪嫌疑人、被告人逃匿境外，委托诉讼代理人申请参加诉讼，且违法所得或者其他涉案财产所在国、地区主管机关明确提出意见予以支持的，人民法院可以准许。人民法院准许参加诉讼的，犯罪嫌疑人、被告人的诉讼代理人依照关于利害关系人的诉讼代理人的规定行使诉讼权利。

（5）采取保全措施。为防止违法所得出现非法转移或灭失、减损等情况，人民法院在必要的时候，可以查封、扣押、冻结申请没收的财产。

（6）在审理案件过程中，被告人脱逃或者死亡，符合《刑事诉讼法》第二百九十八条第一款规定的，人民检察院可以向人民法院提出没收违法所得的申请；符合《刑事诉讼法》第二百九十八条第一款规定的，人民检察院可以按照缺席审判程序向人民法院提起公诉。

人民检察院向原受理案件的人民法院提出没收违法所得申请的，可以由同一审判组织审理。

3. 审理

公告期满后，人民法院应当组成合议庭对申请没收违法所得的案件进行审理。利害关系人申请参加或者委托诉讼代理人参加诉讼的，应当开庭审理。没有利害关系人申请参加诉讼的，或者利害关系人及其诉讼代理人无正当理由拒不到庭的，可以不开庭审理。

人民法院确定开庭日期后，应当将开庭的时间、地点通知人民检察院、利害关系人及其诉讼代理人、证人、鉴定人、翻译人员。通知书应当依照《最高人民法院关于适用〈中华人民共和国刑事诉讼法〉的解释》第六百一十五条第二款、第三款规定的方式，至迟在开庭审理三日以前送达；受送达人在境外的，至迟在开庭审理三十日以前送达。

开庭审理申请没收违法所得的案件，按照下列程序进行：

①审判长宣布法庭调查开始后，先由检察员宣读申请书，后由利害关系人、诉讼代理人发表意见。

②法庭应当依次就犯罪嫌疑人、被告人是否实施了贪污贿赂犯罪、恐怖活动犯罪等重大犯罪并已经通缉一年不能到案，或者是否已经死亡，以及申请没收的财产是否依法应当追缴进行调查；调查时，先由检察员出示证据，后由利害关系人、诉讼代理人出示证据，并进行质证。

③法庭辩论阶段，先由检察员发言，后由利害关系人、诉讼代理人发言，并进行辩论。

利害关系人接到通知后无正当理由拒不到庭，或者未经法庭许可中途退庭的，可以转为不开庭审理，但还有其他利害关系人参加诉讼的除外。

4. 审理后的处理

根据《刑事诉讼法》第三百条、第三百零一条的规定，人民法院依据没收违法所得程序对人民检察院的申请审理后，应当按照下列情形分别处理：

（1）人民法院经审理，对经查证申请没收的财产属于违法所得及其他涉案财产，除依法返还被害人的以外，应当裁定予以没收。

（2）不符合《刑事诉讼法》第二百九十八条第一款规定的条件的，应当裁定驳回申请，解除查封、扣押、冻结措施。

申请没收的财产具有高度可能属于违法所得及其他涉案财产的，应当认定为"申请没收的财产属于违法所得及其他涉案财产"。巨额财产来源不明犯罪案件中，没有利害关系人对违法所得及其他涉案财产主张权利，或者利害关系人对违法所得及其他涉案财产虽然主张权利但提供的证据没有达到相应证明标准的，应当视为"申请没收的财产属于违法所得及其他涉案财产"。

（3）在审理申请没收违法所得的案件过程中，在逃的犯罪嫌疑人、被告人到案的，人民法院应当裁定终止审理。人民检察院向原受理申请的人民法院提起公诉的，可以由同一审判组织审理。

5.审理期限

审理申请没收违法所得案件的期限，参照公诉案件第一审普通程序和第二审程序的审理期限执行。

公告期间和请求刑事司法协助的时间不计入审理期限。

6.救济程序

（1）上诉、抗诉

对没收违法所得或者驳回申请的裁定，犯罪嫌疑人、被告人的近亲属和其他利害关系人或者人民检察院可以在五日以内提出上诉、抗诉。

对不服第一审没收违法所得或者驳回申请裁定的上诉、抗诉案件，第二审人民法院经审理，应当按照下列情形分别处理：

①第一审裁定认定事实清楚和适用法律正确的，应当驳回上诉或者抗诉，维持原裁定；

②第一审裁定认定事实清楚，但适用法律有错误的，应当改变原裁定；

③第一审裁定认定事实不清的，可以在查清事实后改变原裁定，也可以撤销原裁定，发回原审人民法院重新审判；

④第一审裁定违反法定诉讼程序，可能影响公正审判的，应当撤销原裁定，发回原审人民法院重新审判。

第一审人民法院对发回重新审判的案件作出裁定后，第二审人民法院对不服第一审人民法院裁定的上诉、抗诉，应当依法作出裁定，不得再发回原审人民法院重新审判；但是，第一审人民法院在重新审判过程中违反法定诉讼程序，可能影响公正审判的除外。

利害关系人非因故意或者重大过失在第一审期间未参加诉讼，在第二审期间申请参加诉讼的，人民法院应当准许，并撤销原裁定，发回原审人民法院重新审判。

（2）犯罪嫌疑人、被告人到案并对没收裁定提出异议

没收违法所得裁定生效后，犯罪嫌疑人、被告人到案并对没收裁定提出异议，人民检察院向原作出裁定的人民法院提起公诉的，可以由同一审判组织审理。

人民法院经审理，应当按照下列情形分别处理：

①原裁定正确的，予以维持，不再对涉案财产作出判决；

②原裁定确有错误的，应当撤销原裁定，并在判决中对有关涉案财产一并作出处理。

（3）错误裁判的救济

人民法院生效的没收裁定确有错误的，除犯罪嫌疑人、被告人到案并对没收裁定提出异议的情形外，应当依照审判监督程序予以纠正。

没收犯罪嫌疑人、被告人财产确有错误的，应当予以返还、赔偿。

三、犯罪嫌疑人、被告人逃匿、死亡案件违法所得没收程序的文书

××× 公 安 局

没 收 违 法 所 得 意 见 书

×公（　）没字〔　〕号

犯罪嫌疑人×××……〔姓名（别名、曾用名、绰号等），性别，出生日期，出生地，身份证件种类及号码，民族，文化程度，职业或工作单位及职务，住址，政治面貌，违法犯罪经历以及因本案被采取强制措施、逃匿、通缉或死亡情况。案件有多名犯罪嫌疑人需要被没收违法所得的，逐一写明。单位犯罪案件中，应当写明单位的名称、地址〕

犯罪嫌疑人×××涉嫌×××（罪名）一案，由×××举报（控告、移送）至我局（写明案由和案件来源，具体为单位或者公民举报、控告、上级交办、有关部门移送或工作中发现等）。简要写明案件侦查过程中的各个法律程序开始的时间。

经依法侦查查明：……（详细叙述经侦查认定的犯罪事实。重点阐明该案中潜逃、死亡犯罪嫌疑人违法所得及其他涉案财产的情况，包括涉案财产的名称、种类、数量、特征、所在地及查封、扣押、冻结情况）。

认定上述事实的证据如下：

……（分列相关证据，并说明证据与案件事实的关系）。

上述犯罪事实清楚，证据确实、充分，足以认定。

综上所述，犯罪嫌疑人×××的行为已触犯《中华人民共和国刑法》第×××条之规定，涉嫌×××罪，因犯罪嫌疑人×××死亡，依照《中华人民共和国刑事诉讼法》第二百九十八条第二款之规定，建议没收犯罪嫌疑人×××的违法所得及其他涉案财产。（如犯罪嫌疑人逃匿的写明：综上所述，犯罪嫌疑人×××的行为已触犯《中华人民共和国刑法》第×××条之规定，涉嫌恐怖活动犯罪等重大犯罪，因犯罪嫌疑人逃匿，在通缉一年后未能到案，依照《中华人民共和国刑事诉讼法》第二百九十八条第二款之规定，建议没收犯罪嫌疑人×××的

违法所得及其他涉案财产）

　　此致

×××人民检察院

公安局（印）

年　月　日

　　附：1. 本案卷宗　　卷　　页。

　　　　2. 违法所得清单。

违法所得清单

编号	名 称	数量	特征	财产所在地	侦查措施	备注

　　本清单一式两份，一份附卷，一份由办案单位留存。

××××人民检察院

补充证据通知书

（犯罪嫌疑人、被告人逃匿、死亡案件

违法所得的没收程序适用）

××检××没补证〔20××〕×号

_____（监察／侦查机关名称）：

　　你_____（监察／侦查机关简称）移送的没收犯罪嫌疑人_____（姓名）违法所得一案，本院审查认为……请补充提供下列证据材料：

　　……（列出需要的证据材料要求、补充理由）。

20××年×月×日

（院印）

×××× 人民检察院

要求说明不启动违法所得没收程序理由通知书

×× 检 ×× 没不启通〔20××〕× 号

_____（公安机关名称）：

　　根据《中华人民共和国刑事诉讼法》第二百九十八条、《人民检察院刑事诉讼规则》第五百二十四条的规定，请你局在收到本通知书后，于七日以内向本院书面说明对_____（犯罪嫌疑人姓名）不启动违法所得没收程序的理由。

20×× 年 × 月 × 日

（院印）

×××× 人民检察院

要求启动违法所得没收程序通知书

×× 检 ×× 没启通〔20××〕× 号

_____（公安机关名称）：

　　本院于_____ 年____月____日向你局发出《要求说明不启动违法所得没收程序理由通知书》，你局于 _____ 年 ___月 ___日以 ___号____文书回复本院。

　　经审查，本院认为：……（写明公安机关不启动违法所得没收程序理由不能成立的原因和应当启动程序的事实根据及法律依据）。

　　请你局启动对_____（犯罪嫌疑人姓名）的违法所得没收程序，并将启动程序决定书副本送达本院。

20×× 年 × 月 × 日

（院印）

××××人民检察院
启动违法所得没收程序决定书
（副本）

××检××没启〔20××〕×号

　　根据《中华人民共和国刑事诉讼法》第二百九十八条的规定，本院决定对＿＿＿＿＿＿＿＿＿＿启动违法所得没收调查程序。

检察长（印）

20××年×月×日

（院印）

第二联附卷

××××人民检察院

没收违法所得意见书

××检××没移〔20××〕×号

犯罪嫌疑人……（写明姓名、性别、出生年月日、公民身份号码、民族、文化程度、职业或者工作单位及职务、户籍地、住址，曾受到行政处罚、刑事处罚的情况）。

犯罪嫌疑人×××涉嫌××罪……（写明案由和案件来源）。犯罪嫌疑人×××于××××年×月×日逃匿。本院于××××年×月×日决定通缉，至今不能到案。（如果死亡的，写明于××××年×月×日死亡）

对犯罪嫌疑人×××的违法所得及其他涉案财产，现已调查终结。

经依法调查查明：……（概括叙写经检察机关调查认定的犯罪事实，依照刑法规定应当追缴的违法所得及其他涉案财产的来源、种类、数量、所在地以及查封、扣押、冻结等情况）。

写明犯罪嫌疑人的近亲属或者其他利害关系人的姓名、住址、联系方式及其要求。

认定上述事实的证据如下：

……（针对上述犯罪事实和违法所得，分别列举证据）。

上述犯罪事实和违法所得事实清楚，证据确实、充分，足以认定。

综上所述，犯罪嫌疑人×××涉嫌××罪，逃匿一年后不能到案（或者于××××年××月××日死亡），……（概述其违法所得及其他涉案财产的来源、种类和数量等）。根据《中华人民和国刑事诉讼法》第二百九十八条、《人民检察院刑事诉讼规则》第_____条的规定，移送没收违法所得意见书。扣押的款物随案移送。

此致
（负责捕诉的部门）

（负责侦查的部门）

20××年×月×日

（部门印）

附件：1.通缉令或者死亡证明书

2.违法所得及其他涉案财产清单以及查封、扣押、冻结的情况

3.随案移送案件材料、证据

4.其他需要附注的事项

违法所得及其他涉案财产清单

编号：

第　页，共　页

编号	名称	数量	基本特征	来源或权属人	备注

批准人：　　　承办人：　　　　　　　　　年　月　日　公章

本清单一式二份，一份附卷，一份由办案单位留存。

××××人民检察院

没收违法所得申请书

××检××没申〔20××〕×号

犯罪嫌疑人（被告人）……（写明姓名、性别、出生年月日、公民身份号码、民族、文化程度、职业或者工作单位及职务、户籍地、住址，曾受到行政处罚、刑事处罚的情况）。

犯罪嫌疑人（被告人）×××因涉嫌××罪，被×××（监察/侦查机关）立案调查/侦查，并于××××年×月×日逃匿。×××（侦查机关）于××××年×月×日发布通缉令，至今不能到案（如果死亡的，写明于××××年×月×日死亡）。×××（移送没收违法所得意见书的机关）于××××年×月×日向本院移送没收违法所得意见书。本院受理后，审查了全部案件材料……（写明要求监察/侦查机关补充证据、延长审查期限等情况）。

［如果是自侦案件，此处写："犯罪嫌疑人（被告人）×××因涉嫌××罪，由本院立案侦查，并于××××年×月×日逃匿。于××××年×月×日发布通缉令，至今不能到案（如果死亡的，写明于××××年×月×日死亡）。本院于××××年×月×日移送没收违法所得意见书。"

如果案件是其他人民检察院移送的，此处应当将移送单位以及移送时间等写清楚。］

［如果犯罪嫌疑人是在审查起诉时逃匿、死亡的，此处写："本案由×××（监察/侦查机关）调查/侦查终结，以×××涉嫌××罪，于××××年×

月×日向本院移送审查起诉。犯罪嫌疑人×××于××××年×月×日逃匿。于××××年×月×日发布通缉令，至今不能到案（如果死亡的，写明于××××年×月×日死亡）。本院对全部案件材料进行了审查……（写明要求监察/侦查机关补充证据的情况）。"］

　　［如果被告人是在审理时逃匿、死亡的，此处写："本案由×××（监察/侦查机关）调查/侦查终结，以×××涉嫌××罪，于××××年×月×日向本院移送审查起诉。本院受理后，于××××年×月×日向×××人民法院提起公诉。被告人×××于××××年×月×日逃匿。于××××年×月×日发布通缉令，至今不能到案（如果死亡的，写明于××××年×月×日死亡）。本院对全部案件材料进行了审查……（写明要求监察/侦查机关补充证据的情况）。"］

　　经依法审查查明：……（写明经检察机关审查认定的犯罪事实，依照刑法规定应当追缴的违法所得及其他涉案财产的来源、种类、数量、所在地以及查封、扣押、冻结等情况）。

　　［写明犯罪嫌疑人（被告人）的近亲属或者其他利害关系人的姓名、住址、联系方式及其要求。］

　　认定上述事实的证据如下：

　　……（针对上述犯罪事实和违法所得，分别列举证据）。

　　本院认为，犯罪嫌疑人（被告人）×××涉嫌××罪，逃匿一年后不能到案（或者于××××年×月×日死亡），……（概述其违法所得及其他涉案财产的来源、种类和数量等），事实清楚，证据确实、充分，应当对其违法所得及其他涉案财产予以追缴。根据《中华人民共和国刑事诉讼法》第二百九十八条的规定，提出没收违法所得申请，请依法裁定。

　　此致
×××人民法院

检 察 官：

检察官助理：

20××年×月×日

（院印）

　　附件：1.通缉令或者死亡证明书

　　　　　2.违法所得及其他涉案财产清单以及查封、扣押、冻结的情况

　　　　　3.证据材料、不宜移送的实物证据的清单、照片或者其他证明文件、拟出庭证人名单

　　　　　4.其他需要附注的事项

违法所得及其他涉案财产清单

编号：

第　页，共　页

编号	名称	数量	基本特征	来源或权属人	备注

批准人：　　　　承办人：　　　　　　　　年　月　日　公章

本清单一式二份，一份附卷，一份由办案单位留存。

任务四　对实施暴力行为的精神病人的
强制医疗程序

一、强制医疗程序的启动

根据《刑事诉讼法》的规定，人民检察院和人民法院都可以启动强制医疗程序。

（1）人民检察院向人民法院提出强制医疗的申请。公安机关发现精神病人符合强制医疗条件的，应当写出强制医疗意见书，移送人民检察院。对于公安机关移送的或者在审查起诉过程中发现的精神病人符合强制医疗条件的，人民检察院应当向人民法院提出强制医疗的申请。

人民检察院申请对依法不负刑事责任的精神病人强制医疗的案件，由被申请人实施暴力行为所在地的基层人民法院管辖；由被申请人居住地的人民法院审判更为适宜的，可以由被申请人居住地的基层人民法院管辖。

（2）人民法院直接作出强制医疗的决定。人民法院在审理案件过程中发现被告人符合强制医疗条件的，可以直接作出强制医疗的决定。

二、临时的保护性约束措施的适用

对实施暴力行为的精神病人，在人民法院决定强制医疗前，公安机关可以采取临时的保护性约束措施。保护性约束措施包括将精神病人送往指定的单位、场所加以监护，也包括使用约束带、警绳、手铐等约束性警械，使有暴力侵害危险的精神病人无法实施自残、伤害他人的行为。

三、审理组织

人民法院受理强制医疗的申请后，应当组成合议庭进行审理。

四、审理方式

强制医疗案件原则上应当开庭审理，并应当会见被申请人。

为体现程序公正，维护当事人合法权益，防止"被精神病"或假冒精神病人逃避刑事处罚的情况发生，对于强制医疗案件，原则上应当开庭审理，只有被申请人、被告人的法定代理人请求不开庭审理，并经人民法院审查同意的，可以不开庭审理。并规定无论是否开庭审理，都应当会见被申请人，通过与其直接接触、交谈，了解其精神状况，进而作出正确决定。

五、审理程序

1. 审查受理

对于人民检察院提出的对精神病人强制医疗的申请，人民法院应当进行审查，经审查属于本院管辖且符合法定条件的，应当受理。

对人民检察院提出的强制医疗申请，人民法院应当审查以下内容：

（1）是否属于本院管辖；

（2）是否写明被申请人的身份，实施暴力行为的时间、地点、手段、所造成的损害等情况，并附证据材料；

（3）是否附有法医精神病鉴定意见和其他证明被申请人属于依法不负刑事责任的精神病人的证据材料；

（4）是否列明被申请人的法定代理人的姓名、住址、联系方式；

（5）需要审查的其他事项。

对人民检察院提出的强制医疗申请，人民法院应当在七日以内审查完毕，并按照下列情形分别处理：

（1）属于强制医疗程序受案范围和本院管辖，且材料齐全的，应当受理；

（2）不属于本院管辖的，应当退回人民检察院；

（3）材料不全的，应当通知人民检察院在三日以内补送；三日以内不能补送的，应当退回人民检察院。

2. 审前准备

（1）组成合议庭。人民法院受理强制医疗的申请后，应当组成合议庭，开庭审理。但是，被申请人、被告人的法定代理人请求不开庭审理，并经人民法院审查同意的除外。

审理强制医疗案件，应当会见被申请人，听取被害人及其法定代理人的意见。

（2）通知法定代理人到场和指定辩护。审理强制医疗案件，应当通知被申请人或者被告人的法定代理人到场；被申请人或者被告人的法定代理人经通知未到场的，可以通知被申请人或者被告人的其他近亲属到场。

被申请人或者被告人没有委托诉讼代理人的，应当自受理强制医疗申请或者发现被告人符合强制医疗条件之日起三日以内，通知法律援助机构指派律师担任其诉讼代理人，为其提供法律帮助。

3. 开庭审理

开庭审理申请强制医疗的案件，按照下列程序进行：

（1）审判长宣布法庭调查开始后，先由检察员宣读申请书，后由被申请人的法定代理人、诉讼代理人发表意见。

（2）法庭依次就被申请人是否实施了危害公共安全或者严重危害公民人身安全的暴力行为、是否属于依法不负刑事责任的精神病人、是否有继续危害社会的可能进行调查。调查时，先由检察员出示证据，然后由被申请人的法定代理人、诉讼代理人出示证据，并进行质证；必要时，可以通知鉴定人出庭对鉴定意见作出说明。

（3）法庭辩论阶段，先由检察员发言，后由被申请人的法定代理人、诉讼代理人发言，并进行辩论。

被申请人要求出庭，人民法院经审查其身体和精神状态，认为可以出庭的，应当准许。出庭的被申请人，在法庭调查、辩论阶段可以发表意见。

检察员宣读申请书后，被申请人的法定代理人、诉讼代理人无异议的，法庭调查可以简化。

4. 审理后的处理

对申请强制医疗的案件，人民法院审理后，应当按照下列情形分别处理：

（1）符合《刑事诉讼法》第三百零二条规定的强制医疗条件的，应当作出对被申请人强制医疗的决定。

（2）被申请人属于依法不负刑事责任的精神病人，但不符合强制医疗条件的，应当作出驳回强制医疗申请的决定；被申请人已经造成危害结果的，应当同时责令其家属或者监护人严加看管和医疗。

（3）被申请人具有完全或者部分刑事责任能力，依法应当追究刑事责任的，应当作出驳回强制医疗申请的决定，并退回人民检察院依法处理。

5. 法院直接启动强制医疗程序的案件的审理及处理

第一审人民法院在审理刑事案件过程中，发现被告人可能符合强制医疗条件的，应当依照法定程序对被告人进行法医精神病鉴定。经鉴定，被告人属于依法不负刑事责任的精神病人的，应当适用强制医疗程序，对案件进行审理。

开庭审理该类案件，应当先由合议庭组成人员宣读对被告人的法医精神病鉴定意见，说明被告人可能符合强制医疗的条件，后依次由公诉人和被告人的法定代理人、诉讼代理人发表意见。经审判长许可，公诉人和被告人的法定代理人、诉讼代理人可以进行辩论。

人民法院审理后，应当按照下列情形分别处理：

（1）被告人符合强制医疗条件的，应当判决宣告被告人不负刑事责任，同时作出对被告人强制医疗的决定。

（2）被告人属于依法不负刑事责任的精神病人，但不符合强制医疗条件的，应当判决宣告被告人无罪或者不负刑事责任；被告人已经造成危害结果的，应当同时责令其家属或者监护人严加看管和医疗。

（3）被告人具有完全或者部分刑事责任能力，依法应当追究刑事责任的，应当依照普通程序继续审理。

第二审人民法院在审理刑事案件过程中，发现被告人可能符合强制医疗条件的，可以依照强制医疗程序对案件作出处理，也可以裁定发回原审人民法院重新审判。

6. 审理期限

人民法院经审理，对于被申请人或者被告人符合强制医疗条件的，应当在一个月以内作出强制医疗的决定。

7. 救济、复议程序

被决定强制医疗的人、被害人及其法定代理人、近亲属对强制医疗决定不服的，可以自收到决定书第二日起五日以内向上一级人民法院申请复议。复议期间不停止执行强制医疗的决定。

对不服强制医疗决定的复议申请，上一级人民法院应当组成合议庭审理，并在一个月以内，按照下列情形分别作出复议决定：

（1）被决定强制医疗的人符合强制医疗条件的，应当驳回复议申请，维持原决定；

（2）被决定强制医疗的人不符合强制医疗条件的，应当撤销原决定；

（3）原审违反法定诉讼程序，可能影响公正审判的，应当撤销原决定，发回原审人民法院重新审判。

对法院作出的被告人符合强制医疗条件，判决宣告被告人不负刑事责任，同时作出对被告人强制医疗的决定的判决、决定，人民检察院提出抗诉，同时被决定强制医疗的人、被害人及其法定代理人、近亲属申请复议的，上一级人民法院应当依照第二审程序一并处理。

8. 执行

人民法院决定强制医疗的，应当在作出决定后五日以内，向公安机关送达强制医疗决定书和强制医疗执行通知书，由公安机关将被决定强制医疗的人送交强制医疗。

六、强制医疗措施的定期评估与解除

强制医疗机构应当定期对被强制医疗的人进行诊断评估。对于已不具有人身危险性，不需要继续强制医疗的，应当及时提出解除意见，报决定强制医疗的人民法院批准。被强制医疗的人及其近亲属有权申请解除强制医疗。

被强制医疗的人及其近亲属申请解除强制医疗的，应当向决定强制医疗的人民法院提出。被强制医疗的人及其近亲属提出的解除强制医疗申请被人民法院驳回，六个月后再次提出申请的，人民法院应当受理。

强制医疗机构提出解除强制医疗意见，或者被强制医疗的人及其近亲属申请解除强制医疗的，人民法院应当审查是否附有对被强制医疗的人的诊断评估报告。

强制医疗机构提出解除强制医疗意见，未附诊断评估报告的，人民法院应当要求其提供。

被强制医疗的人及其近亲属向人民法院申请解除强制医疗，强制医疗机构未提供诊断评估报告的，申请人可以申请人民法院调取。必要时，人民法院可以委托鉴定机构对被强制医疗的人进行鉴定。

强制医疗机构提出解除强制医疗意见，或者被强制医疗的人及其近亲属申请解除强制医疗的，人民法院应当组成合议庭进行审查，并在一个月以内，按照下列情形分别处理：

（1）被强制医疗的人已不具有人身危险性，不需要继续强制医疗的，应当作出解除强制医疗的决定，并可责令被强制医疗的人的家属严加看管和医疗；

（2）被强制医疗的人仍具有人身危险性，需要继续强制医疗的，应当作出继续强制医疗的决定。

对申请解除强制医疗的案件，必要时，人民法院可以开庭审理，通知人民检察院派员出庭。

人民法院应当在作出决定后五日以内，将决定书送达强制医疗机构、申请解除强制医疗的人、被决定强制医疗的人和人民检察院。决定解除强制医疗的，应当通知强制医疗机构在收到决定书的当日解除强制医疗。

七、对实施暴力行为的精神病人的强制医疗程序的文书

×××公安局

强制医疗意见书

×公（ ）强医字〔 〕号

×××……〔姓名（别名、曾用名、绰号等）、性别、出生日期、出生地、身份证件种类及号码、民族、文化程度、职业或工作单位及职务、住址、政治面貌，违法犯罪经历以及因本案曾被采取强制措施或者临时的保护性约束措施的情况〕。

×××涉嫌×××（罪名）一案，由×××举报（控告、移送）至我局（写明案由和案件来源，具体是单位或者公民举报、控告、有关部门移送或工作中发现等。简要写明案件侦查过程中的各个法律程序开始的时间，如接受案件、立案的时间。具体写明精神病人归案情况）。

经依法侦查查明：……（详细叙述经侦查认定的精神病人实施的暴力行为，包括行为时间、地点、经过、手段、危害后果等事实要素。应当根据具体案件情况，

围绕刑法规定的该罪构成要件，说明对公共安全的危害或者对公民人身安全的严重危害情况）。

我局于××年×月×日聘请×××机构，对×××进行了精神病鉴定，鉴定意见为……。

认定上述事实的证据如下：

……（分别列举相关证据，并说明证据与案件事实的关系）。

综上所述，根据《中华人民共和国刑事诉讼法》第三百零二条、第三百零三条之规定，建议对×××强制医疗。

此致
×××人民检察院

公安局（印）
年　月　日

附：本案卷宗　　卷　　页

×××× 人民检察院

启动强制医疗程序决定书

×× 检 ×× 医启〔20××〕× 号

根据《中华人民共和国刑事诉讼法》第三百零二条、第三百零三条的规定，本院决定对＿＿＿＿＿＿＿＿＿启动强制医疗程序。

检察长（印）

20×× 年 × 月 × 日

（院印）

第二联附卷

×××× 人民检察院

强制医疗申请书

×× 检 ×× 医申〔20××〕× 号

涉案精神病人……（写明姓名、性别、出生年月日、公民身份号码、民族、文化程度、职业或者工作单位及职务、户籍地、住址，曾受到行政处罚、刑事处罚的情况，采取临时保护性约束措施的情况等）。

法定代理人……（写姓名、性别、出生日期、单位）。

×××（涉案精神病人）因涉嫌实施 ×× 行为，危害公共安全（或者严重危害公民人身安全），经 ×××（公安机关）鉴定依法不负刑事责任。×××（公安机关）于 ××××年 ×× 月 ×× 日作出撤销案件的决定。×××（公安机关）于 ××××年 ×× 月 ×× 日向本院移送强制医疗意见书。本院受理后，审查了全部案件材料……（写明要求公安机关补充证据等情况）。

〔如果是在审查起诉时对犯罪嫌疑人做的精神病鉴定，此处写："本案由 ×××（公安机关）侦查终结，以 ××× 涉嫌 ×× 罪，于 ××××年 ×× 月 ×× 日向本院移送审查起诉，本院对 ××× 进行了精神病鉴定，经鉴定依法不负刑事责任。本院于 ××××年 ×× 月 ×× 日依法作出不起诉决定。"〕

经依法审查查明：……（写明经检察机关审查认定的涉案精神病人实施危害公共安全或者严重危害公民人身安全的暴力行为的事实，涉案精神病人经法定程序鉴定依法不负刑事责任，有继续危害社会的可能）。

认定上述事实的证据如下：

……（针对上述事实，分别列举证据）。

本院认为，×××（涉案精神病人）实施 ×× 行为，危害公共安全（或者严重危害公民人身安全），经法定程序鉴定为依法不负刑事责任的精神病人，有继续危害社会的可能，事实清楚，证据确实、充分，应当对其强制医疗。根据《中华人民共和国刑事诉讼法》第三百零三条第二款的规定，提出强制医疗申请，请依法决定。

此致

×××× 人民法院

检 察 官：

检察官助理：

20×× 年 × 月 × 日

（院印）

附件：1. 涉案精神病人现在处所，具体包括被采取临时保护性约束措施的处所

2. 鉴定意见、撤销案件决定书、不起诉决定书

3. 证据材料、不宜移送的实物证据的清单、照片或者其他证明文件、拟出庭证人名单

4. 其他需要附注的事项

××××人民法院

强 制 医 疗 决 定 书

（　　）×××刑医　××号

申请机关××××人民检察院。

被申请人……（写明姓名、性别、出生年月日、公民身份号码、民族、文化程度、职业或者工作单位及职务、户籍地、住址，曾受到行政处罚、刑事处罚的情况，采取临时保护性约束措施的情况等）。

法定代理人（监护人）……（写姓名、性别、出生日期、单位）。

诉讼代理人×××，×××律师事务所律师。

××××人民检察院以××检××医申〔20××〕×号申请书，于××××年××月××日向本院申请对被申请人×××强制医疗。本院于××××日立案，依法组成合议庭，适用特别程序，公开开庭审理了本案。××××人民检察院指派检察员×××出庭履行职务，被申请人×××及其法定代理人（监护人）×××、诉讼代理人×××，鉴定人×××，主治医生×××均到庭参加诉讼。现已审理终结。

××××人民检察院申请称，……（写明经检察机关审查认定的涉案精神病人实施危害公共安全或者严重危害公民人身安全的暴力行为的事实），涉案精神病人经法定程序鉴定依法不负刑事责任，有继续危害社会的可能。针对上述事实，公诉人向法庭宣读、出示了相关证据予以证实。申请机关认为，被申请人×××系无刑事责任能力的精神病人，其在公共场合实施……的行为，严重危害公共安全，尚有继续危害社会的可能，应当对其强制医疗。

法定代理人（监护人）×××、诉讼代理人×××的意见是……。

经审理查明：……（写明经审理认定的涉案精神病人实施危害公共安全或者严重危害公民人身安全的暴力行为的事实），涉案精神病人经法定程序鉴定依法不负刑事责任，有继续危害社会的可能。

上述事实，有经庭审举证、质证的接处警登记表、受案登记表、立案决定

书、撤销案件决定书，释放证明书、强制医疗意见书……证据证实，足以认定。

本院认为，……。据此，依照《中华人民共和国刑法》第十八条第一款、《中华人民共和国刑事诉讼法》第二百八十四条、《最高人民法院关于适用〈中华人民共和国刑事诉讼法〉的解释》第五百三十一条第（一）项之规定，决定如下：

对被申请人×××予以强制医疗。

如不服本决定，可在接到决定书的第二日起五日内，通过本院或者直接向×××中级人民法院申请复议。书面申请复议的，应当提交申请复议书正本一份，副本两份。复议期间不停止决定的执行。

审 判 长：

人民陪审员：

人民陪审员：

年 月 日

书 记 员：

任务五 缺席审判程序

一、缺席审判程序的适用情形

根据《刑事诉讼法》第二百九十一条、第二百九十六条和第二百九十七条的规定，缺席审判主要适用于以下情形：

（一）贪污贿赂犯罪案件，以及需要及时进行审判并经最高人民检察院核准的严重危害国家安全犯罪、恐怖活动犯罪案件

对于贪污贿赂犯罪案件，以及需要及时进行审判，经最高人民检察院核准的严重危害国家安全犯罪、恐怖活动犯罪案件，犯罪嫌疑人、被告人在境外，监察机关、公安机关移送起诉，人民检察院认为犯罪事实已经查清，证据确实、充分，依法应当追究刑事责任的，可以向人民法院提起公诉。人民法院进行审查后，对于起诉书中有明确的指控犯罪事实，符合缺席审判程序适用条件的，应当决定开庭审判。

（二）被告人患有严重疾病无法出庭，中止审理超过六个月，被告人仍无法出庭的案件

因被告人患有严重疾病无法出庭，中止审理超过六个月，被告人仍无法出庭，被告人及其法定代理人、近亲属申请或者同意恢复审理的，人民法院可以在被告人不出庭的情况下缺席审理，依法作出判决。

（三）被告人死亡，但有证据证明被告人无罪的案件

被告人死亡的，人民法院应当裁定终止审理。但有证据证明被告人无罪，人民法院经缺席审理确认无罪的，应当依法作出判决。

（四）人民法院按照审判监督程序重新审判的案件，被告人死亡

人民法院按照审判监督程序重新审判的案件，被告人死亡的，人民法院可以缺席审理，依法作出判决。

二、缺席审判的审理程序

（一）管辖

对于被告人潜逃境外的贪污贿赂犯罪案件以及需要及时进行审判并经最高人民检察院核准的严重危害国家安全犯罪、恐怖活动犯罪案件，由犯罪地、被告人离境前居住地或者最高人民法院指定的中级人民法院组成合议庭进行审理。

其他缺席审判的案件，按照刑事诉讼管辖规定进行。

（二）庭前审查

人民法院对于人民检察院提起公诉的缺席审判案件，在开庭前进行程序性审查。重点审查以下内容：

①是否属于可以适用缺席审判程序的案件范围；

②是否属于本院管辖；

③是否写明被告人的基本情况，包括明确的境外居住地、联系方式等；

④是否写明被告人涉嫌有关犯罪的主要事实，并附证据材料；

⑤是否写明被告人有无近亲属以及近亲属的姓名、身份、住址、联系方式等情况；

⑥是否列明违法所得及其他涉案财产的种类、数量、价值、所在地等，并附证据材料；

⑦是否附有查封、扣押、冻结违法所得及其他涉案财产的清单和相关法律手续。

上述材料需要翻译件的，人民法院应当要求人民检察院一并移送。

人民法院审查后，应当按照下列情形分别处理：

①符合缺席审判程序适用条件，属于本院管辖，且材料齐全的，应当受理；

②不属于可以适用缺席审判程序的案件范围，不属于本院管辖或者不符合缺席审判程序的其他适用条件的，应当退回人民检察院；

③材料不全的，应当通知人民检察院在三十日以内补送；三十日以内不能补送的，应当退回人民检察院。

（三）送达起诉书副本、传票等诉讼文书

人民法院应当通过有关国际条约规定的或者外交途径提出的司法协助方式，或者被告人所在地法律允许的其他方式，将传票和人民检察院的起诉书副本送达被告人。传票应当载明被告人到案期限以及不按要求到案的法律后果等事项；应当将起诉书副本送达被告人近亲属，告知其有权代为委托辩护人，并通知其敦促被告人归案。

传票和起诉书副本送达后，被告人未按要求到案的，人民法院应当开庭审理，依法作出判决，并对违法所得及其他涉案财产作出处理。

（四）指派辩护

人民法院缺席审判案件，被告人有权委托或者由近亲属代为委托一至二名辩护人。委托律师担任辩护人的，应当委托具有中华人民共和国律师资格并依法取得执业证书的律师；在境外委托的，应当依照规定对授权委托进行公证、认证。

被告人及其近亲属没有委托辩护人的，人民法院应当通知法律援助机构指派律师为被告人提供辩护。

被告人及其近亲属拒绝法律援助机构指派的律师辩护的，属于应当提供法律援助的情形，被告人拒绝指派的律师为其辩护的，人民法院应当查明原因。理由正当的，应当准许，但被告人应当在五日以内另行委托辩护人；被告人未另行委托辩护人的，人民法院应当在三日以内通知法律援助机构另行指派律师为其提供辩护。

（五）被告人的近亲属参加诉讼问题

人民法院缺席审判案件，被告人的近亲属申请参加诉讼的，应当在收到起诉书副本后、第一审开庭前提出，并提供与被告人关系的证明材料。有多名近亲属的，应当推选一至二人参加诉讼。对被告人的近亲属提出申请，人民法院应当及时审查决定。

（六）缺席审判的庭审程序

人民法院缺席审判案件，参照适用公诉案件第一审普通程序的有关规定。被告人的近亲属参加诉讼的，可以发表意见，出示证据，申请法庭通知证人、鉴定人等出庭，进行辩论。

（七）缺席审判的裁判

人民法院缺席审判案件，审理后应当依法作出判决、裁定。

作出有罪判决的，应当达到证据确实、充分的证明标准。

经审理认定的罪名不属于《刑事诉讼法》第二百九十一条第一款规定的罪名的，应当终止审理。

适用缺席审判程序审理案件，可以对违法所得及其他涉案财产一并作出处理。

因被告人患有严重疾病导致缺乏受审能力，无法出庭受审，中止审理超过六个月，被告人仍无法出庭，被告人及其法定代理人、近亲属申请或者同意恢复审理的，人民法院可以根据《刑事诉讼法》第二百九十六条的规定缺席审判。被告人无法表达意愿的，其法定代理人、近亲属可以代为申请或者同意恢复审理。

人民法院受理案件后被告人死亡的，应当裁定终止审理；但有证据证明被告人无罪，经缺席审理确认无罪的，应当判决宣告被告人无罪。"有证据证明被告人无罪，经缺席审理确认无罪"，包括案件事实清楚，证据确实、充分，依据法律认定被告人无罪的情形，以及证据不足、不能认定被告人有罪的情形。

人民法院按照审判监督程序重新审判的案件，被告人死亡的，可以缺席审理。有证据证明被告人无罪，经缺席审理确认被告人无罪的，应当判决宣告被告人无罪；虽然构成犯罪，但原判量刑畸重的，应当依法作出判决。

（八）上诉和抗诉

人民法院应当将判决书送达被告人及其近亲属、辩护人。被告人或者其近亲属不服判决的，有权向上一级人民法院上诉。辩护人经被告人或者其近亲属同意，可以提出上诉。

人民检察院认为人民法院的判决确有错误的，应当向上级人民法院提出抗诉。

（九）重新审理

在审理过程中，被告人自动投案或者被抓获的，人民法院应当重新审理。

罪犯在判决、裁定发生法律效力后到案的，人民法院应当将罪犯交付执行刑罚。交付执行刑罚前，人民法院应当告知罪犯有权对判决、裁定提出异议。罪犯对判决、裁定提出异议的，人民法院应当重新审理。

依照生效判决、裁定对罪犯的财产进行的处理确有错误的，应当予以返还、赔偿。

三、缺席审判程序的文书

最高人民检察院

核准提起公诉决定书

（副本）

高检 ×× 核准诉〔20××〕× 号

_____人民检察院：

你院报请核准提起公诉的由_____人民检察院审查起诉的犯罪嫌疑人_____涉嫌_____罪一案，本院审查认为，……（概括论述犯罪嫌疑人涉嫌犯罪的行为），其行为触犯了《中华人民共和国刑法》第_____条的规定，涉嫌_____罪，犯罪事实已经查清，证据确实、充分，依法应当追究刑事责任，需要及时进行审判。根据《中华人民共和国刑事诉讼法》第二百九十一条的规定，决定核准对犯罪嫌疑人_____提起公诉。

20×× 年 × 月 × 日

（院印）

第二联附卷

附　录

附 录

一、实训卷宗封面设计及卷宗装订顺序

（一）卷宗封面样本

1. 公安机关侦查卷宗封面（附件一）

2. 人民检察院自侦案件卷宗封面（附件二）

3. 人民检察院审查起诉案件卷宗封面（附件三）

4. 人民法院审判案件卷宗封面（附件四）

5. 律师业务卷宗封面（附件五）

6. 卷内文书目录样本（附件六）

（二）侦查案卷装订顺序

1. 犯罪嫌疑人照片

2. 受理案件登记表，立案、破案报告表

3. 程序性法律文书（强制措施文书和起诉意见书）

4. 接待笔录

5. 讯问笔录

6. 被害人陈述

7. 证人证言

8. 物证照片

9. 书证

10. 现场勘验笔录及照片

11. 提取、扣押、收到、发还物品清单

12. 涉案物品估价证明及法医鉴定

13. 鉴定结论

14. 单位或原籍表现证明和处理意见

15. 抓获证明

16. 犯罪嫌疑人身份证明

（三）检察案卷装订顺序

1. 收案登记表

2. 公安机关提请批准逮捕意见书

3. 阅卷笔录

4. 逮捕案件审查报告

5. 逮捕案件审批表

6. 批准逮捕决定书、不批准逮捕决定书等

7. 送达回证

8. 受理审查起诉案件登记表

9. 起诉意见书

10. 阅卷笔录

11. 告知犯罪嫌疑人委托辩护人通知书

12. 告知被害人代理人通知书

13. 讯问笔录

14. 询问笔录

15. 其他调查核实的材料

16. 律师参与诉讼手续

17. 辩护律师的书面辩护意见

18. 诉讼代理人的书面代理意见

19. 随案移送案件物品、文件清单

20. 移送起诉案件审查报告

21. 议案笔录

22. 起诉书原件

23. 提起公诉证据目录

24. 提起公诉证人名单

25. 向法院移送案件的手续

26. 讯问、发问提纲

27. 庭审材料（出庭通知书、公诉意见书、出庭笔录）

28. 法院刑事判决书

（四）律师辩护案卷装订顺序

1. 律师事务所受理诉讼案件批办单（侦查阶段）

2. 委托协议书

3. 授权委托书

4. 向侦查机关送达律师事务所函

5. 会见犯罪嫌疑人函

6. 会见犯罪嫌疑人专用介绍信

7. 会见犯罪嫌疑人笔录

8. 提供法律帮助的有关内容

9. 律师事务所受理诉讼案件批办单（审查起诉阶段）

10. 委托协议

11. 授权委托书

12. 向检察机关送达律师事务所函

13. 起诉意见书

14. 会见犯罪嫌疑人函

15. 会见犯罪嫌疑人专用介绍信

16. 会见笔录

17. 调查证据的有关材料

18. 辩护、代理意见书

19. 律师事务所受理诉讼案件批办单（审判阶段）

20. 委托协议

21. 授权委托书

22. 向人民法院送达律师事务所函

23. 起诉书

24. 会见被告人函

25. 会见被告人专用介绍信

26. 会见笔录

27. 调查证据的有关材料

28. 主要证据复印件

29. 阅卷笔录

30. 出庭通知书

31. 出庭材料

①举证目录及说明

②发问提纲

③控方观点预测及答辩提纲

④辩护词

32. 判决书

33. 律师办案监督卡

（五）刑事一审案卷装订顺序

1. 受理刑事案件登记表

2. 起诉书（自诉状）

3. 换押证

4. 提押票

5. 送达起诉书笔录

6. 指定、委托辩护人材料

7. 执行逮捕决定、逮捕证及家属通知书

8. 勘验笔录及扣押物品清单

9. 查封令、查封物品清单

10. 取保候审、保外就医决定书及保证书

11. 撤诉书

12. 调查取证材料

13. 赃物、证据的鉴定结论

14. 决定、报告及批复

15. 开庭前的通知、传票

16. 开庭公告底稿

17. 庭审提纲

18. 开庭庭审笔录及公诉词、辩护词

19. 审理报告

20. 合议笔录

21. 提请审判委员会讨论案件审批表

22. 审判委员会讨论案件笔录

23. 审判委员会决定书

24. 判决书

25. 开庭公告底稿（宣判）

26. 提押票

27. 宣判笔录
28. 判决书、裁定书送达回证

二、实训参考书目及法律、法规

（一）教材、专著

[1] 陈光中. 刑事诉讼法 [M].6 版. 北京：北京大学出版社，2016.

[2] 王新清，甄贞，高通. 刑事诉讼法 [M].6 版. 北京：中国人民大学出版社，2019.

[3] 陈卫东. 刑事诉讼法 [M]. 北京：中国人民大学出版社，2015.

[4] 沈德咏，宋随军. 刑事证据制度与理论 [M]. 北京：人民法院出版社，2006.

[5] 张保生. 证据法学 [M].3 版. 北京：中国政法大学出版社，2018.

[6] 赵红星. 刑事诉讼法 [M]. 北京：高等教育出版社，2010.

[7] 赵红星. 刑事诉讼校内综合实习教程 [M]. 石家庄：河北人民出版社，2010.

[8] 崔素琴. 刑法 [M]. 武汉：武汉大学出版社，2015.

[9] 胡云腾. 最新刑事诉讼文书样式 [M]. 北京：人民法院出版社，2020.

[10] 司法文书研究中心. 人民法院诉讼文书样式、制作与范例 [M]. 刑事卷. 北京：中国法制出版社，2017.

[11] 徐立根. 物证技术学 [M]. 北京：中国人民大学出版社，2008.

[12] 何家弘，张卫平. 简明证据法学 [M].4 版. 北京：中国人民大学出版社，2016.

[13] 陈瑞华. 刑事证据法学 [M]. 北京：北京大学出版社，2012.

[14] 最高人民检察院. 人民检察院刑事诉讼法律文书格式样本,2020 版.

[15] 中华人民共和国公安部. 公安机关刑事法律文书式样,2012 版.

（二）法律法规、司法解释

1. 中华人民共和国刑事诉讼法
2. 中华人民共和国监察法
3. 中华人民共和国法官法
4. 中华人民共和国检察官法

5. 中华人民共和国人民法院组织法

6. 中华人民共和国人民检察院组织法

7. 中华人民共和国人民陪审员法

8. 中华人民共和国律师法

9. 中华人民共和国社区矫正法

10. 最高人民法院关于适用《中华人民共和国刑事诉讼法》的解释

11. 最高人民检察院《人民检察院刑事诉讼规则》

12. 中华人民共和国公安部《公安机关办理刑事案件程序规定》

13. 中华全国律师协会《律师办理刑事案件规范》

14. 最高人民法院《中华人民共和国人民法院法庭规则》

15. 最高人民法院《关于健全完善人民法院主审法官会议工作机制的指导意见（试行）》

16. 最高人民法院《人民法院办理刑事案件第一审普通程序法庭调查规程（试行）》

17. 最高人民法院《人民法院办理刑事案件排除非法证据规程（试行）》

18. 最高人民法院《人民法院办理刑事案件庭前会议规程（试行）》

19. 最高人民法院　司法部《关于开展刑事案件律师辩护全覆盖试点工作的办法》

20. 最高人民法院《关于全面推进以审判为中心的刑事诉讼制度改革的实施意见》

21. 最高人民法院，最高人民检察院，公安部，国家安全部，司法部《关于推进以审判为中心的刑事诉讼制度改革的意见》

22. 最高人民法院，最高人民检察院，公安部《关于办理刑事案件收集提取和审查判断电子数据若干问题的规定》

23. 最高人民法院，最高人民检察院，公安部，司法部《关于进一步加强社区矫正工作衔接配合管理的意见》

24. 最高人民法院《关于办理死刑案件审查判断证据若干问题的规定》

25. 最高人民法院，最高人民检察院，公安部，国家安全部，司法部《关于办理刑事案件严格排除非法证据若干问题的规定》

26. 最高人民检察院《人民检察院公诉人出庭举证质证工作指引》

27. 最高人民检察院《关于指派、聘请有专门知识的人参与办案若干问题的规定（试行）》

28. 最高人民法院，最高人民检察院《关于适用犯罪嫌疑人、被告人逃匿、死

亡案件违法所得没收程序若干问题的规定》

29. 中华全国律师协会《律师执业行为规范（试行）》

30. 司法部《律师会见监狱在押罪犯暂行规定》

31. 最高人民法院《关于人民法院庭审录音录像的若干规定》

32. 最高人民法院《关于办理减刑、假释案件具体应用法律的规定》

33. 最高人民检察院《人民检察院办理羁押必要性审查案件规定（试行）》

34. 公安部《公安机关办理刑事案件电子数据取证规则》

附件一：

公安局
刑事侦查卷

案件名称

案件编号

犯罪嫌疑人姓名

立案时间

结案时间

立卷单位

立卷人

审核人

本卷共　　　页

立卷时间　　　　年　　月　　日

附件二：

人民检察院
（侦查卷）

年度　　字第　　号	
案件来源	
控诉人、被害人	
犯罪嫌疑人	
案由	
处理结果	

收案日期　　年　月　　日	结案日期　　年　月　　日
本卷宗共　　页	立卷时间　　年　月　　日
承办人	保管期限

附件三：

人民检察院
（起诉卷）

年度　　字第　　号	
案件来源	
控诉人、被害人	
犯罪嫌疑人	
案由	
处理结果	

收案日期　　　年　月　日	结案日期　　　年　月　日
本卷宗共　　页	立卷时间　　年　月　日
承办人	保管期限

附件四：

人民法院
刑事一审卷宗

<table>
<tr><td colspan="4" align="center">年度　　字第　　号</td></tr>
<tr><td rowspan="2">案由</td><td colspan="3"></td></tr>
<tr><td></td><td colspan="2"></td></tr>
<tr><td rowspan="2">诉讼
双方
的称
谓和
姓名</td><td rowspan="2"></td><td colspan="2"></td></tr>
<tr><td colspan="2"></td></tr>
<tr><td align="center">审判长</td><td align="center">审判员</td><td align="center">审判员</td><td align="center">书记员</td></tr>
<tr><td></td><td></td><td></td><td></td></tr>
<tr><td align="center">收案日期</td><td align="center">年　月　日</td><td align="center">结案日期</td><td align="center">年　月　日</td></tr>
<tr><td rowspan="2" align="center">办理
结果</td><td colspan="3"></td></tr>
<tr><td colspan="3"></td></tr>
<tr><td align="center">归档日期</td><td align="center">年　月　日</td><td align="center">保管期限</td><td align="center">年　月　日</td></tr>
<tr><td colspan="4" align="center">本卷共　　页
立卷人：</td></tr>
</table>

附件五：

律师业务卷宗

类别			年度　　字第　　号	
承　办 律师事务所				
承办律师		委托人		
当事人		对方当事人 或办案机关		
案由				
收案日期	年　月　日	结案日期	年　月　日	
审理法院		审级		
承办结果				
归档日期	年　月　日	立卷人		
保存年限		卷内 页数		

附件六：

卷内文书目录

序号	法律文书标题	页号

说明：该目录几种卷宗通用。